中華文化思想叢書

老北大講義

# 明史講義

孟森　著

# 出版說明

自一八九八年建校以來，北京大學作為中國第一所國立大學，當仁不讓地成為一座重鎮。我們很難在「重鎮」的前面加上合適的定語，如果掛一漏萬地勉強做一下嘗試，那麼，如下關鍵字應該無法忽略：教育、學術、思想、文化傳承；如果在這些嚴肅的字眼前做個補充，我們應該謹慎地加上——心目中。

因此，這句話完整地表述出來，或許是這個樣子的——北大是我們心目中一座教育、學術、思想和文化傳承的重鎮。

從語法的角度來看，離中心詞越遠的形容詞，它的定語功能越弱，因此，這個「心目中」的限定作用其實很讓人懷疑——難道事實不是這樣嗎？難道北大只是無數人在心中塑造的神聖殿堂嗎？

確實如此，在我們沒有條件走入北大的課堂，在我們沒有聆聽教授們的傳道、授業、解惑，甚至在我們沒有閱讀這套《老北大講義》之前，它只不過存在於我們渴求學業、探求人文理想的心目中。如今的我們很難跨越時空觸摸「五四」時期的紅樓，也再無可能聽到黃侃擠兌胡適的精彩言辭——但好在，校址課堂可以變換，教授先生可以逝去，但這套《老北大講義》，仍然使這座學術思想的重鎮觸手可及般呈現在我們的面前，而不僅僅再讓我們於心目中憧憬和描摹。事實上，又有什麼比文字著述能流傳得更遠更久，同時又能連綴百年與今日、先賢與遺產呢？

這套《老北大講義》，就是這樣與我們「心目中」的那座殿堂如此接近，它來自於塑造這座重鎮所需的基石——現在我們依然無法用準確的詞彙總結出給神殿做基石所必要的成分。好在北大建校百年後的

大洋彼岸，美國史丹佛大學明確拒絕了國務卿萊斯重回母校任職的申請。一位教授這樣闡述他的理由：萊斯為之服務的政府破壞了正義、科學、專業、正直等基本的學術價值觀，史丹佛不應該再讓她回來。美國人在現代文明中體會到「學校」的本質精神，而早在百年前社會思想紛雜的亂世中，北大的學者便在這個基礎上加上了「勇氣」二字，因為，他們面對的是啟蒙。

正是基於勇氣之下的正義、科學、專業、正直，老北大的講義直到如今，依然在現代學術和思想史上具有無可替代的價值。原因似乎很簡單：它只為良知負責，而不摻雜任何功利；原因卻也很複雜：能夠做到這一點，並不是僅有願望和堅持那麼容易。因此，我們很難想像，這套《老北大講義》，是如何能夠穿越百年風雲，在思想的多次變革和社會的動盪過後，依然能夠熠熠閃光。

或許所有的答案早在蔡元培先生的一句話中：「循思想自由原則，取相容並包之義。」這是北大的立校之基，是北大的教育準繩。但是，如果我們拋開了學校與教育的因素，就會清晰地看到現代學術與思想發軔的源頭。正是本著這種精神，這套《老北大講義》呈現出大多數人意想不到的面貌：

其一，它涵蓋了文學、史學、藝術、哲學甚至更多的邊緣學科。而我們大概很難想到那些目前幾近符號化定格的先賢竟會如此「跨學科」，在某個非專項的細小考證上侃侃而談；

其二，在同類學術問題的思考上，各教授的觀點未必一致甚或相左。課堂上也經常有明譏暗諷、互相貶低之類的掌故。但這並不妨礙落了下風的一方以獨立的精神和學術的品格堅守自己；

其三，在當時的情況下，教授們對西方現代哲學思想或歷史觀念的瞭解並不很深，哪怕對本國正在發生的白話文運動也多有不成熟的看法，但這並不妨礙以客觀踏實的精神大膽探求；

其四,即或放在今天,我們依然看到著述中鮮活的思路和治學原則。或許其所述內容業已陳舊,但其字裡行間跳動的思想卻是今天的某些所謂巨著中缺少的靈魂。

正因為如此,《老北大講義》不僅僅是小小課堂的教學工具,更是現代學術和思想發軔的第一媒介。因為有了李大釗的《史學要論》,才有了馬克思主義唯物史觀在中國的首次公開而正式的傳播;因為有了胡適的西方哲學講義,才有了國人對西方文明尤其是現代思潮的進一步瞭解;因為有了錢玄同和劉半農的漢語研究,才有了推動白話文運動的基本依據……

當我們無法親臨北大課堂,當我們無法回到那個大師輩出的年代時,這套《老北大講義》像是一座橋梁溝通了時空,輕易地在我們腳下搭建了一條通往中國學養源頭的路。

然而,對這些珍貴思想文化遺產的整理和推廣,看似輕易簡單,實則困難重重。在首批推出的著述中,我們不得不仔細考慮作者的成就與影響,也不得不考量每一本書的內容價值,甚至還得兼顧品種的豐富性和學科的完整性,因此,難免有遺珠之憾。

此外,有些影響較廣的著述,此前亦有各種單行本見於市面。編者雖然力求呈現出更多的新品種,填補文化傳承上的空白,但考慮到這是國內首次完整地以「老北大講義」的概念進行編纂出版,所以,我們也在嚴謹衡量的基礎上推出了這類「舊作」。

以往,老北大講義有很多著述僅有存目,出版本十分罕見。但讓我們十分快慰的是,在此次編選的過程中找到了一些孤本,不日將陸續付梓──在興奮與欣喜之餘,我們也不免懼怕,如果再不出版,它們,這些凝聚一流學者畢生心血的思想學術經典,恐怕後人再難讀到了。

正因如此,我們希望這套書的出版,能夠延續我們「心目中」的

那座殿堂，否則，很難說再過百年後，北大是不是一座空中樓閣，會不會只是個在口頭傳頌的一段傳奇。

# 孟森與《明史講義》

　　張中行先生對孟森的回憶是所有紀念文章中最為傳神的。其中說：「（孟森上課時）眼睛永遠在講義之上，不往講臺下看。他只會寫，不會口頭發揮，所以所謂講課就是念講義，認真，準確，一字不差……也就因為潛心治學，在明清史方面有突出的造詣。學生有時候形容他，說現時白菜多少錢一斤他不知道，可是成化或雍正年間，誰打誰一個嘴巴，他必記得清清楚楚。」

　　孟森（1869-1937），字蓴孫，號心史，世稱孟心史先生。他被公認為中國近代清史研究的傑出奠基人，其著作是近代清史研究第一代的最高水準。

　　孟森早年著意於學術、政治、經濟等諸多領域，曾撰寫翻譯了一些有關法學及經濟學的著作。中年時又為著名實業家張謇親近幕友，曾參與了清末立憲運動。清末民初，孟森逐漸脫離政治活動，開始專力於治史。

　　一九二九年起，孟森受聘於南京中央大學，講授清朝入關前歷史，撰成講義《清朝前紀》。一九三一年，受聘於北京大學歷史系，講授「滿洲開國史」等課程。編纂《明元清系通紀》，著有《明史講義》、《清史講義》，對史實進行考訂敘述，多有發明創見，所作評議，亦具精闢獨到之處。

　　孟森治史，在傳統方法上吸收了近代史論研究方法，開創了明清斷代史研究之先河。清史專家王鐘翰先生給予孟森史學研究成果極高評價：其「不過三十餘年，而撰述之富，成就之大，影響之深，自非後輩末學所能望其肩背者也」。

這部《明史講義》是孟森先生二十世紀三〇年代在北京大學授課時的講義。孟森先生在北京大學歷史系所授課程有四門：為「明清史」、「滿洲開國史」、「明清史料擇題研究」與「清史研究」。其中，第一次開設「明清史」課，是在一九三二至一九三三年度，為一年的學時。以後每隔一年開課一次，到一九三七年夏為止，總共開過三次。從一九三五年秋天起，「明清史」一課，不再僅是二年級必修科，也是一、三、四年級學生必修科。而在一九三六至一九三七年度第三次開課時，授課內容與計畫做了重大調整。簡單來說，就是因為史實太過豐富，不能講得過於簡略，所以實際上將「明清史」分為「明史」、「清史」兩課，分別為一年的課時，隔年授課。其中，《明史講義》全書分為二編：第一編總論明史在史學上的地位和明史體例；第二編分為開國、靖難、奪門、議禮、萬曆之荒怠、天崇兩朝亂亡之炯鑒、南明之顛沛七章，對明朝各個時期的史實進行了考訂，多有發明創見。

# 目次

第一編
總論

# 第一章
# 明史在史學上之位置

　　凡中國所謂正史，必作史者得當時君主所特許行世。然古多由史家有志乎作，國家從而是認之；至唐，始有君主倡始，擇人而任以修史之事，謂之敕撰。敕撰之史，不出一人主稿，雜眾手而成之。唐時所成前代之史最多，有認一家之言，亦有雜成眾手之作；唐以後則修史之責皆國家任之，以眾手雜成為通例。其有因前人已成之史，又經一家重作而精密突過原書者，惟歐陽修之《新五代》足當之，其餘皆敕撰之書為定本，私家之力固不足網羅散失以成一代之史也。《明史》即敕修所成之史。在清代修成《明史》時，有國已將及百年，開館亦逾六十載，承平日久，經歷三世。著手之始，即網羅全國知名之士，多起之於遺逸之中，而官修之外，又未嘗不兼重私家之專業，如是久久而後告成，亦可謂刻意求精矣。既成之後，當清世為史學者，又皆以尊重朝廷之故，專就《明史》中優點而表揚之，觀《四庫提要》所云，可以概見。然學者讀書，必有實事求是之見，如趙翼之《廿二史劄記》，世亦以為稱頌《明史》之作，其實於《明史》疏漏之點亦已頗有指出，但可曲原者仍原之，若周延儒之入〈奸臣傳〉，若〈劉基〉〈廖永忠〉等傳兩條中所舉，史文自有抵牾之處，一一又求其所以解之，惟〈喬允升〉〈劉之鳳〉二傳，前後相隔止二卷，而傳中文字相同百數十字，不能不謂為纂修諸臣未及參訂（三條皆見《廿二史劄記》卷三十一）。其實《明史》疏漏，並不止此，間有重複，反為小疵（卷二百九十二《忠義》四〈張紹登傳〉附張國勛等云：「紹登知應城縣，（崇禎）九年，賊來犯，偕訓導張國勛、鄉官饒可久悉力禦之。國勛曰：『賊不一創，城不易守。』率壯士出擊，力

戰一日夜，斬獲甚眾，賊去。邑侍郎王瑊之子權結怨於族黨，怨家潛導賊復來攻，國勖佐紹登力守，而乞援於上官，副將鄧祖禹來救，守西南，國勖守東北，紹登往來策應。會賊射書索權，權懼，斬北關以出，賊乘間登南城。紹登還署，端坐堂上，賊至，奮拳擊之，群賊大至，乃被殺。賊渠歎其忠，以冠帶覆屍埋堂側。國勖，黃陂歲貢生。賊既入，朝服北面拜，走捧先聖神主，拱立以待。賊遂焚文廟，投國勖於烈焰中。」又卷二百九十四《忠義》六〈諶吉臣傳〉附張國勳等云：「應城陷，訓導張國勳死之。國勳，黃陂人。城將陷，詣文廟，抱先師木主大哭，為賊所執，大罵，肢解死，妻子十餘人皆殉節。」此張國勖與張國勳同為應城訓導，城陷被殺。明是一人，而名字微不同，死時情節亦微異。果屬傳聞異辭，當並在一傳作兩說，史乃截然分作兩人），根本之病，在隱沒事實，不足傳信。此固當時史臣所壓於上意，無可如何，亦史學家所不敢指責者。且史既隱沒其事實矣，就史論史，亦無從發見其難於傳信之處，故即敢於指摘，而無從起指摘之意，此尤見隱沒事實之為修史大惡也。

　　《明史》所以有須隱沒之事實，即在清代與明本身之關係。清之發祥，與明之開國約略同時，清以肇祖為追尊入太廟之始，今核明代《實錄》，在成祖永樂間已見肇祖事蹟，再參以《朝鮮實錄》，在太祖時即有之。至清之本土所謂建州女真部族，其歸附於明本在明太祖時。建州女真既附於明，即明一代二百數十年中，無時不與之相接觸。《明史》中不但不許見建州女真，並凡女真皆在所諱，於是女真之服而撫字，叛而征討，累朝之恩威，諸臣之功過，所係於女真者，一切消除之。從前談明、清間史事者，但知萬曆以後清太祖兵侵遼瀋，始有衝突可言，亦相傳謂清代官書所述征明等語必不正確，而《明史》既由清修，萬曆以後之遼東兵事敘述乃本之清代記載，求其不相抵觸，必不能用明代真實史料，而不知女真之服屬於明尚遠在二百年之前。凡為史所隱沒者，因今日討論清史而發見《明史》之多所缺遺，非將明一代之本紀、列傳及各志統加整理補充，不能遂為信史。而於明南都

以後，史中又草草數語，不認明之系統，此又夫人而知其當加糾正，不待言矣。從古於易代之際，以後代修前代之史，於關係新朝之處，例不能無曲筆，然相涉之年代無多，所有文飾之語，後之讀史者亦自可意會其故，從未有若明與清始終相涉，一隱沒而遂及一代史之全部。凡明文武諸臣，曾為督撫鎮巡等官者，皆削其在遼之事蹟（如〈王翱〉〈李秉〉〈趙輔〉〈彭誼〉〈程信〉諸傳，均於建州有撫治或征討之績，史均略去，間留一二語，亦不辨為對何部落，以何因由啟釁。又如馬文升，以撫安東夷自著專書記其事，《史》本傳小敘其事，而使讀者不能辨為建州女真事實。宦官〈汪直〉及〈朱永傳〉亦然。惟伏當伽為建州一酋之名，轉見於〈憲宗本紀〉〈汪直傳〉，當是史臣自不審伏當伽之為何部酋，故漏出其名），或其人生平大見長之處在遼，則削其人不為傳。甚有本《史》中一再言其人自有傳，而卒無傳者（如顧養謙及宦官亦失哈等於遼事極有關，遂無傳。而王象乾、張宗衡兩人，於〈王洽傳〉中敘會議款虜，云見〈象乾〉〈宗衡傳〉，然卒無傳。又於《忠義・張振秀傳》敘及宗衡之徇烈，云宗衡自有傳，而仍無傳），在《史》亦為文字之失檢，而其病根則在隱沒而故使失實。此讀《明史》者應負糾正之責尤為重要，甚於以往各史者也。

# 第二章
# 明史體例

　　史包紀、志、表、傳四體，各史所同，而其分目則各有同異。《明史》表、傳二門，表凡五種：其〈諸王〉〈功臣〉〈外戚〉〈宰輔〉四種為前史所曾有，又有〈七卿表〉一種則前史無之。明之官制，為漢以後所未有，其設六部，略仿周之六官，魏以錄尚書事總攬國政，六曹尚書只為尚書省或中書省之曹屬，直至元代皆因之，明始廢中書省，六部尚書遂為最高行政長官。又設都御史，其先稱御史大夫，承元代之御史臺而設，謂之都察院。六部一院之長官，品秩最高，謂之七卿。此制由明創始，故〈七卿表〉亦為《明史》創例。

　　傳則〈后妃〉〈諸王〉〈公主〉文武大臣相次而下，皆為前史所已有。其為專傳者，除〈外國〉〈西域〉兩目亦沿前史外，尚有十五目，而前史已有者十二目，前史未有者三目。前史已有者：〈循吏〉〈儒林〉〈文苑〉〈忠義〉〈孝義〉〈隱逸〉〈方伎〉〈外戚〉〈列女〉〈宦官〉〈佞幸〉〈奸臣〉；前史所無者：〈閹黨〉〈流賊〉〈土司〉。此亦應世變而增設，其故可得而言。

　　宦官無代不能為患，而以明代為極甚。歷代宦官與士大夫為對立，士大夫絕不與宦官為緣。明代則士大夫之大有作為者，亦往往有宦官為之助而始有以自見。逮其後為他一閹及彼閹之黨所持，往往於正人君子亦加以附閹之罪名而無可辨。憲宗、孝宗時之懷恩，有美名，同時權閹若梁芳、汪直，士大夫為所窘者，頗恃恩以自壯，後亦未嘗以比恩為罪。其他若於謙之恃有興安，張居正之恃有馮保，楊漣、左光斗移宮之役恃有王安，欲為士大夫任天下事，非得一閹為內

主不能有濟。其後馮保、王安為他閹所擠，而居正、漣、光斗亦以交通馮保、王安為罪，當時即以居正、漣、光斗為閹黨矣。史言閹黨，固非謂居正、漣、光斗等，然明之士大夫不能盡脫宦官之手而獨有作為。賢者且然，其不肖者靡然惟閹是附，蓋勢所必至矣。其立為專傳為《明史》之特例者一也。

　　集眾起事，無根據，隨路裹脅，不久踞城邑者，自古多有。自漢黃巾以下，其事皆敘入當事之將帥傳中，無有為立專傳者。惟《唐書》列〈黃巢傳〉謂之逆臣，與安祿山等並列。明自唐賽兒起事，於永樂年間為始，其後正統間之葉宗留、鄧茂七，天順間之李添保、黃蕭養，成化間之劉千斤、李鬍子，正德間之劉六、劉七、齊彥名、趙瘋子及江西王鈺五、王浩八等，四川藍廷瑞、鄢本恕等，嘉靖間之曾一本，天啟間之徐鴻儒，崇禎初之劉香，亦皆見於當事將帥傳中。其特立〈流賊〉一傳，所傳止李自成、張獻忠，蓋以其力至亡明，與黃巢之亡唐相等，特為專傳。明無擁兵久亂之逆臣可以連類，遂直以此名傳。而民變之起，則由民生日蹙，人心思變，可為鑒戒。其立為專傳為《明史》特例者二也。

　　西南自古為中國邊障，〈周書・牧誓〉有庸、蜀、羌、髳微、盧、彭、濮之人，武王率以伐紂。戰國時莊蹻王滇，漢通西南夷，唐設羈縻州。自湖廣而四川，而雲南，而貴州，而廣西，廣闊數千里，歷代以來，自相君長，中朝授以官秩，而不易其酋豪，土官土吏，久已有之。但未能區畫普遍，至元而司府州縣額以賦役，其酋長無不欲得中朝爵祿名號以統攝其所屬之人，於是土司之制定矣。明既因元舊，而開國以後亦頗以兵力建置，其官名多仍元代，曰宣慰司，曰宣撫司，曰招討司，曰安撫司，曰長官司，率以其土酋為之，故名土司，但亦往往有府、州、縣之名錯出其間。嘉靖間，定府、州、縣等土官隸吏部驗封司；宣慰、招討等土官隸兵部武選司。隸驗封者，布政司領

之；隸武選者，都指揮領之。文武相維，比於中土，蓋成經久之制，與前代羈縻之意有殊，但終與內地郡縣有授任之期有考績之法者不同，故與郡縣相別敘述。其立為專傳，為《明史》之特例者三也。

## 附　明代系統表

史家記載歷代帝皇，有年號，有廟號，有諡法，有陵名。述史者舉某一朝之事，任舉其一端，或稱年，或稱廟，或稱諡，或稱陵。文法不一，所當熟記。又世次之先後，各帝即位之年，享國之數及其干支之紀歲，任舉其朝某事，一屈指而得其上下之距離，時代之關係，所謂知人論世不可少之常識。茲就明代歷帝以表明之，冀便記憶。

| 世數 | 廟號 | 諡法 | 年號 | 享國 | 陵名 | 干支 | 御名 | 即位 | 崩年 |
|---|---|---|---|---|---|---|---|---|---|
| 一 | 太祖 | 高 | 洪武 | 三十一年。除初，在位之四年並作洪武三十五年。後漸馳。革以建文 | 孝陵 | 自戊申至戊寅 | 元璋。明太祖姓朱，國號有惟，字曰國瑞。 | 四十一歲。以元順帝至正十二年，二十五歲從郭子興舉兵，二十七歲，四十韓林兒已亡，乃稱吳元年。明年即帝位，亦元年亡。 | 七十一歲 |
| 二 太祖嫡長孫，承祖嗣。 | 惠宗。弘光時追尊。 | 讓。弘光時諡。清又諡恭閔惠帝。史用清所上諡。 | 建文。革除時廢。後漸見文字中。至隆武時，始復命奉稱。 | 四年 |  | 自己卯至壬午 | 允炆 | 即位之歲不詳。會云洪武十年十一月己卯生於。 | 崩年難定 |
| 三 太祖第四子，篡祖嗣。 | 成祖。先稱太宗，嘉靖十七年改稱。 | 文 | 永樂 | 二十二年 | 長陵 | 自癸未至甲辰 | 棣 | 四十三歲 | 六十五歲 |
| 四 成祖長子嗣。 | 仁宗 | 昭 | 洪熙 | 一年 | 獻陵 | 乙巳 | 高熾 | 四十七歲 | 四十八歲 |

| 世數 | 廟號 | 謚法 | 年號 | 享國 | 陵名 | 干支 | 御名 | 即位 | 崩年 |
|---|---|---|---|---|---|---|---|---|---|
| 五　仁宗長子嗣。 | 宣宗 | 章 | 宣德 | 十年 | 景陵 | 自丙午至乙卯 | 瞻基 | 二十七歲 | 三十七歲 |
| 六　宣宗長子嗣。 | 英宗 | 睿 | 正統、天順。明一帝一年號，皆一年號，惟英宗被執，景帝嗣位，復辟後改號。 | 正統十四年，中間隔景泰七年，天順復位八年。 | 裕陵 | 正統自丙辰至己巳，天順自丁丑至甲申。 | 祁鎮 | 九歲 | 三十八歲 |
| 七　以當土木之變，英宗被執，時英宗又辟，後復英宗立。代宗介在英宗之中，本一世，難定位，惟其退正，返正功在社稷，功極廣，強宗社，退英宗，不能奪其世次，定為七世，故世為八世，而英宗以八世。 | 代宗。弘光時追尊。 | 景 | 景泰 | 八年。八年正月壬午，英宗奪門復位，二月乙未，遷郕王。癸丑朋，稱郕王薨。是年即改天順元年，而景泰止，以七年計數。 | | 自庚午至丙子，以七年計。 | 祁鈺 | 二十二歲 | 三十歲 |

| 世數 | 廟號 | 謚法 | 年號 | 享國 | 陵名 | 干支 | 御名 | 即位 | 崩年 |
|---|---|---|---|---|---|---|---|---|---|
| 八<br>英宗長子嗣。 | 憲宗 | 純 | 成化 | 二十三年 | 茂陵<br>（會要<br>誤作獻<br>陵）。 | 自乙酉<br>至丁未 | 見深 | 十八歲 | 四十一<br>歲 |
| 九<br>憲宗長子嗣。 | 孝宗 | 敬 | 弘治 | 十八年 | 泰陵 | 自戊申<br>至乙丑 | 祐樘 | 十八歲 | 三十六<br>歲 |
| 十<br>孝宗長子嗣。 | 武宗 | 毅 | 正德 | 十六年 | 康陵 | 自丙寅<br>至辛巳 | 厚照 | 十五歲 | 三十一<br>歲 |
| 十一<br>武宗無子，<br>以憲宗孫、<br>興獻王之子<br>世子入嗣，<br>與武宗為同<br>輩。 | 世宗 | 肅 | 嘉靖 | 四十五年 | 永陵 | 自壬午<br>至丙寅 | 厚熜 | 十五歲 | 六十歲 |
| 十二<br>世宗第三子<br>嗣。 | 穆宗 | 莊 | 隆慶 | 六年 | 昭陵 | 自丁卯<br>至壬申 | 載垕 | 三十歲 | 三十六<br>歲 |

| 世數 | 廟號 | 諡法 | 年號 | 享國 | 陵名 | 干支 | 御名 | 即位 | 崩年 |
|---|---|---|---|---|---|---|---|---|---|
| 十三<br>穆宗第三子嗣。 | 神宗 | 顯 | 萬曆 | 四十八年。四十八年七月丙申朔。八月丙午朔，光宗即位。九月乙亥朔，光宗崩。已定明年為泰昌，光宗又改明年為天啟。而泰昌之號無所附麗，遂以八月以後為泰昌元年而萬曆之年止於是年七月。 | 定陵（會要作永陵，誤） | 自癸酉至庚申，以四十八年計。 | 翊鈞 | 十歲 | 五十八歲 |
| 十四<br>神宗長子嗣。 | 光宗 | 貞 | 泰昌 | 一年不足，即在萬曆四十八年之八月以後五個月。 | 慶陵 | 庚申 | 常洛 | 三十九歲 | 是歲 |
| 十五<br>光宗長子嗣。 | 熹宗 | 哲 | 天啟 | 七年 | 德陵 | 自辛酉至丁卯 | 由校 | 十六歲 | 二十三歲 |

| 世數 | 廟號 | 諡法 | 年號 | 喪國 | 陵名 | 干支 | 諱名 | 即位 | 崩年 |
|---|---|---|---|---|---|---|---|---|---|
| 十六　毅宗無子，弟信王嗣。 | 思宗，弘光時定。毅宗，弘光改。威宗，隆武改。 | 烈，弘光時上。端，清初。莊烈，清初又改。懷宗，清初。遂去廟號不用，而於諡上冠莊烈二字。先改稱愍帝，後稱莊烈愍帝。 | 崇禎 | 十七年。第十七年即清順治元年。 | 思陵。清初就所葬田貴妃壙加名。 | 自戊辰至甲申 | 由檢 | 十八歲 | 三十五歲 |
| 南明一　以神宗孫嗣，福王入嗣。 | 安宗，永曆時上。當隆武時，上尊號曰聖安。南明文字稱聖安皇帝。 | 質，隆武時。豫諡。簡，永曆時上。 | 弘光 | 一年不足。弘光元年五月初十日辛卯夜出走太平。十五日丙申，南都破，清兵抵港。光至蕪湖，黃得功戰而死，田雄挾弘光降。 |  | 乙酉半年。七月以後為隆武元年，是為清之順治二年。 | 由崧 |  |  |

| 世數 | 廟號 | 諡法 | 年號 | 享國 | 陵名 | 干支 | 諱名 | 即位 | 崩年 |
|---|---|---|---|---|---|---|---|---|---|
| 南明二 以太祖子唐王第八嗣王被擁戴。 | 紹宗，永曆時上。 | 當時又追上尊號曰思文。南明文宗稱思文皇帝。永曆時上襄。 | 隆武二年八月二十八日辛丑，被執。明臣戴廣州唐王弟聿鐭奉思文弟紹武，改元紹武。是年十二月，廣州破，絕食投繯死。 | 二年不足。桂王改元永曆，以丁亥為元年。然仍稱隆武三年在浙不奉永曆年號，不奉永曆年號，至隆武九年，乃去藍國號，奉表入桂。 |  | 自乙酉至丙戌。即清順治二年至三年。 | 聿鐭 |  |  |
| 南明三 以神宗孫嗣桂王被擁戴。 |  |  | 永曆 | 十五年。十三年三月入緬甸，為緬所留，明臣迎之不能出，是年十月戊子朔猶頒明年曆於緬。初三日戊申，為緬甸執獻清軍。 |  | 自丁亥至辛丑。即清順治四年至十八年。 | 由榔 |  |  |

第二編

各論

# 第一章
# 開國

　　中國自三代以後，得國最正者，惟漢與明。匹夫起事，無憑藉威柄之嫌；為民除暴，無預窺神器之意。世或言明太祖曾奉韓林兒龍鳳年號，為其後來所諱言，此不考史實而度以小人之心者也。明祖有國，當元盡紊法度之後，一切准古酌今，掃除更始，所定制度，遂奠二百數十年之國基。漸廢弛則國祚漸衰，至萬曆之末而紀綱盡壞，國事亦遂不可為。有志之人屢議修復舊制，而君相已萬萬無此能力，然猶延數十年而後亡。能稍復其舊制者反是代明之清，除武力別有根柢外，所必與明立異者，不過章服小節，其餘國計民生，官方吏治，不過能師其萬曆以前之規模，遂又奠二百數十年之國基。清無製作，盡守明之製作，而國祚亦與明相等明主中國二百七十七年，清主中國二百六十八年。故於明一代，當措意其製作，措意明之製作，即當究心於明祖之開國。

## 第一節　太祖起事之前提

　　《明史》斷代起於洪武元年，而敘明事者不能以洪武紀元為限，當以太祖起事之始為始。《史》〈本紀〉如此。陳鶴《明紀》，自注起元順帝至正十一年，夏燮《明通鑑》起至正十二年，皆與〈本紀〉相應合。夫言明一代之史，除一支一節之紀述不可勝數外，自以正史為骨幹。而變其體，則有《紀事本末》、有編年之《紀》及《通鑑》。《紀事本末》成於《明史》之前，其取材不限於《明史》。後來《明史》既成，清代

又以勅修名義成《通鑒輯覽》之《明鑒》及《綱目三編》。《明紀》及《明通鑒》乃敢準以下筆。清代之治《明史》者終不免有應顧之時忌，此俟隨時提清。今欲知史之本義，莫重於為法為戒。人知明之有國，為明驅除者群雄，不知群雄亦當時之人民耳。何以致人民起而稱雄，顛覆舊王朝，而使應時而起者得取而代之？此非群雄之所能自為，乃統治人民之元帝室迫使其民不得不稱雄，不得不群雄中造就一最雄者而與天下更始也。敘群雄者，以至正八年起事之方國珍為始。其實民得稱雄，已為較有知識、較有作用之健者，其人已不肯冒昧首禍犯令於清平之世，一皂隸縛之而遂就法，蓋已知綱紀盡弛，行之可以得志而後動也。故推元末之亂本，不能不溯元室致亂之故。

　　元之武力，自古所無，大地之上，由亞而歐，皆其兵力所到，至今為泰西所震驚。乃入中國不過數十年，遂為極散漫、極脆弱之廢物。其故維何？所謂「馬上得之，馬上治之」，不知禮法刑政為何事。凡歷朝享國稍久者，必有一朝之制度。制度漸壞，國祚漸衰。有經久難壞之制度，即有歷久始衰之國祚。有周之制度，即有周之八百年；有漢之制度，即有漢之四百年；唐宋皆然。惟元無制度，其享國即在武力之上，其能鉗制人民數十年而後動者，即其武力之橫絕歷代也。元之無制度，若但為其書不傳，則亦正有《元典章》等傳本，豈知元即有因襲前代之文物，元之當國者正絕不行用。此當從《元史》中於奏疏文求其反證，乃可得之。

　　順帝至正三年，監察御史烏古孫良楨以國俗父死則妻其後母，兄弟死則收其妻，父母死無憂制，遂上言：「綱常皆出於天，而不可變。議法之吏乃云：『國人不拘此例，諸國人各從本俗。』是漢人、南人當守綱常，國人、諸國人不必守綱常也。名曰優之，實則陷之；外若尊之，內實侮之。推其本心，所以待國人者不若漢人、南人之厚也。請下禮官有司及右科進士在朝者會議。自天子至於庶人皆從禮制，以成

列聖未遑之典，明萬世不易之道。」奏入不報。又至正十五年正月辛未，大鄂爾多儒學教授鄭阭建言：「蒙古乃國家本族，宜教之以禮，而猶循本俗，不行三年之喪；又收繼庶母叔嬸兄嫂。恐貽笑後世，必宜改革，繩以禮法。」不報。元至至正，已為末一年號，不過數年，瀕於亡矣，而猶以夷俗自居，曰「列聖未遑之典」，可知開國以來無不如是。其曰「議法之吏」，則固未嘗不言立法，惟法特為漢人、南人設耳。

　　元之國境廣大，民族眾多，蒙古謂之國人，中國本部謂之漢人，自余謂之各國人，亦云色目人。色目之中，西藏亦一色目，而又以信佛之故，縱西僧為暴於國中。錄《元通鑒》一則為例：

　　　　武宗至大元年戊申正月己丑，西番僧在上都者，強市民薪，民訴於留守李璧。璧方詢其由，僧率其黨持白梃突入公府，隔案引璧發，捽諸地，極撲交下，拽歸閉諸空室。久乃得脫，奔訴於朝，僧竟遇赦免。未幾，其徒龔柯等與諸王妃爭道，拉妃墮車毆之，語侵上，事聞，亦釋不問。時宣政院方奉詔，言：「毆西僧者斷其手，詈之者截其舌。」皇太子帝母弟仁宗。亟上言：「此法昔所未有。」乃寢其令。

　　此時尚為元之全盛時代，混一中國未及三十年，其了無制度如此。至元之兵力，西人至今震懾，然考之《史》，元亦並無經久之兵制，一往用其饑窮為暴、脅眾覓食之故伎，侵掠萬里，既得溫飽，即伎倆無復存焉，非若歷代軍制既定，威令久而後渝者比。再錄《元通鑒》一則見例：

　　　　成宗元貞二年丙申十月，贛州民劉六十聚眾至萬餘，建立名

號。朝廷遣將討之，觀望退縮，守令又因以擾良民，盜勢益熾
盛。江南行省左丞董士選請自往，即日就道，不求益兵，但率
掾吏李霆鎮、元明善二人持文書以去，眾莫測其所為。至贛
境，捕官吏害民者治之，民相告語曰：「不知有官法如此。」進
至興國，距賊營不百里，命擇將校分兵守地待命，察知激亂之
人悉置於法，復誅奸民之為囊橐者，於是民爭出自效，不數
日，六十就擒，餘眾悉散。軍中獲賊所為文書，具有旁近郡縣
富人姓名，霆鎮、明善請焚之，民心益安。遣使以事平報於
朝，博果密召其使，謂之曰：「董公上功簿耶？」使者曰：「某
且行，左丞授之言曰：『朝廷若以軍功為問，但言鎮撫無狀，得
免罪幸甚，何功之可言！』」因出其書，但請黜贓吏數人而已，
不言破賊事。時稱其不伐。

當成宗時，去統一中國僅十餘年，元貞二年，距世祖之死僅二
年，而蒙古在中國之兵力已如此。有事每倚漢人，惟宰相尚為世祖時
顧命舊臣，能容漢人，漢人因亦樂為之用，間有盜亂，旋即平之。至
順帝時之群雄，其起因大有可言矣。《明史》敘群雄以方國珍為始，起
於至正八年，順帝即位之第十四年。其前至元三年，順帝亦用至元紀年，
與世祖同年號，亦其無法度之證。順帝即位之第五年，廣州朱光卿反，汝寧
棒胡反，以後各地蜂起，久者互數年不定。而元之所以處分此事，則
蒙古既不足用，又仇漢人使不為用，夫然後群雄乃起，而群雄中遂有
明太祖其人，固知能成大事者，非輕逞其一朝之忿者也。其時中國之
不能不反元者，據述之如下：

至元三年廣州變起之後，四月癸酉，禁漢人、南人、高麗人不得
執持軍器，有馬者拘入官。是為因亂事而益歧視人民。是月，詔省院
臺部宣慰司廉訪司及部府幕官之長並用蒙古、色目人。是為歧視人民

而絕多數人登進之路。五月戊申，詔汝寧棒胡、廣東朱光卿、聶秀卿等皆係漢人，漢人有官於省臺院及翰林集賢者，可講求誅捕之法以聞。是為以種族之嫌忌，令已仕者皆不安於職。八月癸未，弛高麗執持軍器之禁。是為無自衛權者獨有漢人。又其前二月己丑，汝寧獻所獲棒胡彌勒佛小旗、偽宣敕，並紫金印、量天尺，時大臣有忌漢官者，取所獻班地上，問曰：「此欲何為邪？」意漢官諱言反，將以罪中之，侍御史許有壬曰：「此曹建年號，稱李老君太子，部署士卒以敵官軍，反狀甚明，尚何言？」其語遂塞。是又以逆臆之心料漢官或為漢人輕減反者罪名，則可將漢官皆坐以逆黨，而一律剗除之以為快。是歲，巴延請殺張、王、劉、李、趙五姓漢人，帝不從。是為宰相起意屠戮漢人，先就人數最多之姓為始。以姓分應殺不應殺，設想已極不道，帝雖不從，此風聲已不可令天下聞矣。後於至正十一年，巴延已敗，托克托代為相。六月，《通鑑》又書云：「丞相托克托議軍事，每回避漢人、南人；方入奏事，目顧同列，韓伯高、韓大雅隨後來，遽令門者勿納。入言曰：『方今河南漢人反，宜榜示天下，令一概剿捕。蒙古、色目因遷謫在外者，皆召還京師，勿令詿誤。』於是榜出，河北之民亦有變而從紅軍者矣。」紅軍者，是年劉福通起，用紅巾為號，謂之紅軍。未幾，芝麻李、徐壽輝相繼起，皆用紅巾，紅軍遂遍各行省。明年，郭子興起於濠，濠為太祖所居，遂亦相從而走險矣。《明史》所立群雄之傳，以方國珍為起事之最先，其以前之旋起旋滅者不計，即其以後如芝麻李之不久為元所滅者亦不計，以太祖所托始之故，郭子興不但有傳，且序於群雄之首。所為傳者共八人，其後三人：擴廓帖木兒、陳友定，雖起自義兵而能自發展，與群雄略同。然既盡忠於元，在明代修《元史》時當入之，如擴廓之義父察罕帖木兒，已入《元史》矣，擴廓事亦附見。但從順帝出亡後，尚有屢圖興復之兵，《元史》竟截去不載。友定之殉元，尚在順帝未遁之時，何以亦不

與察罕為同類？至把匝剌瓦爾密，尤為元之宗室，據其封國，不肯降明而死，何為與群雄同列？《元史》無宗室傳，故不輯為有系屬之傳，然有〈諸王表〉，亦未於雲南王忽哥赤之後列至把匝剌瓦爾密，遂以最後殉國之宗王，亦不入《元史》。至《明史》乃紀之為群雄之列。清修《明史》因之，於《明史》中列元臣傳。清又於《明史》中遺張煌言、李定國、鄭成功等，今乃入《清史稿》。此與明修《元史》有意漏落擴廓等若相應和。此一異也。

## 附　群雄系統表說

### 第一　史實之系統表

方國珍　至正八年起黃岩。二十七年，入朝於吳，是年明祖稱吳元年。居京師，受官以善終，無名號。

劉福通　至正十一年起潁州。十五年，覓得韓林兒於武安山中，奉為主，稱帝，建國號宋，紀元龍鳳。其黨四出，掠地甚遠，他股歸附，奉宋年號者亦多。二十二年，為張士誠將呂珍所破，殺福通。明祖救宋，擊退珍，以林兒歸滁州，尚奉其號。明年，太祖乃以林兒之命，由吳國公晉封吳王。二十六年，林兒死。明年，太祖乃稱吳元年。又明年，遂稱明，改元洪武。太祖無所藉於林兒，惟以人心思故宋，林兒既稱宋，故用其號。劉福通起事，以紅巾為號，故稱紅軍。同時起而應之者，若芝麻李、徐壽輝、郭子興皆稱紅軍。於各股稱紅軍者尚多，史所不甚詳，從略。

芝麻李　至正十一年起徐州。本名李二，以曾出芝麻一倉救饑民，為眾所推。所號召為河工夫，元末童謠：「石人一隻眼，挑動黃河天下反。」係以此咎賈魯之治河。其實魯治河為後世法，為百年利，元之政不足善河工

之後耳。十二年，為元丞相脫脫所破，餘黨併入濠州，亦與濠同附宋而終，無名號。

徐壽輝　至正十一年起蘄州，稱帝，國號天完，紀元治平。掠地亦廣。二十年，為其將陳友諒所弒。

陳友諒　至正二十年弒壽輝稱帝，改國號漢，紀元大義。二十三年，與明祖戰，敗死。其子理嗣，改元德壽。明年，降吳，授爵歸德侯，並封友諒父承恩侯。

明玉珍　亦壽輝將，據蜀。聞友諒弒壽輝，二十二年稱隴蜀王，明年稱帝，國號夏，紀元天統。二十六年，玉珍死，子升嗣，改元開熙。洪武四年降，授爵歸義侯。

郭子興　至正十二年起濠州。明祖家於濠，子興既起，明祖謀避兵不果，遂從子興起。未幾，子興為芝麻李餘黨來奔者彭大、趙君用所制，不安於濠，依明祖於滁州。十五年卒，無名號。子天敘，猶與明祖同領所部，未幾戰死。洪武三年，追封子興滁陽王。

張士誠　至正十三年起於泰州，稱誠王，國號大周，紀元天祐。十七年降元，去號。二十三年再稱吳王。世以其居平江，稱東吳。而明祖先稱吳國公，居建康，謂之西吳。二十七年徐達等破平江，士誠自縊死。

## 第二　史傳之系統說

〈郭子興〉〈韓林兒〉兩傳為一卷。子興以太祖初起依倚，且娶其養女，即後稱高皇后者，用舊恩冠群雄首。林兒聽命於劉福通，且起事由福通，數年後乃入軍中，擁空名號。史不為福通立傳。林兒以稱宋後，用宋號為明祖所暫戴，亦用舊義次子興。

〈陳友諒〉〈張士誠〉〈方國珍〉〈明玉珍〉四傳為一卷。友諒、玉珍皆由天完將分繼天完所據土地，立國僭號。友諒先以篡弒，取江漢於天完。玉珍聞之，不服屬友諒，亦自據蜀立國。天完徐壽輝首事，立國建號，史不為之傳。至正十七年，明祖取太平，與天完鄰，遂與友諒相戰伐。史止敘友諒、玉珍為傳。張士誠起較後，方國珍起最先，皆類傳於一卷中。

〈擴廓帖木兒〉〈陳友定〉〈把匝剌瓦爾密〉三傳為一卷。此與群雄性質不同。擴廓父事察罕帖木兒，父子以起兵為元平亂受元官職。察罕已入《元史》，擴廓在元未亡以前，事亦附見，獨留從亡以後事不敘，遂於《明史》中列〈群雄傳〉。友定亦由起兵平亂全有福建，忠於元。其起兵之年不詳，《史》但言至正中應汀州府判蔡公安募討賊，陳友諒屢遣將侵閩，友定戰卻之，盡復失地。以二十六年為福建平章。二十八年，明祖已稱洪武元年，明兵平福建，友定死之，事在春正月。是年八月，徐達始入大都，元帝北遁。友定始終為元臣。把匝剌瓦爾密為元世祖第五子雲南王忽哥赤之裔。《元史》不立諸王傳，自忽哥赤以下即無傳。惟〈諸王表〉見雲南王忽哥赤之名，略係其後嗣，而並不列把匝剌瓦爾密。於是元宗藩之最後盡忠者，竟不見於《元史》，而入明之〈群雄傳〉。

## 第二節　太祖起事至洪武建元以前

三代以下，名為禪讓，實乃篡奪，得國惟以革命為正大。革命之起，急於稱帝稱王者，篡奪之心理也，惟以弔民伐罪為號召，則必不以己身之名號駕乎為國為民之上。亦有雖不知革命意義，而自量其不足爭名號，惟挾其狡健乘亂以僥一時之利者，若群雄中之方國珍，不

稱名號，而反側甚久，雖無大志，究不失自知之明，其卒以善終，即
其智足自衛。至元之遺忠，由《明史》強列於群雄者，自當別論，其
餘則無不急於竊號以自娛。太祖依郭子興以起，子興起於濠州，與孫
德崖輩四人局處一城，未久即為芝麻李餘黨彭大、趙君用所凌占。
彭、趙據濠以稱王，子興反恃太祖得滁而走依之，然即欲稱王於滁，
為太祖勸阻而勉輟，遂無聊而死。至太祖既下集慶，元集慶路，太祖改應
天，即今南京。又得沿江諸郡，始設元帥府及行中書省，自總省與府之事
以統軍民之政，不過仍元代官署之名為治理之作用而已。元惟仇視漢
人，於南人尤甚。太祖起自南方，所至禮其賢雋，得徽州後，鄧愈薦
徽儒李升，召問治道，對以「高築牆」、「廣積糧」、「緩稱王」三語，
太祖善之。就此三語，即可見非當時群雄所能了解。高築牆，則非流
轉飄忽之劫盜；廣積糧，則非妨農曠土隨地因糧之饑軍，必如此而後
可以救離亂；再以緩稱王為不竊名號之表示。太祖善之，此實可信其
非浮慕，有事實可證也。至正十六年三月，始下集慶，前一年，先由
和州取太平，其間分徇近邑，兵事正劇，乃十七年五月，紀書：「上
元、寧國、句容獻瑞麥。」其急倡農務可知。十八年二月，太祖以軍興
民失農業，乙亥，以康茂才為營田使。此皆並世所無之事，不惟倡亂
之群雄所未暇，即元之行省又何嘗念及此也。至稱號一事，終以仍用
元代官名無從表異於為元之義軍，故於十六年七月稱吳國公，而先於
十五年奉韓林兒之通檄用宋年號，此非心服劉福通及林兒，為種族之
見，人心思宋，奉宋則名義較安耳。嗣後，至林兒為張士誠軍所覆
滅，福通見殺，太祖以林兒歸，時已至正二十三年，陳友諒敗死、張
士誠窮蹙之後，乃用林兒名義，進號吳王，猶用林兒龍鳳年號。至
二十七年，乃以吳紀年，仍無年號，則在林兒已死之後也。林兒本由
太祖救安豐時拔回，置之滁州。二十六年，遣廖永忠迎歸應天，至瓜
步，覆其舟，林兒死。〈永忠本傳〉言：「帝以咎永忠。及大封功臣，

諭諸將曰：『永忠戰鄱陽時，忘軀拒敵，可謂奇男子，然使所善儒生窺朕意，徼封爵，故止封侯而不公。』」此可知永忠自希太祖旨，而太祖竟無意於此，特林兒本毫無可擁之呆豎，生死不足計，不以此正永忠之罪耳。太祖自始非受林兒絲毫庇蔭，非借林兒絲毫權勢，天下大定，若林兒不死，太祖必有以處之。如漢如夏，力屈來降，猶封以侯爵；郭子興則追封王爵；若封林兒亦必比於滁陽，及身而止，豈慮其尚有餘焰復然邪？廖永忠之瓜步沉舟，實為多事，然太祖若正其罪，反擬以名分歸林兒，亦可不必，但心鄙之而已。後來儒生以太祖初用龍鳳年號為失策，如《明通鑒》所論，其實亦重視空文，所見與廖永忠相類。總之，不足深論也。

　　至其戡亂之成功，應外來之機會者半，恃自有之勝算者亦半。當微弱之時，不無以身試驗之事；逮規模稍定，即純以法度裁之，無僥倖求濟之事，此為數百年基業所由奠，非奸雄規一時之利者所能及也。太祖當困極為僧之日，居濠之皇覺寺，紅軍已遍起於徐、潁、蘄、黃，郭子興以濠應之。太祖思避兵，卜於神，謀所向，去留皆不吉；卜從亂，乃大吉。此非真聽命於神也，元之可取，明者知之，但匹夫能否取而代之，此非人謀所能料，從亂軍以救死，毫無憑藉，將依倡亂之人為憑藉，其人又非素有倚信之人，欲往從之，只可以濟否托諸命運，故以卜決疑。讀史者不當信其卜之有神，但窺其當疑而疑，便非奸人走險舉動。夫子興則平常一倡亂者耳，收容太祖非有真知，猜疑太祖亦無定識，幸自始即得其以養女馬公女相配，所配又即最有意識之高皇后，得向子興妻時時調護，而太祖乃由子興所任軍職之名義外出收軍，豪傑歸向，一朝開國諸元勛大半結納於此時。人才之所由聚，大抵由元忌南人，南人尤多在草澤，特無可與共事之人而未出耳。共有效死之計，得可信重之人而效命，宜其相踵而至耳。在子興軍中有親冒矢石之危，且曾為孫德崖軍所執而欲加害，有張姓者

力止之，乃與子興所執之德崖交換釋還，此皆微弱時之不無賴有天幸也。

既得應天，領有江南數郡之地，斯時應付三方，其於中原，則純恃機會。元之兵雖竄敗，若得肯奉職之將，宪以朝命徵調，國威震懾，絕非倡亂者所易敵。脫脫以丞相督師，一平芝麻李如拾芥，再攻張士誠，幾下其都高郵州城，以讒去，士誠乃倖免。前平芝麻李時，李餘黨遁入濠州，脫脫遣賈魯圍濠，亦幾陷，賈魯忽以暴疾卒，圍解，否則郭子興一軍亦無噍類，太祖或與並盡矣。脫脫亦已非元臣之知大體者，然尚有為元用命之心，元帝信讒竄逐之，後惟荒淫無道，邪僻用事。劉福通紅軍四出，其將關先生、破頭潘、馮長舅、沙劉二、王士誠趨晉、冀，遍及山西，分出京東，毀上都宮殿，<small>上都為元世祖始都，即今多倫地</small>。從此元帝無北巡之事，陷遼陽，直抵高麗；白不信、大刀敖、李喜喜趨關中，陷興元，<small>今漢中南鄭</small>。入鳳翔，為察罕帖木兒所破，乃入蜀，又分陷寧夏、靈武諸邊地；毛貴出山東北犯，元義兵萬戶田豐亦降福通，遍陷山東諸郡，合毛貴逼畿輔，順帝至議遷都，遍征四方兵入衛；福通自出沒河南北，取宋舊都為韓林兒都，宋之名號行於中國者大半。元之國勢如此，自無暇復問江左，惟義兵中有察罕一軍，力遏紅軍，由陝東下，破宋都，又平山東，幾欲蕩定中原，駸駸南下。太祖亦已遣使通好，察罕報書而留使不遣。未幾，察罕為降人田豐等所刺死，子擴廓仍統其軍，來歸前使。其時元命戶部尚書張昶、郎中馬合謀來授太祖為江西行省平章政事，太祖以察罕已死，不受命，殺馬合謀，留張昶用之。擴廓雖能繼察罕之事，而與察罕同起事者不服，又元將之稍能軍者字羅帖木兒日夜與擴廓相攻，以故太祖終無北顧憂。逮字羅挾元帝肆虐見誅，元亦不可為矣。此所謂予太祖以機會者也。

至陳友諒、張士誠二敵，實為太祖剗除之資。太祖起淮西，士誠

起淮東；太祖取集慶，士誠取平江。江左一隅，同時分占，旁收列郡，所在接觸。友諒則在長江上游，以池、太之間為兵衝。以兵力言，陳悍於張；以戰事言，張繁於陳。常情必悉力於張矣，太祖則知張為自守虜，陳銳於展拓，急攻張則陳必合而相圖；急攻陳，張不遽合，後顧之憂較緩，故反誘友諒速來。友諒與太祖將康茂才有舊，茂才亦新自集慶降太祖，太祖使其以願為內應誘友諒直趨建康。當是時，友諒來侵，勢張甚，欲迎敵，則慮其偏師綴我，乘建康之空虛，順流捷下，覆我根本，諸將至有議乞降者。太祖與劉基決策，誘其深入，設伏以待於境，大破之。士誠自懼，不敢動。此以籌略勝也。既乘勝略定上游列郡，而士誠又自淮東攻安豐，今壽縣。時韓林兒之汴都為察罕所破，劉福通挾以退安豐，太祖慮士誠得安豐則難制，急救安豐，劉基勸阻，不聽。士誠將呂珍已攻殺福通，太祖擊退珍，取林兒歸置滁州，棄安豐不守，為元將竹昌等所襲取，亦聽之。友諒先據龍興，為江西要地，至是已降太祖，友諒急攻之，朱文正、鄧愈等力守不下，太祖自安豐歸後救之，大戰都陽湖中。史載太祖危而獲濟，有劉基促太祖易舟免炮擊、周顛用洞元術祭風、張中預克決勝時日諸異跡，此皆不足深論。惟太祖於勝後謝劉基，謂：「不聽勸阻，從事安豐，使友諒不頓兵於洪都太祖取龍興，改名洪都。後改南昌，直取建康，則大事去矣。」此則亦微有僥倖也。友諒以此役中流矢死，其太尉張定邊自軍中挾友諒之子理回武昌，僭帝號，明年亦降。於是士誠益無能為。士誠先以其弟士德為太祖所獲，士德為略取浙西最有力之人，被擒，大沮喪。太祖欲留士德招士誠，士德密通信士誠，令降元以圖建康，不食而死。士誠因去號受元官，又不能守臣節，後平江既破，家屬自焚死，士誠亦自縊，其兄弟皆不屈。友諒、士誠皆平，方國珍自降，於是克福建，陳友定殉節仰藥死，徐達等北伐，遂入大都，元帝北遁。是年，太祖始建元洪武，克大都，則洪武元年之八月庚午也。

先是，上年十月，既平張士誠，即議北伐，常遇春謂：「南方已定，兵力有餘，直搗元都，都城既克，餘皆建瓴而下。」太祖曰：「元建都百年，城守必固，懸師深入，頓於堅城之下，饋餉不繼，援兵四集，非我利也。先取山東，撤其遮罩；旋師河南，斷其兩翼；拔潼關而守之，據其戶檻。天下形勢，入我掌握，然後進兵元都，彼勢孤援絕，不戰而克。既克元都，鼓行而西，雲中、九原以及關、隴，可席捲而下。」於是北伐以山東為始。洪武元年二月，山東悉平，移師河南，四五月間，行省平章梁王阿魯溫送款，阿魯溫即察罕帖木兒之父也。迭克陝、虢，遂取潼關，關中諸將李思齊、張良弼輩西竄。聲援已絕，進取元都，太祖諭徐達：「克城之日，毋擄掠，毋焚蕩，毋妄殺人，必使市不易肆，民安其生，凡元之宗戚，皆善待之。」以閏七月規取河北，兵不留行，拒戰甚少。是月二十七日丙寅，遂入通州，元主宵遁。八月二日庚午，師至元都齊化門，即填濠登城而入，僅執殺監國宗室淮王帖木兒不花、太尉中書左丞相慶童等數人，封府庫，籍寶物，故宮殿門，以兵守之，宮人妃主，令其宦寺護視，號令士卒無侵暴，人民安堵。是為明祖代元有國之日。就《明史》言，以洪武紀元為始；就歷代史書系統言，則以大都克後為元亡，乃成統一之明帝國也。

其開國之兵事，雖不能截清於元亡以前，然亦大致已定。此後成兩種事狀：一、迅掃之餘孽；二、永久之防禦。平漢、平吳、平閩，已略敘於前。元之兩廣，廣東屬江西行省，廣西屬湖廣行省，廣西又轄海北海南道及播州安撫司，蓋以南方荒服視之也。平漢之後，已取江西、湖廣兩行省，然未暇遽問兩廣。至吳元年，即至正二十七年，十月，始命湖廣行省平章楊璟取廣西。而取廣東則海道為便，故於平閩之師既取福建沿海諸郡，即移水師入廣東，事在洪武元年，即至正二十八年。二月，廣西稍有戰事，廣東則元左丞何真保境歸降。何真

亦由義兵起，平諸郡亂，元遂授以江西行省之廣東左丞，有威惠，為眾所歸，知明祖之能定中國，兵至即降。取廣東之師在後，而廣東反先平，會湖廣之師定廣西，真之力也。兩廣之平，亦在洪武元年之秋，與北伐克元都為同時。至蜀與滇，僅能自守，無意於境外之事，故至洪武四年而後平夏，洪武十四五年而後平滇。此皆有征無戰，以不嗜殺之心俾定於一而已。北方則大都下後，王保保即擴廓帖木兒。方據山西，奉元帝詔圖恢復，出兵攻大都。徐達不與迎敵，委大都於守將孫興祖、華雲龍，先本奉詔入山西，元年十一月，王保保兵由雁門緣邊向北平，明取大都，改名北平。達軍乘虛取太原，保保還救，又大敗，保保走甘肅，山西遂平。二年三月，移兵入陝西，時陝西直轄甘肅境，其兵皆察罕同起之李思齊所統，大軍以次削平，或降或斬，至是年八月，陝西悉平。惟保保入甘肅後，擁兵塞上，猶時時擾西北邊。三年正月，再命徐達、李文忠、馮勝、鄧愈、湯和等大發兵肅清沙漠。六月，大破保保兵，擒故元王公貴官一千八百餘人，士卒八萬四千餘人，馬駝雜畜巨萬計。保保挾妻子奔和林，而元主於四月丙戌崩於應昌，子愛猷識理達臘嗣。元主為宋少帝入元後所生之子，生於元仁宗延祐七年庚申，距宋太祖開國之年為第六庚申。先是相傳宋太祖因陳摶有「怕聽五更頭」之言，故全宮中四更末即轉六更，終宋世皆然。六更者，更鼓將盡，作繁聲以結之，謂之蝦蟆更。宋祖未悟更之為庚，後於第五庚申而元世祖即位，越十七年而滅宋，第六庚申而順帝生，遂以亡元，仍為漢人所得。帝北遁之次年，太行隱士葛溪權衡作《庚申外史》著其事。明祖詔書中亦稱順帝為庚申君；又詔寧王權編《通鑑博論》，直書瀛國外婦之子，綿延宋末六更之讖。清代學者頗主此說，全謝山並詳考《元史》中，帝之生於塞外，及文宗徙之高麗，再徙廣西，謂非明宗之子，帝即位，追封其生母邁來迪后及以皮繩馬尾拴召虞集之事，佐證實多，非漢人思宋而托為此言以自慰也。

愛猷識理達臘早為太子，嗣位於應昌，時李文忠追元主，克興和，取開平，興和、開平皆在宣府。開平為元之上都，非今灤州之開平。聞元主崩，疾趨應昌，元嗣主再北遁和林，用王保保自輔。文忠獲元帝孫買的里八剌及后妃諸王官屬數百人，得宋元歷代冊寶等物，駝馬牛羊無算，窮追至北慶州而還，又降元兵民數萬。王保保輔元嗣主，屢擾邊。五年正月，再命徐達等北征。五月與王保保戰，敗績，死數萬人，自是明兵不復大舉出塞。八年，王保保卒。元嗣主篡奪相尋，十餘年而五易其主。自二十年平海西，元左丞納哈出降，元無復治理中國遺跡，亦遂去帝號而稱汗。終明之世，時而順服，時而侵擾，以致九邊設備，解嚴之歲較稀。凡此皆濠、滁起事以來，以武戡亂之餘波，故雖延及洪武年間，仍附於開國以前之武事，以明其所謂馬上得之者如此。

## 第三節　明開國以後之制度

　　自有史以來，以元代為最無制度，馬上得之，馬上治之。當其清明之日，亦有勤政愛民，亦有容納士大夫一二見道之語，然於長治久安之法度，了無措意之處。元以兵力顯，試觀《元史·兵志》，止有僉軍、補軍、調軍、遣軍之法，別無養軍、練軍之法，是仍裹脅趨利之故技，其他非所問也。元以兵耀萬古，於兵之無制度且然，其他刑罰、食貨，一切苟簡，所謂無規矩而信離婁之明公輸子之巧，無六律而任師曠之聰者也。明承法紀蕩然之後，損益百代，以定有國之規，足與漢唐相配。唐所定制，宋承之不敢逾越；明所定制，清承之不敢過差，遂各得數百年。明祖開國規模，惟《紀事本末》立有專篇，欲錄之不勝錄也，且即盡錄之，亦尚未足見太祖制度之真相也。史載一朝之制度，各為專志，古人言：「讀史要能讀志。」此說是矣，然即讀志而仍未能然也。今於明祖創意所成之制度，於史志以外，略舉他

書，疏通證明之，見明祖經理天下之意。以一二端為例，學者可循是以求之。

　　國之興亡係於財之豐耗，阜財者，民也；耗財者，軍也。此就經制之國用言。若夫無道之糜費，如土木、淫祀、私恩設官、後宮濫賞，一切不如法而人人知為弊政者，不在議論之列。先言民事。

　　〈食貨志〉：太祖籍天下戶口，置戶帖、戶籍，具書名、歲、居地，籍上戶部，帖給之民，有司歲計其登耗以聞。及郊祀，中書省以戶籍陳壇下，薦之天，祭畢而藏之。其視戶籍之重如此。洪武十四年，詔天下編賦役黃冊，以一百十戶為一里，推丁糧多者十戶為長，餘百戶為十甲，甲凡十人，歲役里長一人，甲首一人，董一里一甲之事，先後以丁糧多寡為序。凡十年一週曰排年，在城曰坊，近城曰廂，鄉都曰里。里編為冊，冊首總為一圖。鰥寡孤獨不任役者，附一甲後為畸零；僧道給度牒，有田者編冊如民科，無田者亦為畸零。每十年有司更定其冊，以丁糧增減而升降之。冊凡四：一上戶部，其三則布政司、府、縣各存一焉。上戶部者冊面黃紙，故謂之黃冊，年終進呈，送後湖東西二庫庋藏之，歲命戶科給事中一人、御史二人、戶部主事四人釐校訛舛。其後黃冊只具文，有司徵稅編徭則自為一冊，曰白冊。

　　　　按此段又見〈范敏傳〉。為敏所定之法，文字略同。惟文意當申言之，云：「每十年有司更定其冊。」又云：「黃冊年終進呈，歲命給事中、御史、主事等官釐校訛舛。」則十年造冊，乃年年有所更改，閱十年而清造一次，非十年中不動也。其後黃冊為具文，自指太祖以後。當太祖時，戶部與司、府、縣均直管此冊，並郊祀薦天。黃面以充御覽，遣科道司官負釐校之責，若有發覺飛灑詭寄之弊，干連者眾，並且常在御覽之中，夫子

視此為國本，薦於郊祭。其後，造冊之制，由清襲用而延至於今，惟黃冊早為具文，已浸失太祖重民之恉矣。

洪武四年九月丁丑，帝以郡縣吏每額外徵收，命有司料民田，以田多者為糧長，專督其鄉賦稅。糧萬石，長副各一人，輸以時至，得召見，語合，輒蒙擢用。八年十二月，並定糧長有雜犯死罪及流徙者，許納銅贖罪。

按明糧長之制，屢革屢復而終革，原其為制，非永制也。始以定里長之法而革糧長，以里長代之，旋又復。景泰間，革湖廣及江北各府及福建等處糧長。自都北京後，南糧運道太遠，宣德間改軍民兌運，民運止達淮安瓜洲，兌與衛所官軍，運載至北，糧長更無召見之路。後來非官累糧長，即糧長擾民，革之猶不盡，時時賴臣工條列其弊，以禁令為之補救而已。然在太祖定法，則以此為天子自與人民親接之一端，見之史者，如〈孝義‧鄭濂傳〉，濂以糧長至京，帝問治家長久之道，對曰：「謹守祖訓，不聽婦言。」帝稱善。據《今言》，洪武時又有詔天下民年五十以上來朝京師，訪民疾苦，有才能者拔用之；其年老不通治道，則宴賚而遣之。自是來者日眾。二十六年，詔免天下耆民來朝，則見〈本紀〉。此則來者任其自願，不用其言，亦邀宴賚，其來遂無限制，久而不得其益，乃罷之。此皆惟太祖可行之制。充太祖親民之意，不欲專就選士俊士中求言，絕非後來帝閽難扣之象，而一時浮收中飽，惠澤不下之弊，早不禁而自絕矣。

《元通鑑》：至正二十六年二月辛巳，吳下令禁種糯稻，以塞造酒

之源。

　　洪武元年，太祖初立國，即下令：凡民田五畝至十畝者，栽桑、麻、木棉各半畝，十畝以上倍之。麻，畝徵八兩；木棉，畝四兩；栽桑，以四年起科。不種桑，出絹一匹；不種麻及木棉，出麻布、棉布各一匹。此農桑絲絹所由起。九年，定布絹與米麥相折之價。

> 按此用〈食貨志〉文。據〈楊思義傳〉，為思義任戶部尚書所請定。當時四方軍事正亟，而勸課之為尤亟如此，烏有聽其荒廢或任種有害之物之理。

　　十四年，上加意重本抑末，下令：農民之家，許穿紬紗絹布；務賈之家，止許穿布；農民之家，但有一人為商賈者，亦不許穿紬紗。出《農政全書》十八年，諭戶部曰：「人皆言農桑衣食之本，然業本必先於黜末，自什一之塗開，奇巧之技作，於是一農執耒而百家待食，一女躬織而萬夫待衣，欲民之毋貧得乎？朕思足食在於禁末作，足衣在於禁華靡，宜令天下四民，各守其業，不許游食，庶民之家不許衣錦繡。」出《洪武實訓》。

> 按阜民以節儉為始，治世皆然，何論國難。但必非在上者以奢導民，而徒以禁令束民所能使其耳目歸一，不自厭其質樸也。姑就《紀事本末》所載者證之，至正二十六年時太祖尚稱吳王。六月，命有司訪求古今書籍，因謂侍臣詹同等有曰：「每於宮中無事，輒取孔子之言觀之，如『節用而愛人，使民以時』，真治國良規。孔子之言誠萬世師也。」十二月，以明年為吳元年，建廟社，立宮室。己巳，典營繕者以宮室圖進，太祖見雕琢奇麗者命去之，謂中書省臣曰：「千古之上，茅茨而聖，雕峻而亡。

吾節儉是實，民力其毋殫乎？」吳元年至正二十七年九月癸卯，新內三殿成，曰奉天、華蓋、謹身。左右樓曰文樓、武樓。殿之後為宮，前曰乾清，後曰坤寧，六宮以次序列，皆樸素不為飾。命博士熊鼎類編古人行事可為鑒戒者，書於壁間；又命侍臣書《大學衍義》於兩廡壁間。太祖曰：「前代宮室，多施繪畫；予用此備朝夕觀覽，豈不愈於丹青乎？」是日，有言瑞州出文石，可甃地。太祖曰：「敦崇儉樸，猶恐習於奢華，爾不能以節儉之道事予，乃導予侈麗！」言者慚而退。洪武元年三月乙酉，蘄州進竹簟，命卻之，諭中書省臣曰：「古者方物之貢，惟服食器用，無玩好之飾；今蘄州進竹簟，未有命而來獻，天下聞風，爭進奇巧，則勞民傷財自此始矣，其勿受。仍令四方：「非朝廷所需，毋得妄獻。」八月，有司奏造乘輿服御諸物，應用金者特命以銅為之，有司言：「費小不足惜。」上曰：「朕富有四海，豈吝於此？然所謂儉約者，非身先之，何以率下？且奢侈之原，未有不由小至大者也。」十月甲午，司天監進元所置水晶刻漏，備極機巧，中設二木偶人，能按時自擊鉦鼓。上覽之，詔侍臣曰：「廢萬機之務，用心於此，所謂作無益害有益也。」命左右碎之。先是至正二十四年，平漢後，江西行省以友諒鏤金床進，太祖觀之，謂侍臣曰：「此與孟昶七寶溺器何異耶？一床工巧若此，其餘可知，窮奢極侈，安得不亡？」命毀之。十二月己巳，上退朝還宮，太子諸王侍，上指宮中隙地謂之曰：「此非不可起亭臺館榭為遊觀之所，誠不忍重傷民力耳，昔商紂瓊宮瑤室，天下怨之；漢文帝欲作露臺，惜百金之費，當時國富民安。爾等常存儆戒！」六年十一月，潞州貢人參。上曰：「人參得之甚艱，毋重勞民，往者金華進香米，太原進葡萄酒，朕俱止之，國家以養民為務，奈何以口腹累人？」命卻之。凡此皆洪武初年之

事。太祖惟率先恭儉，而後立法以整齊一國，則人已以樸為榮，以華為辱矣，況復有法令在耶！其中如毀元宮刻漏一事，此亦中國巧藝不發達之原因；但使明祖在今日，亦必以發展科學與世界爭長，惟機巧用之於便民衛國要政，若玩好則仍禁之，固兩不相悖，決不因物質文明而遂自眩其耳目。

二十年，命國子生武淳等分行天下州縣，隨糧定區，區設糧長四人，量度地畝方圓，次以字號，悉書主名及田之丈尺，編類為冊，狀如魚鱗，號曰魚鱗圖冊。先是黃冊之制，以戶為主，詳具舊管、新收、開除、實在之數，為四柱式；而魚鱗圖冊以土田為主，諸原、阪、墳、衍、下、濕、沃、瘠、沙、鹵之別畢具。於是以魚鱗圖冊為經，凡土田之訟質焉；黃冊為緯，凡賦役之法定焉。其有質賣田土者，備書其稅糧科則，官為籍記之，於是始無產去稅存之患。

魚鱗區圖之制，為田土之最要底冊，明祖創之，清代仍用，然在江南則有之，江蘇之江北即不能皆具。要之，此法沿自明代，今各國之所謂土地臺賬，即此法也。明於開國之初，即遍遣士人周行天下，大舉為之，魄力之偉大無過於此，經界由此正，產權由此定，奸巧無所用其影射之術，此即科學之行於民政者也。當時未措意科學，而盡心民事者自與之暗合；苟不勤民，即科學發達，人自不用，此以見政治科學即由勤政精思以得之耳。

又以中原田多荒蕪，命省臣議，計民授田，設司農司，開治河南，掌其事。臨濠之田，驗其丁力，計畝給之，毋許兼併。北方近城地多不治，召民耕，人給十五畝，蔬地二畝，免租三年。每歲，中書

省奏天下墾田數，少者畝以千計，多者至二十餘萬。官給牛及農具者，乃收其稅；額外墾荒者，永不起科。設司農司在三年五月，時中書省猶未廢，故志文如此。二十六年，核天下土田，總八百五十萬七千六百二十三頃，蓋駸駸無棄土矣。

> 以上兩節皆〈食貨志〉文。再證以列傳中事實，〈循吏・方克勤傳〉：洪武四年，以方克勤為濟寧知府，時中原初定，詔民墾荒，閱三歲乃稅，吏徵率不俟期，民以詔旨不信，輒棄去，田復荒。克勤與民約，稅如期，區田為九等，以差等徵發，吏不得為奸，野以日闢。蓋雖有詔，而奉行仍賴良吏，惟賢有司得行其志。可見詔旨未嘗不信，但吏奸宜戢耳。至二十六年而奏大效，殆仍以賢有司不易得乎？克勤，方孝孺之父也。

　　觀明祖之勸課農桑，作養廉儉，已足藏富於民矣。夫其軍事方亟，大軍四出，取天下而統一之，華夏略定，又有出塞大舉。加以百廢待舉，建官署，設兵衛，壇廟宮殿，城垣倉庾，學校貢舉，頒爵制祿，時當開創，雖洪武中葉，兵事粗定，而需費浩繁，取於民者似不容緩，且當時專仰田賦，鹽法則借開中以代轉運，不為帑項之所取盈。乃自吳元年起，陸續免徵，正在軍事旁午之際，至十三年，並普免天下田租，其餘部分之蠲免，且有一免累數年者。蓋足國之要在墾土，有土此有財；豐財之要在自克其欲，移揮霍於私欲者以供國用，則雖用軍之際，不但軍給而並時時有以惠被兵之民，此為定天下之根本。茲匯舉明祖開國時蠲賦之事略如下：
　　至正二十五年，常遇春克贛州。漢將熊天瑞守贛，常加賦橫斂民財，及其降，有司請仍舊徵之，太祖曰：「此豈可為額耶？」命亟罷之，並免去年秋糧之未輸者。《元通鑑》。

吳元年至正二十七年，正月乙未，諭中書省：「太平、應天諸郡，吾
創業地，供億最勞。」戊戌，下令：「免太平租二年，應天、鎮江、寧
國、廣德各一年。」

五月，令：「徐、宿、濠、泗、壽、邳、東海、安東、襄陽、安陸
等郡縣，及自今新附之民，皆復田租三年。」六月戊申，賜民今年田
租。自五月旱，減膳素食，及是日大雨，群臣請復膳，乃有是令。

洪武元年正月甲申，詔遣周鑄等一百六十四人往浙西核實田畝，
諭中書省臣曰：「兵革之餘，郡縣版籍多亡，今欲經理以清其源，無使
過制以病吾民。夫善政在於養民，養民在於寬賦。其遣周鑄等往諸府
縣核實田畝以定賦稅，此外無令有所妄擾。」

> 按此出《紀事本末》。據《明史‧章溢傳》，處州田賦，以軍興
> 加至十倍。至是復舊。又〈劉基傳〉，處州糧復舊，視宋制猶畝
> 加五合，惟青田不加，太祖曰：「使伯溫鄉里世世為美談也。」
> 處州非浙西也，元之浙西道廉訪司轄杭、嘉、湖、嚴、蘇、
> 松、常、鎮、太各屬地。〈食貨志〉：「初，太祖定天下官民田
> 賦，凡官田，畝稅五升三合；民田，減二升；重租田，八升五
> 合五勺；沒官田，一斗二升。惟蘇、松、嘉、湖，怒其為張士
> 誠守，籍諸豪族及富民田以為官田，按私租簿為稅額，而楊憲
> 為司農卿，又以浙西膏腴，畝加二倍，故浙西官民田賦視他方
> 倍蓰，畝稅有二三石者。大抵蘇最重，嘉、湖次之，杭又次
> 之。」志文如此。蓋至是始遣鑄等往核，其後迭有輕減，而至
> 今猶為田賦獨重之地。太祖以喜怒用事，是其一失，然究是對
> 於偏隅，其大體固能藏富於民，深合治道也。

二月乙丑，命中書省定役法。上以立國之初，經營興作，恐役及

貧民，乃議驗田出夫。於是省臣議：田一頃，出丁夫一人，不及頃者，以別田足之，名曰均工夫。尋編應天十八府州、江西九江、饒州、南康三府均工夫圖冊。每歲農隙，赴京供役三十日，遣歸。其田多而丁少者，以佃人充夫，而田主出米一石資其用；非佃人而計畝出夫者，畝資米二升五合。

按此為古法。地與丁皆民所應輸於國，至清代康、雍兩朝，攤丁於地，始不復計丁，而人口亦愈難統計矣。

閏七月，詔免吳江、廣德、太平、寧國、和、滁水旱災租。

二年正月庚戌，詔曰：「朕淮右布衣，因天下亂，帥眾渡江，保民圖治。今十有五年，荷天眷佑，悉皆戡定。用是命將北征，齊、魯之民，饋糧給軍，不憚千里，朕軫厥勞，已免元年田租，遭旱，民未蘇，其更賜一年。頃者，大軍平燕都，下晉、冀，民被兵燹，困徵斂，北平、燕南、河東、山西今年田租，亦予蠲免。河南諸郡歸附，久欲惠之，西北未平，師過其地，是以未遑。今晉、冀平矣，西抵潼關，北界大河，南至唐、鄧、光、息，今年稅糧悉除之。」又詔曰：「應天、太平、鎮江、宣城、廣德，去歲蠲租，遇旱，惠不及下，其再免諸郡及無為州今年租稅。」

三年三月庚寅朔，詔免南畿、河南、山東、北平及浙江、江西廣信、饒州今年田租。是月戊戌，蠲徐州、邳州夏稅。

四年正月戊申，免山西、浙江被災田租。二月，免太平、鎮江、寧國田租。五月，免逝江、江西秋糧。八月甲午，免中都、淮陽及泰、滁、無為等州田租。十一月，免河南、陝西被災田租。

是年十二月，漢中府知府費震坐事逮至京師。震，鄱陽人，以

賢良徵為吉水知州，有惠政，擢守漢中。歲凶多盜，震發倉粟
十餘萬石貸民，約以秋成收還，民聞皆來歸，鄰境民亦爭赴
之。震令占宅自為保伍，籍之得數千家。上聞其事，曰：「此良
吏也，宜釋之以為牧民者勸。」越二年，設寶鈔局提舉，擢震
任之。十一年，帝詔吏部曰：「資格為常流設耳，有才能者當不
次用之。」超擢者九十五人，而拜震戶部侍郎，尋進尚書，奉
命定丞相、御史大夫歲祿之制，出為湖廣布政使，以老致仕。
此從《明通鑒》及〈震本傳〉輯。明祖用人，以能勤民事者為
標準，天下自然多循吏，而亂後之民得蘇息矣。

五年六月，振山東饑，免被災州縣田租。又自五月至七月，鳳
翔、平涼二府雨雹，傷豆麥，詔免其稅。又蘇州府崇明縣水，詔以所
報恐未盡，令悉免之。八月，免通州、海門縣被水田租。十月，免應
天、太平、鎮江、寧國、廣德諸郡縣田租。

地方報災，不予駁查，反恐所報未盡，令免通縣之稅，民斯勸
矣。此下太祖蠲賦在各地方者不概列，以省煩複。

洪武十三年五月甲午，雷震謹身殿。己亥，免天下田租。

按修德以消天變，古來政論如此。果能修德，自有益於民生，
即恆以天變為警動而為之，仍盛德事也。漢文、景之世，恆有
賜民數年田租之事。明祖當天下初定，已能如此，非自處於撙
節以愛養天下，何以得之？

洪武十五年五月丙子，廣平府吏王允道言：「磁州產鐵，元時置

官，歲收百餘萬斤，請如舊。」帝曰：「朕聞王者使天下無遺賢，不聞無遺利。今軍器不乏，而民業已定，無益於國，且重擾民。」杖之，流嶺南。

　　明祖時時以言利為非帝王之體，至杖流言利者。就明代言之，萬曆間言利之細人蜂起，礦使四出，無礦而指為礦，以訛索破民之家，則與太祖開國之法意正相反。〈食貨志〉：「徐達下山東，近臣請開銀場。太祖謂：『銀場之弊，利於官者少，損於民者多，不可開。』其後有請開陝州銀礦者，帝曰：『土地所產，有時而窮，歲課成額，徵銀無已，言利之臣，皆戕民之賊也。』臨淄丞乞發山海之藏，以通寶路。帝黜之。」此皆洪武年間之事。不害民即所以利國，深合中國聖賢遺訓。萬曆時盡反其所為，貨財積於宮中，民窮為亂，外患乘之，一代興亡之龜鑒如此。

　　二十年九月，戶部言：「天下稅課，視舊有虧，宜以洪武十八年所收為定額。」上曰：「商稅多寡，歲有不同，限以定額，豈不病民？」不許。

　　稅額按近年酌定，令必如額，尚非甚病民也，而明祖且不許。萬曆間，稅監四出，無稅者起稅，無所謂額，閹人橫行，有司稍計民命，即奏予重譴，下獄有至十餘年者。前後相較，興亡之故了然。

　　二十七年三月庚戌，上諭工部曰：「人之常情，飽則忘饑，暖則忘寒。卒有不虞，將何以備？比年以來，時歲頗豐，然預防之計不可不

早。其廣諭民間，如有隙地，種植桑棗，益以木棉，並授以種法，而蠲其稅。歲終具數以聞。」

按軍興時以食為急，種糯米恐其釀酒，則禁之。及是時歲豐食足，上年二十六年，已核墾田至八百五十萬七千六百二十三頃，駸駸全國無棄土，乃於足食之外，計贍其衣被之需，及豐其製造農具之木植。明祖可謂盡心民事矣。且桑、棗、棉之田免稅，其餘裕又足以惠民。此制直至清末，吾鄉田畝，尚有免賦之桑棗田，各鄉各圖皆有此種田額若干，其實已不種桑棗。其鄉有公正之董事，以此為地方公產，否則為豪強所擅有之無糧田。蓋良法美意，日久間有廢弛，然其初時德意不可忘也。又蘇州最稱賦重，太倉舊本屬蘇，亦在重賦之列，清中葉以後，以地多產棉，遂援《賦役全書》中棉田免稅之例，請得蠲減。此皆沿舊時明制之惠。後來蠶絲為輸出之大宗，民間以種桑利厚，不拘桑棗地之免稅，雖仍納普通田稅，亦願種桑。至各縣之桑棗額田，今未知其存否矣。

是年八月乙亥，遣國子監生分行天下，督修水利。上諭工部曰：「湖堰陂塘，可蓄泄以備旱潦者，因地勢修之。」復諭諸生曰：「周時井田制行，有潴防溝遂之法，故雖遇旱潦，民不為災。秦廢井田，溝洫之利盡壞，於是因川澤之勢，引水溉田而水利興，惟有司奉行不力，則民受其患。今遣爾等分行郡縣，毋妄興工役，毋掊克吾民。」尋給道里費遣之。明年冬，河渠之役，各郡邑交奏，凡開塘堰四萬九百八十七處，河四千一百六十二處，陂渠堤岸五千零四十八處。水利既興，田疇日辟，一時稱富庶焉。

此與上洪武二十年定天下魚鱗圖冊，均遣國子監生而不遣官吏，是明初以社會之事任用學生之成績。水利為農田根本，今天下舊有之堰閘皆壞，河渠失修，旱潦之患，動輒數千里為一災區。明祖於天下初定，全國大舉為之，建設之偉，無過於此。

明初用國子監生為此兩大事，皆以全國為量，以民生為本。可知其求於士者，絕非後此溺於八股之意。又有一事可以互證者，二十五年七月，岢嵐州學正吳從權、山陰教諭張恒給由至京師，上問民間疾苦。皆對曰：「職在課士，民事無所與。」帝怒曰：「宋胡瑗為蘇湖教授，其教兼經義治事；漢賈誼、董仲舒皆起田裡，敷陳時務；唐馬周不得親見太宗，且教武臣言事。今既集朝堂，朕親詢問，俱無以對，志聖賢之道者固如是乎？」命竄之遠方，榜示天下學校以為鑒戒。此事見《紀事本末・開國規模》篇，而《明史》則載〈門克新傳〉內。太祖之期待學校師生本意如此。

次言軍事：

《明史・兵志序》：「明以武功定天下，革元舊制，自京師達於郡縣，皆立衛、所，外統之都司，內統於五軍都督府，而上十二衛為天子親軍者不與焉。征伐則命將充總兵官，調衛所軍領之。既旋，則將上所佩印，官軍各回衛所。蓋得唐府兵遺意。」夫所謂得唐府兵遺意，後人於唐府兵之本意，初不甚了然，即於明之兵制，亦沿其流而莫能深原其本。即如唐以藩鎮割據而亡，此在玄宗以前烏有是事之牙蘗。唐之府兵，一變而彍騎，此不過宿衛改用募士耳，猶之明於永樂間改立三大營，景泰中又改團練營，皆不過京營之變遷。至唐變方鎮而開

割據之門，明變召募而成民變之禍，則皆純乎忘其本矣。今惟由明之衛所軍以窺見唐之府兵，且知明與唐之初制，其養兵皆不用耗財，而兵且兼有生財之用，兵制之善，實無以復加。此不可不稍詳其制度，以為談中國兵事者作一大參考也。

第一、先考明衛所兵是否即唐之府兵。

《新唐書‧兵志》：「初，府兵之置，居無事時，耕於野，其番上者，宿衛京師而已。若四方有事，則命將以出，事解輒罷，兵散於府，將歸於朝。故士不失業，而將帥無握兵之重，所以防微漸絕禍亂之萌也。」據此文，即知與《明兵志》文適合。

第二、再考明衛所兵餉械之所出是否與唐府兵之制同。

《唐兵志》：「凡府三等：兵千二百人為上，千人為中，八百人為下。府置折衝都尉一人，左、右果毅都尉各一人，長史、兵曹、別將各一人，校尉六人。士以三百人為團，團有校尉；五十人為隊，隊有正；十人為火，火有長。火備六馱馬。凡火，具烏布幕、鐵馬盂、布槽、鍤、钁、鑿、碓、筐、斧、鉗、鋸皆一，甲床二，鐮二；隊具火鑽一，胸馬繩一，首羈、足絆皆三；人具弓一，矢三十，胡祿、橫刀、礪石、大觿、氈帽、氈裝、行縢皆一。麥飯九斗，米二斗，皆自備，並其介胄戎具，藏於庫。有所征行，則視其入而出給之。其番上宿衛者，惟給弓、矢、橫刀而已。」又云：「軍有坊，置主一人，以檢察戶口，勸課農桑。」據此文，兵一人至一火、一隊，皆有應自備之食糧及用具，而此外又有介胄戎具，則不在內。其尚未能明了者，此所備之時限，是否為每一年期所納之數。既勞其力為兵，又令自備各具與糧，自必因其所耕之田由國家所給，即以此代租稅為出征時之用，而平常之給養自仰於田之收穫，不待言也。觀其軍中置有坊主以檢察戶口，勸課農桑，可知軍有軍之戶口農桑，絕與無田無宅借餉以糊口之兵不同。至介胄戎具出自何所，〈唐兵志〉皆未言明。此則證以明

制，則知皆出於兵之所供，而兵之能供此費，皆由應納之賦稅，有具糧械以納者，尚有如民田所應納之租者在，此應據明制而推知者也。

《明史·兵志》：「太祖下集慶路，為吳王，罷諸翼統軍元帥，置武德、龍驤、豹韜、飛熊、威武、廣武、興武、英武、鷹揚、驍騎、神武、雄武、鳳翔、天策、振武、宣武、羽林十七衛親軍指揮使司。革諸將襲元舊制樞密、平章、元帥、總管、萬戶諸官號，而核其所部兵，五千人為指揮，千人為千戶，百人為百戶，五十人為總旗，十人為小旗。天下既定，度要害地，係一郡者設所，連郡者設衛，大率五千六百人為衛，千一百二十人為千戶所，百十有二人為百戶所，所設總旗二，小旗十，大小連比以成軍。其取兵，有從征，有歸附，有謫發。從征者，諸將所部兵，既定其地，因以留戍；歸附，則勝國及僭偽諸降卒；謫發，以罪遷隸為兵者。其軍皆世籍。此其大較也。」

> 定軍衛法，〈本紀〉不載，《紀事本末》係之洪武元年二月，《洪武聖政記》則係之元年正月。〈劉基傳〉：「太祖即皇帝位，基奏定軍衛法。」則可知自在元年之初，且此為劉基所奏定。《聖政記》亦云然。
>
> 初定之兵數，較洪武元年所定之數略少，非少也，初定時，但定軍制，未定軍籍，故止計兵數，官長不在內。洪武元年所定，則以衛系籍，兵與官皆附衛為籍，世世不改，則並計人數而較增多耳。附籍之後，受地執業，有室家，長子孫。一家之內，為軍及官者一人；其餘人丁，官之子弟為舍人，兵之子弟為餘丁，既為出缺時充補，又為正兵及官調發時或勤操練時執耕稼之事。於是兵非浮浪之人，充兵非消耗之業，養兵非糜費之事矣。其受地執業之制，出於屯田。明之初制，無軍不屯。此衛所之根本制度，亦即府兵之根本制度也。

〈食貨志〉：「屯田之制：曰軍屯，曰民屯。太祖初立民兵萬戶府，寓兵於農，其法最善。又令諸將屯兵龍江諸處，惟康茂才績最，乃下令褒之，因以申飭將士。洪武三年，中書省請稅太原、朔州屯卒，命勿徵。明年，中書省言：『河南、山東、北平、陝西、山西及直隸淮安諸府屯田，凡官給牛種者十稅五；自備者十稅三。』詔：『且勿徵，三年後，畝收租一斗。』六年，太僕丞梁仙帖木爾言：『寧夏境內及四川，西南至船城，東北至塔灘，相去八百里，土膏沃，宜招集流亡屯田。』從之。是時，遣鄧愈、湯和諸將屯陝西、彰德、汝寧、北平、永平，徙山西、真定民屯鳳陽。又因海運餉遼，有溺死者，遂益講屯政，天下衛、所、州、縣軍民皆事墾辟矣。其制：移民就寬鄉，或召募，或罪徙者為民，皆領之有司；而軍屯則領之衛所。邊地，三分守城，七分屯種；內地，二分守城，八分屯種。每軍受田五十畝，為一分，給耕牛、農具，教樹植，復租賦，遣官勸輸，誅侵暴之吏。初，畝稅一斗。三十五年定科則：軍田一分，正糧十二石，貯屯倉，聽本軍自支；餘糧為本衛所官軍俸糧。」

《明史》以屯田為田賦之一種，故入〈食貨志〉，此史館諸臣之不注意於兵事也。今詳為推考，不但知明代兵制之善，並知唐代府兵之真意。又史臣以屯田為〈食貨志〉中一事，故民屯與軍屯相雜，其言民屯乃移民墾荒，固為足食之一事；軍屯則既可不棄地利，又能使國無養兵之費，而兵有保衛地方之實。夫責兵以衛民，曰汝職務宜然，此以名義相責，非以身家之利害相共也。兵為無產之人，受甚薄之給養，而為有產之人作保障，其勢不可必恃，來不知其所從，去不知其所向，此種雇倩無根之人而假之以武器，習之以戰陣，謂能使見利而不起盜心，見害而不思苟免，是以勞役待兵，而又以聖賢望兵也。人

受田五十畝，兵有產矣；一家占為此籍，兵與地方相共矣，既無從出沒為非，更不能恝視身家所在之地。國必有兵，兵必有制。明兵制之善，史臣不能發揮之，此亦書生之不解世務也。

當洪武之世，極力興舉屯政，然不急於升科，以堅其企業之意。至三十五年乃定科則，三十五年即建文四年，革除以後之紀年矣。軍田一分即五十畝，納正糧十二石，每畝合二斗四升，是為其受產之負擔。貯屯倉聽本軍自支，所支者兵之月糧，又為其受役之報酬。考明之兵餉，〈食貨志・俸餉〉類：「天下衛所軍士月糧，洪武中，令京外衛馬軍，月支米二石，步軍，總旗一石五斗，小旗一石二斗，軍一石，城守者如數給，屯田者半之，民匠充軍者八斗，牧馬千戶所一石，民丁編軍操練者一石，江陰、橫海水軍梢班碇手一石五斗。陣亡病故軍給喪費一石，在營病故者半之。籍沒免死充軍者，謂之恩軍，家四口以上一石，二口以下六斗，無家口者四斗。又給軍士月鹽，有家口者二斤，無者一斤。在外衛所軍士以鈔准。」據此，則一年支糧十二石為軍餉原則，馬軍、水軍較有例外加增，但是少數。惟軍為屯軍，則利在田業，餉額減半。據軍屯分配成數，邊地三分守城，七分屯種；內地二分守城，八分屯種。其三七與二八，並非指定七成或八成之軍永為農民，只是全軍中輪流抽出三成或二成專任軍役，如是則恆有七八成之兵可在農畝，即恆有七八成之兵只需半餉。夫七八成半餉之兵，是即等於三四成額軍不需給餉也。以三四成餘剩之額餉，給二三成城守之額兵，實餘額餉一二成，為官長及馬兵、水兵等之加額，及上級官之俸給，皆有餘裕，而軍械亦括於其中。據唐府兵之制而互證之，可以了然矣。惟邊地屯種之軍，成數較少，設糧秣不足，運購尤艱，明初更立「中鹽」一法，與籌餉

相輔而行。鹽既開中，又與商屯，既給軍，又墾荒，孔子所謂「因民之所利而利之，惠而不費」。真謀國之至計也。

〈食貨志〉：「有明鹽法，莫善於開中。洪武三年，山西行省言：『大同糧儲，自陵縣運至泰和嶺，路遠甚煩，請令商人於大同倉入米一石，太原倉入米一石三斗，給淮鹽一小引凡大引四百斤，小引二百斤。商人鬻畢，即以原給引目赴所在官司繳之，如此則轉運費省而邊儲充。』帝從之。召商輸糧而與之鹽，謂之開中。其後各行省邊境，多招商中鹽，以為軍儲，鹽法邊計，相輔而行。四年，定中鹽例，輸米臨濠、開封、陳橋、襄陽、安陸、荊州、歸州、大同、太原、孟津、北平、河南府、陳州、北通州諸倉，計道里近遠，自五石至一石有差。先後增減則例不一，率視時緩急，米直高下，中納者利否，道遠地險，則減而輕之。編置勘合及底簿，發各布政司及都司衛所，商繳糧畢，書所納糧及應支鹽數，齎齊赴各轉運提舉司照數支鹽。轉運諸司亦有底簿，此照勘合相符，如數給與。鬻鹽有定所，刊諸銅版。犯私鹽者罪至死，偽造引者如之，鹽與引離，即以私鹽論。」

按《史‧志》文微有含混，明初中鹽，當係令商運官糧赴邊遠之地，糧入倉後，給商鹽引，赴產鹽所在之官署，仍納鹽之場價，領鹽赴銷鹽之地，照官定岸地出售。商人習於轉輸，以運糧之勞費，易得鹽引為報酬，領鹽又加運鹽之勞費，運至銷鹽之岸，官為定價，使商有可圖之利。又計銷鹽之地，民欲得鹽，所必需之費，可勝負擔者，而定其價，期不病食鹽之民，而有利於運鹽之商，即更有利於待餉之兵。至國家所課鹽利，仍在官定場價之中，並不因商之開中而有加損，所謂一舉而數善備也。惟洪武四年之則例所定如是，故一小引二百斤之鹽，

至少需中米一石；道里近者至需五石之多。是可知其純以運費計算，非以米價計算也。至云：「先後增減則例不一，率視時緩急，米直高下，中納者利否，道遠地險，則減而輕之。」其中有「米直高下」一項，則是令商納米矣。此後來改則例之所定。故〈志〉文又云：「宣德三年。戶部尚書夏原吉以北京官吏軍匠糧餉不支，條上預備策，言：『中鹽舊則太重，商賈少至，請更定之。』乃定每引自二斗五升至一斗五升有差，召商納米。」明一代米價無甚變動，至其末造，俸餉折價，尚以銀一兩作米二石。洪武至宣德初，中鹽之米，額數多寡大異，蓋則例屢改，納米之法亦不同，《史》漏未敘明也。其後至弘治時，廢中鹽之法，令商以銀納課，邊儲遂乏，說見下。

〈食貨志・屯田〉下云：「明初，募鹽於各邊開中，謂之商屯。迨弘治中，葉淇變法，而開中始壞，諸淮商悉撤業歸，西北商亦多徙家於淮，邊地為墟，米石直銀五兩，而邊儲枵然矣。」〈葉淇本傳〉：「淇居戶部六年，直亮有執，能為國家惜財用，每廷議用兵，輒持不可。惟變開中之制，令淮商以銀代粟，鹽課驟增至百萬，悉輸之運司，邊儲由此蕭然矣。」

中鹽之法，軍守邊，民供餉，以鹽居其中，為之樞紐，故曰開中。其始但令商司運，既而改則例直令納粟，蓋又興商屯之法，指邊之曠地，軍所墾不盡者，令商得興屯，所獲之粟，即以輸邊，易引以販鹽。商更無遠道運糧之費，而有領地營墾之利，國家則又多一辟土足食之助力，又所謂一舉而數善備也。開中法廢，商不需屯，淮商固棄墾而歸淮，西北商之業淮鹽者，亦徙家於淮。以專務納課販鹽，鹽遂與邊儲無涉，而多集

課銀，徒供暴君汙吏之揮霍。邊備既虛，轉餉一事，勞擾天下，而仍不濟急，民窮財盡，鋌而走險之禍遂以亡明。此其目光，但見一時見金之充積，而不知即使得金不浪用，仍以濟邊，妨屯棄地，購粟運遠，已萬萬不償所失，況一得見金，徒長奢費，不復急顧邊儲，非至邊軍窘急，不籌救濟。而奢費既開，更無復歸節約之日，謂亡明之因即種於此，無不可也。

中鹽之制本起於宋，宋不重視，以為有得有失。明中鹽之為善法，正在商屯，誠實業鹽之商，信國家之法令，鹽墾兼營，不趨歧徑。當時近淮之豪民慫恿變法，不任餉邊之勞，而欲占行鹽之利，以增課之說動葉淇，淇以鄉情而中其說。《明史》不詳其原委，今更以《明通考》補說明之。

《續通考》：「弘治五年八月，令兩淮等鹽引俱召商開中，納銀類解戶部太倉，以備邊儲。初，各邊開中商人招民墾種，築臺堡自相保聚，邊方菽粟無甚貴之時。成化間，始有折納銀者，然未嘗著為令也。至是戶部尚書葉淇，淮安人，〈淇本傳〉，山陽人。鹽商皆其親識，因與淇言：『商人赴邊納糧，價少而有遠涉之虞；在運司納銀，價多而得易辦之利。』淇然之。內閣徐溥，淇同年最厚，淇遂請召商納銀運司，類解太倉，分給各邊，每引輸銀三四錢有差，視國初米值加倍，明初中鹽每小引，未詳納米若干，宣德初以為重，而改為至多二斗五升。時米值每石不過銀五錢，納銀至三四錢，可得米七八斗矣，故曰：『視國初米值加倍』也。而商無遠運之苦，一時太倉之銀，累至百餘萬。然赴邊開中之法廢，商屯撤業，菽粟翔貴，邊儲日虛矣。」

華鈺〈鹽策議〉曰：「洪武、永樂時，內地大賈爭赴九邊，墾田積粟，以便開中。朝中暮支，價平息倍，商樂轉輸，邊免飛

挽，士飽馬騰，緩急有備，策至良也。歲引初無定額，皆資主客兵餉，從邊庾受券，不令輕納鹽䑸司也。自司農葉淇為淮商地，此淮商蓋不安於屯墾者。疏鹽一引，輸粟二斗五升，輕請增額，准改折色，徑於運司上納，於是每引納銀三錢五分，或四錢二分。又令客商，謂非淮商。無見鹽，淮商在淮有場產鹽，在邊則有屯產粟，故有見鹽。許本場買補，西北商，即客商。胥內徒便轉販，而邊計大壞。今正引雖仍赴邊中，餘課悉如淇議矣。正引仍赴邊中者，原額二斗五升之值仍解邊也。餘課悉如淇議者，增納之銀，均由運司解戶部太倉也。屯廢而邊缺粟，粟價大增，而解以從前之價，如邊計何？

　　由以上兩端，見明初之民事軍事制度，純以土地與財政相權，有生財，無耗財。凡以養兵而病國者宜深鑒之。《續通考》：明初制，在外兵馬盡是屯兵，官俸兵糧，皆出於是。帝嘗曰：「吾養兵百萬，要不費百姓一粒米。」故京師屯田，有以遠田三畝易城外民田一畝者。

　　史家之言制度，具在各〈志〉。今專提民事軍事之與財政相通者鄭重言之，實以民生之與國計為維繫不亡之根本。此外就各〈志〉言制度歷數之如下：

　　〈志〉第一〈天文〉。〈志〉第二〈五行〉。

　　以上兩〈志〉，不關制度，其學科亦各有專門，當別為研究，不入此講義。

　　〈志〉第三〈曆〉。

　　曆法在明代，實仍元舊，而開參用陽曆之端。太祖始為吳王，於元至正二十七年，改稱吳元年，十一月乙未冬至，御史中丞兼太史院使劉基等上戊申大統曆，戊申為明年洪武元年。《大統曆》為明一代曆書之名，其法實仍元之《授時曆》，但用《大統》為曆名，以為一代之

制而已。洪武元年，改太史院為司天監，又置回回司天監。回回司天監，本元舊有，元〈曆志〉：「世祖至元四年，西域札馬魯丁撰進《萬年曆》，世祖稍頒行之。」此為《回回曆》行於中國之時。時元未並宋，在中國只行於北方。此曆當是用回回法之陰陽合曆。《元史》謂《萬年曆》已不傳，無以明其詳狀。但《回回曆》以彼國之年為紀元之始，建國之日為元旦，其紀元在唐武德五年，其第一元旦為陰曆六月三日。明自置回回司天監，後於洪武三年，與司天監均改為欽天監。三十一年，又罷回回欽天監，以其曆法隸本監，分為四科：曰天文，曰漏刻，曰回回，曰曆。蓋回回曆與各占一科耳。正德以後，始覺用《授時曆》法連推日食皆不合，議改而未成，惟以《回回曆》供《大統曆》參考。萬曆末，天主教徒利瑪竇等始來中國，受其學者始議修曆，直至崇禎末始定新曆法為《大統曆法》，未施行而明亡，遂為清之《時憲曆》所取用矣。

〈志〉第四〈地理〉。

明之幅員遠遜於元，元除屬地龐大無倫不計外，其轄於中書省及行省者，尚非明之所能盡有。元之為省十二，中書省一，行中書省十一。其中書省及遼東行省，明已不全，其嶺北行省、征東行省，明蓋無之。明全國俗稱兩京十三省，北京、南京兩轄境皆稱直隸，餘分十三區，各設布政司，即兩直隸與十三布政司也。其建置沿革事屬專門，不入此講義。

〈志〉第五〈禮〉。

禮之為用，制節謹度，納民軌物，凡有國者所同，孔子所謂「與奢寧儉」，此為為國以禮之本意。前於民事中已見大略。其餘俟禮學專門研究。至帝制時之郊廟壇壝，朝覲山陵，多非當務之急。官民階級，今亦難為區別。至為庶民定制，志文雖不多，亦在禮學專門範圍。

〈志〉第六〈樂〉。〈志〉第七〈儀衛〉。〈志〉第八〈輿服〉。

以上三〈志〉，樂屬專門；儀衛、輿服乃帝制時代之物，因帝制時代而繁複，今當併入禮制而言，亦俟專門肄之。

〈志〉第九〈選舉〉。

明選舉之法有四，末流專重科目，幾乎只有科舉取士、銓選任官兩事。四為：一、學校，二、科目，三、薦舉，四、銓選。

學校之制，至明而始普及，且為經制之普及。古時只有國學、郡縣學；守令得人則興，去官輒罷。或因尊師而設書院，皆人存政舉之事。洪武元年七月，帶刀舍人周宗上疏，請天下府州縣開設學校。上嘉納之。事見《紀事本末》。周宗史無傳，惟〈興宗孝康皇帝傳〉：「洪武元年正月，立為皇太子，帶刀舍人周宗上書乞教太子，上嘉納。」蓋其人專以教育為念，每上書皆及此事。而天下府州縣設學，尤開前古所未有。屢荷嘉納，亦不聞重用其人，特以帶刀舍人言事，可見開國人才之多也。是為天下遍設學校之始。太祖特重學校，往往任國學生為民事奔走全國，說已見前。《續通考》又載：「洪武十六年九月，命給事中及國子生、各衛舍人分行天下，清理軍籍。」則清軍事亦使國子生分任之，又不僅民事而已。〈志〉言：「洪武二十六年，盡擢監生劉政、龍鐔等六十四人為行省布政、按察兩使及參政、參議、副使、僉事等官。其一旦而重用之至於如此，其為四方大吏者蓋無算也。李擴等自文華、武英擢御史，擴尋改給事中兼齊相府錄事，蓋臺諫之選，亦出於太學。其常調者，乃為府州縣六品以下官。初以北方喪亂之餘，人鮮知學，遣國子生林伯雲等三百六十六人分教各郡，後乃推及他省，擇其壯歲能文者為教諭等官。太祖雖間行科舉，而監生與薦舉人才參用者居多，故其時布列中外者太學生最盛。」府縣學生則以貢入太學。〈志〉又言：「貢生入監，初由生員選擇，既命各學歲貢一人，故謂之歲貢。其例亦屢更：洪武二十一年，定府州縣學以一二三年為差；二十五年，定府學歲二人，州學二歲三人，縣學歲一人。」此皆舉洪武年事，見太祖於學校定為造就人才之正

路。各布政司以僉事為提學官。提學官在任，三歲兩試，每試錄取生員，府學四十人，州縣以次減十。師生月廩食米人六斗，有司給以魚肉。學官月俸有差。應科舉者亦必出自學校，是為學校與科舉合一。此終明之世皆然。惟國子監生之不足取重於世，則太祖置學校之本意失矣。

科目沿唐、宋之舊，而稍變其試士之法，專取《四書》《五經》命題，仿宋經義，然代古人語氣為之，體用排偶，謂之八股，通謂之制義。據〈志〉所言，代古人語氣而用排偶者，謂之八股；其他通謂之制義。則制義不盡用八股體，但仿宋經義，則其本指耳。洪武三年，始設科舉，所取之士，寵遇甚厚，乃未幾謂：「所取多後生少年，能以所學措諸行事者寡。」遂令有司察舉賢才，而罷科舉不用。至十五年復設。十七年始定科舉之式。蓋太祖時初未以科舉為取士一定之法，其曰後為永制者，乃太祖以後之遷流也。本由唐、宋歷代所行，明代專用經義為試文之體，實由重視宋儒之講學，欲得如朱、陸大儒之師法，以矯古科目專尚詞賦之弊。在太祖猶為可行可止，常與學校、薦舉相參，絕不專任科目也。然自專重科目之後，並學校之課程亦集中於八股，提學所以試士者皆以八股文為殿最，則科目固不足盡得士之用，學校更失其造士之本原，此絕非明祖所及料。惟遍設學校實始於明。若後世學校之制，參用明祖之意，教以實用之學，使學校不為虛設，而取士則仍憑考試，不以學校之績分為准，所重視者在考試，而學校中求得之機械式文憑，自無所用之矣。至明科舉制中，舉人、進士、翰林之名目，鄉、會試之年份，典試、同考之派遣，釐正文體，防杜關節，一切事實，在科舉廢後，已非必需之知識，專門求之，以訂史實，此行有餘力之事也。

薦舉一途，在漢為得士惟一之路，漢以後亦用之，而參以門第之見，所謂九品中正，設有專官，當時謂「上品無寒門，下品無世族」。

此鄉舉里選之積重也。唐之行科舉，正以矯其流弊，在唐尚未盡脫門第求才之習，然終以科舉制之加密，而孤寒登進之路日寬。至宋則為純粹之考試矣。明承宋後，太祖盡復薦舉之法。始克金陵，即辟儒士范祖幹、葉儀；克婺州，召儒士許元、胡翰等日講經史治道；克處州，徵耆儒宋濂、劉基、章溢、葉琛，至建康，創禮賢館處之。此皆在太祖起事草創之年，所從薦舉之得人已如此。元至正二十四年，太祖即吳王位，猶稱龍鳳十年，始建百官，即敕中書省，令州縣歲舉賢才及武勇謀略通曉天文之士，間及兼通書律者。既而嚴選舉之禁，有濫舉者逮治之。是為薦舉定為制度之始。吳元年，遣起居注吳林、魏觀等以幣帛求遺賢於四方。洪武元年，徵天下賢才至京，授以守令。其年冬，又遣文元吉、詹同、魏觀、吳輔、趙壽等分行天下，訪求賢才，各賜白金而遣之。三年，開科舉。然是年仍諭廷臣曰：「六部總領天下之務，非學問博洽才德兼美之士，不足以居之，慮有隱居山林或屈在下僚者，其令有司悉心推訪。」至六年，則又罷科舉，別令有司察舉賢才，以德行為本，而文藝次之。其目：曰聰明正直，曰賢良方正，曰孝弟力田，曰儒士，曰孝廉，曰秀才，曰人才，曰耆民，皆禮送京師，不次擢用。而各省貢士亦由太學以進。於是罷科舉者十年，至十七年始復行科舉。而薦舉之法並行不廢。時中外大小臣工皆得推舉，下至倉庫司局諸雜流亦令舉文學才幹之士。其被薦而至者又令轉薦，以故山林岩穴、草茅窮居無不獲自達於上，由布衣而登大僚者不可勝數。耆儒鮑恂、余詮、全思誠、張長年輩，年九十餘，徵至京，即命為文華殿大學士。儒士王本、杜斅、趙民望、吳源特置為四輔官，兼太子賓客。〈職官志〉：「洪武十三年正月，誅丞相胡惟庸，遂罷中書省。九月，置四輔官，以儒士王本等為之。置四輔時告太廟，以王本、杜祐，龔斅為春官。杜斅、趙民望、吳源為夏官，兼太子賓客。秋冬官缺，以本等攝之。一月內分司上中下三旬，位列公、侯、都督之次。尋亦罷。十五年，仿宋制，置華蓋殿、武英

殿、文淵閣、東閣諸大學士，又置文華殿大學士以輔導太子，秩皆正五品。二十八年，敕諭群臣：國家罷丞相，設府、部、院、寺以分理庶務，立法至為詳善。以後嗣君，其毋得議置丞相，臣下有奏請設立者，論以極刑。當是時以翰林春坊詳看諸司奏啟，兼司平駁，大學士特侍左右備顧問而已。」蓋此皆於罷中書省後以充補宰相之職者。賢良郭有道，秀才范敏、曾泰，稅戶人才鄭沂，儒士趙翥，起家為尚書。儒士張子源、張宗德為侍郎。耆儒劉埚、關賢為副都御史。明經張文通、阮仲志為僉都御史。人才赫從道為大理少卿。孝廉李德為府尹。儒士吳顒為祭酒。賢良欒世英、徐景昇、李延中，儒士張璲、王廉為布政使。孝弟李好誠、聶士舉，賢良蔣安素、蔣正言、張端，文學朱亮為參政。儒士鄭孔麟、王德常、黃桐生，賢良余應舉、馬衛、許安、范孟宗、何德忠、孫仲賢、王福、王清，聰明張大亨、金思存為參議。凡其顯擢者如此，其以漸而躋貴仕者又無算也。嘗諭禮部：「經明行修練達時務之士，徵至京師，年六十以上七十以下者，置翰林以備顧問；四十以上六十以下者，於六部及布、按兩司用之。」蓋是時仕進無他途，故往往多驟貴者。而吏部奏薦舉當除官者，多至三千七百餘人，其少者亦至一千九百餘人。又俾富戶者民皆得進見，奏對稱旨，輒予美官。而會稽僧郭付由宋濂薦，擢為翰林應奉。此皆可得而考者也。洎科舉復興，兩途並用，亦未嘗倚重輕。建文、永樂間，猶有內授翰林，外授藩司者，而楊士奇以處士、陳濟以布衣遽命為《太祖實錄》總裁官。其不拘資格又如此。自後科舉日重，薦舉日益輕，能文之士，率由場屋進以為榮，有司雖數奉求賢之詔，而人才既衰，第應故事而已。〈志〉文所述略如上。人主無用賢之識，亦無求賢之誠，特殊之材遂無以自見，非俯首就場屋試，不能進身，則八股遂為五百年選士之特制矣。

　　銓選之法，在太祖時不甚重，天下未定，求賢求才惟恐不及，惟必得賢且才者而後用之；既用之後，發覺其非賢或恃才作弊者，誅戮

不少貸，法在必行，無情可循。《史·志》以銓選為選舉之一端，直是後來逐漸設立，太祖時破除資格，略無銓選成法可言。〈志〉言：「洪武間定南北更調之制，南人官北，北人官南。其後，官制漸定，自學官外，不得官本省，亦不限南北也。」

　　此為太祖時一種選法，不過回避本籍而已。始以南北相避，繼則僅避本省，不限南北，學官則並不避本省。

　　〈志〉又言：「初，太祖嘗御奉天門選官，且諭：『毋拘資格。』選人有即授侍郎者，而監司最多，進士監生及薦舉者參錯互用，給事、御史亦初授升遷各半。」

　　此為太祖時又一種選法。以毋拘資格為前提，內而侍郎，外而監司，俱可由選人徑得之。其選人則出自進士、監生及薦舉三種：進士即科舉所得；監生即學校所造成，若今之畢業生；薦舉，則凡官皆為舉人者，惟濫舉則連坐。給事為諫官，分六科，謂之科臣；御史為言官，分各道，謂之道臣。諫官得封駁詔敕，直規君上之失；言官得參論中外，不避貴近之尊。此等清貴之職，亦使初授之選人居半，定為選額，又不比侍郎監司之不為額定矣。

　　明初用人之不拘資格至於如此。其所以不開幸門，反能整肅官方者，當時士大夫並不因得官之易而敢於奔競，只有招之不來之患。是何也？一有不稱職，輒遭誅戮，自揣未可僥倖，即避之恐後。此當於全史中理會之，備列如下：

　　太祖定法律，遵用唐律，為一代之制。然於律外又特定〈大誥〉。

洪武十八年，第一次定〈大誥〉，其目十條，第十條曰：「寰中士夫不為君用，其罪皆至抄札。」次年復作《續編》《三編》。〈刑法志〉：「凡三誥所列，凌遲梟示種誅者無慮千百，棄市以下萬數，貴溪儒士夏伯啟叔侄斷指不仕；蘇州人才姚潤、王謨被徵不至，皆誅而籍其家。其寰中士夫不為君用之科所由設也。」夫士夫至求不仕而斷指，明祖又誅之而籍其家，且因此勒之〈大誥〉，定為專條，後有似夏、姚、王諸人者，皆誅死籍沒。蓋既被薦舉，即不許遁免，可知時無奔競之風矣。

太祖時，士大夫初以聲績著，而後不免因事誅死者，就〈列傳〉所載，其人已夥，專輯之可成一宗類案。其以功臣典兵有威望，遭忌而致死者，尚不在其列。亦每有發為忠言，觸怒而被戮者，如李仕魯以辟佛，命武士摔搏之，立死階下；陳汶輝亦以此忤旨，懼罪投金水橋下死；葉伯巨以言諸王分封太侈，死獄中；王樸以與帝辨是非不肯屈，戮死。如此之類亦多。

洪武中有大獄四：胡惟庸以宰相謀叛，誅之宜也，而連引至數萬人；藍玉恃功驕縱，已不當與謀反同論，死者又數萬人，此猶曰貴臣牽連取忌，別有用意。其餘兩案，一為郭桓案，以懲貪墨，死者亦數萬人，既而知審刑官希指牽引，又論審刑官極刑；又有空印案，跡近作弊，坐死者又極眾。此兩案皆為懲貪杜弊而起，死者如此之慘，皆令士夫懼為君用之故。再分列之如下：

一、空印案。此案〈本紀〉未載，惟〈刑法志〉言：「十五年空印事發。每歲，布政司、府、州、縣吏詣戶部核錢糧軍需諸事，以道遠，預持空印文書，遇部駁即改，以為常。及是，帝疑有奸，大怒，論諸長吏死，佐貳榜百戍邊。寧海人鄭士利上書訟其冤，復杖戍之。」〈志〉以此事為洪武十五年，非也。〈方徵傳〉，徵以論空印事貶沁陽驛丞，其奏中言：「去年各行省官吏以用空印罹重罪。」下又言：「十三年，以事逮至京，卒。」則其貶驛丞在十三年之前，其奏已言去年，則又在其前。又方孝孺《遜志齋集》《先府

君行狀》，孝孺父克勤以洪武八年被謫，逾年釋歸。又以空印事被逮。九年九月，卒于京師。則是九年事也。又〈鄭士利傳〉，士利上書訟空印之冤，乃因星變求言。星變乃九年事，求言在九年閏九月，皆為空印案在九年之證。〈鄭士利傳〉：「兄士元，剛直有才學，由進士歷官湖廣按察使僉事。荊襄卒乘亂掠婦女，吏不敢問，士元立言於將領，還所掠。安陸有冤獄，御史臺已讞上，士元奏其冤，得白。會考校錢谷冊書空印事覺，凡主印者論死，佐貳以下榜一百，戍遠方，士元亦坐是繫獄。時帝方盛怒，以為欺罔，丞相、御史莫敢諫。丞相之官亦廢於十三年，案發在有丞相之日，亦可證非十五年。士利歎曰：『上不知，以空印為大罪，誠得人言之，上聖明，寧有不悟？』會星變求言，士利曰：『可矣。』既而讀詔，有假公言私者罪。士利曰：『吾所欲言，為天子殺無罪者耳。吾兄非主印者，固當出，需吾兄杖出乃言，即死不恨。』士元出，士利乃為書數千言，言數事，而於空印事尤詳，曰：『陛下欲深罪空印者，恐奸吏得挾空印紙為文移以虐民耳。夫文移必完印乃可，今考較書策，乃合兩縫印，非一印一紙比，縱得之亦不能行，況不可得乎？錢谷之數，府必合省，省必合部，數難懸決，至部乃定。省府去部，遠者六七千里，近亦三四千里，冊成而後用印，往返非期年不可，以故先印而後書，此權宜之務，所從來久，何足深罪？且國家立法，必先明示天下，而後罪犯法者，以其故犯也。自立國至今，未嘗有空印之律，有司相承，不知其罪，今一旦誅之，何以使受誅者無辭？朝廷求賢士置庶位，得之甚難，位至郡守，皆數十年所成就通達廉明之士，非如草菅然，可刈而復生也，陛下奈何以不足罪之罪而壞足用之材乎？臣竊為陛下惜之！』書成，閉門逆旅泣數日。兄子問曰：『叔何所苦？』士利曰：『吾有書欲上，觸天子怒必受禍，然殺我生數百人，我何恨？』遂入奏。帝覽書大怒，下丞相御史雜問，究主使者。士利笑曰：『顧吾書足用否耳，吾業為國家言事，自分必死，誰為我謀？』獄具，與士元皆輸作

江浦，而空印者竟多不免。」據土利言殺我生數百人，則坐死之主印長官數百人，其佐貳又數倍之，則亦必有受杖戍邊者數千人矣。

二、郭桓案。〈刑法志〉：「其推原中外貪墨所起，以六曹為罪魁，郭桓為誅首。郭桓者，戶部侍郎也。帝疑北平二司官吏李彧、趙全德等與桓為奸利，自六部左、右侍郎下皆死，贓七百萬，詞連直省諸官吏，係死者數萬人，核贓所寄借，遍天下民，中人之家，大抵皆破。時咸歸謗，御史全敏、丁廷舉或以為言，帝乃手詔列桓等罪，而論右審刑吳庸等極刑，以厭天下心，言：「朕詔有司除奸，顧反生奸擾吾民。今後有如此者，遇赦不宥。」〈本紀〉：「洪武十八年三月己丑，戶部侍郎郭桓坐盜官糧誅。」〈七卿表〉：「是年二月，以罪誅者，有禮部尚書趙瑁、刑部尚書王惠迪、工部侍郎麥至德。蓋皆坐郭桓案而死者。」麥至德亦以代尚書而見〈七卿表〉。其餘六部侍郎以下，據〈志〉言多死者，其名不可考矣。此亦明初懲貪之一大獄。

太祖之治汙吏，其奉法無私之略例：〈本紀〉：「三十年六月己酉，駙馬都尉歐陽倫有罪賜死。」〈公主傳〉：「安慶公主，寧國主母妹，〈寧國主傳〉：「孝慈皇后生。」則安慶亦馬后所生之貴主。洪武十四年，下嫁歐陽倫。倫頗不法，洪武末，茶禁方嚴，數遣私人販茶出境，所至繹騷，雖大吏不敢問。有家奴周保者尤橫，輒呼有司科民車至數十輛，遇河橋巡檢司，擅捶辱司吏，吏不堪，以聞。帝大怒，賜倫死，保等皆伏誅。」《明通鑒》：「初，詔西番互市，始設茶馬司於陝西、四川等處，令番人納馬易茶，並嚴禁私茶出境。時倫奉使至川、陝，輒載巴茶出境貿易，所在不勝其擾。陝西布政司檄所屬起車載茶渡河，家人周保索車至五十兩，蘭縣河橋司巡檢被捶不堪，訴於朝。上大怒，遂坐法，並保等誅之，茶貨沒入官。以河橋吏能不避權貴，賜敕褒嘉。」又〈胡大海傳〉：「初，太祖克婺州，禁釀酒，大海子首犯之。太祖怒，欲行法，時大海方征越，都事王愷請勿誅，以安大海心。太祖曰：『寧

可使大海叛我，不可使我法不行。』竟手刃之。」克婺州在元至正十八年，大敵未滅其一，正倚賴武人之時，而犯令必行，不容寬假如此。至於馬后，患難相依，德性相服，生平恩意極篤，愛婿犯法，誅不逾時，並賞及舉發者。所謂「自古皆有死，民無信不立」。信之一字，為治國之根本，必如是而後破格用人，不開幸門。其後，漸不能握此威柄，則以選政授權吏部，但慎簡一吏部尚書，選法自清。又其後，吏部雖得人，仍不勝有力者無窮之請托，則以拈鬮杜之，以抽籤卻之，遂為較公平之選法，而用才之意荒矣。然而宦官宮妾，每取中旨授官，多不由吏部，此則末世之所謂破格，足以召亂亡而已矣。

〈志〉第十〈職官〉。

明官制初仍元舊，雖多所更張，而以中書為政本，尚是魏、晉以來之傳統。魏、晉以權臣當國，取前代而代之，未取代以前，便於獨握政權，故以錄尚書事之名總攬國政。王肅說《尚書》「納於大麓」，破麓為錄，以附會當時篡奪之制。但重臣柄國，亦未嘗不合古義。古雖六官並列，實以塚宰為總樞，此則明代所取法也。明興仍設中書省，置左右丞相，為省長官。洪武十三年正月，誅丞相胡惟庸，遂罷省。當未罷省時，六部為中書省隸屬，丞相正一品，平章政事從一品，左右丞正二品，參知政事從二品，其下乃為尚書正三品，侍郎正四品。罷省，乃升六部秩，尚書正二品，侍郎正三品。始猶設四輔官，位列公、侯、都督之次。未幾，即罷。十五年置大學士，秩正五品，特侍左右備顧問而已。政歸六部，仿古六官之意，吏部為取人任官之官，責任尤重。二十八年，敕諭群臣：「國家罷丞相，設府都督部尚書院都御史寺列卿以分理庶務，立法至為詳善，以後嗣君不得議置丞相，臣下有奏請設立者，論以極刑。」當是時，以翰林、春坊看詳諸司奏啟，兼司平駁。是為千餘年來政本之一大改革。御史臺古與省對立，明初改臺為都察院，與部並立，是為七卿。外官之制，明初下集

慶時，承元之舊，亦設行中書省，自領江南行中書省，時在元至正
十六年。至正十八年，克婺州，置中書分省，後復略定地方，即置行
省，其官惟無丞相，自平章政事以下，略同中書省。洪武九年，改浙
江、江西、福建、北平、廣西、四川、山東、廣東、河南、陝西、湖
廣、山西十二行省俱為布政使司，凡行省原有平章政事、左右丞等官
均罷，改參知政事為布政使。十五年，增置雲南布政司。明全國區域為兩
直隸十三布政司。蓋自永樂以後遷都北平，北平為北京，遂以北京所屬府州縣為北直
隸。永樂十三年，又添設貴州布政司，遂成兩直隸十三布政司，俗稱兩京十三省。初
置司與六部均重，布政司入為尚書侍郎，副都御史每出為布政使。正統
以後乃無之。

　　每布政司所轄，舉世循元舊，猶稱為省。省之長官，為都、布、
按三司，都即都指揮使司，布即布政使司，按則按察使司也。元肅政
廉訪使，其初原稱提刑按察司，各轄一道，各行省共分二十二道，皆
隸於御史臺，直隸內臺者八道，稱內道；隸江南行御史臺者十道；隸
陝西行御史臺者四道。明初，下集慶時。置提刑按察司，以王習古、王
德為僉事，時蓋設官而未設使。吳元年，置各道按察司，設按察使。十四
年，置各道分司。十五年，又置天下府州縣按察分司，以儒士王存中
等五百三十一人為試僉事，人按二縣，凡官吏賢否，軍民利病，皆得
廉問糾舉。今各府州縣城多有察院舊址，或里巷以察院為名者。各處志書載額編留
支錢糧，尚有察院門子等名色。十六年，盡罷試僉事，設定副使及僉事，多
寡從其分道之數。二十九年，定分四十一道，此為後來分道之始。唐分天下
為十道，乃最大之分區制，即為最高之外官。元廉訪使亦分道，即按察使之職。明以
道為按察分司，後又以布政使之參政、參議亦分道，遂均稱道臣。清初尚因之，清中
棄直以道為監司，不屬兩司佐貳矣。而按察使為各省之長官，與都、布並稱
三司。

　　〈志〉第十一〈食貨〉。

　　〈食貨志〉為一代理財之政，國之命脈在是，前已言之。太祖時慎重用財，率天下以儉之道，略已見前。其後來之變遷荒謬，別見後各篇。

　　〈志〉第十二〈河渠〉。

　　河自北宋時由北決而南，為大患數百年。至元末，賈魯始定匯淮入海，明初亦常有小決，為河患之常。太祖時未有大舉。運河，以帝都在南，太祖時亦無所注意，惟以水利興農，洪武中修鑿之跡具詳〈志〉文。最偉之舉，在二十七年分遣國子生及人才遍詣天下，督修水利，已具前。

　　〈志〉第十三〈兵〉。〈志〉第十四〈刑〉。

　　以上兩〈志〉，兵之精義已具前。太祖用刑頗酷，說亦見前。惟所刑皆官吏，而非虐民，斯為承大亂之後，得刑亂重典之意，雖非盛德事，而於國本無傷，亦且深有整飭之效也。

　　〈志〉第十五〈藝文〉。

　　此非制度，可不必入本講義。但須知明〈藝文志〉，乃專載明一代之著述，其於前代典籍存佚，不敢斷定。目錄家於此〈志〉功用較微。

# 第四節　洪武年中諸大事

## 一、命相與廢相

　　太祖自下集慶後，自領江南行省平章與元帥府元帥，時猶以一官自處。元至正二十四年，太祖為吳王，始定官制，仿元制設中書省，以李善長為右相國，徐達為左相國。吳元年，至正二十七年。官制尚左，改善長為左，達為右。達方連年統兵，平漢平吳取中原，實不與省務。洪武元年，改相國為丞相，直至四年，皆由善長獨相。四年正

月，善長致仕，以汪廣洋為右丞相，徐達以左丞相仍統軍，旋為大將軍西征，廣洋獨相。至六年，左遷廣東參政，而胡惟庸代之，惟庸獨相。至十年九月轉左，仍以汪廣洋為右丞相。至十二年十二月，以御史中丞言劉基為惟庸毒死，帝問廣洋，對曰：「無有。」帝怒其朋欺，貶廣南，尋賜死。十三年正月，惟庸以謀反發覺，誅，遂罷中書省，定制不置丞相。明之有相，惟李善長、徐達、汪廣洋、胡惟庸四人任之，其理省事者實止善長、廣洋、惟庸三人。善長自太祖略地滁陽時迎謁，與語大悅，留掌書記，俱攻滁州，既下，即任參謀，預機務，主饋餉。太祖威名日甚，諸將來歸者，為太祖察其材，而布太祖款誠，並調護其齟齬。郭子興中流言，疑太祖，欲奪善長自輔，善長固謝弗往。太祖師行所克，取郡邑，善長預書榜禁戢士卒，民不知兵。軍機進退，賞罰章程，有所招納，則為書詞；自將征討，則命居守。定榷鹽、榷茶諸法，製錢法，開鐵冶，定魚稅，饒益國用，而民不困。又裁定律令，奏定官制，帥禮官定朝野禮儀制度。又監修《元史》，編《祖訓錄》《大明集禮》。祭祀、封建、爵賞，事無巨細，悉委善長，與儒臣謀議之，為功臣第一，比之蕭何，為真宰相。富貴既極，帝稍厭其驕，以病致仕，恩禮尚隆，復以公主歸其子。洪武十年，與李文忠並命總中書省、大都督府、御史臺，同議軍國大事。十三年，胡惟庸伏誅，善長以與相厚，他坐黨死者眾，而善長以功大，免，又十年，卒誅之。廣洋依違無大建白。惟庸始以才當帝意，曲謹市寵，獨相數年，大為奸利。徐達、劉基均以為言，會基病，帝遣惟庸以醫往，遂以毒中之。與善長相結，以兄女妻其從子佑。善長耄年，竟以惟庸謀反牽染死，遂結千餘年中書柄政之局。洪武間四大獄，連坐動至數萬人，惟庸獄最早發，延十餘年，其獄始竟，不可不稍詳之。

　　洪武初，帝有厭李善長意，欲易相，《史·劉基傳》：「初，太祖

以事責丞相李善長，基言善長勛舊，能調和諸將。太祖曰：『是數欲害君，君乃為之地耶？吾行相君矣。』基頓首曰：『是如易柱，須得大木，若束小木為之，且立覆。』及善長罷，帝欲相楊憲，《明通鑑考異》以此文為史有誤，憲被誅在三年七月，善長罷相在四年正月，帝欲相憲，當在其前。谷氏《明紀事本末》以為劉基論相在二年十月。〈基行狀〉敘帝責善長，基論相，皆在元、二年間。憲素善基，基力言不可，曰：『憲有相才，無相器。夫宰相者，持心如水，以義理為權衡，而己無與者也。憲則不然。』帝問汪廣洋，曰：『此褊淺殆甚於憲。』又問胡惟庸，曰：『譬之駕，懼其僨轅也。』帝曰：『吾之相，誠無逾先生。』基曰：『臣疾惡太甚，又不耐繁劇，為之且孤上恩。天下何患無才，明主悉心求之，目前諸人，誠未見其可也。』後憲、廣洋、惟庸皆敗。」

　　〈基傳〉又云：「明年，洪武四年賜歸老於鄉。基佐定天下，料事如神，性剛嫉惡，與物多忤。至是還隱山中，惟飲酒弈棋，口不言功。邑令求見不得，微服為野人謁基，基方濯足，令從子引入茆舍，炊黍飯令。令告曰：『某青田知縣也。』基驚起，稱民，謝去，終不復見。其韜跡如此，然究為惟庸所中。初，基言甌、括間有隙地曰談洋，南抵閩界，為鹽盜藪，方氏所由亂，請設巡檢司守之。奸民弗便也。會茗洋逃軍反，吏匿不以聞，基令長子璉奏其事，不先白中書省，胡惟庸方以左丞掌省事，挾前憾，使吏訐基，謂談洋有王氣，基圖為墓，民弗與，則請立巡檢逐民。帝雖不罪基，然頗為所動，遂奪基祿。基懼入謝，乃留京不敢歸。未幾，惟庸相，基大戚曰：『使吾言不驗，蒼生福也。』憂憤疾作。八年三月，帝親制文賜之，遣使護歸，抵家疾篤，以天文書授子璉曰：『亟上之，毋令後人習也。』又謂次子璟曰：『夫為政寬猛如循環。當今之務，在修德省刑，祈天永命。諸形勝要害之地，宜與京師聲勢聯絡，我欲為遺表，惟庸在，無益也。惟庸敗後，上必思我，有所問，以是密奏之。』居一月而卒，年六十五。基在

京病時，惟庸以醫來，飲其藥，有物積腹中如拳石。其後中丞塗節首
惟庸逆謀，並謂其毒基致死云。」子璉，字孟藻，有文行。洪武十年，授考功
監丞，試監察御史，出為江西參政。太祖常欲大用之，為惟庸黨所脅，墮井死。

按誠意之歸隱韜跡，非飾為名高也，亦非矯情也，蓋懼禍耳。
《歷朝詩集・劉誠意小傳》云：「公負命世之才，丁胡元之季，
沈淪下僚，籌策齟齬，哀時憤世，幾欲草野自屏。然其在幕
府，與石抹艱危其事，遇知己效馳驅，作為歌詩，魁壘頓挫，
使讀者債張興起，如欲奮臂出其間者。遭逢聖祖，佐命帷幄，
列爵五等，蔚為宗臣，斯可謂得志大行矣。乃其為詩，悲窮歎
老，諮嗟幽憂，昔年飛揚肆矼之氣，澌然無有存者，豈古之大
人志士，義心苦調，有非皆常竹帛可以測量其深淺者乎？嗚
呼，其可感也！」本此眼光讀公遺著，可知大人志士，惟在亂
世為有意氣發舒，得志大行則皆憂危之日。其不知憂危者，必
為胡惟庸、藍玉之流；知憂危者，則公及漢之張良是也，而公
猶且不盡免禍，讀史誠可感矣。然以國家全體而論，當開創之
後，而無檢制元勳宿將之力，人人挾其馬上之烈以自豪，權貴
縱橫，民生凋弊，其國亦不可久也。功臣遭戮，千古歎漢、明
兩祖之少恩，其實亦漢、明開國之功，所以能速就耳。公
《史・本傳》又言：「基虬髯，貌修偉，慷慨有大節，論天下安
危，義形於色。帝察其至誠，任以心膂，每召基，輒屏人密語
移時，基亦自謂不世過，知無不言。遇急難，勇氣奮發，計畫
立定，人莫能測；暇則敷陳王道，帝每恭己以聽，常呼為老先
生而不名，曰：『吾子房也。』又曰：『數以孔子之道導予。』
顧帷幄語秘莫能詳，而世所傳為神奇，多陰陽風角之說，非其
至也。」公於陰陽風角之說，《史》以為非其至，其實可云達人

嗜奇之一蔽。談洋王氣之讖，正以公有術數之長，而動帝聽。公之料事奇中，自由正大之學問所養成之識力，於陰陽風角何預？使果有秘術，何以談洋奏請設官，不能預防其計；惟庸醫來下毒，不能先燭其奸？臨死使其子上天文書，毋使後人復習，誠悔之耳。

〈奸臣·胡惟庸傳〉：「惟庸，定遠人。歸太祖於和州，太祖用計拔和州，奉郭子興檄總其軍，事在至正十五年。授元帥府奏差，尋轉宣使，除寧國主簿，進知縣，遷吉安通判，擢湖廣僉事。至正二十四年，陳理降，始設湖廣行省。吳元年，召為太常少卿，進本寺卿，《紀事本末》：惟庸故起家寧國令，時太師李善長秉政，惟庸饋遺善長黃金二百兩，得召入為太常卿。洪武三年，拜中書省參知政事，已，代汪廣洋為左丞。六年正月，右丞相廣洋左遷廣東行省參政，帝難其人，久不置相，惟庸獨專省事。七月，拜右丞相，久之進左丞相，復以廣洋為右丞相。自楊憲誅，帝以惟庸為才，寵任之，惟庸亦自勵，嘗以曲謹當上意，寵遇日盛。獨相數歲，生殺黜陟，或不奏徑行，內外諸司上封事，必先取閱，害己者輒匿不以聞，四方躁進之徒，及功臣武夫失職者爭走其門，饋遺金帛名馬玩好，不可勝數。大將軍徐達深疾其奸，從容言於帝，惟庸遂誘達閽者福壽以圖達，為福壽所發。御史中丞劉基亦嘗言其短，久之基病，帝遣惟庸挾醫視，遂以毒中之。基死，益無所忌，與太師李善長相結，以兄女妻其從子佑。學士吳伯宗劾惟庸，幾得危禍，自是勢益熾。其定遠舊宅，井中忽生石筍，出水數尺，諛者爭引符瑞，又言其祖父三世塚上，皆夜有火光燭天，惟庸益喜自負，有異謀矣。吉安侯陸仲亨自陝西歸，擅乘傳，帝怒責之曰：『中原兵燹之餘，民始復業，籍戶買馬，艱苦殊甚，使皆效爾所為，民雖盡鬻子女，不能給也。』責捕盜於代縣。代州，洪武二年降為縣，八年二月復升為州。平涼侯費聚奉命撫

蘇州軍民，日嘗酒色。帝怒，責往西北招降蒙古，無功，又切責之。二人大懼，惟庸陰以權利脅誘二人。二人素戇勇，見惟庸用事，密相往來，嘗過惟庸家飲，酒酣，惟庸屏左右，言：『吾等所為多不法，一旦事覺，如何？』二人益惶懼。惟庸乃告以己意，令在外收集軍馬。又嘗與陳寧坐省中，閱天下軍馬籍，令都督毛驤取衛士劉遇賢及亡命魏文進等為心膂，曰：『吾有所用爾也。』太僕寺丞李存義者，善長之弟，惟庸婿李佑父也。惟庸令陰說善長，善長已老，不能強拒，初不許，已而依違其間。惟庸益以為事可就，乃遣明州衛指揮林賢下海招倭與期會。又遣元故臣封績致書稱臣於元嗣君，請兵為外應。事皆未發。會惟庸子馳馬於市，墜死車下，惟庸殺挽車者，帝怒，命償其死，惟庸請以金帛給其家，不許，惟庸懼，乃與御史大夫陳寧、中丞塗節等謀起事，陰告四方及武臣從己者。十二年九月，占城來貢，惟庸等不以聞，中官出見之，入奏，帝怒，敕責省臣，惟庸及廣洋頓首謝罪，而微委其咎於禮部，部臣又委之中書。帝益怒，盡囚諸臣，窮詰主者，未幾，賜廣洋死，廣洋妾陳氏從死。帝詢之，乃入官陳知縣女也。大怒曰：『沒官婦女，止給功臣家，文臣何以得給？』乃敕法司取勘。於是惟庸及六部堂屬咸當坐罪。明年正月，塗節遂上變告惟庸。御史中丞高嵩，時謫為中書省吏，亦以惟庸陰事告。帝大怒，下廷臣更訊，詞連寧、節。廷臣言節本預謀，見事不成，始上變告，不可不誅，乃誅惟庸、寧並及節。惟庸既死，其反狀猶未盡露。至十八年，李存義為人首告，免死安置崇明。十九年十月，林賢獄成，惟庸通倭事始著。二十一年，藍玉征沙漠，獲封績，善長不以奏。至二十三年五月事發，捕績下吏，訊得其狀，逆謀益大著。會善長家奴盧仲謙首善長與惟庸往來狀，而陸仲亨家奴封帖木亦首仲亨及唐勝宗、費聚、趙雄三侯與惟庸共謀不軌。帝發怒，肅清逆黨，詞所連及，坐誅者三萬餘人，乃為《昭示姦黨錄》布告天下，株連蔓引，迄

數年未靖云。」

　　胡獄坐死之功臣封侯者至二十餘人，洪武功臣各本傳中可輯也。其以名德特宥者，〈宋濂傳〉：「長孫慎，坐胡惟庸黨，帝欲置濂死，皇后太子力救，乃安置茂州。」〈孝義‧鄭濂傳〉：「胡惟庸以罪誅，有訴鄭氏交通者，吏捕之，兄弟六人爭欲行，濂弟湜竟往，時濂在京師，迎謂曰：『吾居長，當任罪。』湜曰：『兄年老，吾自往辨。』二人爭入獄。太祖召見曰：『有人如此，肯從人為逆耶？』宥之，立擢湜為左參議。」宋濂為太子師先後十餘年，太子敬禮之，言必稱師父。以濂學術，實為開國儒臣之首。而浦江鄭氏為三百年義門，《宋史》《元史》皆有傳，僅乃得免。惟庸誅後十年，而李善長見法時，復有牽染。靖寧侯葉升之以胡黨伏誅，更在洪武二十五年。所謂坐誅者三萬餘人，其名何可勝考。此為明初第一大獄。

　　洪武十三年正月癸卯，詔書編之《祖訓》，略云：「自古三公論道，六卿分職，不聞設立丞相。自秦始置丞相，不旋踵而亡。漢、唐、宋雖多賢相，然其中多小人，專權亂政。今罷丞相，設五府、六部、都察院、通政司、大理寺等衙門，分理天下庶務，事皆朝廷總之。以後嗣君，毋得議置丞相，臣下敢以此請者，寘之重典。」太祖以置相為秦以來事，古三公論道不任職，六官任職而無總攬之柄，政事由君上親裁，此法自亦不謬。以帝非怠政之君，而中書省為萬幾之所集，作奸者有專擅而無分掣，遂成惟庸之禍，故因噎廢食如此。蓋帝好便給任事之才，不欲用以道自重之士，若劉基即終不能深倚，其故可知。至小人積惡之久，非謀逆無掩蓋之法，天下初定，戎馬之士，反測易生。廢相以後，嗣君能稍勤政，必無奸雄專弄之權。此太祖之特識也。然勤政正未易言，太阿倒持，終不可免，權相之外，又有權閹，事固有出於所防之外者矣。

## 二、峻法與守法

　　明初用刑之峻，若《大誥三編》，若胡惟庸、藍玉、郭桓、空印等四案，駉勛貴官吏特嚴。《大誥》於所定《大明律》之外，指定條目，處以極刑，其目有十：曰攬納戶，曰安保過付，曰詭寄田糧，曰民人經該不解物，曰灑派拋荒田土，曰倚法為奸，曰空引偷軍，曰黥刺在逃，曰官吏長解賣囚，曰寰中士夫不為君用，罪至抄札。書成，頒之學宮以課士，裡置塾師教之。獄囚有能讀《大誥》者，罪減等。一時天下有講讀《大誥》師生來朝者十九萬餘人，皆賜鈔幣遣還。未幾，復定《續編》《三編》，時懲元季貪冒，徇私滅公，立法務為嚴峻，於贓吏尤重繩之，其序言：「諸司敢不急公而務私者，必窮搜其原，而置之重典。」凡三誥所列，凌遲梟示種誅者無慮千百，棄市以下萬數。其《三編》稍寬容，然所列進士、監生罪名，自一犯至四犯者，猶三百六十四人，幸不死還職，率戴斬罪給事。

　　四案中三案前已略具。藍玉一案，亦明初大獄，茲補述之。《史‧藍玉傳》：「玉，定遠人，開平王常遇春婦弟。初隸遇春帳下，臨敵勇敢，所向皆捷，遇春數稱於太祖，由管軍鎮撫積功至大都督府僉事。洪武四年，從傅友德伐蜀。五年，從徐達北征。七年，帥兵拔興和。十一年，同西平侯沐英討西番，禽其酋。明年，封永昌侯，食祿二千五百石，予世券。十四年，以征南右副將軍從穎川侯傅友德征雲南，滇地悉平，益祿五百石，冊其女為蜀王妃。二十年，以征虜左副將軍從大將軍馮勝征納哈出，納哈出降，還至亦迷河，悉降其餘眾。會馮勝有罪，收大將軍印，命玉行總兵官事，尋即軍中拜玉為大將軍，移屯薊州。時順帝孫脫古思帖木兒嗣立，擾塞上。二十一年三月，命玉帥師十五萬征之，出大寧，至慶州，諜知元主在捕魚兒海，間道兼程，進薄其營。敵謂我軍乏水草，不能深入，又大風揚沙，畫

晦，軍行敵無所覺，猝至前，大驚迎戰，敗之，殺太尉蠻子等，降其
眾。元主與太子天保奴數十騎遁去，玉以精騎追之不及，獲其次子地
保奴、妃公主以下百餘人，又追獲吳王朵兒只、代王達里麻及平章以
下官屬三千人，男女七萬七千餘人，並寶璽、符敕、金牌、銀印諸
物，馬駝牛羊十五萬餘，焚其甲仗蓄積無算。奏捷京師，帝大喜，賜
敕褒勞，比之衛青、李靖。又破哈剌章營，獲人畜六萬。師還，進涼
國公。明年，命督修四川城池。二十三年，施南、忠建二宣撫司叛，
命玉討平之。又平都勻安撫司、散毛諸洞，益祿五百石，詔還鄉。
二十四年，命玉理蘭州、莊浪等七衛兵，以追逃寇祁者孫，遂略西番
罕東之地，土酋哈咎等遁去。會建昌指揮使月魯帖木兒叛，詔移兵討
之，至則都指揮瞿能已大破其眾，月魯走柏興州，玉遣百戶毛海誘縛
其父子，送京師誅之，而盡降其眾，因請增置屯衛。報可。復請籍民
為兵，討朵甘、百夷。詔不許，遂班師。」

　　　　以上節〈玉傳〉所敘玉之功績。當其北伐已建殊勛，敕書褒
　　　　勞，而封國改梁為涼，賜券而鐫其遇。見下在玉為武人不修行
　　　　檢，不能怨上之寡恩。逮平湖廣諸土司益祿而即詔還鄉，明示
　　　　以功成身退之義。玉若稍有學養，正急流勇退時，可以無多求
　　　　矣。乃以西南多事，復起用之。既有功，復欲延長兵事，請討
　　　　朵甘、百夷。朵甘地為青海，百夷則緬甸所析之麓川、平緬等
　　　　司。詔不許而班師，亦其時朵甘、百夷初不為患也。帝之不欲
　　　　輕啟邊釁，識高於玉，而玉之不必復以軍事自豪，亦可知矣。
　　　　乃復憤憤爭功，在英主之朝，宜其取禍，然至誅夷滅族，坐黨
　　　　者萬五千人，則亦太過，非君臣相處之常理矣。

　　〈玉傳〉又云：「玉長身頳面，饒勇略，有大將才。中山、開平既

沒，數總大軍，多立功。太祖遇之厚，寢驕蹇自恣，多蓄莊奴假子，乘勢暴橫。嘗占東昌民田，御史按問，玉怒，逐御史。北征還，夜扣喜峰關，關吏不時納，縱兵毀關入，帝聞之不樂。又人言其私元主妃，妃慚，自經死。帝切責玉。初，帝欲封玉梁國公，以過改為涼，仍鑴其過於券。玉猶不悛，侍宴語傲慢，在軍擅黜陟將校，進止自專，帝數譙讓。西征還，命為太子太傅，玉不樂居宋、潁兩公下，宋國公馮勝，潁國公傅友德。曰：『我不堪太師耶？』比奏事，多不聽，益怏怏。二十六年二月，錦衣衛指揮蔣告玉謀反，下吏鞫訊，獄辭云：『玉同景川侯曹震、鶴慶侯張翼、舳艫侯朱壽、東莞伯何榮何真子。及吏部尚書詹徽、戶部侍郎傅友文等謀為變，將伺帝出借田舉事。』獄具，族之。列侯以下，坐黨夷滅者不可勝數。手詔布告天下，條列爰書，為《逆臣錄》。至九月，乃下詔曰：『藍賊為亂，謀泄，族誅者萬五千人。自今胡黨、藍黨，概赦不問。』胡謂丞相惟庸也。於是元功宿將相繼盡矣。凡列名《逆臣錄》者，一公、十三侯、二伯。」

　　史家敘此事，云下吏鞫訊，獄辭云云，獄具，悉誅之。其意謂獄吏所具之文如是，其為事實與否，未可定也。《明通鑒》則據明代私家記載言：「初，玉征納克楚即納哈出歸，言於皇太子曰：『臣觀燕王在國，陰有不臣心。又聞望氣者言，燕有天子氣，殿下宜審之。』蓋玉為常遇春妻弟，而皇太子元妃常氏，遇春女也。太子殊無意，而語嘖嘖聞於燕王，遂銜之。及太子薨，燕王來朝，頗言諸公侯縱恣不法，將有尾大不掉憂。上由是益疑忌功臣，不數月而禍作。」太子薨在二十五年四月丙子，乃四月二十五日。燕王等來朝，在正月壬寅，乃正月二十四日。至二十六年二月乙酉誅藍玉，即二月初十日，越四日己丑，即頒《逆臣錄》。其間經告發鞫訊，當更需時，玉之禍作，不得即在二月。至八月，〈本紀〉又書燕王等來

朝。上年太子薨後，不書燕王復來朝。燕王處北平，頗任邊事，亦絕不能正月來朝，至四月皇太子死而未去，又未必以太子死一歲間再朝。則所言未必盡信，或進言猜忌功臣，不必在太子死後耶？此等記載，皆足為功臣不平之現狀。《明通鑒》又云：「藍玉之獄，詹徽從皇太孫錄其事，玉不服，徽叱令速吐實，毋株連人，玉大呼徽即臣黨，遂並坐。」此語出《名山藏·臣林記》，亦皆不平於當時之事者所為。《明史》詹徽附其父同傳，但言性險刻，李善長之死，徽有力焉。藍玉下獄，語連徽，及子尚寶丞紱，並坐誅。且〈玉傳〉徽之與玉謀變，為蔣瓛所告，非錄囚時所攀。囚攀問官，明是狡供，以此並坐，並及其子，亦非情理。故未敢以為信也。

太祖之好用峻法，於約束勳貴官吏極嚴，實未嘗濫及平民，且多惟恐虐民，是以謹於守法而致成諸案。如永嘉侯朱亮祖父子俱鞭死，《史·道同傳》，「為番禺知縣，番禺故號煩劇，而軍衛尤橫，數鞭辱縣中佐吏，前令率不能堪，同執法嚴，非理者一切抗弗從，民賴以少安。未幾，永嘉侯朱亮祖至，亮祖以洪武十二年出鎮廣東，見本傳。數以威福撓同，同不為動。土豪數十輩，抑買市中珍貨，稍不快意，輒巧詆以罪，同械其魁通衢。諸豪家爭賄亮祖求免，亮祖置酒召同從容言之，同厲聲曰：『公大臣，奈何受小人役使？』亮祖不能屈也。他日，亮祖破械脫之，借他事笞同。富民羅氏者納女於亮祖，其兄弟因怙勢為奸，同復按治，亮祖又奪之去。同積不平，條其事奏之。未至，亮祖先劾同訕傲無禮狀，帝不知其由，遂使使誅同。會同奏亦至，帝悟，以為同職甚卑，而敢斥言大臣不法事，其人骨鯁可用，復使使宥之。兩使者同日抵番禺，後使者甫到，則同已死矣。」〈亮祖傳〉：「亮祖誣奏同，同死，帝尋悟。明年九月，召亮祖至。與其子府軍衛指揮使暹俱鞭死，御制壙志，仍以侯禮葬。」此等事，皆抑官威以伸民枉，惟失在太快，當亮祖一奏同無禮，即遣使誅同，不先一問虛實。而其

時縣令得自上奏，則權貴不能無所忌憚。若亮祖之武夫不學，不足深責，但使所誣者不死，亮祖亦未至以鞭死償命，但優獎骾直之縣令，深斥恣勢之上官足矣，然有此等事樹之風聲，勛臣不無相警。史家類記其事，有臨淄縣令歐陽銘，抗常遇春，〈銘傳〉附〈道同傳〉：「遇春師過其境，卒入民家取酒，相毆擊，一市盡譁，銘笞而遣之。卒訴令罵將軍，遇春詰之，曰：『卒王師，民亦王民也，民毆且死，卒不當笞耶？銘雖愚，何至詈將軍；將軍大賢，奈何私一卒撓國法？』遇春意解，為責軍士以謝。後大將軍徐達至，軍士相戒曰：『是健吏，曾抗常將軍者，毋犯也。』」開平、中山固非朱亮祖比。然明初縣令多能為民保障，觸忤貴官，未嘗非恃朝廷之能執法也。合之胡大海子以犯禁酒令而被手刃，駙馬歐陽倫以私販累有司供役而伏誅，足以見例矣。太祖之馭吏，復就《史》中揭一事言之，〈楊靖傳〉附嚴德珉事云：「吳人嚴德珉，由御史擢右僉都御史，以疾求歸，帝怒黥其面，謫戍南丹。遇赦放還，布衣徒步，自齒齊民，宣德中猶存。嘗以事為御史所逮，德珉跪堂下，自言：『曾在臺勾當公事，曉三尺法。』御史問：『何官？』答言：『洪武中臺長，所謂嚴德珉是也。』御史大驚，揖起之。次日往謁，則擔囊徙矣。有教授與飲，見其面黥，戴敝冠，問老人犯何法？德珉述前事，因言：『先時國法甚嚴，仕者希保首領，此敝冠不易戴也。』乃北面拱手，稱聖恩聖恩云。」讀此可以想見峻法之為用矣。民權不張之國，不能使官吏畏法，則既豢民膏，復以威福肆於民上，假國寵以殃民，即國家養千萬虎狼以食人耳。故非有真實民權，足以鈐束官吏，不能怨英君誼辟之持法以儆其志也。刑亂國用重典，正此之謂，豈謂對民眾而用法外之刑哉？

## 三、納諫與拒諫

　　《紀事本末》敘明祖開國規模，大約明祖能識大計，不待人言，早

有定見，逮言者適與之合，有翕然水乳之合。此類事極多，《明史》列傳類敘頗有法，如陳遇等傳以純儒高識，導以不嗜殺人，薄斂任賢，為帝所敬禮，言無不用，而不敢強以官。薦遇者秦從龍，帝止聞從龍名，從龍居鎮江，帝遣徐達攻鎮江，即屬亟訪從龍。達訪得之，帝即遣從子文正、甥李文忠奉金綺造廬敦聘。從龍來薦遇，又發聘書，引伊、呂、諸葛為喻，尊遇至此。遇來，遂留參密議；從龍亦事無大小，悉與其謀，筆書漆簡，問答甚密，左右皆不能知。二人始終敬禮，其所敷陳，無文字可見，但知為不嗜殺人及薄斂任賢等大指而已，蓋亦非敢以嚴酷之度，一律待天下之賢。從龍死在太祖未即大位以前，常與世子親至其家，尊禮無匹；遇死於洪武十七年，太祖屢欲官之而不受，卒成其高，又何嘗敢以寰中士夫不為君用之罪相坐。蓋其有益於太祖者，在救民水火一切根本之計，其品駕乎劉基、宋濂等之上。惟劉基、宋濂、葉琛、章溢諸人，則原本儒術，而文武干濟，亦有實見之事功。宋濂始終以文儒侍上及教太子，未與軍事，然劉基之傾倒於濂，在元代即視為天下之才，惟濂與己。蓋當時之第一流，實為篤信好學、守死善道之儒者，視事功乃其末節，太祖皆得而用之，開一代之太平者，其所取之人才固不同矣。史傳自一百三十五至一百三十七，數卷中皆見太祖之能容人善，崇信儒臣，絕非馬上治天下之氣度。至以綜核精密之才，佐定法令，足以圖治，其後或不得善終，則皆偏重於才，而德不足以稱之。若陳修、楊思義等傳附見多人，如開濟即以奸狡棄市，此亦可以見太祖之尊賢用才，輕重自有分際也。

以上所謂納其言而不待以諫名者，至其以諫自名，太祖之能納，亦自英爽不落常套，姑舉一事為例。《史》〈周觀政傳〉〈歐陽韶傳〉：「觀政以薦授九江教授，擢監察御史，嘗監奉天門，有中使將女樂入，觀政止之，中使曰：『有命。』觀政執不聽，中使慍而入，頃之，出報

曰：『御史且休，女樂已罷不用。』觀政又拒曰：『必面奉詔。』已而帝親出宮謂之曰：『宮中音樂廢缺，欲使內家肄習耳，朕已悔之，御史言是也。』左右無不驚異者。」

> 按此是何等氣象。明之奉天殿，即今太和殿，奉天門即太和門，以御史監奉天門，立法之意，自是令其防止邪僻，觀政竟肯奉職，可見當時肯任官者，其抱負已不凡，帝竟納之，已奇，納之而聽御史請，親出門邊面謝其過，此豈百世帝王所有？豈但帝王，抑豈稍有權勢者所肯為？清代自高宗以來，御朝不登正殿，有終身未至太和殿者，宮禁深遠。一御史叫呼於門前，傳命交刑部或誅戮之，則聲息可達，若既聽其言，而又從宮中親出以謝過。今試觀三殿之後，復隔乾清宮門，帝起居或竟在乾清宮，其出宮已甚遠，若近代帝王起居，更遠在離宮別館，乾清且為蹤跡罕到之地。以太祖所為視之，真不在意計中矣。

又〈歐陽韶傳〉：「薦授監察御史，有詔曰：『命兩御史詩班。』韶嘗侍直，帝乘怒將戮人，他御史不敢言，韶趨跪殿廷下，倉卒不能措詞，急捧手加額呼曰：『陛下不可！』帝察韶樸誠，從之。」

以上為帝納諫之一例。若其任性戮諫臣，則亦有之。如〈葉伯巨傳〉，伯巨以訓導應星變求言詔，為明初一大文字，全文載本傳，所言深以分封諸王土地太侈，恐為將來尾大不掉之禍。書上，帝大怒曰：「小子間吾骨肉，速逮來，吾手射之。」既至，丞相乘帝喜以奏，下刑部獄，死獄中。迨燕王以削奪稱兵，遂有天下，人乃以伯巨為有先見。又〈李仕魯〉〈陳汶輝傳〉：「帝自踐祚後，頗好釋氏教，詔征東南戒德僧，數建法會於蔣山，應對稱旨者輒賜金襴袈裟衣，召入禁中，

賜坐與講論。吳印、華克勤之屬，皆拔擢至大官，時時寄以耳目，由
是其徒橫甚，讒毀大臣，舉朝莫敢言。惟仕魯與給事中陳汶輝相繼爭
之，帝不聽。仕魯性剛介，由儒術起，方欲推明朱氏學，以闢佛自
任，及言不見用，遽請於帝前曰：『陛下深溺其教，無怪臣言之不入
也，還陛下笏，乞賜骸骨歸田里。』遂置笏於地。帝大怒，命武士捽搏
之，立死階下。」汶輝亦「忤旨懼罪，投金水橋下死。仕魯與汶輝死數
歲，帝漸知諸僧所為多不法，有詔清理釋、道二教云。」又〈王樸傳〉：
「忤耿直，數與帝辯是非，不肯屈。一日，遇事爭之強，帝怒命戮之，
及市，召還，諭之曰：『汝其改乎？』樸對曰：『陛下不以臣為不肖，
擢官御史，奈何摧辱至此？使臣無罪，安得戮之；有罪，又安用生
之？臣今日願速死耳。』帝大怒，趣命行刑，過史館，大呼曰：『學士
劉三吾志之，某年月日，皇帝殺無罪御史樸也。』竟戮死。」

　　以上可見帝之納諫奇，拒諫亦奇，其臣之敢諫死諫尤奇。士大夫
遇不世出之主，責難之心，不望其君為堯舜不止，至以言觸禍，乃若
分內事也。以道事君，固非專以保全性命為第一義矣。風氣養成，明
一代雖有極黯之君，忠臣義士極慘之禍，而效忠者無世無之，氣節高
於清世遠甚。蓋帝之好善實有真意，士之賢者，輕千里而來告之以
善，一為意氣所激而掇禍，非所顧慮；較之智取術馭，務抑天下士人
之氣使盡成軟熟之風者，養士之道有殊矣。

## 四、除弊與流弊

　　明代之弊，無過於信用宦官，〈宦官傳〉序：「太祖既定江左，鑒
前代之失，置宦者不及百人，迨末年頒祖訓，乃定為十有二監及各司
局，稍稱備員矣。然定制：不得兼外臣文武銜，不得御外臣冠服，官
無過四品，月米一石，衣食於內庭。嘗鑴鐵牌置宮中，曰：『內臣不得
干預政事，預者斬。』」《紀事本末》：英宗正統七年冬十月，太皇太后張氏崩，太

監王振益無所憚。洪武中，太祖鑒前代宦官之失，置鐵牌，高三尺，上鑄「內臣不得干預政事」八字，在宮門內，宣德時尚存，振盜去之。敕諸司不得與文移往來。有老閹供事久，一日從容語及政事，帝大怒，即日斥還鄉。嘗用杜安道為御用監，安道，外臣也，以鑷工侍帝數十年，帷幄計議皆與知，性縝密不泄，過諸大臣前，一揖不啟口而退，太祖愛之，然無他寵異，後遷出為光祿寺卿。有趙成者，洪武八年，以內侍使河州市馬；其後以市馬出者，又有司禮監慶童等，然皆不敢有所干竊。」

《史・職官志・宦官》：「太祖嘗謂侍臣曰：『朕觀《周禮》，奄寺不及百人，後世至逾數千，因用階亂，此曹止可供灑掃，給使令，非別有委任，毋令過多。』又言：『此曹善者，千百中不一二；惡者常千百，若用為耳目，即耳目蔽；用為心腹，即心腹病。馭之之道，在使之畏法，不可使有功；畏法則檢束，有功則驕恣。』有內侍事帝最久，微言及政事，立斥之，終其身不召。因定制：內侍毋許識字。洪武十七年，鑄鐵牌，文曰：『內臣不得干預政事，犯者斬。』置宮門中。又敕諸司：『毋得與內宮監文移往來。』然二十五年，命聶慶童往河州敕諭茶馬，中官奉使行事，已自此始。」

《明通鑑》：「洪武元年四月丙辰，禁宦官預政典兵，上謂侍臣曰：『史傳所書漢唐宦官之禍，亦人主寵愛自致之耳。《易》稱：「開國承家，小人勿用。」此輩在宮禁，止可使之供灑掃，給使令而已。若使宦官不預政，不典兵，雖欲為亂，其可得乎？』」此出《紀事本末》而稍節其文。又「四年閏二月，命吏部定內監等官品秩，自監正令五品以下至從七品有差。上謂侍臣曰：『古之宦豎，不過司晨昏，供使令而已，自漢鄧太后以女主稱制，不接公卿，乃以閹人為常侍，小黃門通命，自此以來，權傾人主。吾防之極嚴，犯法者必斥去之，霜履堅冰之意也。』」此純出《紀事本末》。

明之閹禍，古所未有，然太祖之防閹，則較前代為甚。《史》以趙

成、聶慶童之奉使市馬，為內臣銜命之始，似亦以作俑微歸其咎，此緣後來為禍之烈，不得不深求之耳。觀太祖以杜安道為御用監，則宮中給使本不必定用閹人，惜當時未有人能提廢閹之議，不若清一代之士大夫，尚有陶模其人，竟請革除閹制也。古用肉刑，受腐刑者守宮，乃為刑人開利用之路，故亦謂之宮刑。後世既廢肉刑，即應並廢閹宦，遷延不改，其患遂至滔天。明歷世患閹，要不得不謂由太祖之作俑，其變遷自見後。

其次為錦衣衛鎮撫司獄。《史・刑法志》：「錦衣衛獄者，世所稱詔獄也。古者獄訟掌於司寇而已，漢武帝始置詔獄二十六所，司馬彪《續漢書》：『武帝置中都官獄二十六所。』歷代因革不常。五代唐明宗設侍衛親軍馬步軍都指揮使，乃天子自將之名，至漢有侍衛司獄，凡大事皆決焉。明錦衣衛獄近之，幽縶慘酷，害無甚於此者。太祖時，天下重罪逮至京者，收繫獄中，數更大獄，多所斷治，所誅殺為多，後悉焚衛刑具，以囚送刑部審理。二十六年，申明其禁，詔內外獄毋得上錦衣衛，大小咸經法司。」又〈職官志・錦衣衛〉：「洪武十五年，罷儀鸞司，改置錦衣衛，秩從三品，其屬有御椅等七員，皆正六品。設經歷司，掌文移出入；鎮撫司，掌本衛刑名兼理軍匠。十七年，改錦衣衛指揮使為正三品。二十年，以治錦衣衛者多非法凌虐，乃焚刑具，出繫囚，送刑部審錄，詔內外獄咸歸三法司，罷錦衣獄。」

此錦衣衛設詔獄一事，不能不謂太祖實倡其始。設自十五年，至二十年而罷，二十六年，又申禁內外獄毋上錦衣衛，此在太祖已為不遠而復矣。其後復設於永樂中，以一鎮撫為未足，又分北鎮撫司專掌刑獄，更以衛獄為未足，又倚宦官立東廠，後更有西廠，校尉與緹騎，更迭旁午，荼毒忠正，慘不忍言，蓋拾太祖已廢之跡也。

又其次為廷杖，〈刑法志〉：「太祖常與侍臣論待大臣禮，太史令劉基曰：『古者公卿有罪，盤水加劍，詣請室自裁，未嘗輕折辱之，所

以存大臣之體。』侍讀學士詹同因取《大戴禮》及賈誼《疏》以進，且曰：『古者刑不上大夫，以勵廉恥也，必如是，君臣恩禮始兩盡。』帝深然之。洪武六年，工部尚書王肅坐法當笞，太祖曰：『六卿貴重，不宜以細故辱。』命以俸贖罪。後群臣罣誤，許以俸贖，始此。然永嘉侯朱亮祖父子皆鞭死，事已見上。工部尚書夏祥斃杖下，故上書者，以大臣當誅不宜加辱為言，廷杖之刑，亦自太祖始矣。」夏祥乃薛祥之誤，列傳〈薛祥傳〉：「八年，授工部尚書，時造鳳陽宮殿，帝坐殿中，若有人持兵鬥殿脊者。太師李善長奏：『諸工匠用厭鎮法。』帝將盡殺之，祥為分別交替不在工者，並鐵石匠皆不預，活者千數。營謹身殿，有司列中匠為上匠，帝怒其罔，命棄市。祥在側，爭曰：『奏對不實竟殺人，恐非法。』得旨用腐刑。祥復徐奏曰：『腐，廢人矣，莫若杖而使工。』帝可之。明年，改天下行省為承宣布政司，以北平重地，特授祥，三年治行稱第一。為胡惟庸所惡，坐營建擾民，謫知嘉興府。惟庸誅，復召為工部尚書，帝曰：『讒臣害汝，何不言？』對曰：『臣不知也。』明年，坐累杖死，天下哀之。」

　　廷杖亦明代特有之酷政，太祖明知其非待大臣禮，然卒犯之，為後世作則。朱亮祖誣死道同，猶為有罪；薛祥則端直長厚，坐累杖死，天下哀之，非其罪可知。祥爭腐刑，在改行省制之前一年，即在洪武八年，時明律未大定，有此主張，尚不足怪。至明之廷杖雖酷，然正人被杖，天下以為至榮，終身被人傾慕，此猶太祖以來，與臣下爭意氣不與臣下爭是非所養成之美俗。清則君之處臣，必令天下頌為至聖，必令天下視被處者為至辱，此則氣節之所以日卑也。

# 第二章

# 靖難

　　靖難之名，為成祖篡國時所自命。成祖名棣，原封燕王，為太祖第四子，母碩妃。太祖立嗣，以嫡以長，自為吳王，即立長子標為世子，既登帝位，即立為皇太子，洪武二十五年四月丙子薨，諡曰懿文太子。是年九月，立太子第二子允炆為皇太孫。三十一年閏五月，太祖崩。辛卯，太孫即皇帝位，以明年為建文元年。建文元年七月癸酉，燕王棣舉兵反，稱其師曰靖難。累戰至四年六月乙丑，都城陷，帝遁去，棣入即帝位，盡反建文朝政，並年號而去之，謂其時曰革除。於是，太祖開國之法度頗有變易，分別紀之，以見成祖於篡弒之惡外，在明一代之功過為何若。至仁、宣兩朝，承成祖之業，未有蹉跌，合為一時代述之。

## 第一節　建文朝事之得失

　　建文一朝之政治，其真實記載，已為永樂時毀滅無遺，設有絲毫不可示人之失德，必為其時詆毀之口實，攻之不遺餘力矣。然觀成祖所以毀建文，不過以削奪宗藩一事為舉兵之名。既篡大位，於建文朝事一切革除，初不問其當否，其臨朝公言建文時政之不善者惟有變亂官制云爾。削奪宗藩，未始非帝之失策，更改官制，亦多非當務之急，然皆無罪狀可言，成祖以為罪則罪之，既篡以後，誰與抗辯？然帝之善政美德，史中竟尚有存留，蓋雖欲毀滅之而事實有不能也。

　　帝為興宗孝康皇帝子，興宗即懿文太子標。帝即位後，追尊為

帝，靖難後，復廢為懿文太子。〈興宗本傳〉：「為人友愛，秦、周諸王數有過，輒調護之。」蓋出天性。《明通鑒》於藍玉之獄，文末敘云：「初玉征納克楚即納哈出。歸，言於皇太子：『燕王在國，陰有不臣心。』太子殊無意，而語嘖嘖聞於燕王，不數月而玉禍作。」此亦見太子大度，而燕王之不能為少主臣，由來久矣。

尹守衡《史竊・藍玉傳論》云：「世傳藍玉初欲結知燕王，北征還至北平，獻王名馬，王不受，玉慚謝。歸見太子，太子妃，開平王女也，因說太子曰：『殿下試觀皇上，於諸子中最愛者為誰？』太子曰：『鳲鳩之愛，焉有軒輊？』玉頓首曰：『臣望燕王英武，得人心，威名日盛，皇上所鍾愛。又聞術者言：「燕地有天子氣。」臣幸托肺腑，願殿下自愛！』嗟夫！幸太子孝友，不入其言耳，不然，建成之難，當先自玉發之。」此為《明鑒》之所本。但尹氏為明臣，尊成祖，此作罪狀藍玉語。

太子多盛德，具見〈本傳〉。帝立建文為太孫，蓋以太子第二子，而其兄幼殤，以倫序當立也。《太祖實錄》，在建文時修成者，亦已革除作廢，成祖又將建文年間政治文字焚毀，使後人即欲搜考而不可得。焚毀事見〈王艮傳〉，所焚必不止一次，此可推見。

〈王艮傳〉：「艮，字敬止，吉水人，建文二年進士，對策第一。貌寢，易以胡靖，即胡廣也，艮次之，又次李貫。三人皆同里，並授修撰，如洪武中故事，設立史館居之，預修《太祖實錄》及類要、時政記諸書，一時大著作皆綜理之。數上書言時務。燕兵薄京城，艮與妻子訣曰：『食人之祿者死人之事；吾不可復生矣。』解縉、吳溥與艮、靖比舍居，城陷前一夕皆集溥

舍，縉陳說大義，靖亦奮激慷慨，艮獨流涕不言。三人去，溥子與弼尚幼，歎曰：『胡叔能死，是大佳事。』溥曰：『不然，獨王叔死耳。』語未畢，隔牆聞靖呼：『外喧甚，謹視豚。』溥顧與弼曰：『一豚尚不能捨，肯捨生乎？』須臾艮捨哭，飲鴆死矣。縉馳謁，成祖甚喜。明日薦靖，召至，叩頭謝，貫亦迎附。後成祖出建文時群臣封事千餘通令縉等遍閱，事涉兵農錢穀者留之，諸言語干犯及一切皆焚毀。因從容問貫、縉等曰：『爾等宜皆有之。』眾未對，貫獨頓首曰：『臣實未嘗有也。』成祖曰：『爾以無為美耶？食其祿，任其事，當國家危急，官近侍，獨無一言可乎？朕獨惡夫誘建文壞祖法亂政者耳。』後貫遷中允，坐累死獄中，臨卒歎曰：『吾愧王敬止矣！』」

然〈惠帝本紀〉所載，侍懿文疾及居喪之孝；請於太祖，改定《洪武律》七十三條之仁。甫即位，詔：「興州、營州、開平諸衛軍，全家在伍者免一人；天下衛所軍，單丁者放為民。」是年十二月，賜天下明年田租之半，釋黥軍及囚徒還鄉里。此等皆不易得之仁政。尤重大者，二年二月，均江、浙田賦，詔曰：「國家有惟正之供，江、浙賦獨重，而蘇、松官田悉准私稅，用懲一時，豈可為定則？今悉與減免，畝毋逾一斗；蘇、松人仍得官戶部。」此為善補太祖之過，深得帝王平均全國人民之意。成祖亦以壞祖制罪建文而悉復之，遂令蘇、松之民至今受其禍，此善政之不能磨滅者也。

若其美德，史盡沒之，以無實錄可據，今由列傳中搜輯數事，可見帝之為君氣象。

〈尹昌隆傳〉：「帝初即位，視朝晏，昌隆疏諫曰：『高皇帝雞鳴而起，昧爽而朝，未日出而臨百官。陛下宜追繩祖武，兢兢業業，憂勤萬幾。今日上數刻，猶未臨朝，群臣宿衛，疲於伺候，曠廢職業，上

下懈弛，播之天下，傳之四裔，非社稷福也。』帝曰：『昌隆言切直，禮部其宣示天下，使知朕過。』」

《明紀》《明通鑒》於此事，皆云帝有疾視朝晏，昌隆疏諫，左右請以疾諭之，帝曰：「直諫難得，何可沮也？其以疏宣示天下，使知朕過。」所謂有疾，未知確否，如果拒諫，即非疾亦可言疾；既納諫，即真疾亦不必言疾。清嘉慶初，編修洪亮吉上書請代奏，亦言視朝稍晏等語，嚴旨立斬，臨刑改戍伊犁，旋赦還，遂亦稱盛德。視此又何如也！

《史竊》：「革除元年，禮部左侍郎陳性善上書言事，上悉允行；群臣酌議，復有不便者更之。性善入朝，叩頭言曰：『陛下不以臣愚，猥承顧問，臣僭陳上聽，許臣必行，今又更之，所謂為法自戾，無以信於天下矣。高皇帝臨御三十一年，未嘗聽人一言，犯顏者戮無赦，陛下受言而不終，反不如高皇帝不受之為愈矣。』上曰：『皇祖天稟神智，群臣莫及，然每人言有理，則亦從之，非愎諫也。朕性愚昧，暗於治理，視天下愚夫愚婦，一能勝予，敢不受諫。卿言為法自戾，深中朕過，非卿忠讜，朕何以得聞過失？賞絹百匹，以旌直臣。』」

《史‧陳性善傳》：「一日帝退朝，獨留性善，賜坐，問治天下要道，手書以進。性善盡所言，悉從之，已為有司所格。性善進曰：『陛下不以臣不肖，猥承顧問，既僭塵聖聽，許臣必行，未幾輒改，事同反汗，何以信天下？』帝為動容。」以此證《史竊》之說，其事為必有，且互見帝之虛衷。惟《史竊》有高皇帝未嘗聽人一言之語，恐無是理，蓋語氣輕重間失之耳。

帝仁柔樂善，實為守文令主，但英斷不足，所用齊泰、黃子澄固非任當日艱巨之材；即所敬信之方孝孺亦不免迂闊之誚，主張削藩，輕為禍始。然方以古官制、古宮殿門名日夜講求，自命制作，其所以應變之道，多不中要。後人特以齊、黃及方皆能死事，正學先生被禍尤酷，百世崇拜其大節，然於事實之得失則不可不知也。

削藩一事，古有明鑒，正學先生以學問名世，何竟不能以古為鑒，避其覆轍！漢初強宗，與明初同，賈誼痛哭而談，未見用於文帝，至景帝時，晁錯建議削藩，遂有吳、楚七國之變，以師武臣力，僅而克之，天下已被塗炭，且禍本未拔。至武帝時，用主父偃推恩之策，諸王之國，不削自削。至強藩盡而又無以制異姓之奸，王莽篡漢，諸侯王無一能與抗者，此為別一義。果不主削藩，自當權有無強宗之利害；既主削藩，則賈誼之說、主父偃之謀不可廢也。且當時明明有上此策者，帝甫即位，當洪武三十一年，未改建文之號之日，高巍已言之，帝固不省，齊、黃亦不為意，時方孝孺已至，帝方倚以致太平，倘助巍之說，必可見聽，亦竟不然，此不能不謂帝之暗，亦諸臣之疏也。

〈高巍傳〉：「惠帝即位，上疏乞歸田里。未幾，遼州知州王欽應詔辟巍，巍因赴吏部上書論時政，用事者方議削諸王，獨巍與御史韓郁先後請加恩，略曰：『高皇帝分封諸王，比之古制既皆過當，諸王又率多驕逸不法，違犯朝制，不削朝廷綱紀不立；削之則傷親親之恩。賈誼曰：「欲天下治安，莫如眾建諸侯而少其力。」今盍師其意，勿行晁錯削奪之謀，而效主父偃推恩之策，在北諸王子弟分封於南，在南諸王子弟分封於北，如此則藩王之權不削而自削矣。臣又願益隆親親之禮，歲時伏臘使人饋問，賢者下詔褒賞之；驕逸不法者，初犯容之，再犯赦

之，三犯不改，則告太廟廢處之，豈有不順服者哉？』書奏，上頷之。」頷之者，不置可否耳。觀其削奪日亟，則帝與用事諸臣成見已定，良言不能入也。巍言在洪武三十一年十月，削藩事甫動，亟用其言，朝廷與諸王尚未盡成隙，既隆其禮，又推以分封之恩，違言何自而起？乃數月之間削奪四起，又不敢遽動燕藩，反放遣其三子歸國，以釋其稱兵顧忌之私，此亦謬矣。韓郁疏專言削奪之非，與巍意不同，不錄。

燕師既起，命將北征，瀕行戒之曰：「昔蕭繹舉兵入京，而令其下曰：『一門之內，自極兵威，不祥之甚。』今爾將士與燕王對壘，務體此意，毋使朕有殺叔父名。」以故燕兵敗時，成祖以身為殿，遇急則以身為諸叛將之盾，官軍相顧愕眙，不敢發一矢，論者以此為帝之仁柔取敗。此尚不足責，仁人之言，於理為長，不當以成敗論。獨惜其既不欲傷恩，何不並善處於未削奪之先而使削奪之事亦無所用之也。後燕既篡，帝之諸弟無一得免，少子文圭甫二歲，幽之鳳陽，至三世以後，英宗朝方出之，年五十七，尚不能辨牛馬，此則所謂「一門之內，自極兵威」。成祖實行之矣。《南史》原作「六門之內。」《通鑒》注：臺城六門：大司馬、萬春、東華、西華、太陽、承明六門也。

## 第二節　靖難兵起之事實

成祖以洪武三年封燕王，十三年之國。二十三年同晉王討乃兒不花，晉王怯不敢進，王倍道趨迤都山，獲其全部而還。太祖大喜。是後屢帥諸將出征，並令王節制沿邊士馬，王威名大振。

〈太祖本紀〉：「三十一年五月戊午，都督楊文從燕王棣、武定

侯郭英從遼王植備禦開平，俱聽燕王節制。」《綱目三編》以為
《太祖實錄》已經永樂間改修兩次，所書為燕王張大之詞，蓋不
足信，當是楊文從燕王、郭英從遼王，各受節制，非謂並遼王
亦聽燕王節制也。此皆嫌惡燕王之說，其實即經節制沿邊諸
軍，豈遂為太祖許其篡立？此等處不足深辨，要之善其積威，
故能驅所部為逆，又能懾制討逆之軍，所由來者漸矣。

三十一年閏五月，太祖崩，皇太孫即位，遺詔：「諸王臨國中，毋
得至京師。」王自北平入奔喪，聞詔乃止。

《紀事本末》：「洪武二十五年四月丙子，皇太子薨，皇太孫生
而額顱稍偏，性穎聰，善讀書。《史竊》：「君生頂顱頗偏，太祖撫之
曰：『半邊兒月。』意不懌。而是時元妃生子雄英矣，後六年雄英蚤世，於是
君為長，而讀書甚聰穎，太祖始稍異之。」太祖每令賦詩，多不喜。一
日令之屬對，大不稱旨，復以命燕王，語乃佳。鄭曉《遜國記》：
「太祖命帝賦新月，應聲云：『誰將玉指甲，抓破碧天痕？影落江湖上，蛟龍
不敢吞。』太祖淒然久之，曰：『必免於難。』」錢謙益《歷朝詩集》云葉子
奇《草木子餘錄》載皇太子〈新月〉詩云云。所謂皇太子者庚申君之子也，
野史以為懿文太子作，為不及享國之讖。而曉則以為建文作。考楊維楨《東
維子詩集》，此詩為維楨作，則諸書皆附會也。太祖常有意易儲，劉三
吾曰：『若然，置秦、晉二王何地？』太祖乃止。」《史‧劉三
吾傳》但云：「太子薨，上御東閣門，召對群臣，慟哭，三吾進
曰：『皇孫世嫡，承統，禮也。』太孫之立由此。」《明通鑒》
謂諸書所說太祖欲立燕王，皆成祖改修之《太祖實錄》如此。
王鴻緒《史稿》尚從之；正史不然，書法謹嚴矣。
〈齊泰傳〉：「皇太孫素重泰，及即位，命與黃子澄同參國政，

尋進尚書，時遺詔諸王臨國中，毋奔喪，王國吏聽朝廷節制。〈太祖本紀〉遺詔中，省此句未載。諸王謂泰矯皇考詔，間骨肉，皆不悅。」

　　初高皇后崩，洪武十五年。太祖選高僧侍諸王，為誦經薦福，左善世宗泐舉道衍，〈姚廣孝本傳〉：「長洲人，本醫家子，年十四為僧，名道衍，字斯道，事道士席應真，盡得其陰陽術數之學。常遊嵩山寺，相者袁珙見之曰：『是何異僧？目三角，形如病虎，性必嗜殺，劉秉忠流也。』道衍大喜。洪武中，詔通儒書僧試禮部，不受官，賜僧服還。經北固山，賦詩懷古，其儕宗泐曰：『此豈釋子語耶？』道衍笑不答。」燕王與語甚合，請以從。《紀事本末》：「諸王封國時，太祖多擇名僧為侍，僧道衍知燕王當嗣大位，自言曰：『大王使臣得侍，奉一白帽與大王戴。』蓋白冠王，其文皇也。燕王遂乞道衍得之。」至北平，住持慶壽寺，出入府中，跡甚密，時時屏人語。惠帝立，削奪諸王，周、湘、代、齊、岷相繼得罪，道衍遂密勸成祖舉兵，成祖曰：「民心向彼，奈何？」道衍曰：「臣知天道，何論民心！」乃進袁珙及卜者金忠，於是成祖意益決。

　　〈袁珙傳〉：「生有異稟，好學能詩，嘗遊海外洛伽山，珙，鄞人。遇異僧別古崖，授以相人術，先仰視皎日，目盡眩，布赤黑豆暗室中辨之；又懸五色縷外，映月別其色；皆無訛，然後相人。其法以夜中燃兩炬，視人形狀氣色，而參以所生年月，百無一謬。洪武中，遇姚廣孝於嵩山寺，謂之曰：『公劉秉忠之儔也，幸自愛。』後廣孝薦於燕王，召至北平，王雜衛士類己者九人，摻弓矢飲肆中，珙一見即前跪曰：『殿下何輕身至此？』九人者笑其謬，珙言益切。王乃起去，召珙宮中諦視，曰：『龍行虎步，日角插天，太平天子也，年四十，鬚過臍，即

登大寶矣。』已見藩邸諸校卒，皆許以公侯將帥。王慮語泄，遣之還。及即位，召拜太常寺丞。所居鄞城西，繞舍種柳，自號柳莊居士，有《柳莊集》。」

〈金忠傳〉：「忠，鄞人，少讀書，善《易》卜。兄戍通州亡，忠補戍，貧不能行，相者袁珙資之。既至，編卒伍，賣卜北平市，多中，市人傳以為神。僧道衍稱於成祖，成祖將起兵，托疾召忠卜，得鑄印乘軒之卦，曰：『此象貴不可言。』自是出入燕府中，常以所占勸舉大事，成祖深信之。燕兵起，自署官屬，授忠王府紀善，守通州，南兵數攻城不克。已召置左右，有疑輒問，術益驗，且時進謀劃，遂拜右長史，贊戎務，為謀臣矣。」

按成祖之成大業，史多誇其為術士所推許，此即行險僥倖者所為，非有他功德可得天下，直由命相致之耳。

靖難之師，起於削藩，削藩之議，由來已久。

《史竊》：「太祖時政治嚴核，中外萬幾，太孫每奉裁決，濟以寬大，中外欣欣愛戴，獨諸王皆挾叔父之尊，多不遜服，太孫常以為憂。先是，太祖封諸王，遼、寧、燕、谷、代、晉、秦、慶、肅九國皆邊虜，歲令訓將練兵，有事皆得提兵專制，便防禦，因語太孫曰：『朕以禦虜付諸王，可令邊塵不動，貽汝以安。』太孫曰：『虜不靖，諸王禦之；諸王不靖，孰禦之？』太祖默然，良久曰：『汝意何如？』太孫曰：『以德懷之，以禮制之，不可則削其地，又不可則變置其人，又其甚則舉兵伐之。』太祖曰：『是也，無以易此矣。』」此說太祖亦以為是。誠能行之，削藩前尚有事在，以德懷，以禮制，建文朝無暇為

也，用高巍之說，則庶幾矣。

〈黃子澄傳〉：「惠帝為皇太孫時，嘗坐東角門，謂子澄子澄本以修撰為東宮伴讀。曰：『諸王尊屬擁兵多不法，奈何？』對曰：『諸王護衛兵才足自守，倘有變，臨以六師，其誰能支？漢七國非不強，卒底亡滅，大小強弱勢不同而順逆之理異也。』太孫是其言。比即位，命子澄兼翰林學士，與齊泰同參國政，謂曰：『先生憶昔東角門之言手？』子澄頓首曰：『不敢忘。』退而與泰謀，泰欲先圖燕，子澄曰：『不然，周、齊、湘、代、岷諸王在先帝時，尚多不法，削之有名，今欲問罪宜先周，周王，燕之母弟，削周，是翦燕手足也。』謀定，明日入白帝，會有言周王橚不法者，遂命李景隆帥兵襲執之，詞連湘、代諸府，於是廢橚及岷王楩為庶人，幽代王桂於大同，囚齊王榑於京師，湘王柏自焚死。下燕議周王罪，燕王上書申救，帝覽書惻然，謂事宜且止，子澄與泰爭之，未決，出相語曰：『今事勢如此，安可不斷？』明日，又入言曰：『今所慮者獨燕王耳，宜因其稱病襲之。』帝猶豫曰：『朕即位未久，連黜諸王，若又削燕，何以自解於天下？』子澄對曰：『先人者制人，毋為人制。』帝曰：『燕王智勇善用兵，雖病恐難猝圖。』乃止。」此〈傳〉文中「周王，燕之母弟，削周，是翦燕手足也」之語，為成祖改《實錄》而不免漏筆。〈諸王傳〉已稱馬后生太子及秦、晉、燕、周四王，今子澄傳云云，明明太子與秦、晉二王不與燕、周同母也。成祖以奪嫡之故，冒為嫡出，而沒其所生之母，後更發見碩妃神主而後得其實。說詳下。

子澄主用兵，以漢平七國亂為喻，漢惟得周亞夫而將之，子澄乃薦李景隆可大任，即何以敢與七國事並論也？此齊、黃之失也。〈湘王柏本傳〉，有文武材，未著罪狀，懼無以自明而自

焚。亦太慘。既畏強藩，又授以口實，帝之當斷不斷，不失為
仁者之過，任事者謀之不臧，則無以自解。周王被執，在洪武
三十一年五月，至八月，帝欲釋之，泰與子澄爭久之，乃廢為
庶人，徙蒙化。又逮齊、代、岷諸王。明年四月，湘王自焚，
齊王、代王廢為庶人。六月，岷王廢為庶人，徙漳州。七月，
逮燕府官屬，而燕王反矣。

成祖之決策稱兵，早從道衍輩慫恿，即未削藩，亦必謀逆。

〈姚廣孝傳〉：「成祖意決，陰選將校，勾軍卒，收材勇異能之
士。燕邸，故元宮也，深邃，道衍練兵後苑中，穴地作重屋，
繚以厚垣，密甃瓴甋瓶缶，日夜鑄軍器，畜鵝鴨亂其聲。」

帝與齊、黃圖燕，亦思所以弱之，即位之年，冬十一月，工部侍
郎張昺為北平布政使，謝貴、張信掌北平都指揮使司，察燕陰事。建
文元年三月，都督宋忠、徐凱、耿瓛帥兵三萬屯開平、臨清、山海
關，調北平、永清二衛軍於彰德、順德。四月，太祖小祥，先是燕世
子高熾及其弟高煦、高燧入臨，至是王憂懼稱病篤，乞三子歸。齊泰
欲遂收之，子澄曰：「不若遣歸，示彼不疑，乃可襲而取也。」竟遣
還。王喜曰：「吾父子復得相聚，天贊我矣。」六月，燕山護衛百戶倪
諒上變，告燕官校於諒、周鐸等陰事，逮繫至京，皆戮之。有詔責燕
王，王乃佯狂稱疾，走呼市中，奪酒食，語多妄亂，或臥土壤，彌日
不蘇。張昺、謝貴入問疾，王盛夏圍爐搖顫曰：「寒甚！」宮中亦杖而
行。長史葛誠密告昺、貴曰：「燕王本無恙，公等勿懈。」正月，王遣誠
入奏事，帝密問燕邸事，誠具以實告，遣誠還燕，使為內應，至則燕王察其色異，心
疑之。會燕王使護衛百戶鄧庸詣闕奏事，齊泰請執訊之，具言王將舉兵

狀。泰即發符往逮燕府官屬，密令謝貴、張昺圖燕，使約長史葛誠指揮盧振為內應。以張信為燕王舊所信任，密救之，使執燕王，信叛附燕，以情告，王下拜曰：「生我一家者子也。」召道衍謀，令護衛指揮張玉、朱能等帥壯士八百人入衛。及逮官屬詔至，秋七月，謝貴、張昺督諸衛士皆甲，圍府第索所逮諸官屬。王稱疾愈，禦東殿，伏壯士左右及端禮門內，召貴、昺付所逮者，貴、昺至，衛士甚眾，及門，門者呵止之，貴、昺入，王曳杖坐，賜宴行酒，忽怒詈詈：「編戶齊民，兄弟宗族尚相恤，身為天子親屬，旦夕莫必其命，縣官待我如此，天下何事不可為乎？」護衛軍前擒貴、昺，捽盧振、葛誠等下殿，皆斬之。命張玉等乘夜出，攻奪九門，黎明盡克。乃下令安集軍民，三日，城中大定。都指揮彭二戰死，余瑱走居庸關，馬宣巷戰不勝，走薊州，教授余逢辰死之，參政郭資、副使墨麟、僉事呂震等降於燕。宋忠自開平率兵三萬至居庸關，不敢進，退保懷來。癸酉，燕王誓師，以誅齊泰、黃子澄為名，去建文年號，仍稱洪武三十二年，署官屬，以張玉、朱能、邱福為都指揮僉事，擢先以張昺等疏草密報燕府之按察司吏李友直為布政司參議。上書稱：「祖訓云：『朝無正臣，內有奸惡，則親王訓兵待命，天子密詔諸王統領鎮兵討平之。』臣謹俯伏待命。」書奏，議討燕，齊泰曰：「明其為賊，敵乃可克。」遂削燕王屬籍，以伐燕布告天下。時太祖功臣存者已少，乃拜長興侯耿炳文為大將軍，駙馬都尉李堅、都督寧忠為副將軍，帥諸將分道並進。時燕王既於七月初五日癸酉舉事，是夜攻奪九門，次日甲戌，即出師，次通州，指揮房勝以城降。張玉請先定薊州，免後顧憂。丙子，陷薊州，馬宣被禽，罵不絕口死。己卯，陷居庸關，余瑱退懷來依宋忠。甲申，陷懷來，宋忠、余瑱被執死，將校被俘不降死者百餘人，其力鬥陣歿者有都指揮彭聚、孫泰。

〈宋忠傳〉：「時北平將士在忠部下者，忠告以家屬並為燕屠滅，盍努力復仇報國恩。燕王偵知之，《記事本末》：「王據鞍指揮有喜色。」急令其家人張故旍幟為前鋒，呼父兄子弟相問勞，將士咸喜曰，『我家固無恙，宋總兵欺我。』遂無鬥志。」此北平將士，即忠前赴開平時所調燕府護衛精銳隸麾下以弱燕者，家在北平，即不以誑語為此輩所輕，猶恐燕撫其家屬以相招致，忠乃以意造言，欲劫制其人為己用，宜燕王聞之而喜矣。齊、黃以忠一軍壓燕之北，責任甚重，所調燕之護衛，以朝命燕不敢違，只可分燕之力，乃欲用以制燕之死命，又無他方略，徒以誑語冀欺之，是反助燕以倒戈內應之勢耳。齊、黃命將如此，舉北平城守之文武長官不能勝一燕府，舉為圖燕所布之軍將，不能牽綴北平之後，以待朝廷討伐之師，而是時軍事一任齊、黃，其敗事已可見矣。諸城守將降燕者固有之，然效死之士亦甚眾，有此士氣，奈不能用何！

　　薊州既陷，遵化、密雲繼降燕，懷來陷，永平又降。時帝方銳意文治，日與方孝孺討論《周官》法度，軍事皆取決於泰、子澄。元年二月，更定官制，內外大小諸司及品級勛階悉仿《周禮》更定。二年八月，承天門災，改各門名端門、應門、皋門、路門，皆從方孝孺言。耿炳文師出，帝誡將士：「毋使朕有殺叔父名。」八月壬戌，及燕兵戰於滹沱河北，敗績。帝再擇將，子澄薦李景隆可大任，遂以景隆代炳文，賜斧鉞俾專征伐，召炳文回。炳文老將，張玉覘之曰：「軍無紀律，無能為。」代以景隆，燕王聞之曰：「李九江膏粱孺子，九江，景隆字，李文忠子也。寡謀而驕，色厲而餒，未常習兵見陣，輒予以五十萬，是自坑之也。」時江陰侯吳高奉朝命與楊文、耿巘帥遼東之師圍永平，王救永平，且撤蘆溝橋之防，以誘景隆來攻北平。既解永平之圍，又直趨大寧，劫寧王與其妃

妾世子皆南下，收其所屬精銳，尤以朵顏三衛士卒驍勇善騎射，為利
所驅，敢與朝廷軍士死鬥。既免北平之後顧，又盡收戰士助戰，暫委
北平由道衍等輔世子守堅城，以綴景隆，逮大寧師還，與守兵夾擊，
大敗景隆。

〈瞿能傳〉：「燕師起，從李景隆北征，攻北平，與其子帥精騎
千餘攻張掖門，垂克，景隆忌之，令候大軍同進。於是燕人夜
汲水沃城，方大寒，元年十一月。冰凝不可登，景隆卒致大
敗。」此景隆罪狀之一。

景隆遁還德州，燕王出兵揚言攻大同，誘景隆赴救，圍蔚州，指
揮王忠、李遠降燕，進攻大同，俟景隆已出紫荊關，即由居庸關入
邊，南軍不耐寒，凍餒死者甚眾，墜指者十二三，棄鎧仗於道，不可
勝記。時已二年正月。四月，景隆復進兵，與燕戰於白溝河，平安、
瞿能等力戰，斬燕將陳亨，亨故大寧降將。瞿能迫燕王，幾獲之，僅
免，旋乘風反攻，殺瞿能父子於陣，景隆軍又大敗，自德州奔濟南。
燕軍遂入德州，收府庫，獲糧百餘萬。山東參政鐵鉉督餉赴景隆軍，
會師潰，沿路收潰亡守濟南，景隆奔就之，燕師追及，景隆六十萬眾
尚存十餘萬，燕師擊之，景隆復大敗，單騎走。燕師圍濟南，鐵鉉力
捍禦不下，朝廷升鉉為山東布政使而召景隆還，以左都督盛庸為大將
軍。帝赦景隆不誅，子澄痛哭爭請誅景隆，副都御史練子寧執而數之
朝，以哭請，卒不問，旋復任用之，忌盛庸，且間於帝，不得盡其
用。〈瞿能傳〉附楊本：「從景隆討燕有功，景隆忌之，不以聞。尋劾景隆喪師辱國，
遂以孤軍獨出，被禽，繫北平獄，後被殺。」

〈王度傳〉：「為山東道監察御史。建文時，王師屢敗，度奏請

募兵。小河之捷，奉命勞軍徐州，還，方孝孺與度書：『誓死社稷。』燕王稱帝，坐方黨謫戍賀縣，又坐語不遜，族。度有智計，盛庸之代景隆，度密陳便宜，是以有東昌之捷。景隆征還，赦不誅，反用事，忌庸等功，讒間之，度亦見疏。論者以其用有未盡，惜之。」

燕王圍濟南三月，不下，決水灌城，鉉約降，迎王入，及門，下鐵板，傷王馬首，未中，仍逸去。王怒，以炮擊城，鉉書高皇帝神牌懸城上，燕兵不敢擊。鉉復募壯士突擊破燕，王乃撤圍還。盛庸乘勢復德州，兵勢大振，擢鉉兵部尚書贊理大將軍軍事，封庸歷城侯。九月，庸總平燕諸軍北伐。十月，燕兵襲滄州，克之。循河而南，至東昌，遇庸與鉉等戰，大敗燕師，陣斬張玉。玉為燕將最悍，後所謂靖難第一功臣者也。燕王數危甚，諸將奉帝詔，莫敢加刃，王知之，每奔北，獨以一騎殿後，迫者不敢迫。是謂東昌之捷，燕軍再卻還。三年二月，燕再出師，三月朔，次滹沱河，辛巳，與盛庸遇於夾河，陣斬燕將譚淵及其指揮董中峰等，庸軍亦失都指揮莊得等驍將數人。

〈成祖本紀〉：「三月辛巳，與盛庸遇於夾河，譚淵戰死，朱能，張武殊死鬥，庸軍少卻，會日暮，各斂兵入營。王以十餘騎逼庸營野宿，及明起視，已在圍中，乃從容引馬，鳴角穿營而去，諸將以天子有詔『無使負殺叔父名』，倉卒相顧愕眙，不敢發一矢。」此為史本紀明載之事，各書皆言成祖遇敗，則帝有詔不相害，往往獨身為殿以免，蓋非虛也。惠帝既崇叔父於交戰之時，何不先善全於削藩之始，以王師而辛敗於叛藩，其失機固非一端也。

　　是日戰互相勝負，東北風忽起，塵埃漲天，沙礫擊面，燕兵在北，乘風縱擊，庸大敗走德州，吳傑、平安自真定引軍與庸會，聞敗引還，王誘與戰，覆敗之。於是帝罷齊泰、黃子澄，謫外以解說於燕，而實使之募兵。燕王亦上書，求並撤吳傑、盛庸、平安之眾，而後釋兵就燕藩，方孝孺請且與報書往復，急令遼東諸將入山海關，攻永平，真定諸將渡盧溝橋，搗北平。五月，燕師駐大名，盛庸、吳傑、平安等分兵扼燕餉道。燕王再上書，帝欲罷庸等兵，孝孺阻之，乃囚燕使。王亦遣降將李遠帥輕騎南下，焚王師糧，蓋德州饋餉皆道徐、沛。六月，遠令士卒易甲冑，雜南軍中，插柳枝於背為識，過濟寧、谷城，直至沛縣，南軍不之覺，凡糧艘所在盡焚之，軍資器械俱燼，運軍散走，京師大震，德州遂缺糧。遠還，盛庸遣兵邀之，復為遠伏兵所敗。

　　　　中原千里，朝廷設官治理之地，燕師輕行其間，焚糧而返，如入無人之道，此明年燕王所以不轉戰於山東，直越境遂逼京師也。齊、黃庸碌，孝孺書生，帝仁柔非燕王比，此時而疏忽如此，復有李景隆輩作奸於內，帝於稍能戰之將不之信，號令有不能行，前所令攻襲北平之師先後錯落，絕無期會，其敗宜也。

　　七月，平安自真定乘虛攻北平，燕世子固守告急，是時方孝孺以門人林嘉猷嘗入燕邸，知高煦謀傾世子狀，言於上，為書與世子間之。高煦在軍中，已知朝廷有去書，於王前言世子反，王大怒，則世子已遣使送朝使及所致書至，未啟封也。王乃曰：「幾殺吾子！」王遣將劉江援北平，而盛庸又檄大同守將房昭引兵入紫荊關，掠保定下邑，駐易州水西寨，據寨以窺北平。燕王在大名，曰：「保定失則北平

危。」乃班師。九月，平安為劉江所敗，王圍水西寨，十日克之，乃還北平。十一日，遼東守將楊文始引兵圍永平，略薊州、遵化諸郡縣，燕遣劉江往援，楊文敗走。是時王稱兵已三年，親冒矢石，為士卒先，常乘勝逐北，亦屢瀕於危，所克城邑，兵去旋復為朝廷守，三出三返，所據僅北平、保定、永平三郡而已。

> 以天下之全力，奉天子之命，討一叛藩，至是始以真定之兵自南入，大同之兵自西入，遼東之兵自東入，而期會參差，各被擊輒敗退，中樞無能主兵事者也。

會詔有司係治中官奉使之不法者，先後奔燕，具言京師可取狀。王乃慨然思臨江一決，不復返顧，道衍力贊之。明年正月，乃直為批亢虛之計。

> 〈宦官傳〉：「建文帝嗣位，御內官益嚴，詔：『出外稍不法，許有司械聞。』及燕師逼江北，內臣多逃入其軍，漏朝廷虛實。」據此則宦官入燕軍，乃燕師臨江時事，〈本紀〉則在三年之冬，以意度之，當從〈宦官傳〉，此時非內臣漏虛實時也。朝廷虛實，燕自知之，六月已遣李遠直下徐、沛焚糧，中原無備，固已大著，以後舉動之散漫，豈能逃燕王之目？建文之政，若不輕弄兵，或能用將之賢者，其舉動無不優於列帝。馭宦官嚴而為宦官泄其虛實，豈能咎其嚴馭？正惟守備虛而不實，足啟戎心，宦官不泄，燕豈無偵探乎？

四年正月，燕王由館陶渡河，徇徐州，平安軍來躡，擊敗之，又敗鐵鉉軍。四月，再與平安戰，先敗後勝，遂禽平安，置淮安不顧，

直趨揚州。天子遣慶成郡主至軍中，許割地以和，不聽。六月，江防都督陳瑄以舟師叛附於燕，遂自瓜州渡。盛庸以海艘迎戰，敗績。既下鎮江，遂次龍潭，天子復遣大臣議割地，諸王繼至，皆不聽。至金川門，谷王橞、李景隆等開門迎降，都城遂陷。下令大索齊泰、黃子澄、方孝孺等五十餘人，榜其姓名曰奸臣。己巳，即皇帝位，遷興宗孝康皇帝主於陵園，仍稱懿文太子，大誅奸黨，夷其族。詔今年以洪武三十五年為紀，明年為永樂元年，建文中更改成法，一復舊制。

## 第三節　靖難後殺戮之慘

　　成祖以篡得位，既即位矣，明之臣子，究以其為太祖之子，攘奪乃帝王家事，未必於建文遜位之後，定欲為建文報仇，非討而誅之不可也。故使事定之後，即廓然大赦，許諸忠為能報國，悉不與究，未必有大患也。即不能然，殺其人亦可成其志，而實則杜諸忠之或有號召，猶之可也；誅其族屬，並及童幼，已難言矣；又辱其妻女，給配教坊、浣衣局、象奴及習匠、功臣家，此於彼之帝位有何損益？又其所戮諸人，若方孝孺之遍戮其朋友門生，謂之十族，其九族以內之親則皆盡矣；又若景清之既磔既族，又籍其鄉，轉相攀染，謂之瓜蔓抄，皆人類所不忍見聞者。因欲縱其暴，故用奸佞，以為人所不忍為，斬刈既盡，又誅其人。今舉以上數事於左。欲考其詳，有《明史》列傳一四一至一四三共三卷，並其旁見各傳，如廖鏞、廖銘之死，附見於其祖〈永忠傳〉之類，《紀事本末》有〈壬午殉難專篇〉，可覆閱也。

　　〈方孝孺傳〉：「六月乙丑，金川門啟，燕兵入，帝自焚。是日，孝孺被執下獄。先是，成祖發北平，姚廣孝以孝孺為托，曰：『城下之日，彼必不降，幸勿殺之。殺孝孺，天下讀書種子絕矣。』成祖頷之。

至是欲使草詔，召至，悲慟聲徹殿陛，成祖降榻勞曰：『先生毋自苦！予欲法周公輔成王耳。』孝孺曰：『成王安在？』成祖曰：『彼自焚死。』孝孺曰：『何不立成王之子？』成祖曰：『國賴長君。』孝孺曰：『何不立成王之弟？』成祖曰：『此朕家事。』顧左右授筆札，曰：『詔天下非先生草不可。』孝孺投筆於地，且哭且罵曰：『死即死耳，詔不可草。』成祖怒，命磔諸市，孝孺慨然就死，作〈絕命詞〉云云。時年四十六。其門人德慶侯廖永忠之孫鏞與其弟銘，檢遺骸葬聚寶門外山上。〈廖永忠傳〉：「鏞、銘收葬甫畢，亦見收論死，弟鉞及從父指揮僉事昇俱戍邊。」孝孺有兄孝聞，力學篤行，先孝孺死。弟孝友與孝孺同就戮，亦賦詩一章而死。妻鄭及二子中憲、中愈先自經死，二女投秦淮河死。仁宗即位，諭禮部：『建文諸臣已蒙顯戮，家屬籍在官者，悉宥為民，還其田土，其外親戍邊者，留一人戍所，餘放還。』萬曆十三年三月，釋坐孝孺謫戍者後裔，浙江、江西、福建、四川、廣東凡千三百餘人，而孝孺絕無後。」

　　十族之說，〈本傳〉不載。史館諸人務為成祖開脫，朱彝尊且以《尚書》九族，孔安國及馬、鄭解為自高祖下至玄孫，不及異姓，輕於秦法之三族，謂十族之說非實。《三編質實》引〈遜國臣傳〉云：「孝孺投筆哭罵，上怒斥曰：『汝焉能遽死？朕當滅汝十族。』後繫獄，籍其宗支，及母族林彥法等、妻族鄭原吉等，示且脅之，執不從。上怒甚，乃收朋友門生廖鏞等為十族，誅之，然後詔磔於市。坐死者八百七十三人，外親之外，親族盡數抄沒，發充軍坐死者復千餘人。」〈臣林外紀〉云：「成祖曰：『吾固能族人。』孝孺曰：『族至三，赤矣。』成祖曰：『吾能四。』乃大收其朋友門生，凡刑七日。」《紀事本末》云：「文皇大聲曰：『汝獨不顧九族乎？』孝孺曰：『便十族，奈我何？』

舊史例議以廖鏞等逮論在孝孺死後。朱彝尊以孔安國及馬、鄭解九族，上至高祖，下至玄孫，不及異姓，則反輕於秦之三族，謂十族之說非實。按夏侯、歐陽解，父族四，母族三，妻族二，皆據異姓有服。馬、鄭見〈堯典釋文〉，孔即〈偽傳〉，夏侯、歐陽見《疏》所引。成祖並非經生，一時激怒，不同議禮，何暇辨九族之當從何家言乎？」又按朱彝尊《明詩綜詩話》：「長陵靖難，受禍者莫慘於正學先生，坐方黨死者相傳八百七十三人；其次黃太常，坐累死者族子六十五人，外戚三百八十人；若胡大理胡閏之死，〈郡志〉稱其族棄市者二百十七人，坐累死者數千人；茅大芳妻斃於獄，有『與狗吃』之旨，載《奉天刑賞錄》云云。然則當日或加三為四，或加九為十，傳聞異詞不足辨，而一時門生朋友濫及無辜，則亦不能為之諱也。」

〈景清傳〉：「建文初，為北平參議，燕王與語，言論明晰，大稱賞。再遷御史大夫。燕師入，諸臣死者甚眾，清素預密謀，且約孝孺等同殉國，至是詣闕自歸，成祖命仍其官。委蛇班行者久之，一日早朝，清衣緋懷刃入。先是，日者奏：『異星赤色，犯帝座甚急。』成祖故疑清，及朝，清獨著緋，命搜之，得所藏刀，詰責，清奮起曰：『欲為故主報仇耳！』成祖怒，磔死，族之，籍其鄉，轉相攀染，謂之瓜蔓抄，村里為墟。」

古云：「罪不及孥。」成祖仇一人，乃抄札及其鄉里，此亦與籍高翔之產，既分給他人，而又加其產之稅，曰「令世世罵翔」，其意相同，殆欲景清之鄉里皆憾清耶？〈高翔傳〉：「建文時戮力兵事，成祖聞其名，與閏同召，胡閏亦與齊、黃輩晝夜畫軍事，京師陷，召閏，不屈，與子傳道俱死，幼子傳慶戍邊，四歲女郡奴入功臣家，

稍長識大義，日以糞灰污面。洪熙初，赦還鄉，貧甚誓不嫁，見者競遺以錢帛，曰：「此忠臣女也。」欲用之，翔喪服入見，語不遜，族之，發其先塚，親黨悉戍邊，諸給高氏產者皆加稅，曰：『令世世罵翔也。』」

〈奸臣・陳瑛傳〉：「為山東按察使。建文元年，調北平，僉事湯宗告瑛受燕王金錢，通密謀，逮謫廣西。燕王稱帝，召為都察院左副都御史，署院事。瑛天性殘忍，受帝寵任，益務深刻，專以搏擊為能。甫蒞事，即言陛下應天順人，萬姓率服，而廷臣有不順命效死建文者如侍郎黃觀、少卿廖升、修撰王叔英、紀善周是修、按察使王良、知縣顏伯瑋等，其心與叛逆無異，請追戮之。帝曰：『朕誅奸臣，不過齊、黃數輩，後二十九人中如張、王鈍、鄭賜、黃福、尹昌隆皆宥而用之，況汝所言有不預此數者，勿問。』後瑛閱方孝孺等獄詞，遂簿觀、叔英等家，給配其妻女，疏屬外親莫不連染。胡閏之獄，所籍數百家，號冤聲徹天，兩列御史皆掩泣，瑛亦色慘，謂人曰：『不以叛逆處此輩，則吾等為無名。』於是諸忠臣無遺種矣。」又云：「帝以篡得天下，御下多用重典，瑛首承風旨，傾誣排陷者無算，一時臣工多效其所為，如紀綱、馬麟、丁玨、秦政學、趙緯、李芳，皆以傾險聞。」

〈瑛傳〉歸惡於瑛，若言成祖猶不欲若是，而瑛迫而為之者。此亦過則歸臣之意。若非帝之本指，瑛何所利而若是？再證以〈佞幸紀綱傳〉，綱以典詔獄，值瑛滅建文朝忠臣數十族，覘帝旨而深文誣詆，帝以為忠，親之若肺腑，至無所不為，卒以謀不軌乃磔於市。蓋其先縱之為暴，不如此不快，亦可知矣。

〈仁宗本紀〉：「永樂二十二年十一月壬申是年七月辛卯成祖崩，八月丁巳仁宗即皇帝位。朔，詔禮部：『建文諸臣家屬在教坊司、錦衣衛、浣衣局及習匠、功臣家為奴者，悉宥為民，還其田土，言事謫戍者亦如之。』」諸忠臣傳中，多言其家屬之給配，而諸書則臚列之，正史於〈本紀〉見此詔，可知其事甚確。夫諸忠既戮，而必辱其妻女，使入教坊，及嫁最賤之人，使失其身，又非嚴刑峻法之所及矣。

## 第四節　靖難後明運之隆替

此當分對外對內兩方觀之。又仁、宣兩朝，蒙業而治，為明代極盛之時，承成祖之所得而其功未墜，沿成祖之所失而其弊亦未形，即併入此一節敘述之。

### 一、對外

成祖以馬上得天下，既篡大位，遂移其武力以對外，凡五征漠北，皆親歷行陣，假使建文承襲祖業，必不能有此。此明一代之侈言國威者無不歸功於永樂之世也。

> 元帝於洪武三年殂於應昌，《明史》書崩，諡之曰順帝。其實，元尚以帝制自居，國中自有諡號，明修《元史》不載，清修《明史》亦未補著耳。《日下舊聞考》據《朝鮮史》稱，元帝北奔後，謂之北元，其有大事，亦頒詔高麗。時尚未改稱朝鮮。順帝之諡曰惠宗，其子愛猷識里達臘嗣，改元宣光。是年克應昌，元嗣主遁歸和林，獲其子買的里八剌，封為崇禮侯以招元嗣主。時王保保方擁眾謀恢復，招之不得，數用兵亦不能深入，北兵亦屢來攻。七年秋，太祖以嗣主未有子，遣崇禮北歸以諭之，

亦無效。十一年，嗣主卒，國人諡曰昭宗。買的里八剌改名脫古思帖木兒嗣立，永樂六年，成祖以書諭蒙古可汗本雅失里，有云：「高皇帝於元氏子孫加意撫恤，來歸者輒令北還，如遣脫古思歸為可汗，此南北人所共知也，云云。」故知為即買的里八剌。改元天元，仍時擾塞上。二十年，克海西，納哈出降。二十一年，北伐，聞脫古思在近塞捕魚兒海，即應昌。襲之，獲其次子地保奴及妃主官屬甚眾。脫古思偕長子天保奴遁還和林，未至，為其下也速迭兒所弒，並殺天保奴，此後諡號遂不傳於世。又五傳皆被弒，但知最後之世名坤帖木兒，為部人鬼力赤所篡，乃去帝號稱可汗，去國號稱韃靼。至永樂六年，韃靼知院阿魯台以鬼力赤非元裔，殺之，迎元後本雅失里立為可汗。成祖諭本雅失里書：「自元運既訖，順帝後凡六傳，至坤帖木兒，未聞一人善終者。」成祖以書諭令降，不從。七年，復遣使往，被殺，乃命淇國公邱福等征之，大敗，五將軍皆沒。明年，帝親征，時本雅失里與阿魯台君臣已各自為部，連戰均敗之。師還，阿魯台遂來貢。越二年，本雅失里為瓦剌蒙古別部在河套者。馬哈木所殺，立答里巴為汗。阿魯台請內附，乞為故主復仇，帝封阿魯台為和寧王。十二年，帝征瓦剌，大敗其眾，馬哈木遁。自是阿魯台去瓦剌之逼，數年生聚，畜牧蕃盛，漸驕蹇，時來窺塞。二十年春，大入興和，即張家口。詔親征，阿魯台遁，焚其輜重，收其牲畜而還。歸途並討兀良哈，以其助逆，捕斬甚眾，兀良哈降。明年，復親征阿魯台，出塞後，聞阿魯台為瓦剌所敗，部落潰散，遂班師。明年，二十二年，阿魯台犯大同、開平，復議親征，四月發京師，阿魯台遁，深入，不見敵，窮搜無所得，各軍以糧不繼引還，是為五度陰山矣。六月甲子，班師，七月辛卯，崩於榆木川。其後，宣宗宣德三年，復親征兀良哈，斬獲凱旋。至英宗

正統十四年，王振復挾帝親征瓦剌也先，遂有土木之變。

成祖勞於軍旅如此。然明之邊患，太祖之防邊深意，則由成祖壞之。當時惟以元後為大敵，視東北諸部蔑如也。最大之失，因欲篡奪，而懼國內之軍不盡為用，既劫寧王，乃起大寧所屬兀良哈三衛，餌之以利，使為己盡力，遂轉戰得大位，即棄大寧以畀三衛，而開平、興和勢孤，久之俱不能不棄。太祖時分封諸子，使以全力開闢東北者凡有六王，燕王在北平，谷王在宣府，寧王在大寧，遼王在廣寧，韓王在開原，沈王在瀋陽。成祖以燕藩起兵，以後惟恐強藩在邊，兵力難制，盡徙五王於內地，以北平為京師而已填之。韓、瀋本尚未之國，韓改平涼，瀋改潞州，寧為靖難兵所劫而南，遼、谷皆以燕叛自歸京師。谷王後以開金川門納燕師，成祖德之；遼王則以為貳己，待遇頗有厚薄。但各徙封，遼由建文時已徙荊州，遂仍之；谷改長沙；寧改南昌。東北無防、邊境內縮，宣府、大同亦失勢，乃欲盡力招降女真，多設衛所，冀與兀良哈三衛並為一區，而別設奴兒干都司以控制之，又用中官亦失哈主其事。亦失哈之勞師遠出，《明史》又以其為經略女真，為清室所諱言，遂不見於史。至清末由吉林將軍委員探黑龍江北之路，乃於伯利之永寧寺發現亦失哈兩次碑記，頗載規劃奴兒干都司之事。日本人以為大好史實，證明明代東北疆域之廣，絕非如清世記載所云，並疑亦失哈尚是元之內監，頗侈其功績。其實不然，亦失哈蓋海西女真人，成祖用以招致女真，遂歷次帥師以往，直至宣德、正統年間，為老於東事之人，遂久為遼東鎮守太監，土木變時，尚鎮遼東。其設都司之事，久已無成，兵出海西，頗為女真所襲殺。宣德之末，乃決罷其遠征，只於開原之三萬衛寄一奴兒干都司空名而已。東北無重鎮，建州既強，遂移明祚。亦失哈事蹟略見於宦官〈王振傳〉中。英宗被執以後，女真蠢動，朝廷慮亦失哈同與為變，

乃召還京，距元亡已八十餘年，亦失哈尚以遼東鎮守太監被召。其所以屢至極邊者，自是明廷之威力；所以無成，正緣宦官無遠識。明列帝不能用賢將帥圖此事，其時總遼東兵者巫凱、曹義，相繼數十年，尚為名將，而開邊之事偏任宦官，遂終罷棄進取之策。日本人疑為元代宦者及震其遠略，皆以意度之之說，《明實錄》可考其詳，即《明史》亦尚有〈王振傳〉可據也。

## 二、對內

成祖之不隳明業，在能遵太祖整飭吏治之意。自永樂以來，歷洪熙、宣德三朝皆未之改，故能固結民心，後世雖有禍敗，根本不遽搖撼。當太祖時，重賞重罰，一聞守令有不賢，立予逮問，至則核其實；若以守官被謗，立予升擢，反躋顯秩。故親民之官，不患公道之不彰，不以權貴為憚，天下多強項之吏，略已見前。永樂以降，所用公卿，其歷外任時，率多循良之績，其專以愛民勤政著者，若周新等一傳二十餘人，皆有異政，此尚不在〈循吏傳〉中，蓋又為循良之特殊者。至〈循吏〉一傳，有目者三十人，附〈傳〉者至多。〈吳履傳〉附二十五人，〈高斗南傳〉附十三人，以上皆太祖時。〈史誠祖傳〉附四人、〈謝子襄傳〉附二人、〈貝秉彝傳〉附五人，以上皆永樂時。〈李信圭傳〉附二十人，皆洪熙、宣德至正統時。皆秩滿以民意奏留者。此類官亦有作偽，宣宗時發覺兩人，罪之。自後部民奏留，必下所司核實。〈李驥傳〉附五人，歷洪、永、洪、宣時，同以宣德五年為奉特敕之郡守。〈趙豫傳〉附七人，歷永樂至正統時。〈范希正傳〉附七人，皆宣德、正統時。蓋全傳百二十人，宣德以前六十餘年間得百人以上，正統至嘉靖百三十餘年間得十餘人，隆、萬五十餘年間僅兩人，天、崇兩朝則無一人，吏治之日降可知矣。宣德以前，尚多不入〈循吏傳〉之循吏，正統以後，公卿有吏績者亦極少，嘉靖以後，則更不

足言。正統初，三楊當國，多循宣德之舊政，故其以前之待賢長吏，直以國脈民生相倚任，選擇郡守，由廷臣公舉，賜特敕遣行，後世之任命督撫無此隆重也。治有善狀，秩滿九年，升秩加俸，而使再任，久者任一地至三十餘年，其聯一任至十八年，聯兩任至二十七年者尤多。尤奇者，永樂中，高斗南知雲南新興州，衰老乞歸，薦子吏科給事中恂自代，成祖許之。知州得舉後任，且即其子，子又已為諫官，不必得知州而薦之，竟荷帝允，盛世士大夫之風，豈以後所能想見？久任責成，政治一定之軌，世愈衰而愈不可見。以賄用人者，利其數易以取盈；以請托用人者，不得不數易以應當道。情賄所用之人，原不足使之久任，但不久任亦不過使虎狼更迭為暴，此監司方面之責，實朝廷之意向為之也。大僚不能慎選有司，而使之久任以成化，在明初有道之君固有以處之矣。萬曆間亦有愛民之官，不忍礦稅之殃民，往往挺身與閹人相抗，為民請命。閹以撓礦撓稅入告，無不朝請夕逮，一繫獄至數十年，宰相臺諫論諫之章數十上，永予不報，至其為閹所迫，未入獄而已發憤自盡者累累也。此其人不得以善政入〈循吏傳〉，乃反見於諸凶閹陳增、梁永、高淮、陳奉等傳中，令讀史者毛戴髮豎、歎息痛恨而已。視洪、永、洪、宣之朝如在天上，此成祖內政之美，而家法貽之數朝者也。

然內政之敗壞，其弊亦自成祖而起。蓋篡弒之為大惡，欲濟其惡，必有倒行逆施之事。靖難兵起，久而無成，因建文馭宦官極嚴，而叛而私以虛實報燕，遂敢於不顧中原，直趨京邑。篡弒既成，挾太祖之餘烈以號召天下，莫敢不服，以此德閹，一意重用，盡壞太祖成憲。

《明史·宦官傳序》：「建文帝嗣位，御內臣益嚴，詔：『出外稍不法，許有司械聞。』及燕師逼江北，內臣多逃入其軍，漏朝

廷虛實。文皇以為忠於己，而狗兒輩復以軍功得幸，即位後遂
多所委任。永樂元年，內官監李興奉敕往勞暹羅國王。三年，
遣太監鄭和帥舟師下西洋。八年，都督譚青營有內官王安等。
又命馬靖鎮甘肅，馬騏鎮交址。十八年，置東廠刺事。蓋明世
宦官出使、專征、監軍、分鎮、刺臣民隱事諸大權皆自永樂間
始。初，太祖制：『內臣不許讀書識字。』後宣宗設內書堂，選
小內侍，令大學士陳山教習之。遂為定制。用是多通文墨，曉
古今，逞其智巧，逢君作奸。數傳之後，勢成積重，始於王
振，卒於魏忠賢，考其禍敗，其去漢、唐幾何哉！」

　　既篡大位，不知國君含垢之義，諸忠斥責，激成奇慘極酷之舉，
復太祖永廢不用之錦衣衛、鎮撫司獄，用紀綱為錦衣，寄耳目，一時
被殘殺者猶有數，遂為明一代屠戮忠良之特制，與東廠並用事，謂之
廠衛，則流禍遠矣。

　　《史・刑法志》：「東廠之設，始於成祖。錦衣衛之獄，太祖嘗
用之，後已禁止，其復用亦自永樂時。廠與衛相倚，故言者並
稱廠衛。初，成祖起北平，刺探宮中事，多以建文帝左右為耳
目，故即位後專倚宦官，立東廠於東安門北，令嬖昵者提督
之，緝訪謀逆、妖言、大奸惡等，與錦衣衛均權勢。」
　　〈佞幸・紀綱傳〉於屠戮建文朝忠臣之外，又言：「誣逮浙江按
察使周新，致之死。帝所怒內侍及武臣，下綱論死，輒將至
家，洗沐好飲食之，陽為言，見上必請赦若罪，誘取金帛且
盡，忽刑於市。數使家人偽為詔下諸方鹽場，勒鹽四百餘萬，
還復稱詔奪官船二十，牛車四百輛，載入私第，弗予直。構陷
大賈數百家，罄其貲乃已。詐取交址使珍奇。奪吏民田宅。籍

故晉王、吳王，干沒金寶無算，得王冠服，服之高坐，置酒，命優童奏樂，奉觴呼萬歲，器物僭乘輿。欲買一女道士為妾，都督薛祿先得之，遇祿大內，摑其首腦裂幾死。恚都指揮啞失帖木不避道，誣以冒賞事捶殺之。腐良家子數百人充左右。詔選妃嬪，試可令暫出待年，綱私納其尤者。吳中故大豪沈萬三，洪武時籍沒，所漏貲尚富，其子文度蒲伏見綱，進黃金及龍角龍文被，奇寶異錦，願得為門下，歲時供奉。綱乃令文度求索吳中好女，文度因挾綱勢，什五而中分之。綱又多蓄亡命，造刀甲弓弩萬計。端午，帝射柳，綱屬鎮撫龐瑛曰：『我故射不中，若折柳鼓噪，以覘眾意。』瑛如其言，無敢糾者，綱喜曰：『是無能難我矣。』遂謀不軌。十四年七月，內侍仇綱者發其罪，命給事御史廷劾，下都察院按治，具有狀，即日磔綱於市，家屬無少長皆戍邊，列狀頒示天下。」

成祖不過以己由篡得國，將以威脅天下，遂假小人以非常之威，其不法為後來錦衣衛官尚有不逮，而詔獄既設，遂以意殺人，不由法司問擬，法律為虛設，此皆成祖之作俑也。

## 第五節　靖難兩疑案之論定

成祖入金川門，建文宮中火起，永樂間修《實錄》，以為帝已焚死。明代無人信之，所傳建文行遁之書，不知凡幾。而清修《明史》時，史館中忽以建文焚死為定論，王鴻緒《史稿》創此說，而《史·本紀》較作疑辭。蓋當時館中分兩派，主修建文後紀者為邵遠平，多數不謂然，乃以其稿私印行世，用錢謙益、李清之說。駁正《致身錄》之偽作乃朱彝尊，世以為主建文焚死者為彝尊，其實彝尊特糾《致身

錄》之偽，其撰〈建文本紀〉獨加以疑辭，不與《史稿》同意。今姑置明代野史所言不論，就即《史》及《明實錄》等文證之。

《史‧建文紀》：「都城陷，宮中火起，帝不知所終。燕王遣中使出帝后屍於火中，越八日壬申，葬之。」

此〈紀〉據《曝書亭集》，彝尊自言為所撰之稿。當火起至火中出帝屍，乃一瞬間事，既出帝與后之屍矣，明明已知其所終，何以又云不知所終，且反先言不知所終，而後言出屍於火乎？是明明謂帝已不知所終，而燕王必指火中有帝屍在也。其所以作此狡獪者，主者之意，必欲言帝王無野竄倖存之理，為絕天下繫望崇禎太子之計，即太子復出，亦執定其為偽託，以處光棍之法處之也。此秉筆者之不得已也。

至進《史稿》之王鴻緒，則不作疑詞，且全書之首，冠以《史例議》一冊，專論建文必已焚死者居其半，非但證其焚死，且若深有憾於建文，論其遜國之名，亦為有忝，虐殺宗藩，自遭眾棄，勢窮力竭，而後一死了之，何足言遜？鴻緒之意，力尊燕王而已。不知遜國之說，燕王所樂稱，若不言遜國，則將謂帝本不遜而由燕王篡取之乎，抑竟能謂帝以罪伏誅乎？故鴻緒希時旨太過，轉成紕繆。乃錢氏大昕作〈萬斯同傳〉，竟採此論入萬先生傳，謂先生之論如是，而後建文不出亡之論乃定。此錢氏誤以《史稿》出萬氏手，而以《史例議》為萬氏所著也。其實《史稿》亦經鴻緒以意篡定，並非萬氏原文，鴻緒進《史稿》時，亦未言及萬氏，但直認為己之所作。至史例議中有云「康熙五十九年，歲在庚子，亡友朱竹垞仲孫稼翁攜〈竹垞文稿〉見貽」云云。此語豈萬氏所出，而可認《史例議》為萬氏之說耶？此錢氏之疏也。故謂〈建文本紀〉為斷定焚死，已非真相也。

《史‧姚廣孝傳》：「十六年三月入覲，年八十有四矣，病甚不能朝，仍居慶壽寺，車駕臨視者再，語甚歡，賜以金唾壺，問所欲言，

廣孝曰：『僧溥洽繫久，願赦之。』溥洽者，建文帝主錄僧也。初，帝入南京，有言建文帝為僧遁去，溥洽知狀，或言匿溥洽所，帝乃以他事禁溥洽，而命給事中胡等遍物色建文帝，久之不可得。溥洽坐繫十餘年，至是帝以廣孝言，即命出之。」如果成祖已得帝屍，何必繫溥洽以求其蹤跡？若謂溥洽造為其說，則應以妖言罪伏誅，何必假他事以久繫之，至十六年而不決？清史館中所倚仗言《致身錄》為偽書者乃錢謙益，而謙益則言帝出亡，為帝削髮者即溥洽。此當別有據。清修《明史》時已不免渾言之矣。茲錄錢氏謙益《有學集》文如下：

《有學集‧建文年譜序》有云：「文皇帝之心事，與讓皇帝之至德，三百年臣子未有能揄揚萬一者，迄今不言，草亡木卒，祖宗功德，泯滅於余一人之手，魂魄私憾，寧有窮乎？何言乎文皇帝之心事也？壬午以還，天位大定，文皇帝苟有分毫利天下之心，國難方新，遺種未殄，必翦滅此，而後即安，張天綱以籠之，頓八以掩之，閉口捕舌，遁將何所？以文皇帝之神聖，明知孺子之不焚也，明知亡人之在外也，明知其朝於黔而夕於楚也，胡濙之訪張邋遢，舍人而求諸仙，迂其詞以寬之也；鄭和之下西洋，捨近而求諸遠，廣其途以安之也；藥燈之詛祝，剃染之藉手，彼髡之罪，百倍方、黃，以榮國楊前一語，改參彝而典僧錄，其釋然於溥洽，昭於中外者，所以慰藉少帝之心，而界之以終老也。文皇帝之心，高帝知之，興帝知之，天地鬼神知之，三百年之臣子安處華夏，服事其聖子神孫，尚論其心事則憒如也。日月常鮮，琬琰如積，而文皇帝之心事，晦昧終古，此則可為痛哭者也。何言乎讓皇帝之至德也？金川之師，禍深喋血，讓皇帝苟有分毫不忘天下之心，憑仗祖德，依倚民懷，散亡可以收合，蠻夷可以煽動，衛世子之焚臺，衛太子之詣闕，誰能禦之？讓皇帝明知大命之不可干也，明知大位之不可再也，明知本支百世之不可傾動也，以神州赤縣為孤竹之封，以休髮壞衣為采藥之遁，耄遜遐荒，自此退耕

於野；頭陀乞食，豈曰糊口四方？由是而內治外攘，逾沙軼漠，高皇帝之基業安，祖宗之統緒安，三百年之天地人鬼罔不大安，寧非讓皇帝之所詒乎？讓皇帝之至德，媲諸泰伯其難易尤相倍，而三百年之臣子不能言，言之不盡矣。」以下言世傳諸錄之作偽非實，而作《建文年譜》之趙士喆亦不過排比諸錄，欲傳二百年未死之人心，非爭竹帛之名等語。文繁不具錄。蓋建文之出亡為真，而諸錄則偽，謙益之分辨了然也。

《史・胡濙傳》：「永樂元年，遷戶科給事中。惠帝之崩於火，或言遁去，諸舊臣多從者，帝疑之。五年，遣濙頒御制諸書，並訪仙人張邋遢，遍行天下州郡鄉邑，隱察建文安在。濙以故在外最久，至十四年乃還。所至亦間以民隱聞。母喪乞歸，不許，擢禮部左侍郎。十七年，復出巡江、浙、湖、湘諸府。二十一年還朝，馳謁帝於宣府，帝已就寢，聞濙至，急起召入，濙悉以所聞對，漏下四鼓乃出。先濙未至，傳言建文帝蹈海去，帝分遣內臣鄭和數輩，浮海下西洋，至是疑始釋。」宦官〈鄭和傳〉亦載此事。夫果成祖已確認火中之有帝屍，何以海內海外分途遍訪，歷二十餘年，然後得一確息而釋疑乎？濙來見時，已寢而起，急不能待明日，四鼓乃出，奏對甚久，則必有建文確蹤，並其無意於復國之真意，有以大白於成祖，而後不復蹤跡。明年成祖亦崩。此皆史文之明在者，可以無疑也。

近日故宮發現乾隆四十二年重修《明史本紀》刻本，以前但於《乾隆朝東華錄》中見四十二年五月丁丑諭旨：「所有《明史本紀》，並著英廉、程景伊、梁國治、和珅、劉墉等將原本逐一考核添修。」並未見添修之本。豈料宮中竟有其書。〈建文紀末〉云：「棣遣中使出後屍於火，詭云帝屍。越八日壬申，用學士王景言，備禮葬之。」是正史早已改定，特未明詔頒行。改正原刻之《殿本》，今始傳世耳。然又因以發現四庫本之《明本紀》早用添修本，緣四庫係寫本，當時刻本未成，遂未行世。四庫本人不易見，即有能讀中秘書者，亦留心於外間所無

之書，無人料《明史》之有異同，遂疑誤至今，以為官修正史，於明建文竟定為焚死，其實四庫定本早已改定。蓋至乾隆時朱三太子案相隔已遠，毋庸避忌，乾隆初告成之《明史》，尚是康熙間所修，故有此曲筆耳。此已論定疑案之一也。

明初名教，嫡長之分甚尊，懿文太子以長子得立，既死則應立嫡孫，故建文之嗣為一定之理。燕王既篡，無以表示應得國之道，乃自稱己為馬皇后所生，與太子及秦、晉二王為同母，時太子及秦、晉皆已故，則己為嫡長，倫序無以易之矣。此事當見於《太祖實錄》中，預將諸王之生，明著其母，故永樂中將建文所修《太祖實錄》改修兩次，即係闌入此等文字。後修《永樂實錄》則直云：「高皇后生五子：長懿文太子標，次秦愍王樉，次晉恭王㭎，次上，次周定王橚。」《明史稿例議》云：「《玉牒》諸書並同。當明時，諸家頗有異議，但為《實錄》《玉牒》所壓，通人多不敢置信。」至修《明史》時亦仍之。〈成祖本紀〉云：「母孝慈高皇后。」與興宗孝康皇帝即懿文太子。同。然於〈列傳〉乃漏出兩證，證成祖之非嫡出。

〈黃子澄傳〉：「子澄曰：『周王，燕王之母弟，削周，是翦燕羽翼也。』」此可證明燕王自與周王同母，並不與懿文太子同母。周王只為燕王之羽翼，於建文帝較疏也。

又〈太祖成穆孫貴妃傳〉：「位眾妃上，洪武七年九月薨，年三十有二。帝以妃無子，命周王橚行慈母服三年，東宮諸王皆期，敕儒臣作《孝慈錄》。庶子為生母服三年，眾子為庶母期，自妃始。」此事證明周王本是庶子，故可認他庶母為慈母，而為之服三年。周王既與燕王同母，即燕王亦庶出也。

潘檉章《國史考異》云：「〈南京太常寺志〉所載孝陵神位，左一位淑妃李氏，生懿文太子、秦愍王、晉恭王，右一位碩妃，

生成祖文皇帝。」潘氏引此志，尚未親見神主，故《史例議》
又力辟其妄。清末乃有李清之《三垣筆記》刊版，蓋以前謂為
禁書，只有李氏子孫所藏鈔本，後禁綱漸弛，然仍刪節印行，
至近年則更有足本出矣。《三垣筆記》中言北都破後，弘光復都
南京，乃發舊太廟，碩妃神主具在，均如〈南太常志〉所云。
由此始悟明北京太廟，一帝止有一后，繼后及列帝生母皆不配
享，殆即成祖遷都定此制，以便抹殺生母，不留痕跡。夫因欲
冒應嗣之名，而至沒其所生之母，皆成祖之貪位而忍心害理
者。以前為疑案，《明史》中紀傳自相矛盾。自《三垣筆記》出
而證明〈南太常志〉之文。此已論定疑案之二也。

## 第六節　仁宣兩朝大事略述

　　明之仁、宣，論者比之周有成、康，漢有文、景，為嗣主守文太
平極盛之世。兩朝之治，可並計作一時代。一、仁宗享國不足一年。
二、仁宗之得位頗賴宣宗，仁之善政皆宣所能法。仁宗於永樂二十二
年八月丁巳十五日即位，改明年為洪熙元年，即於元年五月辛巳十二日
崩。仁宗於太祖洪武二十八年，冊為燕世子。成祖舉兵，世子守北
平，拒李景隆五十萬來攻之眾，使成祖得於其間襲大寧，劫寧王，挾
三衛之眾，以成靖難之武力。然其弟高煦、高燧俱慧黠有寵於成祖，
高煦尤從軍有功，白溝、東昌之戰，危急時高煦皆預其事。建文四
年，燕兵已至江上，復為盛庸所敗，成祖欲且議和北還，會高煦引北
騎至，成祖撫煦背曰：「勉之！世子多疾。」於是煦殊死戰，庸軍小
卻，而陳瑄以舟師降，遂渡江。叛逆之人，父子間亦以權位為市，高
煦之蓄意奪嫡，成祖實誘導之。篡國既成，議建儲，淇國公邱福、駙
馬王寧等時時稱高煦功高，成祖以世子為太祖所立，高煦又多過失，

不果。永樂二年，卒立仁宗為太子。

> 《史・解縉傳》：「儲位未定，邱福言：『漢王功高，宜立。』帝
> 密問縉，縉稱皇太子仁孝，天下歸心。帝不應。縉又頓首曰：
> 『好聖孫。』謂宣宗也。帝領之。太子遂定。」
> 仁宗之立，即由宣宗之不凡，為成祖所深屬望，故得立。而解
> 縉則以是為高煦所譖，屢貶竄而不得保，身為紀綱所殺，家屬
> 且籍沒徙邊矣。

　　宣宗生之前夕，成祖夢太祖授以大圭，宣宗生於建文元年。曰：「傳
之子孫，永世其昌。」既彌月，成祖見之曰：「兒英氣溢面，符吾夢
矣。」既立太子，高煦與弟高燧，日夜伺隙讒構。始建文時，方孝孺以
書抵北平間世子，宦寺黃儼為高燧黨，潛報成祖：「世子與朝廷通。」
成祖大怒，而世子不啟緘，遣使馳上軍中，成祖發書乃歎曰：「幾殺吾
子！」九年，又立宣宗為太孫。北征時，太子輒監國。

> 〈高煦傳〉：「成祖嘗命同仁宗謁孝陵，仁宗體肥重，且足疾，
> 兩中使掖之行，恆失足。高煦從後言曰：『前人蹉跌，後人知
> 警。』時宣宗為皇太孫，在後應聲曰：『更有後人知警也。』高
> 煦回顧失色。」

　　十年，北征還，以太子遣使後期，且書奏失辭，悉徵宮僚黃淮等
下獄。

> 〈仁宗紀〉敘此事在十年，《紀事本末》作十二年，證之〈黃
> 淮〉、〈楊士奇〉等傳皆作十二年，〈仁宗紀〉誤也。今故宮所

刊重修《明本紀》，仍未改正。〈成祖紀〉明明書：「十二年閏月閏九月。甲辰，以太子遣使迎駕緩，徵侍讀黃淮、侍講楊士奇、正字金問及洗馬楊溥、芮善下獄。未幾，釋士奇復職。」〈黃淮傳〉：「淮及楊溥、金問皆坐繫十年。仁宗即位復官。」

十五年，高煦以罪徙樂安。

〈高煦傳〉：「封漢工，國雲南。高煦曰：『我何罪？斥萬里。』不肯行，力請並其子歸南京，成祖不得已，聽之。請得天策衛為護衛，輒以唐太宗自比，已復乘間請益兩護衛，〈職官志〉：「王府護衛指揮使司設官如京衛。又洪武五年，置親王護衛指揮使司，每王府設三護衛，衛設左右前後中五所，所千戶二人，百戶十人。」所為益恣。高煦長七尺餘，輕巧善騎射，兩腋若龍鱗者數片。既負其雄武，又每從北征，在成祖左右，時媒孽東宮事，諧解縉至死，黃淮等皆繫獄。十三年五月，改封青州，又不欲行。成祖始疑之，賜敕曰：『既受藩封，豈可常居京邸？前以雲南遠憚行，今封青州，又托故欲留侍，前後殆非實意，茲命更不可辭。』《紀事本末》敕文較全，語更明顯，蓋云：「與爾青州，今又托故。果誠心留侍，去年在此，何以故欲南還？是時朕欲留爾長子亦不可得。留侍之言，殆非實意。青州之命，更不可辭。」然高煦遷延自如，私選各衛健士，又募兵三千人，不隸籍兵部，縱使劫掠。兵馬指揮徐野驢擒治之，高煦怒，手鐵爪撾殺野驢，眾莫敢言，遂僭用乘輿器物。成祖聞之，怒。十四年十月，還南京，盡得其不法數十事，切責之，褫冠服，囚繫西華門內，將廢為庶人。仁宗涕泣力救，乃削兩護衛，誅其左右狎昵諸人。明年三月，徙封樂安州，趣即日行。高煦至樂安，怨望，異謀益急。仁宗數以書戒，不悛。」

明年十六年，黃儼等復譖太子擅赦罪人，宮僚多坐死者。侍郎胡濙奉命察之，密疏太子誠敬孝謹七事以聞。成祖意乃釋。其後黃儼等謀立高燧，事覺伏誅。高燧以太子力解得免。自是太子始安。

〈高燧傳〉：「二十一年五月，帝不豫，護衛指揮孟賢等結欽天監官王射成及內侍楊慶養子，造偽詔，謀進毒於帝，俟晏駕，詔從中下，廢太子，立趙王。總旗王瑜姻家高以正者，為賢等畫謀，謀定告瑜。瑜上變，帝曰：『豈應有此？』立捕賢，得所為偽詔，賢等皆伏誅。升瑜遼海衛千戶。帝顧高燧曰：『爾為之耶？』高燧大懼不能言。太子力為之解曰：『此下人所為，高燧必不與知。』自是益斂戢。」

成祖崩於榆木川，高煦子瞻圻在北京，潛遣人以朝廷事報高煦，一晝夜使六七次，高煦亦日遣數十人入京伺有變。仁宗知之，既即位，遇高煦益厚，倍加歲祿，賞賚萬計，高煦乃上瞻圻前後覘報知朝事。先是瞻圻母為高煦所殺，怨父，屢發父過惡，高煦亦以此陷之。帝以示瞻圻曰：「汝處父子兄弟間，讒構至此，橫子不足誅，遣往鳳陽守陵。」仁宗崩，太子自南京奔喪，高煦謀伏兵邀於路，倉卒不果。高煦旋奏利國安民四事，宣宗曰：「永樂中，皇祖嘗諭皇考及朕，謂此叔有異心，宜備之。今所言果誠，是舊心已革，不可不順從也。」命有司施行，仍復書謝之。宣德元年八月壬戌朔，高煦遣枚青入京，約英國公張輔為內應，輔係青以聞。御史樂安人李濬亦棄其家變姓名來京上變。帝遣中官侯泰賜高煦書，高煦陳兵見泰，南面坐不拜敕，令泰跪，大言：「靖難之戰，非我死力，燕之為燕未可知。太宗信讒，削我護衛，徙我樂安，仁宗徒以金帛餌我，今又輒云祖宗故事，我豈能鬱鬱無動作？速報上縛奸臣來，徐議吾所欲。」泰歸不敢言。錦衣官從泰

往者具陳所見。帝怒泰二心，曰：「事定治汝。」高煦疏言朝廷罪過，指斥仁宗違洪武、永樂舊制，與文臣誥敕封贈，今上修理南巡席殿等事。又索誅二三大臣夏原吉等為奸佞。帝議遣陽武侯將兵討之，楊榮力言不可，曰：「獨不見李景隆事乎？」上默然顧原吉，原吉曰：「臣見煦命將而色變，退語臣等而泣，知其無能為。兵貴神速，一鼓平之，先聲有奪人之心，若命將出師恐不濟。」楊榮言是。上遂決意親征，令大索樂安奸諜，敕遣黃謙、陳瑄防守淮安，勿令賊南走。芮勖守居庸關，留重臣親王守南、北京，餘扈行。辛未，八月十日。以高煦之罪告天地、宗廟、社稷、山川、百神，遂發京師，陽武侯薛祿為先鋒。庚辰十九日，祿馳奏已至樂安，約明日出戰。上令大軍蓐食兼行。辛巳，二十日。駐蹕樂安城北，賊乘城舉炮，大軍發神機銃箭，聲震如雷，城中人股栗。上不許急攻，先敕諭高煦，不報，至是復諭之，又以敕繫矢射城中，諭黨逆者以禍福。城中人多欲執獻高煦者，高煦狼狽遣人奏，明旦出歸罪。是夜，盡焚所造兵器與凡謀議交通文書，通夕城中火光燭天。壬午，二十一日。出降，其黨王斌等止之，願一戰，高煦紿斌等復入宮，潛從間道衣白席藁出見，頓首請正典刑。上命煦為書召諸子同歸京師，赦城中脅從者，改樂安曰武定州。乙酉，二十四日。班師，中官頸繫高煦父子，錦衣衛械繫王斌等歸北京。戶部尚書陳山於路迎駕，言宜乘勝向彰德襲執趙王，楊榮贊之，蹇義、夏原吉不敢執，惟楊士奇言趙王同反事無實，上親叔止二人，當仰慰皇祖在天之靈，楊溥與士奇合，白上，事乃止。錮高煦於西內，廢為庶人，誅王斌等。及發覺天津、青州、滄州、山西諸都督指揮約舉城應者，凡誅六百餘人。帝親制《東征記》示群臣。以璽書封群臣言章示趙王，趙王獻護衛表謝恩，伐趙之議始息。四年，寧王權請赦高煦，不許。一日，帝往西內，熟視高煦鎖繫狀，高煦出不意伸一足勾上踣地，上大怒，命力士舁三百斤銅缸覆之，煦多力，頂負缸起，積炭缸上如

山，燃炭逾時，火熾銅熔，高煦死，諸子皆死。

《史・高煦傳》末，但云高煦及諸子相繼皆死，其死狀《史》不
載。《紀事本末》及《史竊》等書皆載勾上踣地，為銅缸所覆，
燃炭熔銅而死之。《史》以為煦自應處死，不足致詳。當時刑人
之法，本不盡由正軌，官吏之處豪惡，往往立斃以立威取快，
世亦無非之者，則此事固無足異也。

親征之舉，惟平此種內亂最有效。高煦所恃尊屬至親，同時將
帥多共在行間，既情熟，又懾於帝子之積威，倘少主畏蒠深
宮，在外互相煽誘，偏裨亦心力不齊，難使用命，無論大將或
有二心矣。赫然親行，人心大震，臨之以名分，威之以天下之
全力，即軍實亦萬非一隅之比，逆勢瓦解，束手就縛，希冀苟
存生命而已。二十餘年間事耳，建文初，齊、黃諸公有此識
力，何至成靖難之禍？然高煦亦父作子述，直以靖難之舉為可
世業也者，骨肉相殘，固亦逆取之報矣。

仁、宣兩朝之善政，無重於作養循良，與民休息，前已言其略
矣。

仁、宣之用閹，合各書證之，亦應為《史》補一大特筆。蓋閹
人出鎮，讀《明史》者皆知為各邊之監軍，創自永樂，至嘉靖
朝而盡撤，直至天啟間魏忠賢而始漸復。蓋明之不用宦官，以
建文、嘉靖兩朝為最有誠意，太祖則知防之，且立法以嚴制
之，自餘皆為閹所蔽者也。殊不知仁、宣兩朝之設鎮守，乃更
設及各布政使司，是不獨軍事有監，民事亦有監也。《史》不清
敘其事，惟〈職官志・宦官職掌〉後有云：「永樂八年，敕王安

等監都督譚青等軍，馬靖巡視甘肅。此監軍巡視之始。及洪熙元年，以鄭和領下番官軍守備南京，遂相沿不改，敕王安鎮守甘肅，而各省鎮皆設鎮守矣。」據此則省與鎮在仁宗皆設鎮守。《明通鑒》：「宣德十年二月庚寅，宣宗崩於十年正月三日乙亥。二月庚寅，英宗已立。罷十三布政使鎮守中官，惟南京守備，諸邊鎮守，及徐州、臨清收糧，淮、浙巡鹽者如故。」據此十三布政使皆有鎮守，宣宗崩後乃罷。終明之世，幸未復設。而在仁、宣時，腹地鎮守中官亦未盡公然為惡，無大節目可紀。既罷不復設，《史》遂略之，僅散見其文。〈職官志〉言其設，《明通鑒》言其罷，合之知仁、宣兩朝尚有一全國軍民之政皆受監於閹之事。假使宣宗崩後不罷，不知王振、劉瑾等用事遍天下成何景象。英宗初政成於太皇太后，任用三楊，此為明代一大關鍵。太皇太后即仁宗張后。后之賢有造於三朝，既崩而後王振肆惡，此不可不紀之又一事也。《明通鑒》此節本《綱目三編》，《三編》則本之《實錄》。此最可信，亦最要之紀錄，本紀不載，失之。

仁、宣朝事之美，《史》不勝書，尤多見於〈仁宗張后傳〉〈楊士奇傳〉。君明臣良，諫行言聽，讀之令人神往。此不備錄。顧縱容內監，則如上所述矣，設內書堂，教宦官得為秉筆，事在宣德元年七月。每日奏御文書，自御筆親批數本外，皆秉筆內官遵照閣中票擬字樣用朱筆批行，遂與外庭交結往來矣。太祖定制：「內侍干與政治者斬。」既奏御文書必經秉筆之手，則無政不與矣。宣宗英明，尚有親批數本，後來嗣主之怠荒，即人主不與政，惟有秉筆太監與政矣。歷代閹禍，豈非皆自宣宗造之？當即位初，詔求直言，有湖廣參政黃澤上書言十事，其言遠嬖佞，即反覆以宦官典兵干政為戒，帝嘉歎而不能用，旋即設內書堂，可知嘉歎之為好名浮慕。宣德六年十二月，誅中官

袁琦，逮其黨十餘人皆棄市，先自經之馬俊亦僇屍梟示，命都
察院榜琦等罪示天下。然明年正月，即賜司禮太監金瑛、范洪
免死詔，詞極褒美。既罪琦等，以此示賞罰之公，而於中官之
寵任者如故，免死詔乃與元勛之鐵券相同，又開隆重刑餘之特
例。明一代之於宦官，真有固結不解之緣，安能為成祖以來解
也？

　　至納諫之美，《史》於仁、宣紀不勝紀，然其心以為忌而勉強容納
者，且不必論。仁宗之於李時勉，宣宗之於陳祚，則拒諫之烈亦奇。
〈李時勉傳〉：「洪熙元年，復上疏言事，仁宗怒甚，召至便殿，對不
屈，命武士撲以金瓜，脅折者三，曳出幾死。明日，改交趾道御史，
命日慮一囚，言一事。章三上，乃下錦衣衛獄，時勉於錦衣千戶某有
恩，千戶適蒞獄，密召醫，療以海外血竭，得不死。仁宗大漸，謂夏
原吉曰：『時勉廷辱我。』言已勃然怒，原吉慰解之。其夕帝崩。宣宗
即位已逾年，或言時勉得罪先帝狀，帝震怒，命使者：『縛以來，朕親
鞫，必殺之。』已又令王指揮即縛斬西市，毋入見。王指揮出端西旁
門，而前使者已縛時勉從端東旁門入，不相值，帝遙見罵曰：『爾小臣
敢觸先帝，疏何語？』趣言之，時勉叩頭曰：『臣言：「諒暗中不宜近
妃嬪，皇太子不宜遠左右。」』帝聞言色稍霽，徐數至六事止，帝令盡
陳之，對曰：『臣惶懼，不能悉記。』帝意益解，曰：『是第難言耳。
草安在？』對曰：『焚之矣。』帝乃太息稱時勉忠，立赦之，復官侍
讀。比王指揮詣獄還，則時勉已襲冠帶立階前矣。」此仁宗之本色發露
時也。〈陳祚傳〉：「出按江西，時天下承平，帝頗事遊獵玩好，祚馳
疏勸勤聖學，其略曰：『帝王之學，先明理，明理在讀書。陛下雖有聖
德，而經筵未甚興舉，講學未有程度，聖賢精微，古今治亂，豈能周
知洞晰？真德秀《大學衍義》一書，聖賢格言，無不畢載。願於聽政

之暇，命儒臣講說，非有大故，無得間斷，使知古今若何而治，政事若何而得，必能開廣聰明，增加德業，而邪佞以奇巧蕩聖心者自見疏遠，天下人民受福無窮矣。』帝見疏大怒曰：『豎儒謂朕未讀《大學》耶？薄朕至此，不可不誅。』學士陳循頓首曰：『俗士處遠，不知上無書不讀也。』帝意稍解，下祚獄，逮其家人十餘口，隔別禁繫者五年，其父竟瘐死。其時刑部主事郭循諫拓西內皇城修離宮，逮入面詰之，循抗辯不屈，亦下獄。英宗立，祚與循皆得釋復官。」此宣宗之本色發露時也。仁宗聞直言而撲折其人脅骨，臨死尚以為大恨；宣宗因《大學衍義》之書名，疑為譏其未讀〈大學〉，至逮其家屬隔別繫獄，終其世不釋，至瘐死其父，雖極暴之君不是過矣。然兩朝之致太平則非虛語，惟盡心民事之效耳。民為邦本，使民得所，即為極治。雖有暗昧之嗣君，萬惡之閹宦，窮荒極謬，猶數百年而後亡。讀史者以此為龜鑒，無得罪於百姓，即為國之根本已得，其餘主德之出入，皆非損及國脈之故也。

## 第七節　明代講學之始

中國太古無徵，自周以來，教在六經，傳授六經者為孔氏。秦滅以後，掇拾廢墜，卒用儒術，原本六經，以為國本。其後，傳經派別，有考據、義理兩宗，考據近乎科學，義理類乎宗教。世之治也，兩派相輔而行；及其衰也，兩派互相非毀。考據家病義理為空疏，義理家薄考據為玩物喪志。明、清兩朝士大夫大抵尊重儒學，尤尊宋儒之義理，至清中葉始偏重漢學。明則始終未有此變，故氣節操守，終明之世不衰，政教分合之故，讀史者不可忽也。

元時卑視漢人、南人，漢人、南人之為學，自為風氣，亦不樂與蒙古、色目為伍。南方為宋故都，儒學特盛，元一代學者承其流風，

至入明猶有范祖干、謝應芳、汪克寬、梁寅、趙汸、陳謨諸儒，皆為心性之學，而措之躬行。《明史・儒林傳》具載事實。當太祖時，儒者用世，若劉基、宋濂等皆粹然儒者，學以孔、孟為歸。太祖尤樂聞儒術之言。《明史》列傳二十三〈陳遇等傳〉、二十四〈陶安等傳〉、二十五〈劉三吾等傳〉，其人純駁不同，要其所陳皆不越孔門規範。太祖建國金陵，宮殿落成，不用前代畫壁等美觀之法，令遍書《大學衍義》以供出入省覽。范祖干被召，即持〈大學〉以進。太祖問治道何先？對曰：「不出是書。」太祖令剖陳其義，祖干謂帝王之道，自修身齊家以至治國平天下，必上下四旁，均齊方正，使萬物各得其所，而後可以言治。太祖曰：「聖人之道所以為萬世法。吾自起兵以來，號令賞罰，一有不平，何以服眾？夫武定禍亂，文致太平，悉是道也。」深加禮貌。當是時，太祖以不學之人，而天資獨高，能追上理，一以孔氏之遺書身體力行，為天下先，可云政教合一之日。迨成祖則好尚已不如是歸一，猶知選用儒臣，輔導太子太孫，純謹之風，在士林未甚漓喪。仁宗享國日淺。宣宗自命文字甚高，然不解吾儒篤實之學，陳祚以《大學衍義》勸令儒臣講說，無得間斷。帝大怒，謂：「豎儒薄朕未讀〈大學〉。」因繫祚闔家，終其世不赦，致其父瘐死獄中。試較太祖時之壁上遍書，願時時省覽之意，令人歎不學者獨尊正學，雜學者竟以務習聖學為藐已。政與教不得不分，正學既不為君心所悅服，而上自公卿，下至士庶，猶知受教於純儒，使孔、孟之道未墜於地，則不能不推講學之功矣。明帝王之不知正學，自宣宗始，而講學之風，亦始宣德時。明儒紹宋儒之學，史家皆言自月川先生曹正夫始。正夫，名端，以舉人中會試乙科，為霍州學正，卒於宣德九年。其後即有薛文清公瑄，其名績已多在英宗之世。今於宣宗以前，述月川學派，以明理學在明代之所自始。

《儒林‧曹端傳》：「五歲見《河圖》《洛書》，即畫地以質之父。及長，專心性理，其學務躬行實踐，而以靜存為要。讀宋儒《太極圖》、《通書》、《西銘》，歎曰：『道在是矣。』篤志研究，坐下著足處，兩甎皆穿。嘗曰：『天下無性外之物，而性無不在焉。性即理也，理之別名曰太極、曰至誠、曰至善、曰大德、曰大中，名不同而道則一。』」〈傳〉又言端作《川月交映圖》擬太極，學者稱月川先生。

　　按宋儒言太極，朱、陸間已有違言，明儒言太極者甚多，往往為人訕笑。據月川之說，以性理為太極，即所謂喜怒哀樂之未發也；靜存之說，即所謂靜中觀喜怒哀樂也。人之性情不得其正，皆緣喜怒哀樂發不中節。儒者之心理學，乃從喜怒哀樂未發時先下功夫。人未有喜怒哀樂之先，性本得中，長保此中，不使一遇可喜、可怒、可哀、可樂而與之俱偏，然後可以應事接物。我有應完之性分，凡事凡物，不足移我性中之定理。此是儒家真本領，言之太涉玄妙，反招訕笑，則亦儒者托體太高，致入神秘之域，使人不可解說耳。《川月交映圖》擬太極，即是靜中所含喜怒哀樂未發之景象。

《史竊‧道學曹端傳》：「知府郭晟造焉，問政，端曰：『其公廉乎！古人有言：「吏不畏吾嚴而畏吾廉；民不畏吾能而畏吾公。」公則民不敢慢，廉則吏不敢欺。』晟拜手受教。」本〈傳〉亦傳此事，而語較簡。其語極有味，故取其詳者。上官問政，得其答語，拜手受教，講學之風成。士大夫能折節向道，此教與政分而人知受教，所以維世道人心而不遽敝也。
《明通鑑》敘端事，有樵者拾金釵，以還其主。人以為異。樵曰：「第不欲愧曹先生耳。」有高文質者，往觀劇，中道而返，

曰：「此行豈可使曹先生知也！」此則教化被於途人，非真以身教不能得之。

# 第三章

# 奪門

　　明至英宗之世，童年踐祚，太皇太后最賢，撫帝聽政，任用舊臣。初年純守仁、宣遺範，而不縱宦寺則有勝焉。未幾，慈宮崩御，閹豎擅權，毒流縉紳，身陷受辱，賴有弟監國，守禦得宜，敵挾帝而無所利，卒奉駕還都修好，不可謂非景帝之功在社稷矣。但以爭嗣易儲，兄弟啟釁，貪功之流，擁英宗復辟，反殺景泰時守禦功臣，是謂奪門之案。傳子憲宗，皆為閹所惑，政令駁雜，綱紀日替。賴有孝宗，挽以恭儉，使英、憲兩朝之失德稍有救濟，祖宗之修明吏治亦未遽盡壞。考明事者，以孝宗以前為一段落，不至甚戾祖德。故以英、憲、孝三朝合為奪門一案之時代，以述其政治之變遷焉。

## 第一節　正統初政

　　明自太祖、成祖以後，宣宗崩時未滿四十，英宗嗣位時僅九歲。賴輔政者皆仁、宣舊臣，尤賴太皇太后賢明，導帝以委任舊人，一遵仁、宣之政，發號施令，蔚然可觀。正統初年，在史為明代全盛之日，其實帝有童心，始終蠱惑於閹人王振，特太皇太后在日，帝尚有所畏憚，振亦未敢放恣耳。故即位以來之善政，不但不改前朝，且有為宣宗補過之處。宣德十年正月即位，是月即罷十三布政司鎮守中官，其餘減稅鈔復洪武舊額，罷金銀硃砂銅鐵坑冶，免其課。三月，放教坊司樂工三千八百餘人。詔死罪必三覆奏。八月，減光祿寺膳夫四千七百餘人。九月，詔四方毋進祥瑞。釋陳祚、郭循於獄，復其

官。皆宣宗時已略有缺失而一一為之補救者。其以王振掌司禮監，則
亦在宣德十年九月，英宗嗣位之後。

王振蓋宦官中狡黠最初之一人，《史·宦官傳》但言其為「蔚州
人，少選入內書堂，侍英宗東宮，為局郎。」又云：「帝嘗以先生呼
之。」考明嚴從簡《殊域周諮錄》：「王振，山西大同人，永樂末，詔
許學官考滿乏功績者，審有子嗣，願自淨身，令入宮中訓女官輩，時
有十餘人，後獨王振官至太監，世莫知其由教職也。」王振之出身教
職，俞曲園《筆記》曾舉為異聞。今考《通鑑輯覽》及《綱目三編》
並《明書》，皆言洪武中設內官監典簿，掌文籍，以通書算小內使為
之。又設尚寶監，掌禦寶圖書，皆僅識字，不明其義。及永樂時，始
令聽選教官入內教習，然則永樂時使教官入宮充教習，記載甚明，蓋
皆本《實錄》。惟《周諮錄》乃明言其淨身始入，而王振即其中之一
人，是以英宗稱以先生，當由宦官宮妾習稱有素。宣德元年之內書
堂，改刑部主事劉翀浮躁為翰林修撰，專授小內使書。其後大學士陳
山、修撰朱祚俱專是職。選內使年十歲上下者二三百人，讀書其中，
後增至四五百人，翰林官四人教習以為常。則自設內書堂以後，教內
侍者為外廷之翰林院官，非復淨身之輩。而正統初所教之小內使尚未
深通文墨，獨有王振為已讀書而後為閹者，故得獨出其所長，以弄沖
主於股掌之上也。

仁、宣舊臣，正統初資望重者五人。《紀事本末》：「太皇太后張
氏嘗御便殿，英國公張輔，大學士楊士奇、楊榮、楊溥，尚書胡濙，
被旨入朝，上東立，太皇太后顧上曰：『此五人先朝所簡貽皇帝者，有
行必與之計，非五人贊成，不可行也。』上受命。有頃，宣太監王振，
振至俯伏，太皇太后顏色頓異，曰：『汝侍皇帝起居多不律，今當賜汝
死。』女官遂加刃振頸。英宗跪為之說，諸大臣皆跪。太皇太后曰：
『皇帝年少，豈知此輩禍人家國。我聽皇帝暨諸大臣貸振，此後不可令

幹國事也。』」《綱目三編》系此事於正統二年正月，後人以此時不誅振為惜，而責五臣不能成張后之美。

　　舊臣雖有五人，張輔武人，胡濙亦才不逮三楊，且其時政在內閣，故正統初政，責在三楊。楊士奇尤為國所倚重，史稱士奇公正持大體，雅善知人，好推轂寒士，所薦達有初未識面者，而于謙、周忱、況鐘之屬皆用士奇薦，居官至一二十年，廉能冠天下，為世名流。然自英宗踐祚，王振實早已挾帝用事，非特士奇莫能糾正，即太皇太后亦未嘗不牽率其間。自宣德十年，振即掌司禮監，時輔臣方議開經筵，而振乃導上閱武將台，集京營及諸衛武職，試騎射殿最之。有紀廣者，嘗以衛卒守居庸，得事振，大見親昵，遂奏廣第一，超擢都督僉事。自此招權納賂，諸大臣自士奇以下，皆依違莫能制。《史》又言太后嘗遣振至閣問事，士奇擬議未下，振輒施可否，士奇慍，三日不出。太后問故，榮以實對，太后怒鞭振，仍令至士奇所謝罪，且曰：「再爾，必殺無赦。」此當是振始為司禮監時。正統元年三月，太皇太后以士奇等請，始開經筵，為前此數朝未有之重典。《明通鑒》言時振方用事，考功郎中李茂弘謂：「今之月講，不過虛應故事，粉飾太平，而君臣之情不通，暌隔蒙蔽，此可憂也。」即日抗章致仕去。《紀事本末》言四年十月，福建按察僉事廖謨杖死驛丞，丞故楊溥鄉里，僉事又士奇鄉里也，溥怨謨論死，士奇欲坐謨因公殺人，爭議不絕，請裁太后。振曰：「二人皆挾鄉故，抵命太重，因公太輕，應對品降調。」太后從之。降謨同知。振言既售，自是漸擅朝事。此不過謂張后之前振亦仍得干國事耳。其實，自元年以來，國事何一不為振所隱預。元年十二月，下兵部尚書王驥獄，則以振初用事，欲令朝臣畏己，會驥議邊事，五日未奏，振教帝召驥而責之曰：「卿等欺朕年幼耶？」遂執驥及右侍郎鄺埜下獄。尋釋之。未幾，右都御史陳智劾張輔回奏稽延，並劾科道不舉奏，帝釋輔不問，杖御史、給事中各

二十。自是言官承振風指,屢摭大臣過,自公侯駙馬伯及尚書都御史以下,無不被劾,或下獄,或荷校,至譴謫殆無虛歲。大臣下獄荷校,《史》所載甚多,茲不一一備錄。既而太后復多病,益不及多問外事。五年三月,建北京宮殿。六年九月,奉天、華蓋、謹身三殿,乾清、坤寧二宮成,宴百官。故事:中官不與外廷宴。是日,帝遣使問王先生何為?使至,振方大怒曰:「周公輔成王,我獨不可一坐耶?」使覆命。帝戚然,命開東華中門,召振至,百官候拜於門外,振始悅。振之對帝如此,百官可知。七年十月,太皇太后張氏崩,振益無忌憚,遂去宮門所鑄太祖禁內臣預政鐵碑。三楊中榮於五年先卒,士奇耄,以子稷為言官所糾,堅臥不出,溥年老勢孤,繼登庸者皆萎靡,於是大權悉歸振。〈振傳〉言:「作大第皇城東,建智化寺,窮極土木。興麓川之師,西南騷動。侍講劉球因雷震上言,八年五月,雷震奉天殿,勅修省求良言。陳得失,語刺振,振下球獄,使指揮馬順支解之。大理少卿薛瑄、祭酒李時勉素不禮振,振摭他事陷瑄幾死,時勉至荷校國子監門。御史李鐸遇振不跪,謫戍鐵嶺衛。駙馬都尉石璟嘗詈其家奄,振惡賤己同類,下璟獄。怒霸州知州張需禁飭牧馬,校卒逮之,並坐需舉主王鐸。又械戶部尚書劉中敷、侍郎吳璽、陳瑺于長安門。所忤恨輒加罪謫。內侍張環、顧忠、錦衣衛卒王永心不平,以匿名書暴振罪狀,事發,磔於市,不覆奏。帝方傾心向振,嘗以先生呼之,賜振敕極褒美。振權日益積重,公侯勳戚呼曰『翁父』。畏禍者爭附振免死,賕賂湊集。工部郎中王祐以善諂擢本部侍郎,《紀事本末》:「祐貌美而無鬚,善伺候振顏色,一日振問曰:『王侍郎何無鬚?』對曰:『老爺所無,兒安敢有?』」兵部尚書徐晞等多至屈膝,其從子山林至蔭都督指揮,私黨馬順、郭敬、陳官、唐童等並肆行無忌,久之構釁瓦拉,振遂敗。」以下入下節土木之變。

　　自正統初至十四年王振挾帝至土木被瓦剌也先所擄,其間政事,

前七年上有太皇太后，下有三楊，號稱平治，而振實已操權於其間；至後七年，則天下明認權在王振，帝雖日益長大，而倚賴振如父師。迨至蒙塵幸返，復辟以後，猶申討前日誅戮振黨之人，刻木為振形，招魂以葬，祀之智化寺，賜祠曰精忠。而振門下曹吉祥復以奪門功，有寵顓政，此亦見英宗之執迷不悟矣。顧明之根本，初不以此而甚被摧敗，則以祖宗立法之深厚，於民生二字，雖至暗之君，至凶之閹，不敢漠視，士大夫稍受荼毒，實無關全國元氣，以故君擄而國不搖，人民無離叛之意，敵國外患，反為廓清閹焰之一助，其後於明之全盛無損也。此可以知民為邦本之說，理不可移。其時之民，尚信明帝室足庇以安，孔子所謂必不得已，去兵去食，惟信不可去，「自古皆有死，民無信不立。」斯言足於明英宗之世得一證明也。恤民之政，在正統七年以前，屢見《紀》《傳》者弗論。八年以後，尚仍之不改，《綱目三篇》於五年秋七月書：「遣刑部侍郎何文淵等分行天下，修荒政。」據《實錄》云：「時太皇太后專以養民為務，每四方水旱，振濟動億萬計，蠲免災糧或數百萬石，閭閻安樂，雖災不為害。迨王振用事，悉反初政，惟蠲租振荒，尚仍之不改。」此明見之史文者。蓋累朝家法，已成天經地義，官吏可以摧殘，惟人民不可擾。且當時國無濫費，蓄積甚厚，凶閹求貨，其道甚寬，以後累世權豪閹宦，剝削不盡，迭見以後數篇。至萬曆之末，始直接逼取民膏，至民實無以聊生，而後內亂外患交迫而至，二百餘年鞏固之業一朝而覆，民生之所系如是，蓋民不信明之尚能庇我，即於覆亡無所惜耳。

## 第二節　土木之變

《明史・瓦剌傳》：「瓦剌，蒙古部落，在韃靼西。元亡，其強臣猛可帖木兒據之，死，眾分為三：其渠曰馬哈木，曰太平，曰把禿孛

羅。永樂六年，遣使來朝，貢馬請封。明年夏，封馬哈木為特進金紫光祿大夫順寧王，太平為特進金紫光祿大夫賢義王，把禿羅為特進金紫光祿大夫安樂王。後馬哈木死，子脫歡請襲爵。十六年，封為順寧王。宣德九年，脫歡襲殺阿魯台。正統初，脫歡內殺其賢義、安樂兩王，盡有其眾，欲自稱可汗，眾不可，乃立元後脫脫不花，以先所並阿魯台之眾歸之，自為丞相。四年，脫歡死，子也先嗣，稱太師淮王。於是北部皆服屬也先，脫脫不花具空名，不復相制。每入貢，主臣並使，朝廷亦兩敕答之。」此瓦剌也先已往之略歷。

　　《綱目三編》：「正統十四年七月，衛拉特瓦剌，清代改譯為衛拉特，今尚稱衛拉特旗。分道入寇。自正統初以來，衛拉特遣使入貢，王振以藻飾太平為名，賞賚金帛無算，凡所請乞，亦無不予。已而額森也先清代改譯作額森。以二千人貢馬，號三千。振怒其詐，令禮部計口給饌，虛報者皆不與，而所請又僅得五之二。額森恚怒，遂誘挾諸部分道大舉入寇。此據《實錄》所敘，較〈瓦剌傳〉於王振召釁，原委較明。托克托布哈即脫脫不花。以烏梁海即兀良哈寇遼東，阿喇知院寇宣府，圍赤城，別將寇甘肅，額森自擁眾從大同入，至貓兒莊，參將吳浩迎戰敗死，西寧侯宋瑛、武進伯朱冕、都督同知石亨與額森戰於陽和口，為監軍太監郭敬所撓，瑛、冕戰歿，亨單騎奔還，敬伏草中得免，〈瓦剌傳〉：「郭敬監軍，諸將悉為所制，軍盡覆。」諸邊守將俱逃匿。」郭敬為王振私人，見上節引〈王振傳〉。此為瓦剌入寇已聞之敗報。又云：「邊報日數十至，王振勸帝親征，兵部尚書鄺埜、侍郎于謙力言六師不宜輕出。不聽。吏部尚書王直率百官力諫，亦不納。遂下詔令郕王居守郕王名祁鈺，帝弟，帝陷虜，遂即位，是為景泰帝。車駕即發京師，振及英國公張輔、諸公侯伯尚書侍郎以下官軍私屬五十餘萬人從行，倉卒就道。《紀事本末》：「命下二日即行。」軍中常夜驚，過居庸關，群臣請駐蹕，不允。至宣府，風雨大至，邊報益急，群臣交章請留，振虩怒。成國公朱勇朱能子。等白事，皆膝

行聽命，尚書王佐、鄺埜忤振意，跪草中，至暮不得請。欽天監正彭德清，振私人也，告振曰：『象緯示儆，再前恐危乘輿。』振曰：『倘有此，亦命也。』學士曹鼐曰：『臣子不足惜，主上系社稷安危，豈可輕進！』振終不從。至陽和，宋瑛、朱冕敗歿處。見伏屍滿野，眾益危懼。八月戊申朔，帝至大同，王振尚欲北行，郭敬密止之，敬在陽和敗時，匿草中倖免，故能言其狀。始班師。振初議從紫荊關道由蔚州，邀帝幸其家，既恐蹂其鄉禾，復改道宣府。」

《紀事本末》：「振班師，大同總兵郭登告學士曹鼐等，車駕入，宜從紫荊關，庶保無虞。王振不聽。振，蔚州人，蔚州，明屬大同府，故振亦稱大同人。清改屬宣化府。因欲邀駕幸其第，既又恐損其禾稼，行四十里，復轉而東。」此所敘起人誤會，似謂振之不從紫荊關，因欲邀駕至蔚州，既又恐損禾稼，復轉而東，又擬轉由紫荊關矣。按紫荊關在易州，由大同東南行，經蔚州入紫荊關，即至順天府界。若由此路，安得為也先所邀？《史·韃靼傳》亦同《三編》，惟云改道宣府，軍士紆回奔走，壬戌，八月十五。始次土木。〈英宗紀〉：庚戌師還，是為八月初三。丁巳次宣府，是為初十。庚申，瓦剌兵大至，吳克忠兄弟戰歿，朱勇等救之，遇伏，全軍盡覆，是為十三日。辛酉次土木，被圍，壬戌師潰，帝北狩。較〈瓦剌傳〉詳確。足明當日師行日期，為虜所及，全由王振之罪，若由紫荊關，旬日已至京師矣。

又云：「鄺埜再上章，請疾驅入關，嚴兵為殿。不報。又詣行殿申請。振怒曰：『腐儒安知兵事？再妄言必死。』埜曰：『我為社稷生靈，何得以死懼我？』振愈怒，叱左右挾出之。及發宣府，額森兵襲軍後，鄺埜所請疾驅入關，即入紫荊關。及發宣府，額森兵襲軍後，即庚申諸將敗歿

之日矣。次日，帝猶行次土木。恭順侯吳克忠及其弟都督克勤禦之，力戰死，後軍潰散略盡。成國公朱勇、永順伯薛綬帥師四萬往援，次鷂兒嶺遇伏，全軍俱覆。辛酉，次土木，日未晡，去懷來僅二十里，眾欲入保城中，振輜重未至，留待之，即駐營土木，地無水草，敵已合圍，掘井深二丈餘不得水，其南十五里有河，已為敵所據，人馬饑渴，束手不得動。敵分道自麻峪口入，都指揮郭懋拒戰終夜，敵益增。明日，圍禦營，不得發，額森遣使議和，帝詔曹鼐草敕許之，敵佯退，振遽令移營，迴旋間，行列已亂，敵以勁騎四面蹂躪入，大呼解甲投刃者不殺，眾裸袒蹈藉死，屍蔽塞川野，諸宦豎宿衛士矢被體如蝟。帝與親軍突圍不得出，下馬據地坐，敵擁之去，中官喜寧從。振等皆死，官軍死傷者數十萬，英國公張輔等五十餘人皆死。帝既入敵營，敵以校尉袁彬來侍。額森擁帝至宣府，傳諭楊洪、羅亨信開門出迎，城上人對曰：『所守者陛下城池，日暮不敢奉詔。』乃復擁帝至大同索金幣，廣寧伯劉安、都督僉事郭登、侍郎沈固、給事中孫祥、知府霍瑄等出謁，伏地慟哭，以金二萬餘及宋瑛、朱冕、內臣郭敬家資進帝，帝以賜額森等。是時敵營城西，登謀遣壯士劫營迎駕，不果，額森遂擁帝北行。

「帝入敵營之明日，命袁彬作書，遣千戶梁貴齎以示懷來守臣，言被留狀，且索金帛。守臣送至京師，以是夜三鼓從西長安門入，太后遣使齎金寶文綺，載以八騎，皇后括宮中物佐之，詣額森營，請還車駕。群臣聞之，聚哭於朝，議戰守。時京師疲卒羸馬不滿十萬，人情洶洶，侍講徐珵大言曰：『驗之星象，稽之天數，天命已去，惟南遷可以紓難。』珵後改名有貞，譖殺於謙，見下奪門節。《史·本傳》言珵於天官、地理、兵法、水利、陰陽、方術之書無不諳究。本年（正統十四年）秋，熒惑入南斗，珵私語友人劉溥曰：「禍不遠矣。」亟命妻子南還。《紀事本末》且云珵妻重遷，有難色。珵怒曰：「爾不急去，不欲作中國婦耶？」乃行。珵之前知如此。然天命已去，

惟南遷可紓難之說，竟不售，且都城亦未破，妻子不去，亦未至遂不為中國婦。「熒惑入南斗，天子下殿走。」古有是占，而珵信之。其實何足為信？《史‧天文志》：正統十四年，七月己卯朔，熒惑留守斗。此即徐珵所占。而其前洪武十五年九月乙丑，熒惑犯南斗。十九年四月己亥，留斗。七月辛巳，犯斗。八月丁亥，犯斗，則二十三年正月甲戌入斗。終洪武之世，所見者如此，當時又何嘗以此為變怪乎？尚書胡濙不可，曰：『文皇定陵寢於此，示子孫不拔之計也。』侍郎于謙厲聲曰：『言南遷者可斬也。京師天下根本，一動則大事去矣，獨不見南渡乎？請速召勤王兵，誓以死守。』學士陳循是謙言，力贊之。太監興安亦厲聲曰：『若去，陵寢將誰與守？』金英因叱珵出之。太后以問太監李永昌，對曰：『陵寢宮闕在茲，倉廩府庫百官萬姓在茲。』辭甚切。太后悟，議遂定，中外始有固志。越三日，太后遣額森使不得報，命郕王總百官，大小事俱啟王始行。」

## 第三節　景泰即位後之守禦

〈英宗紀〉：「正統十四年八月乙丑，皇太后命郕王監國。」

〈紀〉又言：「甲子，京師聞敗，群臣聚哭於朝，侍講徐珵請南遷，兵部侍郎于謙不可。」是即議定固守之日。前言帝入敵營之明日即癸亥日，八月十六。帝書示懷來守臣索金帛，守臣送京師，是夜三鼓入西長安門，明日朝堂聚哭，即甲子日。十七。太后皇后以金實文綺詣也先營迎駕，自與聚哭同時，越三日不得報，乃命郕王總百官。與此所謂乙丑十八。即命監國者微異，或監國尚非總百官耶？

〈紀〉又言：「己巳二十二日。，皇太后命立皇子見深為皇太子。」

《紀事本末》：「上北狩，太后召百官入，集闕下，諭曰：『皇帝率六軍親征，已命郕王臨百官，此謂帝親征時命郕王祁鈺居守。然庶務久曠，今特敕郕王總其事，群臣其悉啟王聽令。』此即命為監國，惟未書明其日。辛未，太后詔立皇長子見深為皇太子，時年二歲，命郕王輔之，詔天下曰：『邇者寇賊肆虐，毒害生靈，皇帝懼憂宗社，不遑寧處，躬率六師問罪，師徒不戒，被留王庭。神器不可無主，茲於皇庶子三人，選賢與長，立見深為皇太子，正位東宮，仍命郕王為輔，代總國政，撫安萬姓。佈告天下，咸使聞知。』」則所謂太后命總百官，與立太子同日，詔天下文具在，自必可信。紀書立太子在己巳，是甲子敗報聞，乙丑先命監國，而兩宮之金帛亦於乙丑遣使齎之北行，越三日不得報，即越丙寅、丁卯、戊辰三日，至己巳，遂立太子而命郕王總百官以為之輔也。詔文明白，傳位自在太子；總百官以輔政自在郕王。後來即位，猶曰以長君絕敵之望，至易儲則景帝之私，盡改初議，所以肇奪門之禍，不可諱矣。清帝《御批輯覽》並責郕王不當即帝位，此又屬帝王之私心。若也先不聞明已有君，視蒙塵之帝若贅，豈肯送之使返？最上，俟帝反即歸政；次則不易儲以終，令帝統屬英宗之後，人心亦無所不平，且孰不念危城守禦之績。特從《紀事本末》具錄詔文，所以立奪門之案也。

《綱目三編》《三編》此文，剪裁〈紀〉〈于謙〉〈王振〉各列傳，詳略有法，故用其文。郕王攝朝，御午門左門，右都御史陳鎰等慟哭請族誅王振，振黨馬順叱群臣退。給事中王竑摔順發齧其肉，罵曰：「汝倚振作威，今尚敢爾耶？」與眾共擊之，立斃。朝班大亂，衛卒聲洶洶，王懼欲起，於謙直前挾王止，請王宣諭百官曰：「順等罪當死，勿論。」眾乃

定，謙袍袖為之盡裂。尋執王山至，令縛赴市磔之，《紀事本末》謂山及弟林皆從駕死於兵，所斬乃其族屬。〈振傳〉則謂王命臠山於市，與《三編》同。振族無少長皆斬，籍其家，得金銀六十餘庫，玉盤百，珊瑚高六七尺者二十株，他珍玩無算。已而郭敬自大同逃歸，亦籍其家，下獄錮之。方于謙之止王諭眾也，既定，退出左掖門，吏部尚書王直最篤老，執謙手曰：「國家正賴公耳，今日雖百王直，何能為？」於是朝廷益倚重謙，謙亦毅然以社稷安危為己任。上言：「寇得志，要留大駕，勢必輕中國，長驅而南。請飭諸邊守臣協力防遏。京營兵械且盡，亟分道募兵，令工部繕器甲，修戰具，分兵九門，列營郭外。附郭居民，皆徙入內。文臣如軒輗者，宜用為巡撫，武臣如石亨、楊洪、柳溥者宜用為將帥。至軍旅之事，臣身當之，不效則治臣之罪。」王深納焉。征兩京、河南、山東、江北軍入衛。時議欲焚通州倉以絕寇資，會應天巡撫周忱在京，言：「倉米數百萬，可充京軍一歲餉，令自往取則立盡，何至遂付灰燼？」于謙以為然，王乃令京官及軍，有能運通州糧至京者，官以腳直給之。都御史陳鎰總其事。

> 通州運糧事，《三編》敘法稍不明。蓋官與軍各預支俸米，惟不能留存在通，必運至京，運者仍加給米為腳直。〈于謙傳〉：「通州積糧，令官軍自詣關支，以贏米為之直，毋棄以資敵。」又其動議由周忱亦見〈忱傳〉。凡此見應急之策，亦自有兩利之道，若但知資敵可慮，竟付焚如，豈不於國受大損？後來屢有用此法者，不可忘諸賢擘劃之功也。

九月，廷臣合辭請皇太后曰：「車駕北狩，皇太子幼沖，古云：『國有長君，社稷之福。』請定大計，以安宗社。」太后允之。群臣以太后旨告王，王驚謙再三，避歸郕邸。群臣復固請，于謙曰：「臣等誠

憂國家，非為私計。」會都指揮岳謙使衛喇特還，口傳帝旨，以王長且賢，令繼統以奉祭祀。王始受命。癸未即位，以明年為景泰元年，遙尊帝為太上皇帝。十月，也先奉上皇至大同，闇喜寧初從上皇北狩，遂附也先為間諜，盡以中國虛實告之，教也先奉上皇至邊，脅諸將開關，召總兵鎮守官，出見則留之，可以得志。也先以為然，乃詭言奉上皇還京，至大同，總兵官郭登不納，遣人謝曰：「賴天地宗社之靈，國有君矣。」也先知有備，不敢攻。登馳蠟書入奏，京師戒嚴。

〈登傳〉言：「朱勇等軍覆，倉猝議旋師，登告學士曹鼐、張益曰：『車駕宜入紫荊關。』王振不從，遂及於敗。當是時，大同軍出多戰死，城門晝閉，人心洶洶，登慷慨奮勵，修城堞，繕兵械，拊循士卒，吊死問傷，親為裹創敷藥，曰：『吾誓與此城共存亡，不令諸君獨死也。』」又云：「登初至大同，士卒可戰者才數百，馬百餘匹，及是馬至萬五千，精卒數萬，屹然成巨鎮。登去，大同人思之。」若登者，可為能盡職矣。而清代《御批輯覽》深斥登之拒君，此誠所謂御批，知惜其身而可棄其國。又以登能守大同，而不能使白羊、紫荊二關不失，致也先直犯京師，以見其不納君之罪。夫登守大同，若各關守將皆如登，也先何致闌入？大同無兼制各關之責，何以歸罪於登一人？如果大同納也先兵，挾天子以令內地各文武，自登為倡，皆相率入於敵矣。

壬子，十月初五。詔諸王遣兵入衛。乙卯，初八。命于謙提督諸營將士，皆受節制，都指揮以下，不用命者，先斬以徇，然後奏聞。乃議戰守之策，石亨請盡閉諸門，堅壁以老之。謙曰：「賊張甚，又示之弱，是愈張也。」乃分遣諸將兵二十餘萬，列陣九門外，謙自與亨帥副

總兵范廣等陣於德勝門以當賊沖，悉閉諸城門，絕士卒反顧。下令：
「臨陣，將不顧軍先退者，斬其將；軍不顧將先退者，後隊斬前隊。」
於是將士知必死，皆用命。也先自大同至陽和，進陷白羊口，守將
遁，守備通政使謝澤扼山口，兵潰，叱賊被殺。丙辰，初九。也先抵紫
荊關，喜寧導之夾攻關城，守備都御史孫祥、都指揮韓青戰死，關遂
陷，長驅而東。丁巳，初十。詔宣府、遼東總兵官，山東、山西、河
南、陝西巡撫皆入援。也先自紫荊關奉上皇過易州，至良鄉，父老進
茶果羊酒。進次盧溝，園官進果。上皇作書三：一奉皇太后，一致
帝，一諭文武群臣。

此三書必受也先之命，誘脅宮府，以導敵入京者。英宗既被
擄，受也先指使不獲自由，亦無足怪。惟如〈郭登傳〉，言登拒
也先奉英宗欲入大同時，英宗遣人詔登曰：「朕與登有姻，何拒
朕若是？」登奏曰：「臣奉命守城，不知其他。」英宗銜之。太
祖女永嘉公主嫁郭鎮，鎮為英子，登又英孫，故云有姻。後英宗復辟，登幾
不免，以言官劾，論斬宥死，降都督僉事，立功甘肅。則英宗本意，亦
竟以守土相拒為不然矣。清代《御批》亦深以喪君有君之說為
非，此真君主之偏見也。

戊午，十一日。也先兵薄都城，列陣至西直門，上皇止德勝門外。
是日，都督高禮、毛福壽敗敵彰義門北，殺數百人，奪還所掠千餘
口。己未，十二日。寇擁上皇登土城，喜寧嗾也先邀大臣迎駕，帝以通
政司參議王復為右通政，中書舍人趙榮為太常少卿，出城朝見。喜寧
又嗾也先以二人官小，邀于謙、石亨、胡濙、王直出見，索金帛萬萬
計。復、榮不得見上皇而還。廷臣欲議和，遣人至軍中問謙，謙曰：
「今日止知有軍旅，他非所敢聞。」已而也先遣騎窺德勝門，謙、亨設

伏空舍，令數騎誘敵，敵遂以萬騎來薄，伏兵出，范廣發火器擊之，也先弟字羅、平章毛那孩中炮死。敵轉至西直門，都督孫鏜斬其前鋒數人，逐之，敵益兵圍鏜，鏜力戰不解，會石亨分兵至，敵引退，欲還土城，居民皆升屋呼號，爭投磚石擊敵，囂聲動地，會僉都御史王竑督毛福壽、高禮援至，寇乃引去。也先初輕中國，既至相持五日，邀請既不應，戰又輒不利，其別部攻居庸者五萬，會天大寒，提督守備居庸關兵部員外郎羅通汲水灌城，冰堅不得近，七日，敵遁走，通追擊之，三戰三捷，斬獲無算。也先大沮，又聞勤王師且至，壬戌十五日。夜拔營，由良鄉而西，大掠所過州縣，仍擁上皇北去。帝以謙、亨功大，封亨武清侯，加謙少保，總督軍務，謙辭曰：「四郊多壘，卿大夫之恥也，敢邀功賞哉？」固辭，不允。甲子，十七日。也先擁上皇出紫荊關。丁卯，二十日。詔止諸藩及各鎮勤王兵。

也先入寇，脫脫不花在後，未入關，聞敗而遁。時瓦剌君臣鼎立，也先專兵最多，脫脫不花雖為汗，兵數少，阿拉知院兵又少，三人外親內疏，其內犯利多歸也先，而害則均受。至是脫脫不花遣使入貢，帝從胡濙、王直等議，厚賞賜以間之。十一月壬辰，十六日。上皇至瓦剌老營，惟袁彬、哈銘從。自出紫荊關，連日雨雪，上皇乘馬踏雪而行，上下艱難，遇險則袁彬執鞚，哈銘隨之。哈銘，蒙古人，幼從其父為通事，至是亦侍上，上宣諭也先嘗使銘，也先輩有陳請，亦銘為轉達。既至虜營，也先來見，宰羊拔刀，割肉為敬。尋值上皇聖節，進蟒衣貂裘，設筵宴，嘗謂上皇曰：「中朝若遣使來，皇帝歸矣。」上皇曰：「汝自送我則可，欲中國遣使，徒勞往返。」喜寧聞而怒曰：「欲急歸者彬也，必殺之。」

英宗在北，《史》言：「初入敵營，也先有異志，雷震死也先所乘馬，而帝寢幄復有異彩，乃止。及上皇至老營，所居毳帳每

夜有赤光，繞其上若龍蟠，也先大驚異，尋欲以妹進，上皇卻
之，愈敬服，自是五七日必進宴，稽首行君臣禮。」凡此等
語，皆中國自文飾之詞，其中惟卻也先妹，為所敬服，或是實
事。

十二月，喜寧勸也先西犯寧夏，掠苑馬，直趨江表，居上皇南
京。袁彬謂上皇曰：「天寒道遠，陛下又不能騎，徒取凍餒，且至彼而
諸將不納，奈何？」上皇亟止寧計。寧愈欲殺彬，屢譖之也先，上皇
力解乃止。

景泰元年閏正月甲寅，初九日。也先寇寧夏，用喜寧計。庚午，
二十五日。寇大同，至沙窩，郭登召諸將問計，或言：「賊眾我寡，莫若
全軍而還。」登曰：「我軍去城百里，一思退避，人馬疲倦，賊以鐵騎
來逼，即欲自全得乎？」按劍起曰：「敢言退者斬。」徑薄賊營，奮勇
擊之，諸將繼進，呼聲震山谷，遂大破其眾，追奔四十餘里。又敗之
栲栳山，斬賊首甚眾，奪所掠男女一百十六人，馬九十八匹，牛騾驢
六百二十一頭，器械四百有奇。自土木敗後，邊將無敢與寇戰，是
役，登以八百騎破寇數千，軍氣益振。捷聞，封定襄伯。後寇數至，
登屢擊卻之。以上為《綱目三編》據《實錄》，所敘較詳。〈登本傳〉
則稍略。〈瓦剌傳〉言：「景泰元年，也先復奉上皇至大同，郭登不納，
仍謀欲奪上皇，也先覺之引去。」凡此皆上皇之所以獲歸，敵以乞和中
國，賴朝貢為謀利之地，戰不能勝，必出於和，不還上皇何待？凡勇
於卻敵者，即忠於返上皇者也。清《御批》亦知和不可議，又以拒君
為非。郭登之於上皇，力奪則可，為敵所誘，以迎駕為導敵則不可。
此與于謙輩意合，所以卒能有成也。君主偏見，其論直自相矛盾而已。

二月壬辰，叛閹喜寧伏誅。先是，寧數導誘也先擾邊，上皇患
之，言於也先，使寧及總旗高鑾等還京索禮物，而命袁彬以密書付

鑾，偽報宣府，設計擒寧。寧抵獨石，宣府守將設伏野狐嶺，令鑾紿寧至其地，鑾伏盡起，直前抱持之，遂擒寧送京師，群臣雜治磔於市。上皇聞寧誅，喜曰：「自此邊境稍寧，吾南歸有日矣。」喜寧亦王振私人，從上皇北行，上皇竟能設計除之，不以昵振者昵寧。此其一隙之明，所以猶得返國，返國後又念振不已，終為下愚而已矣。是年四月，浙江鎮守中官李德上言：「諸臣擅殺馬順，同於犯闕，賊臣不宜用。」下廷議，于謙以為不足問。上曰：「誅亂臣，所以安眾志。卿等忠義，朕已知之，勿以德言介意。」此為《明通鑒》文。其詳見〈王竑傳〉。廷臣請族王振，郕王使出待命，眾伏地哭請，馬順廷叱諸臣，竑時為戶科給事中，首摔順發，且齧其面，眾共擊之斃。王深重竑，且召言官慰諭甚至矣。至是閹黨已發此議，雖不從而亦終不抑奄焰，不待天順復辟而始翻族振之獄也，喜寧其閹之不幸者矣。

　　景泰元年三月間，瓦剌迭寇朔州、寧夏、慶陽，官軍禦敵，互有殺傷，民被殺掠甚眾。大同參將許貴奏：「迤北有三人至鎮，欲朝廷遣使議和。」于謙曰：「前遣季鐸、岳謙往，而也先隨入寇；季鐸等以上年九月奉使，以太后命達之上皇。繼遣王復、趙榮，不見上皇而還。見上。況我與彼，不共戴天，理固不可和；萬一和而彼肆無厭之求，從之則坐困，不從則速變，勢亦不得和。貴居邊疆重地，怯若此，何以敵愾。」移檄切責。自是邊將無敢言和者。敵寇邊不得志，勢必求和，求和而上皇自返，若和議起自中國，則坐聽要挾而已。明廷一意用于謙，廟算先定，較之南宋，惟主和而徽、欽卒不能返，景帝非真欲上皇返者，而不知襲宋高宗之故智，以和議誤軍事，此則明宗社之幸，而亦景帝之城府不深也，若于謙則誠社稷之臣矣。

　　是月，郭登敗敵於大同。四月，總兵官朱謙力戰退敵於宣府。是時敵銳而驕，以宣府、大同可旦夕下，而謙與登屢卻之。其他近邊屢擾，不免殺掠，而皆非敵敢深入之地。會喜寧已誅，也先失其間諜，所部多死

傷，而脫脫不花汗、阿拉知院自遣使議和後，皆撤所部歸，於是也先亦欲息兵。又恥自屈，乃先令阿拉知院遣參政完者脫歡等至懷來議和。邊將以聞，帝用陳循言，齎使令還，而以敕諭阿拉，未行，也先忽擁上皇至大同，遣使齎文書，以講和為言，而自率眾至城下。郭登仍欲謀奪上皇，敵覺，遂擁上皇去。登以使及書奏，帝厚賚使，令與完者脫歡偕還。

> 敕諭阿拉文略口：「我朝與爾瓦剌和好，也先違天犯順，朕兄太上皇帝興師問罪，也先又輒遮留，毒我生靈，殘我邊徼。朕嗣承大統，宗室臣民，咸請興兵討罪復仇。朕念也先屢請送大駕回京，以故遣人賜書授賞，乃也先詭詐反復。今阿拉又使至，朕欲從爾，但聞也先仍聚眾塞上，意在脅挾，義不可從。即阿拉必欲和好，待瓦剌諸部落北歸，議和未晚，不然，朕不惜戰也。」

王直率群臣上言：「也先求成於我，請還乘輿，此轉禍為福之機，望陛下俯從其請，遣使往報，因察其誠偽而撫納之，奉太上皇以歸，少慰祖宗之心。」帝曰：「卿等言良然，但前後使者五輩往，終不得要領。今復遣使，設彼假送駕為名，來犯京師，豈不為蒼生患？賊詐難信，其更議之。」已而阿拉使復至，胡淡等復以為言。於是帝禦文華門，召廷臣，諭以宜絕狀。直又對曰：「必遣使，無貽後悔。」帝不悅曰：「朕非貪天位，當時見推實出卿等。」尚書于謙從容曰：「天位已定，寧復有他？顧理當速奉迎，萬一彼果懷詐，我有詞矣。」上乃顧謙改容曰：「從汝從汝。」議遂決。時禮科給事中李實慨然請行，以實為禮部右侍郎，大理寺丞羅綺為少卿，及指揮馬顯等，令齎璽書論瓦剌君臣。時在景泰元年六月。以二十七日己亥，實等奉使，至七月初七

日己酉，實等至瓦刺營，也先既見，讀璽書畢，乃導謁上皇。時上皇
仍居伯顏帖木兒營，惟袁彬、哈銘侍，實等見上皇泣，上皇亦泣，因
問太后、皇上，又問二三大臣，泫然曰：「處此逾年，始見卿等。」實
等頗以上皇前寵王振太過，以致蒙塵，請還京引咎自責。上皇意不
懌。〈實本傳〉：實使時失上皇意，後以居鄉暴橫，斥為民。

　　實等既行，脫脫不花及也先所遣使皮兒馬黑麻等復至趣和。詔禮
之，賜之宴。使者言於館伴曰：「昨知院使來，朝廷使人偕往。今吾等
乃汗及太師所命，若不報使，事必不濟。」胡濙等奏其語，廷議請簡四
人往，帝命俟實還議之。及使者將返，王直等固請報使，庚申，七月
十八。遣右都御史楊善及工部侍郎趙榮為正使，以都指揮同知王息、錦
衣衛千戶湯允勣副之，齎金銀書幣以往。濙等言：「上皇在瓦刺久，御
用服食，宜付善等隨行。」不報。未幾實還，述也先語云：「迎使夕
來，大駕朝發。」廷議請更遣大臣。帝曰：「楊善既去，不必更遣，但
以奉迎意致也先，即令善迎歸足矣。」

　　　　景帝之於上皇，始終無迎駕之說致也先，其不欲上皇之歸，自
　　　　是本意。但其阻上皇之歸，乃縱令諸將奮勇禦敵，而不與敵
　　　　和，使敵失貢市之利，則愈阻駕返而敵之送駕愈急矣。宋高宗
　　　　之不迎兩宮，乃日日言迎駕，日日言求和，殺猛將以媚敵，輸
　　　　厚幣以餌敵。敵以為一失兩宮，中國未必帖服如是。此其冒屈
　　　　己迎駕之名，而行其戀位忘親之計，蹙國土，墮國威，均無所
　　　　惜。故景泰之較宋高宗，其功罪不可以道里計也。英宗被擄而
　　　　明猶全盛，景帝之不負祖業，不涉陰險，實明宗社之福矣。

　　太監〈興安傳〉：「也先遣使議和，請迎上皇，廷議報使，帝不懌，
令安出呼群臣曰：『公等欲報使，孰可者，孰為文天祥、富弼？』詞色

俱厲。尚書王直面折之，安語塞。及遣李實往，敕書不及迎上皇，實驚走白內閣，遇安，安復詬曰：『若奉黃紙詔行耳，他何預？』」此李實初使時未有迎駕敕也。實未返而楊善繼往，仍非迎駕專使，迨實返而議遣迎使，帝終不使，但令善口述奉迎，即由善迎回足矣云云。愈不欲迎駕而駕返愈速，竟以楊善口語而得之。〈善傳〉又言：「也先曰：『敕書何以無奉迎語？』善曰：『此欲成太師令名，使自為之，若載之敕書，是太師迫於朝命，非太師誠心也。』也先大喜。」此又見迎駕之終無敕語。《史》以此歸功於善之辭令，辭令特實力之外表耳，不有主戰之君相，戮力之諸將，敵豈口舌所能挫？此古今論交涉之標準也。

王直等諸臣多言宜遣奉迎專使，帝不得已，乃從群臣議，乃遣實往報，既而曰「俟善歸議之」，卒不遣。己巳，七月廿七。善至瓦剌，時瓦剌即在韃靼之地，故往來甚速，善與也先問對，備詳〈善本傳〉中。次日即見也先，竟許善請。〈善傳〉又言：「知院伯顏帖木耳勸也先留使臣，而遣使要上皇復位。也先懼失信，不可，云云。」也先果守信如此耶？蓋一要請而中國即不奉迎耳。又次日，也先引善謁見上皇。又二日，八月初二日癸酉，上皇即發自瓦剌。此皆〈景帝紀〉所書之日，蓋使至瓦剌，四日而以上皇歸，迎駕為莫大之事，四日為至短之期，口語無敕為至輕簡之舉動，一時或稱楊善之能不辱命，或稱也先之前倨後恭，而於景帝則惟見貪位拒兄之失，不知其能任將相，力戰自強，功在列祖列宗，以後之國祚，倍於以前而又過之，誰之功也？

《明史・瓦剌傳》：「也先設宴餞上皇行，也先席地彈琵琶，妻妾奉酒，顧善曰：『都御史坐。』善不敢坐。上皇曰：『太師著坐便坐。』善承旨坐。即起，週旋其間。也先顧善曰：『有禮。』伯顏等亦各設餞畢。也先築土臺，坐上皇臺上，率妻妾部長羅拜其下，各獻器用飲食物。上皇行，也先與部眾皆送，約半日程，也先、伯顏乃下馬伏地慟哭曰：『皇帝行矣，何時復得相見？』良久乃去，乃遣其頭目七十人送

至京。」是為上皇返蹕，終景泰守禦之效。

## 第四節　景泰在位日之功過

正統十四年九月，帝即位，巡撫山西副都御史朱鑒請罷內官監軍。不從。已而山東布政使裴綸言：「山東既有巡撫，又設內官鎮守，有司供應，以一科十，實為擾民。請下廷議，凡內地已有巡撫者，鎮守內官悉召還京。」疏入，責綸陳狀，綸服罪乃已。時臨洮府同知田賜、聽選知縣單宇、舉人段堅、工部辦事吏徐鎮俱上言請召還監軍鎮守中官，詔以為祖宗舊制不可更，皆不納。其後南京軍匠余丁華敏上書言宦官十害，文具〈敏本傳〉，事下禮部，寢不行。

> 以上出《綱目三編》，《三編》多據《實錄》。史惟單宇、段堅、華敏有傳。景帝不以王振為鑒，袒護中官，動以祖制為口實，知永樂之縱容閹宦，為明累世之毒，景帝固中人之資，不足言大振作也。

景泰間用事之閹，獨一興安為著。安於迎駕事，體帝意頗事阻抑，然帝亦屈於眾議，卒迎上皇歸。安獨敬信于謙，〈宦官傳〉：「安有廉操，且知於謙賢，力護之。或言帝任謙太過，安曰：『為國分憂，如於公者寧有二人？』」則景帝所用之閹，幸而非甚禍國耳。安佞佛，先是僧道三年一度，帝特詔停之。景泰二年，興安以皇后旨，度僧道五萬餘人。于謙上言：「今四方多流徙之民，三邊缺戰守之士，度僧道太多，恐乖本末。」帝不省。三年六月，又建大隆福寺。時安用事，佞佛甚於王振，請帝建大隆福寺，費數十萬。王振改造慶壽寺為大興隆寺，費帑極巨。

　　景帝之貪位薄兄，自造奪門之禍，固帝之失德，但由人民言之，亦可曰帝之家事，且無殘害之行。較之成祖之處建文及其嗣，仁暴懸殊。然至易儲事作，人心頗不直帝，而一時意氣相激，恩怨相攻，議論甚不一。今為分析具列如下：

　　上皇之將歸也，詔議迎上皇禮，禮部尚書胡濙具議以上，傳旨以一輿二馬迎於居庸關，至安定門易法駕。給事中劉福言禮太薄。帝曰：「昨得上皇書，具言迎駕禮宜從簡省，朕豈得違之？」群臣乃不敢言。會千戶龔遂榮為書投高穀，而匿其名，言：「奉迎宜厚，主上當避位懇辭，而後受命，如唐肅宗迎上皇故事。」穀袖之入朝，與王直、胡濙等共觀之，直曰：「此禮失而求諸野也。」濙欲以聞，王文不可，而給事中葉盛已奏之。有詔索書，濙等因以書進，且言：「肅宗迎上皇禮，正可仿行。」帝不悅曰：「第從朕命，無事紛更。」乃遣太常少卿許彬至宣府，翰林侍讀商輅至居庸，迎上皇。時帝索遂榮書所從得甚急，遂榮自縛詣闕言之，下詔獄坐遣，久之得釋。

　　丙戌，八月十五。上皇至京師，自東安門入。帝迎拜，上皇答拜，相持泣，各述授受意，推遜良久。帝遂送上皇至南宮，百官隨入，行朝見禮，赦天下。十一月辛亥，禮部尚書胡濙請令百官賀上皇萬壽節。十二月丙申，復請明年正旦，百官朝上皇於延安門。皆不許。

〈楊善傳〉：「善奉上皇還，舉朝競奇善功，而景帝以非初遣旨，薄其賞，遷左都御史，仍蒞鴻臚事。」善傾險小人，先媚事王振，後又與石亨、曹吉祥相結。為序班坐事，與庶起士章樸同繫獄，久之相狎。時方窮治方孝孺黨，樸言家有《方孝孺集》，未及毀。善從借觀，密奏之，樸以是誅。而善得後復官。既預復辟功，于謙、王文之戮，陳循之竄，善亦有力。〈本傳〉言其憸佞為士論所棄。則景帝之不重用善，亦未為甚過。

　　上皇歸後，脫脫不花及也先屢使致貢，上皇所亦別有獻。帝意欲絕瓦剌，不復使使。也先以為請，尚書王直、金濂、胡濙等皆言，絕之恐啟釁。帝曰：「遣使有前事，適以滋釁爾，曩入寇時豈無使耶？」因敕也先曰：「前者使往，小人言語短長，遂致失好。朕今不復遣，而太師請之，甚無益也，太師使，朕皆優禮厚給之，顧亦須少人，賞賚乃得從厚。」至二年五月，脫脫不花使又至，送還所掠招撫使高能等，請通好。直等復相繼言之。帝曰：「使臣不遣，朕志素定。」乃享其使而以書報之。

　　　　《史》敘此亦為景帝之薄上皇，王直等之請皆有此意。其實上皇
　　　　已還，不比未還時以不遣使為拒駕。帝始終不為也先所狎，不
　　　　得為非。是年也先殺其主脫脫不花。四年，也先自立為汗。五
　　　　年，也先為阿拉所殺，韃靼部長孛來復殺阿拉，立脫脫不花子
　　　　麻兒可兒，號小王子。自是也先諸子分散，瓦剌遽衰。而孛來
　　　　與其屬毛里孩等雄視部中，韃靼復振。蓋終景泰之世，也先亦
　　　　以強梁而自亡。帝之對敵，無所謂啟釁，若以薄敵為薄上皇，
　　　　此即無聊之情感矣。

　　三年十二月，也先遣使來賀正旦，王直等請遣使答之，詔兵部議，于謙言：「臣職司馬，知戰而已，行人事非所聞。」帝從謙言。既而洗馬劉定之言：「北庭遣使，宜敕群臣公議，不當但委兵部，蓋和戰皆所以待敵，而兵部必不以和為請，猶巫醫皆所以治病，而巫者必不以藥為言，各護其所短，而欲見其所長也。」詔下群臣更議，給事中路璧以遣使有五不可。帝以璧議為是，使卒不遣。
　　景帝即位，久欲以己子見濟代太子，而難於發言，遲回久之。太監王誠、舒良為帝謀，先賜陳循、高穀白金各百兩，江淵、王一寧、

蕭鎡、商輅半之，用以緘其口，然猶未發也。會廣西土酋黃竑以私怨
戕其弟思明土知府琊，並滅其家，巡撫李棠以聞，下有司治其事，捕
竑父子入獄。竑急，使其黨千戶袁洪至京師行賂，有教其迎合帝意
者，乃上疏請易太子，其疏曰：「太祖百戰以取天下，期傳之萬世。往
年上皇輕身禦寇，駕陷北庭，寇至都門，幾喪社稷，不有皇上，臣民
何歸？今且逾三年，皇儲未建。臣惟人心易搖，多言難定，爭奪一
萌，禍亂不息。皇上即循遜讓之美，欲全天敘之倫，恐事機叵測，反
復靡常，萬一羽翼長養，權勢轉移，委愛子於他人，寄空名於大寶，
階除之下，變為寇仇，肘腋之間，自相殘黷，此時悔之晚矣。乞與親
信文武大臣密定大計，以一中外之心，絕覬覦之望。」疏入，帝曰：
「萬里之外，乃有此忠臣。」即下廷臣議，且令釋竑罪。

　　景泰三年五月甲午，初二。更封太子為沂王，立見濟為太子。帝
既下廷議，禮部尚書胡濙集群臣會議，相顧莫敢發言，惟都給事中李
侃、林聰、御史陳英以為不可，尚書王直亦有難色。太監興安厲聲
曰：「此事不容已，即以為不可者勿署名，毋得首鼠持兩端。」群臣皆
唯唯署議。於是濙等上言：「陛下膺天明命，中興邦家，統緒之傳，宜
歸聖子，黃竑奏是。」制曰：「可。」禮部具儀擇日以聞，遂簡置東宮
官。至是日，立太子，詔曰：「天祐下民作之君，實遺安於四海；父有
天下傳之子，斯固本於萬年。」此一聯據吏部侍郎何文淵自誇所作，而閣臣草
詔即用其語。後英宗復辟，傳將逮捕，遂自經死。文淵始與況鍾等俱奉特敕為知府，
以吏治稱。既由侍郎擢尚書，以附和時局，至不得其死。大赦天下。命百官朔望
朝天子。賞諸親王公主及邊鎮文武內外群臣有差，又加賜循等諸閣臣
黃金各五十兩，東宮公孤官皆兼支二俸。而竑罪竟得釋，且赦其子。

　　是日，並廢皇后汪氏，立妃杭氏為皇后。帝以汪后不贊同易太
子，後以見濟杭氏所生，遂讓位。又封上皇子二人為王，見清榮王，
見淳許王。明年二月，以土酋黃竑為前軍都督府同知，復辟後（黃紘）自

殺，發棺戮其屍，誅其子震。十一月辛未，十三日。皇太子見濟卒，諡懷
獻，復辟後降稱懷獻世子。憲宗於正統十四年立為太子，時止三歲。至景泰三
年，廢為沂王，止六歲。〈懷獻太子傳〉，景泰四年二月乙未，太子冠，十一月薨。其
年固較英宗之太子為長也。

　　懷獻太子既卒，禮部郎中章綸與御史鐘同偕朝，語及沂王，皆泣
下，因與約疏請復儲。會定州獲北諜，言也先使偵京師，將以秋初大
舉深入，同聞之，上疏抗論時政，遂及復儲事，中言：「父有天下，固
當傳之於子，乃者，太子薨逝，足知天命有在。臣竊以為上皇之子即
陛下之子，沂王天資厚重，足令宗社有托。沂王是時甫七歲，稱頌固亦是套
語。伏望廓天地之量，敦友於之仁，闡吉具儀，建復儲位，實祖宗無疆
之休。」疏入，帝不懌。下所司議，寧陽侯陳懋、吏部尚書王直等請帝
納其言，因引罪求罷，帝慰留之。越數日，章綸亦疏言復儲，並陳修
德弭災事，其大者謂：「內官不可干外政，佞臣不可假事權，後宮不可
盛聲色。」又言：「孝悌者，百行之本。願陛下退朝後，朝謁兩宮皇太
后，修問安視膳之儀。上皇君臨天下十有四年，是天下之父也，陛下
親受冊封，是上皇之臣也，上皇傳位陛下，是以天下讓也，陛下奉為
太上皇，是天下之至尊也。陛下與上皇，雖殊形體，實同一人。伏讀
奉迎還宮之詔曰：『禮惟加而無替，義以卑而奉尊。』望陛下允蹈斯
言，或朔望，或節旦，一幸南宮，率群臣朝見，以展友於之情，極尊
崇之道。更請復汪后於中宮，正天下之母儀，還沂王於儲位，定天下
之大本。」帝得疏，遂大怒，時日已暝，宮門閉，傳旨自門隙中出，立
執綸及同下詔獄，榜掠慘酷，逼引主使及交通南宮狀，瀕死無一語，
會大風揚沙，天地晝晦，獄得稍緩，令錮之。

　　　方同下獄，禮部郎孟玘者亦疏言復儲事，帝不罪。而進士楊集
　　上書于謙曰：「奸人黃玹獻議易儲，不過逃死計，公等遽成之。

今同等又下獄，脫諸人死杖下，而公等坐享崇高，如清議何？」謙以書示王文，文曰「書生不知忌諱，要為有膽，當進一官處之。」乃以集知安州。按章綸之疏，於帝兄弟父子夫婦之間無所不涉，帝固恆流，無超人之度，其激而發怒，有以也。觀他人亦言之而不盡得罪，則綸之以激致禍，不畏違以疏間親之義，亦固以得罪為甘心矣。獄中逼引主使及交通南宮狀，則明與上皇以難堪，尤為帝之顯失。三年七月，殺內使王瑤。以御用監阮浪侍上皇於南宮，上皇賜浪鍍金繡袋及鍍金刀，浪以與瑤，錦衣指揮盧忠見之，醉瑤酒，竊以上變，言浪傳上皇命，以袋刀結瑤圖復位。帝震怒下浪、瑤詔獄窮治。術者仝寅為忠筮，言「此大凶兆，死不足贖」。忠懼，佯狂以冀免。商輅及中官王誠言於帝曰：「忠病風，無足信，不宜聽妄言傷天倫。」帝意少解，乃並下忠獄，坐以他罪，謫廣西立功，錮浪於獄，磔瑤死。浪尋亦死。復辟後追贈浪，命儒臣立碑記之。所謂交通南宮，前此固已成獄矣。

五年七月，南京大理少卿廖莊疏言：「臣曩見上皇遣使冊封陛下，每遇慶節，必令群臣朝謁東廡。今上皇在南宮，願陛下時時朝見，或講論家法，或商榷治道，歲時令節，命群臣朝見，以慰上皇之心。」又言：「太子者，天下之本。上皇諸子，陛下之猶子也，宜令親儒臣，督書策，以待皇嗣之生。使天下臣民，曉然知陛下有公天下之意。」疏入不報。六年八月，莊以事至京，詣東角門朝見，帝憶前疏，大怒，命杖八十，謫定羌驛丞。天順初召還。成化初，官刑部左侍郎，卒贈尚書，諡敏莊。左右言：「事皆由鐘同倡，實罪魁。」帝乃封巨梃就獄中杖同及章綸各百，同竟死，綸死而復蘇，系如故。

《明史・廖莊傳》：「英宗在南宮，左右為離間。及懷獻太子薨，群小恐沂王復立，讒構愈甚。故鐘同、章綸與莊相繼力言，皆

得罪。然帝頗感悟，六年七月辛巳，刑科給事中徐正請問言事，亟召入，乃言：『上皇臨御歲久，沂王嘗位儲副，天下臣民仰戴，宜遷置所封之地以絕人望，別選親王子育之宮中。』帝驚愕，大怒，立叱出之，欲正其罪，慮駭眾，乃命謫遠任，而帝怒未解，已復得其淫穢事，謫戍鐵嶺衛。蓋帝雖怒同等所言過激，而小人之言亦未遽聽也。迨英宗復辟，于謙、王文以謀立外藩誅死，其事遂不白云。」謙等謀立外藩之誣，事見後，此云不白，則謂景帝之遷置沂王，選育親王子，明為帝所怒譴，而反與謙等同受誣也。景帝城府不深，私其子則有之，劇除舊儲以絕人望，則絕無其意。英宗受群小之間，抱怨已甚，其罪豈薄於景帝？《御批》恆責景帝之不臣，此則君主之偏見也。

廖莊言厚待上皇諸子，以待皇嗣之生，是可知懷獻卒後，景帝原無他子，故未別立。皇后杭氏亦於七年二月崩。明年正月，帝不預。壬午，十七日。英宗奪門復辟。丙戌，二十一日。改元天順。史於紀年，多以景泰為七年，八年即以天順紀元矣。

# 第五節　奪　門

景泰八年即天順元年。正月丙寅，元旦，罷朝賀。帝先以七年十二月癸亥二十八日。有疾，故罷朝賀。丁丑，十二日。帝興疾宿南郊齋宮，召石亨至榻前，命攝行祀事。亨見帝疾甚，退與都督張軏、左都御史楊善及太監曹吉祥謀，立太子不如復上皇，可邀功賞，本紀：「己卯（十四日），群臣請建太子，不聽。」時興安因百官問疾示意，乃議請立東宮。王文欲窺上意，蕭維禎乃改請建元良之建字為擇。疏進，詔：「偶有寒疾，十七日當早朝。所請不允。」軏、吉祥等然之，以告太常卿許彬，彬曰：「此不世功也。

徐元玉善奇策，盍與圖之。」元玉，徐有貞字。有貞原名珵，字元玉。土木敗信聞時，倡議南遷，為眾所非，既而求用，景帝見其名輒棄之，乃改名有貞。復得以治河自效，時官副都御史。亨、軏遂夜至有貞家，有貞大喜曰：「須令南城知此意，且必得審報乃可。」亨、軏去。十六日夜，亨、軏與吉祥復會有貞所，軏曰：「報得矣，計安出？」有貞乃升屋步乾象，亟下曰：「時在今夕不可失。」時有邊吏報警，有貞言：「以備非常為名，納兵入大內。」計定，倉皇出。是日王直、胡濙、于謙會諸大臣臺諫，請復立沂王，推商輅主草。略謂：「陛下宮宗章皇帝之子，當立章皇帝子孫。」疏成，以日暮未奏，而奪門之變起。見〈王直傳〉。會明日帝將視朝，門早啟，有貞以三鼓即至朝房，亨、軏等率群從子弟家兵，混同守禦官軍入，天色晦冥，軏等惶惑，有貞趣行，軏顧曰：「事濟否？」有貞大言曰：「必濟。」進薄南宮城，毀垣壞門而入，《紀事本末》：「南宮門鎖不可啟，扣之不應，俄聞城中隱隱開門聲，有貞命眾取巨木懸之，數十人舉之撞門，又令勇士逾垣入，與外兵合毀垣，垣壞門啟，軏、亨等入。」見上皇於燭下，上皇問故，眾俯伏合聲請登位，乃麾兵士進輦，皆驚戰莫能舉，有貞率諸人助挽以行。忽天色明霽，星月開朗，上皇顧問，各以職官姓名對。至東華門，門者拒弗納，上皇曰：「我太上皇也。」遂入。眾掖升奉天殿，黼座尚在殿隅，眾推之使中，遂升座鳴鐘鼓，啟諸門，時百官咸待漏闕下，忽聞殿上呼噪，方驚愕，須臾，有貞出號於眾曰：「太上皇帝復位矣。」趣入賀，百官震駭入謁，上皇曰：「卿等以景泰皇帝有疾，迎朕復位，其各任事如故。」以有貞入內閣，預機務。下少保兵部尚書于謙及大學士王文於獄。改元大赦，以景泰八年為天順元年，是日為正月十七日壬午。至二十二日丁亥，殺于謙、王文，籍其家。其罪名為意欲迎外藩入繼大統。先是，有貞、亨等既定議迎復，有貞恐中變，乃詭辭激亨，言：「于謙、王文已遣人迎襄世子矣。」又曰：「帝已知君等謀，將於十七日早朝執君。」亨大懼，謀遂決。及是謙、文已下獄，有貞與

亨等嗾言官劾之，即以所詭言之罪，命鞫於廷，文抗辯曰：「召親王須用金牌相符，遣人必有馬牌，內府兵部可驗也。」辭氣俱壯，謙笑曰：「亨等意耳，辯得生耶？」都御史蕭維禎遂以意欲二字附會成獄，坐謀逆律，當實極刑。奏上，帝猶豫未忍，曰：「于謙實有功。」有貞曰：「不殺謙，此舉為無名。」帝意遂決。薛瑄力言於帝，乃減一等改斬，棄謙等於市，籍其家，家屬戍邊。有教諭吾豫言：「謙罪當族，所薦舉文武大臣並應誅。」部議持之而止。千戶白琦又請榜示謙等罪示天下。一時希旨取寵者，率以謙為口實云。謙性忠孝，才略開敏，自遭寇變，忘身憂國，敵先後入犯，皆不得逞，保全社稷，皆謙功也，為有貞及亨輩所嫉，遂及於難，朝野冤之。其籍也，家無餘資，惟正室鐍鑰甚固，啟視，則皆上所賜蟒衣劍器諸物也。皇太后初不知謙死，比聞，嗟悼累日。

　　奪門一案，所誅所賞，是非不足言，但成一反覆之局。英宗即位日，既命徐有貞入閣，明日加兵部尚書。代于謙。尋論奪門功，封石亨忠國公，張軏太平侯，軏兄輗文安伯，輗，軏皆河間王玉子，定興王輔之弟。楊善興濟伯，曹吉祥嗣子欽都督同知。吉祥、欽以反伏誅，見後。二十四日己丑，復論奪門功，封孫鏜懷寧伯，董興海寧伯，擢欽天監正湯序禮部右侍郎，一時官舍阶軍晉級者凡三千餘人。其誅于謙、王文，則又詔謫戍陳循、江淵、俞士悅於鐵嶺，斥商輅、蕭鎡等為民，皆徐有貞主之。石亨、張軏、曹吉祥輩復追論前御史王竑擊殺馬順等，詔除名編管江夏。居半歲，帝於宮中得竑疏，顧左右曰：「竑所奏多為朕也。」命遷河州，尋遣官送歸田里，敕有司善視之。竑為河州籍。二十七日壬辰，從白琦請，榜於謙黨人示天下。

　　二月乙未朔，廢景泰帝仍為郕王，遷之西內。尋貶所生母皇太后吳氏復為宣廟賢妃，廢後汪氏仍為郕王妃，削孝肅皇后杭氏諡號，改懷獻太子為懷獻世子，皆稱皇太后制行之。時湯序請革除景泰年號，

不許。十七日癸丑，郕王薨，諡曰戾，毀所營壽陵，葬金山，與妖殤諸公主墳相屬。帝欲以汪妃殉，以李賢言乃止，以妃唐氏等殉葬。尋沂王復儲位，雅知汪妃前諫易儲事，請於帝，遷居舊王府，得盡攜宮中所有而出，與周太后相得甚歡，歲時入宮敍家人禮。周太后，沂王生母，憲宗即位後所尊。一日，英宗問太監劉桓曰：「記有玉玲瓏系腰，今安在？」桓言當在汪后所，英宗命索之，妃投諸井，對使者曰：「無之。」已而告人曰：「七年天子，不堪消受此數片玉耶？」後有言妃出所攜鉅萬計，英宗命檢取之，立盡。三月己巳，初六日。復立沂王見深為皇太子。四月，襄王瞻墡來朝。景帝未立時，王上書請立皇長子，令郕王監國，募勇智士迎車駕。逾年上還京，居南內，王又上書景帝，謂宜朝夕問安，率群臣朔望朝見。及帝復辟，石亨等誣于謙、王文，以迎立襄王為嗣。帝頗疑王，久之，從宮中得王所上二書，復檢襄國金符，仍在太后閣中，乃賜書召王，比二書於《金縢》。至是王入朝，禮待優隆，而謙之冤不雪。徐有貞尋又以與石亨、曹吉祥相軋，謫戍金齒。金齒土司在路江，即怒江。後屬緬甸。十月丁酉，初七。賜王振祭葬，立祠。初，振既族誅，有言其為敵用者，帝大怒，詔：「振死難朕所親見。」追責言者，皆貶竄。帝追念不已，復其官，刻香木為振形，招魂以葬，建祠祀之，賜額曰旌忠。十二月，封太監曹吉祥養子欽昭武伯，吉祥以司禮監總督大營，養子欽，從子鉉、鐸、鏞皆官都督，至是欽進封。三年十月，詔：「自今章奏勿用奪門字。諸冒功者黜之。」時石亨與從子彪不法事露，帝以奪門字問李賢，賢曰：「迎駕則可，奪門豈可示後，天位乃陛下固有，奪即非順。彼時亦幸成功，萬一事機先露，亨等不足惜，不審置陛下何地？若景泰果不起，群臣表請復位，此輩雖欲升賞，以何為功？老臣耆舊何至殺戮降黜？招權納賄何自而起？國家太平氣象，今為此輩損削過半矣。」帝深然之，乃有此詔，諸冒功得官者自首更正，黜四千餘人，朝署為清。

　　石亨之敗也，從子彪自陝西召還，謀鎮大同，與亨表裡握兵柄，令千戶楊斌等奏保。帝覺其詐，收斌等拷訊得實，大怒，下彪詔獄，令門達鞫之，得其縫蟒龍衣及違式寢床諸不法事，罪當死，遂籍彪家，並逮其黨治之。亨大懼，請罪，帝慰諭之，亨請盡削弟侄官，放歸田裡。不許。法司再鞫彪，言：「彪初為大同遊擊，以代王增祿為己功，王至跪謝，自是數款彪，出歌妓行酒，彪淩侮親王，罪亦當死。」因交章劾亨，招權納賄，肆行無忌，私與術士講論天文，妄說休咎，宜置重典。帝命錮彪於獄，罷亨閑住，絕朝參。帝初緣亨復位，德之，亨無日不入見，即不召，必假事以進。一日，亨引二人侍於文華殿，帝問何人？亨曰：「此千戶盧旺、彥敬，臣有機密事必與謀，如迎請復位，其功實多。」乃擢二人為指揮使，自是干請無虛日，弟侄冒功錦衣者五十餘人，部曲親故竄名奪門籍得官者四千餘人。亨每見出，必張大其言，在亨門下者，得亨語即揚於眾，以為聲勢，朝臣奔走恐後，以貨之多寡為授職美惡，入之先後為得官遲早，時有「朱三千，龍八百」之謠，謂郎中朱銓、龍文輩俱以賄被擢也。既以宿怨殘害忠良，大獄數興，廷臣側目，大權悉歸於亨。亨預政事，所請或不從，輒然見於辭色。久之帝不能堪，以語李賢。賢曰：「惟獨斷乃可。」因敕左順門非宣召毋納總兵官，亨燕見遂稀，所請亦漸有不從者，亨猶不悟，恣橫如故。初帝命所司為亨營第，既成，壯麗逾制。帝登翔鳳樓見之，問誰所居，吳瑾侍側，謬對曰：「此必王府。」帝曰：「非也。」瑾曰：「誰僭逾若此？」帝領之。錦衣指揮逯杲，本亨所擢，密受帝旨，往往伺亨所為以報，而亨竟不知。從子彪本以戰功起家，不藉父兄蔭，然一門二公侯，亨封忠國公，彪封定遠侯。所蓄材官猛士不下數萬，中外將帥半出其門，又謀鎮大同，為天下精兵處，權傾人主，群疑其有異志，遂及於禍。逯杲奏謂：「亨怨望逾甚，與從孫後等日造妖言，且蓄養無賴，專伺朝廷動靜，不軌跡已著。」廷臣皆言不可輕

宥，乃下皇詔獄，坐謀叛律應斬，沒其家貲。未幾亨瘐死，彪及後並
戮於市。

《紀事本末》：「逯杲上言石亨怨望，與其從孫石俊史作石後，各書
皆作後，惟《通鑑輯覽》亦作俊。謀不軌。」上以章示群臣，遂下錦
衣獄。初亨見上稍疏斥，懷怨望，嘗往來大同，顧紫荊關，謂
左右曰：「若塞此關守之，據大同，京師何由得至？」一日退朝
歸私第，語盧旺、彥敬曰：「吾所居官，皆爾等所欲為者。」
旺、敬不知所謂，對曰：「旺、敬以公得至此，他何敢言！」亨
曰：「陳橋之變，史不稱其篡，爾能助吾，吾官非爾官乎？」
旺、敬股栗莫敢對。會瞽人童先出妖書曰：「惟有石人不動。」
勸亨舉事。亨謂其黨曰：「大同士馬甲天下，吾撫之素厚，今石
彪在彼，可恃也，異日以彪代李文，佩鎮朔將軍印，專制大
同，北塞紫荊關，東據臨清，決高郵之堤，以絕餉道，京師可
不戰而困矣。」遂請以盧旺守裡河。及孛來寇延綏，上命亨往
禦之，先又力勸亨，亨曰：「為此不難，但天下都司除代未周，
待周為之未晚。」先曰：「時難得而易失。」亨不聽。先私謂所
親曰：「此豈可與成大事者？」會彪敗，上猶念亨功，置不問，
罷其兵。而亨之謀漸急，事益露，其家人上變，告亨謀反，逮
治之。
按石亨粗鄙武夫，非大奸慝，其始假以威福，乃英宗之樂近小
人。以亨之不足大用，何待後來始著？其舉動無一不劣，有何
難辨而假借之？英宗自欲假手此輩以快所仇，觀於于謙終帝世
不予雪，而害謙者則已次第戮之，故知非群小能害謙，自出英
宗意爾。
戮於謙則蔓延謙黨，戮石亨時亦然。《史‧韓雍傳》：「錦衣指

揮劉敬坐飯亨直房，用朋黨律論死。雍言：『律重朋黨，謂阿比亂朝政也。以一飯當之，豈律意？且亨盛時，大臣朝夕趨門不坐，獨坐敬何也？』敬遂得免。」舉此一事，可見其牽染者必多，政刑之不得其當久矣。門達、逯杲，《史》皆入〈佞幸傳〉，與成祖時之紀綱同，以小人攻小人，皆當時朝事之玷。

五年七月庚子，初二日。太監曹吉祥及其養子欽反，欽敗死，吉祥伏誅。先是六月丙子，初七。孛來寇河西，官軍敗績。壬午，十三。兵部尚書馬昂總督軍務，懷寧伯孫鏜充總兵官，帥京營軍禦之，擇庚子昧爽出師。其前一夜，以朝將陛辭，與恭順侯吳瑾俱宿朝房，而欽所結之達官馬亮來上變。當正統間，吉祥屢出監軍，輒選達官善騎射者隸帳下，師還畜於家，故家多藏甲。

〈于謙傳〉：「初永樂中，降人安置近畿者甚眾，成祖以靖難從行功，以朵顏等三衛地畀兀良哈。自知失策，因欲廣招東北降女真人，誘以官賞。別設奴兒干都司，以復其馭邊遠略，以故遣使疊出。招得之人，願歸者為之設衛授官，願留者亦與以官，給祿與宅，留居京師，前後至者無數。女真設百數十衛，其中建州設三衛，遂為異日之滿洲，皆肇端於其時。也先入寇，多為內應。謙謀散遣之，因西南用兵，每有征行，輒選其精騎，厚資以往，已更遣其妻子，內患以息。」又〈李賢傳〉：「于謙嘗分遣降人南征，陳汝言曹、石之黨，代於謙為兵部尚書者。希宦官指，盡召之還。賢力言不可，帝曰：『吾亦悔之，今已就道，後當聽其願去者。』」據此兩傳，知天順時在京達官之來歷。達官不知順逆，只貪利祿，以故成祖靖難，用三衛為軍鋒；曹閹陰畜死士，亦以達官為奇貨。陳汝言所希宦官之指，自即謂曹吉祥。李賢於正統初即深論此事，〈賢傳〉：「正統初，

言：『塞外降人居京師者數萬，指揮使月俸三十五石，實支僅一
石，降人反實支十七石五斗，是一降人當京官十七員半矣，宜
漸出之外，省冗費，且消患未萌。』帝不能用。」據此，則于謙
始定散遣降人之法，謙被害而降人又召回，賢雖力言不可，帝
言悔之，而又以已就道為姑息之計，遂為曹欽犯闕之資。《史》
不詳言，合觀之可見也。

石亨敗，吉祥不自安，漸畜異謀，口輱諸達官，金錢谷帛恣所
取，達官亦恐吉祥敗而己隨退黜也，皆願盡力結為死黨。千戶馮益，
景泰間，請徙上皇於沂州，復辟後，以吉祥請得不誅，因客欽所，欽
問曰：「古有宦官子弟為天子者乎？」益曰：「君家魏武其人也。」欽
大喜。欽有家人百戶曹福來者，得罪逃去，奏行捕治，欽乃別遣家人
尋獲，而家私掠死，為言官所劾，帝令指揮逯杲按之，且降敕遍諭群
臣，毋自專干憲典。欽驚曰：「前降敕，遂捕石將軍；今復爾，殆
矣！」石彪事發，言官將於朝班劾之，有泄於彪者，帝聞之大怒，乃敕：「文武大臣
無故不得相往來，給事中御史及錦衣官不得與文武大臣交通，違者依太祖鐵榜例治
罪。」反謀遂決。使其黨欽天監太常寺少卿湯序擇是月庚子昧爽，欽擁
兵入廢帝，而吉祥以禁兵應之。謀定，欽召諸達官夜飲，時懷寧伯孫
鏜奉詔西征，將陛辭，是夜與恭順侯吳瑾俱宿朝房，達官馬亮恐事
敗，逸出走告瑾，瑾趨告鏜，從長安右門隙投疏入，曰：「急變，即達
御前，遲則用軍法斬。」鏜與瑾俱拙於書，惟曰：「曹欽反曹欽反。」
帝得奏，急繫吉祥於內，而敕：「皇城四門京城九門閉勿啟。」欽以亮
逸，知事泄，中夜馳往逯杲家，殺杲，斫傷李賢於東朝房，以杲頭示
賢曰：「杲激我也。」逼草奏釋己罪。亡何，又執尚書王翱，賢乃就翱
所索紙，佯草疏，乃獲免，欽又殺都御史寇深於西朝房。遂率眾攻
東、西長安門，不得入，縱火，守衛者拆河磚石塞諸門，賊往來叫呼

門外。鐋遣二子急召西征軍，大呼曰：「有獄賊反，獲者得重賞。」西征軍奔集，至二千人，鐋曰：「不見長安門火耶？曹欽反，能殺賊者必賞。」遂擊欽，欽走攻東安門，瑾將五六騎覘賊，猝與遇，力戰死。欽復縱火，門毀，門內聚薪益之，火大熾，賊不得入。天漸曙，欽黨稍稍散，鐋勒兵逐欽，鐋子斫欽中膊，欽走突安定諸門，門盡閉，奔歸家拒戰，會大雨如注，鐋督諸軍奮呼入，欽投井死，其家無大小盡誅之。帝出吉祥與欽屍同磔於市，湯序、馮益及姻黨皆伏誅。馬亮以告反授都督，進孫鐋為侯，李賢、王翱進太子少保，封吳瑾涼國公，諡武壯，贈寇深少保，諡莊愍，將士升賞有差。以擒賊詔示天下，大赦。

奪門案至此，前之功人多為叛逆，而所殺以為名之于謙，公道已大彰，然終英宗之世不與平反也。〈謙傳〉：「謙既死，而亨黨陳汝言代為兵部尚書，未一年敗，贓累巨萬。帝召大臣入視，愀然曰：『于謙被遇景泰朝，死無餘貲；汝言抑何多也？』亨俯首不能對。俄有邊警，帝憂形於色，恭順侯吳瑾侍，進曰：『使于謙在，當不令寇至此。』帝為默然。是年，有貞為亨所中，戍金齒。又數年，亨亦下獄死，吉祥謀反伏誅，謙事白。成化初，晃赦歸，晃，謙子。上疏訟冤，得復官賜祭，詰曰：『當國家之多難，保社稷以無虞；惟公道之獨持，為權奸所並嫉。在先帝已知其枉，而朕心實憐其忠。』天下傳誦焉。弘治二年，用給事中孫需言，贈特進光祿大夫柱國太傅，諡肅愍，賜祠於其墓，曰旌功，有司歲時致祭。萬曆中，改諡忠肅，杭州、河南、山西皆世奉祀不絕。」

陷謙諸人，惟徐有貞尚有小才，石亨、曹吉祥之流，若君主稍有常識，豈遂假以大權至迭起禍變？亨、吉祥何足道，英宗始終為庸稚之君而已。

# 第六節　成化朝政局

　　天順八年正月乙卯，初二日。英宗不豫。己未，初六日。皇太子攝事於文華殿。己巳，十六日。大漸。庚午，十七日。崩。乙亥，二十二日。憲宗即位，以明年為成化元年。七月，立皇后吳氏。八月，廢之。后立甫逾月，以萬貴妃已擅寵，后摘其過杖之，帝怒，廢居別宮。帝年甫十八，萬貴妃年已三十五，寵冠後宮，帝終身眷之，成化一朝，佞幸競進，皆憑萬氏。帝於宦寺，倚任時無所不至，旋復厭之，即棄之如脫屣，嬖幸恃宮中為奧援，與萬曆間之鄭貴妃略同，蓋宵小猶非能專挾天子以行事也。

　　天順八年二月，始以內批授官，帝命中官傳旨用工人為文思院副使，自後相繼不絕，一傳旨姓名至百十人，謂之傳奉官。文武僧道，濫恩者以千數。明代至是始以官爵為人主私物。

　　十月，始置皇莊，以沒入曹吉祥地為宮中莊田，皇莊之名自此始。給事中齊莊言：「天子以四海為家，何必與民爭利？」弗聽。自是戚畹及中貴家多奪民地為莊田矣。按明太祖寬留田土以供養軍蓄馬之用，期不擾民。自憲宗籠田產以自私，上行下效，悉歸豪強，始而就閑曠以為侵佔，閑曠既盡，後起之豪強無盡，以漸而蹙及民生。其端蓋造於此。

　　於是番僧扎實巴乞靜海地為常住田，嘉善公主求文安地數百頃，德王請壽張地四千餘頃，皆予之。成化四年三月，戶科給事中邱弘等上言：「國初，北直隸、山東地方土曠人稀，太祖、太宗屢頒明詔，許民耕種，永不科稅。乃權豪怙勢，專利病民，率指為閑田，乞奏至數十百頃。夫地逾百頃，古者百家恆產也，豈可徇一人之私而奪百家恆產哉？乞收前命還給下民，仍敕該部痛革往弊。」帝然之，詔：「自今

乞請皆不許。」扎實巴等所乞還之於民。未幾，周壽以太后弟冒禁求涿州田六十餘頃，帝不得已許之。自是翊聖夫人劉氏求通州、武清縣地三百餘頃，壽弟長寧伯彧求武強、武邑地六百餘頃，皆予之。給事中李森疏諫，不復省。

按成化間失政甚多，然奏乞閒田，事關永久民間舒蹙之故。所謂閒田，在太祖、太宗寬留以厚民生，歷仁、宣暨英宗，未之有改。成化間惟以皇室莊田為倡，大動豪強貪欲之私，又可見祖宗積蓄之厚。先從近畿豪強遍佈之地為始，各州縣皆有羅掘，自後更及南畿，以及各處軍衛留備興屯之地，一切以閒田名之，祖宗所寬留者積久而盡。無論豪強代興，日益無已，即邊境有事，而以應額外之供，不得不悉索以責民供，民窮而為亂，亂起而民益窮，因果相生，遂成萬曆、天啟之局。當憲宗時，民尚只覺恩澤之稀，未感煎熬之迫，後世言成弘之治，尚慨想以為太平，其實則前數代之遺澤，一朝不易枯竭耳。

再以《史・傳》證之，〈陳鎰傳〉：「正統七年，王翱調遼東，鎰復出鎮，歲滿當代，以陝人乞留，詔仍舊任。時倉儲充溢，有軍衛者足支十年，無者直可支百年，鎰以陳腐委棄可惜，請每歲春夏時給官軍為月餉，不復折鈔。從之。」凡此皆見正統以前天下積儲之厚。祖制未改，在朝多法家弼士。明之君，自英宗為無道之始；明之民，則未嘗感覺困苦。壞祖宗藏富於民之意，自憲宗始。顧祖宗所藏至厚，不至一時遽盡，故其大敗決裂猶在百年以後也。

更舉《史・傳》證之，〈李賢傳〉：「嘗言內帑餘財不以恤荒濟軍，則人主必生侈心，而移之於土木、禱祠、聲色之用。前後頻請發帑賑貸恤邊，不可勝計。」賢大用於景泰、天順之間，

至成化四年而卒，為一代賢相，其所主張如是，而景帝、英宗能任之，可知天順以前，人主尚無甚與民爭利之心也。賢以奪情為羅倫所糾不能無憾，與後之張居正為同病，然其為國家計久遠，用才能，則皆功不可沒也。

成化初對建州有兵事，建州為清之舊受衛職，《明史》凡遇建州事，皆削不登。此為今日以後應為《明史》補正之一大端，別詳《滿州開國史》。但以兵事論，則事役非鉅，尚不及西南麓川、藤峽諸役，在本講義原無足述之分量。惟荊襄平亂為大事件，撮敘如下。

成化元年四月，荊、襄劉千斤起事。千斤名通，河南西華人，有膂力，縣治門有石獅重千斤，通手舉之，因號為劉千斤。荊、襄上游為鄖陽，古麋、庸二國地，元至正間，流民聚此起事，終元世不能制。洪武初，鄧愈以兵臨之，空其地，禁流民不得入，然地界秦、豫、楚之間，又多曠土，山谷阨塞，林箐蒙密，中有草木可採掘以食。正統二年歲饑，民徙入不可禁，聚既多，罔稟約束，其中巧黠者稍稍相雄長。漢中守臣以聞，請除之，英宗曰：「小民為饑寒迫耳，奈何即用兵？」命御史金敬撫輯，讁戍數人，余陽聽撫，而為首潛伏不出，尋復縱，勢益滋蔓。有錦衣千戶楊英者，奉使河南，策其必反，上疏言：「流逋之眾，宜選良吏撫恤，漸圖散遣。」詞甚諄切。不報。三省長吏多諉非己境，因循不治。至是，劉通糾黨石龍，號石和尚，及劉長子、苗龍、苗虎等，聚眾數萬。自稱漢王，建元德勝，署置將軍、元帥。攻襄、鄧境，指揮陳昇等死者二十四人。時以副都御史王恕出為撫治，而未受征討之命，因不受撫。恕聞於朝，五月，乃命撫寧伯朱永為總兵官，尚書白圭提督軍務，發軍會恕及湖廣總兵李震進討。至南漳，通等迎戰敗之。永以疾留鎮，圭主軍務，奏四路進軍之策。至二年五月，迭戰勝，斬劉通子聰及苗虎，通等退保後岩山，拒

險以守，圭督軍四面圍攻，通敗被擒，苗龍等四十餘人皆死。而石和尚、劉長子逸去。六月，石和尚聚眾千餘，轉趨四川大昌，殺夔州通判王禎，圭分兵躄之，並誘執石和尚等，遂班師，事少息，不數年複熾。

> 有可以善民之地，而禁民毋入，此明開國時之失策也。六七十年之後，而再有饑民屯聚之患。英宗之不輕用兵，是也，不選良吏撫恤解散，則非也；至成化初，而不能不用兵，兵力所加，即告蕩平，其時將帥猶得力。然平定後即仍其故地，不以良吏辟作生聚之鄉，亦猶是鄧愈見解也。

六年十月，劉千斤餘黨李鬍子等復聚眾起事。初，白圭平荊、襄，而流民屯結如故，李鬍子名原，始與石和尚等同夥。會歲大旱，入山者九十萬人，李與其黨王彪、小王洪等往來南漳、內鄉、渭南間，聚眾為亂，稱太平王，署其黨為總兵、先鋒等，又立一條蛇、坐山虎等號。官軍屢戰不利，荊、襄諸郡騷然。十一月，命都御史項忠總督河南、湖廣荊襄軍務。忠先分軍列要害，多設旗幟鉦鼓，遣人入山招諭流民，來歸者四十餘萬。王彪來覘軍，出不意擒之。忠又請調永順、保靖土兵，合二十五萬眾，分八道逼之。流民歸者又數萬。遂擊擒李鬍子、小王洪等。忠移軍竹山，復招流民五十萬。斬首六百四十，俘八百有奇。家口三萬餘人，戶選一丁，戍湖廣邊衛，餘令歸籍給田。其下令逐流民也，有司一切驅逼，不前即殺之，民有自洪武中占籍者，亦在遣中，戍者舟行多疫死。給事中梁璟因星變求言，劾忠妄殺。白圭亦言：「流民既成業者，宜隨所在著籍。」又駁忠所上功次互異。帝皆不聽。進忠左都御史，蔭子綬錦衣千戶，諸將錄功有差。忠上疏言：「臣先後招撫流民九十三萬餘人，賊黨遁入深山，

又招諭解散，自歸者五十萬人，俘獲百人，皆首惡耳，今言皆良家子，則前此屢奏獷獷難禦者伊誰也？賊黨罪固當死，因不忍濫誅，故令丁壯謫發遣戍，其久附籍者，或乃占山四十餘里，招聚無賴千人，爭鬥刲殺，若此者，可以久居不遣乎？臣揭榜曉賊，謂已殺數千，蓋張虛聲怵之，非實事也。且圭固嘗身任其事，今日之事，又圭所遺。先時中外議者，謂荊、襄之患何日得寧？今幸平靖，而流言沸騰，以臣為口實。」帝溫詔答之。

> 《紀事本末》：「議者謂忠此役實多濫殺，既樹《平荊襄碑》，或亦呼為《墜淚碑》以嘲忠云。」《墜淚碑》為荊襄故事，本為人思羊祜，今以形容項忠之殘殺。人揭忠之過，忠則自列其功，一時遂無定論。其實忠亦無善處流民之法，至多比之鄧愈而已。

十二年五月，命左副都御史原杰撫治荊、襄流民。初，項忠既平荊、襄，陳善後十事，不過增設營堡巡司，多方偵守，以厲入山之禁。不數年，禁漸弛，流民復聚，朝廷以為憂。祭酒周洪謨嘗著《流民圖說》，謂當增置府縣，聽附籍為編氓，可實襄、鄧戶口，俾數百年無患。都御史李賓以聞。帝善之，遂命傑出撫。

> 以上文見〈原杰傳〉，而〈周洪謨傳〉不載此事，《紀事本末》略詳洪謨之說，其說略曰：「昔因修天下地理志，見東晉時盧、松之民流至荊州，乃僑置松滋縣於荊江之南；陝西雍州之民流聚襄陽，乃僑置南雍州於襄西之側。其後，松滋遂隸於荊州，南雍遂並於襄陽。垂今千載，寧謐如故。此前代處置荊、襄流民者，甚得其道。若今聽其近諸縣者附籍，遠諸縣者設州縣以撫之，置官吏，編里甲，寬徭役，使安生業，則流民皆齊民

矣。」

　　杰遍歷山溪，宣朝廷德意，諸流民欣然願附籍。於是大會湖廣、河南、陝西撫按官籍之，得戶十一萬三千有奇，口四十三萬八千有奇。其初至無產及平時頑梗者，驅還其鄉，而附籍者用輕則定田賦，民大悅。因相地勢，以襄陽所轄鄖縣居竹、房、上津、商、洛諸縣中，道路四達，去襄陽五百餘里，山林阻深，將吏鮮至，猝有事故，府難遙制，乃拓其城，置鄖陽府，以縣附之，且置湖廣行都司，增兵設戍。而析竹山置竹谿，析鄖置鄖西，析漢中之洵陽置白河，與竹山、上津、房咸隸新府。又於西安增山陽，南陽增南召、桐柏，汝州增伊陽，各隸其舊府。制既定，薦知鄧州吳遠為鄖陽知府，諸縣皆擇鄰境良吏為之，流人得所，四境又安。將還，以地界湖廣、河南、陝西，事無統紀，因薦御史吳道宏自代。詔即擢道宏大理少卿，撫治鄖陽、襄陽、荊州、南陽、西安、漢中六府。鄖陽之有撫治，自此始。尋以道宏為右僉都御史，開府鄖陽，著為令。杰召為南京兵部尚書。勞苦成疾，南還，竟卒於驛舍，荊、襄之民聞之，無不流涕者。

　　　　吾國古時往往有封禁之地，最為閉塞之見解，利棄於地，小之聚亂民，大之召外寇，荊、襄規劃，久而後定，足為明代一大事，故詳之。鄖陽撫治，以都御史開府，體同巡撫，終明世有之，清初尚然，至康熙初裁。旋吳三桂之亂，蔓延川、楚、秦、隴，鄖陽復設撫治，康熙十九年終裁。嘉慶初又有川、楚白蓮教之事，事平，以達州為綏定府，略如明之設置鄖陽，此亦荊、襄上游明時未竟之緒也。

　　憲宗惑於萬貴妃，在帝室則幾傾皇嗣，而閹人當道，中旨授官。

方士妖僧，濫恩無紀，皆以能結妃歡為進身之階。成化中葉以往，朝政濁亂，然明運不遽傾頹，且後人述明時之太平，尚不能遺成化之世，則以得罪百姓之事尚少耳。綜其失政如下。

憲宗后吳氏，立自天順八年七月。以杖萬貴妃故被廢，帝下敕謂：「先帝為朕簡求賢淑，已定王氏，育於別宮待期。太監牛玉輒以選退吳氏於太后前復選冊立。」以此為罪，廢居別宮。后父俊先授都督同知，亦下獄戍邊。而牛玉止謫孝陵種菜。南京給事中王徽、王淵、朱寬、李翺、李鈞等合疏言：「玉罪重罰輕。」帝怒徽等，皆貶邊州判官。則知玉易后之罪非事實也。

萬貴妃以四歲選入掖庭，為孫太后宮女。孫太后為宣宗后。萬貴妃於天順八年為三十五歲，則四歲入宮尚在宣室之世。言孫太后，乃後來追稱也。及長，侍憲宗於東宮。憲宗年十六即位，〈憲宗紀〉：「成化二十三年崩，年四十一。」則即位年當為十八。此出〈萬貴妃傳〉，《史稿》亦同，當是此傳之誤。妃已三十有五。機警善迎帝意，遂讒廢皇后吳氏，六宮希得進御，帝每遊幸，妃戎服前驅。成化二年正月，生皇第一子，帝遣中使祀諸山川，遂封貴妃。皇子未期薨，妃亦自是不復娠矣。當是時，帝未有子，中外以為憂，言者每請溥恩澤以廣繼嗣，帝曰：「內事也，朕自主之。」妃益驕，中官用事者，一忤意立見斥逐，掖庭御幸有身，飲藥傷墜者無數。孝宗之生，頂寸許無髮，或曰藥所中也。紀淑妃孝宗生母。之死，實妃為之。佞幸錢能、覃勤、汪直、梁芳、韋興輩皆假貢獻苛斂民財，傾竭府庫，以結貴妃歡，奇技淫巧，禱祠宮觀，靡費無算。久之，帝后宮生子漸多，芳等懼太子年長，他日立將治己罪，同導妃勸帝易儲，會泰山震，占者謂應在東宮，帝心懼，事乃寢。二十三年春，暴疾薨。

妃諸罪狀，類皆帝所謂內事，惟為閹宦佞幸之所憑依，則蠹政

尤甚，然尚見帝不受制於群小，特以妃為之內主，故一旦意所不愜，棄之如遺，固不至如天啟朝客、魏之禍耳。

萬貴妃父貴，諸城人，諸邑掾史，坐事謫居霸州。以貴妃故，官錦衣衛指揮使，頗勤飭。貴子喜亦為指揮使，與弟通、達等並驕橫。成化十年，貴卒。十四年，進喜都指揮同知，通指揮使，達指揮僉事。通少貧賤，業賈，既驟貴，益貪黷無厭，造奇巧邀利。中官韋興、梁芳等復為左右，每進一物，輒出內庫償，輦金錢絡繹不絕。通妻王出入宮掖，大學士萬安附通為同宗，婢僕朝夕至王所謁起居。妖人李孜省輩皆緣喜進。朝野苦之。

成化十二年九月，令太監汪直刺事。直故大藤峽人。初，給事萬貴妃宮，遷御馬監太監。時妖人李子龍以符術結太監韋舍，私入大內，事發伏誅，帝心惡之，銳欲訪外事，以直便黠，因令易服將校尉一二人密出伺察，人莫之知。明年正月，設西廠，以直領之。永樂中始置東廠，令宦官訪緝逆謀大奸，與錦衣衛均權勢。至是，又別設西廠刺事，所領緹騎倍東廠，勢遠出衛上。任錦衣百戶韋瑛為心腹，屢興大獄，自諸王府邊鎮及南北河道，所在校尉羅列，民間鬥詈雞狗，輒寘重法。直每出，隨從甚眾，公卿值者皆避道，兵部尚書項忠不避，迫辱之，權焰出東廠上。凡西廠逮捕朝臣，不俟奏請，氣焰熏灼。

錦衣衛之制，仿古司隸校尉、執金吾等官，職掌都城內外地方各事，以輦轂之下人眾稠密，不免宵小混雜，故有緝事員役以靖奸慝。近世各國都市皆有警察偵探，在清則謂之步軍統領衙門，古今中外大略相類，原不得為弊政。明以詔獄屬錦衣衛鎮撫司，遂奪法司之權，以意生殺，而法律為虛設，蓋弊在詔獄，尚不在緝事也。至設東廠而以宦官領緝事，是即所謂皇家

偵探，其勢無可抵抗，誣陷栽贓，莫能與辨，其所謂有罪，即交錦衣衛治之。於是詔獄超法律之外，東廠緝事又絕裁抑之門。成化中以一東廠為未足，更益以西廠，而緹騎倍之，校尉所至，遍南北邊腹各地，又絕非都城地方巡徼之事任。此所以為明代獨有之弊政也。然細按之，皆凌蔑貴顯有力之家，平民非其所屑措意，即尚未至得罪百姓耳。

五月，大學士商輅率同官劾直罪，且言：「陛下委聽斷於直，直又寄耳目於群小，擅作威福，賊虐善良。陛下若謂摘奸禁亂為有益，則前此數年，何以帖然無事？近自直用事以來，人心疑畏，卿大夫不安於位，商賈不安於途，庶民不安於業，若不急去直，天下安危未可知也。」帝得疏，慍曰：「用一內豎，何遽危天下？誰主此奏者？」命太監懷恩、覃吉至閣詰責，輅正色曰：「朝臣無大小，有罪皆請旨逮問。直擅抄沒三品以上京官；大同、宣府，邊城要害，守備俄頃不可缺，直一日械數人；南京，祖宗根本地，直擅收捕留守大臣，諸近侍在帝左右，直輒易置。直不去，天下安得無危？輅等同心一意為天下除害，無有先後。」恩等以實覆奏。傳旨慰勞。翌日，兵部尚書項忠亦倡九卿劾之，帝不得已令直歸御馬監，調韋瑛邊衛，散諸旗校還錦衣衛。中外大悅。懷恩、覃吉為明閣官之最賢者，亦方欲制直不使逞，故暫得此效。

西廠雖暫罷，帝眷直不衰，令密出外刺事。吏部尚書尹旻等附直，項忠劾直，以旻為六卿之長，請首署名，旻即馳報直。六月，忠以直誣構黜為民。御史戴縉頌直功，謂：「大臣群臣皆無裨於政，獨有太監汪直摘發允協公論，足以警眾服人。」疏入，遂復開西廠。大學士商輅引疾，帝聽其歸。於時大臣以次陳免者數十人。士大夫皆首事直，直勢愈恣。

時西廠既復，東廠亦正橫甚，東廠官校因發雲南百戶左昇私
事，詞連掌通政使工部尚書張文質，錦衣衛遂執下獄，帝不知
也。左通政何琮等以掌印請，帝乃知而釋之，錦衣衛官以擅系
大臣，停俸三月。廠與衛為一體，大臣系獄而帝不知，知之則
處分僅及衛官，所處分僅止停俸三月，其時士大夫所被待遇可
知矣。

　　戴縉以頌直功，累進右僉都御史，不二年，以中旨擢副都御史，
又進都御史，掌院事。逾時御史王億等競效縉所為，相率媚直，謂：
「西廠摘伏發奸，不惟可行之今日，實足為萬世法。」依阿淟涊，台中
綱紀掃地。後直寵衰，縉乃謀出為南京工部尚書，直敗，黜為民。直
以十四年六月，復出行遼東邊。直年少喜兵，欲以邊功自固，乃有此
行。率飛騎日馳數百里，所遇棰撻官吏，各邊都御史皆服迎謁，供張
甚盛，左右從者悉大通賄賂，遠近為之驛騷。

　　此事見〈汪直傳〉。其所謂行遼東邊，正以巡撫陳鉞掩殺建州夷
人以冒功，激變啟釁，朝議遣重臣撫安，已命兵部侍郎馬文升
往，建州聽撫，直思攘其功，固請行邊。陳鉞先略直左右，令
所過居民跪迎道左，比至，鉞出迓於郊，望塵蒲伏，盛供張以
娛直。直至開原，再下令招撫，文升乃推功於直，直內慚，文
升又與抗禮，不善事其左右，鉞又日夜譖文升於直，直遂庇鉞
激變罪轉罪文升。明年五月，下文升錦衣衛獄，謫戍重慶衛。
鉞更諷直請大發兵樹邊功，討建州夷伏當伽。其冬，以撫寧侯
朱永充總兵官，直監軍，鉞贊軍務，帥師出遼東塞，遇建州貢
使六十人，掩殺之。更發墓踣髑髏以張級數。捷聞，封永保國

公，增直歲祿，鉞亦論功晉右都御史，尋代楊鼎為戶部尚書。此事見《明史》。惟不載建州字。考《明實錄》及明各家記載，此皆關清代先世種族中事，清修《明史》，一律刪除。此事因無建州字，漏未刪去。其詳別見《滿洲開國史》。

直因陳鉞樹邊功於遼東，十五年又奉命行大同、宣府邊，廚傳供張，囊鞬迎謁，並如遼東，左右索賂，各傾帑以給之，邊儲為之一空。直先以所善王越為兵部尚書，又用越言，詐稱亦思馬因犯邊，詔永同越西討，直為監軍。亦思馬因實無意犯邊，方移帳威寧海子，越乘其不意，偕直往襲，虜驚避，遂殺其老弱，報首功四百三十餘級，獲馬駝牛羊六十。越封威寧迫，增直歲祿。於是人指王越、陳鉞為二鉞。小中官阿醜工俳優，一日於帝前為醉者謾罵狀，人言：「駕至。」謾如故；言：「汪太監至。」則避走曰：「今人但知汪太監也。」又為直狀，操兩鉞趨帝前，旁人問之，曰：「吾將兵仗此兩鉞耳。」問何鉞？曰：「王越、陳鉞也。」帝笑，稍稍悟。會東廠尚銘獲賊得賞，直忌，且怒銘不告。銘懼，乃廉得其所泄禁中秘語奏之，盡發王越交通不法事。十七年秋，命直偕越往宣府禦敵，敵退，直請班師，不許，徙鎮大同，盡召將吏還，獨留直，直不得還。言官交章論直苛擾，請罷西廠。而大同巡撫郭鏜復言：「直與總兵許寧不和，恐誤邊事。」帝乃調直南京禦馬監，罷西廠。又以言官言，降直奉禦，褫逐其黨王越、戴縉、吳綬等，陳鉞已致仕不問，韋瑛後坐他事誅，然直竟良死。帝亦無所謂政刑，意所不屬即棄之，固猶未至為閹所制耳。西廠廢，尚銘遂專東廠事，聞京師有富室，輒以事羅織，得重賄乃已，賣官鬻爵，無所不至。帝尋覺之，讁充南京淨軍，籍其家，輦送內府，數日不盡。

憲宗朝內侍復有梁芳與韋興比，而諂萬貴妃，日進美珠珍寶悅妃

意。其黨錢能、韋眷、王敬等爭假採辦名出監大鎮，帝以妃故不問。
妖人李孜省、僧繼曉皆由芳進，共為奸利。取中旨授官累數千人，名
傳奉官。陝西巡撫鄭時論芳，被黜，陝民哭送之，帝聞頗悔，斥傳奉
官十人，系六人獄，詔自後傳旨授官者俱覆奏，然不罪芳。刑部員外
郎林俊以劾芳及繼曉下獄。久之，帝視內帑，見累朝金七窖俱盡，謂
芳及韋興曰：「靡費由汝二人。」興不敢對，芳曰：「建顯靈宮及諸祠
廟，為陛下祈萬年福耳。」帝不懌曰：「吾不汝瑕，後之人將與汝計
矣。」芳遂說貴妃勸帝廢太子而立興王，會泰山累震，占者言應在東
宮，帝懼乃止。

成化間，閹人之外，更有佞幸，以李孜省、僧繼曉為首。孜省初
為江西布政司吏，恤法受贓，既曆京考得冠帶，而贓事發，當褫為
民，匿不歸。時帝好方術，孜省學五雷法，厚結中官梁芳、錢義，以
符籙得幸。成化十五年四月，中旨授太常寺丞。御史楊守隨言：「祖宗
官人之制，必考素行。太常職司祭祀，厥選尤重，奈何用贓穢罪人，
事天地宗廟？」給事中李俊亦以為言。帝不得已，為改上林苑監副。
然寵倖日甚，賜以印章二：曰忠貞和直，曰妙悟通微。許密封奏請。
孜省因與梁芳表裡為奸，干亂政事。十七年，擢右通政，寄俸本司，
仍掌監事。初，帝踐位甫逾月，即命中官傳旨，用工人為文思副使，
自後相繼不絕，一傳旨至百十人，時謂之傳奉官。文武僧道濫恩澤者
數千。鄧常恩、趙玉芝、淩中、顧玒及奸僧繼曉輩皆尊顯，與孜省相
倚為奸。孜省旋遷左通政，言官交劾，暫貶秩，仍遷之。二十一年，
星變求言。大臣、言官皆極論傳奉官之弊，首及孜省、常恩等。帝頗
感悟。貶孜省上林監丞，令吏部錄冗濫者名，斥罷五百餘人。中外大
悅。孜省恨廷臣甚，構逐數人，益以左道持帝意。十月，再復為左通
政，益作威福，假扶鸞術，言：「江西人赤心報國。」致仕卿貳緣以復
進之江西人極多。密封推薦，縉紳進退，多出其口。執政大臣萬安、

劉吉、彭華皆附麗之。華以江西人結孜省，用為吏部左侍郎兼翰林學士入閣，與尹旻相惡，構旻及其子侍講龍，龍下獄除名，旻致仕。旻籍山東，山東京僚坐旻黨降調者多人。是為明季門戶成習之始。孜省所排擠，若江西巡撫閔、洗馬羅璟、兵部尚書馬文升、順天府丞楊守隨皆被譴，朝野側目。已復擢禮部右侍郎。是時以秘術干中官陳乞者無數，大學士萬安亦獻房中術以固寵，終憲宗之世，方士濫恩不絕。

繼曉，江夏僧，以秘術因梁芳進，授僧錄司左覺義，進右善世，命為通玄翊教廣善國師。其母朱氏，娼家女也，繼曉自陳乞旌。詔不必勘核，遽旌其門。日誘帝為佛事，建大永昌寺於西市，逼徙民居數百家，費國帑數十萬。員外郎淩俊請斬芳、繼曉以謝天下，幾得重譴。憲宗朝，西番僧封法王及大智慧佛、大慈悲佛、西天佛子、大國師、國師禪師者不可勝計，皆錫詔命，服合器用擬王者，出入乘棕輿，衛卒執金吾仗前導，錦衣玉食幾千人。取荒塚頂骨為數珠，髑髏為法盌。給事中魏元等切諫，不納。帝初即位，即以道士孫玉庭為真人。其後，羽流加號真人高士者亦盈都下。大國師以上金印，真人玉冠、玉帶、玉珪、銀章。繼曉尤奸黠竊權，所奏請立從。二十一年，星變求言，貶李孜省、罷傳奉官五百餘人時，亦革繼曉國師為民。而帝忌諸言者給事中盧瑀等，密諭尹旻出之，且書瑀等六十人姓名於屏，俟奏遷則貶遠惡地，於是言者相繼貶斥。而方士等復官，有寵愈甚，諸番僧亦如故。二十三年八月，帝崩，孝宗即位後，乃盡黜成化時僧道雜流傳奉得官之眾。繼曉至弘治元年十一月伏誅。

凡此皆成化時朝政之穢濁，而國無大亂，《史》稱其時為太平，惟其不擾民生之故。

## 第七節　弘治朝政局

　　成化二十三年八月己丑，二十二日。憲宗崩。九月壬寅，初六日。孝宗即位，以明年為弘治元年。丁未，十一日。斥諸佞幸侍郎李孜省、太監梁芳、外戚萬喜及其黨鄧常恩、趙玉芝等。以言官劾諸人不法事論死，上以宅憂，謫芳南京少監，喜指揮使，孜省、常恩、玉芝等戍陝西邊。芳等遇赦，復逮下獄，孜省不勝拷掠死，常恩、玉芝等仍徙邊，芳廢死。十月丁卯朔，汰傳奉官。罷右通政任傑、侍郎蒯鋼、指揮僉事王榮等二千餘人，論罪戍斥。罷遣禪師、真人等二百四十餘人，法王、佛子、國師等七百八十餘人，並追誥勅印仗，遣歸本土。丁亥，二十一日。萬安罷。帝於宮中得疏一小篋，皆論房中術者，末署曰：「臣安進。」帝令懷恩持至閣曰：「此大臣所為耶？」安愧汗伏地，不能出聲。會庶起士鄒智、御史文貴、姜洪等交章列安罪狀，復令恩就安讀之，安數跪起求哀，無去志，恩直前摘其牙牌曰：「可去矣。」始惶懼歸第，乞休去，時年七十餘，在道猶望三台星，冀復用。居一年，卒。安在政府二十年，以附萬貴同姓，及善進房中術媚上，遇試期必其門生典試，子孫甥壻多登第。安死無幾，子孫相繼死，安遂絕。

　　自明太祖廢宰相不設，至正統初三楊秉政，內閣大學士已成真宰相。成化初李賢為賢相，自後彭時、商輅皆不失輔臣體。汪直用事，逐退正人，萬安、劉吉、彭華、尹直輩入閣，無不依附權要。至孝宗立，首逐萬安，用徐溥，繼罷尹直，用劉健，起用王恕為吏部尚書，內召馬文升為左都御史，彭華先已致仕，禮部左侍郎邱濬進《大學衍義補》，帝知其善，濬亦於四年入閣，一時正人多在列矣。惟劉吉尚久為首輔，吉知帝方求治，於溥、健所建白亦贊其成，而奏請則以首輔居前，頗掠新政之美。於其私意所不慊，則沮抑排構，屢興大獄，逐

正人。至五年，而帝欲封后弟伯爵，吉謂無以處太后家子弟，乃遣中官至其家諷令致仕，則帝之進賢退不肖猶少英斷，且未能處以至公，固未能如宣德以前用人行政氣象。

弘治元年三月，始用吏部侍郎楊守陳言，遵祖制開大小經筵，日再御朝。大經筵，正統初所定，月之二日舉行，一月三次，其實成禮而已。明初經筵，原無定日，小經筵正符進講初意，除開講日外，皆常服進講，謂之日講。朝會，除元旦、節日等大朝行禮外，余為常朝，早朝受四方奏事，午後事簡，君臣之間得從容陳諭，永樂間謂之晚朝。景泰初定午朝儀，皆以別於早朝也。守陳言：「大經筵及早朝，但如舊儀；若小經筵，當擇博雅端介之臣以次進講，必於聖賢經旨，帝王大道，以及人臣賢否，政事得失，民情休戚，講之明而無疑，乃行之篤而無弊。凡前朝典籍，祖宗謨訓，百官章奏，皆當貯文華後殿，退朝披覽，日令內閣一人、講官二人，居前殿右廂，有疑輒問。一日間，居文華殿之時多，處乾清宮之時少，則欲寡心清，臨政不惑，得於內者深，而出治之本立矣。午朝則御文華門，大臣臺諫，更番侍直，事已具疏者，用揭帖舉崖略口奏，陛下詳問而裁決之。在外文武官來覲，俾條列地方事，面陳大要，付諸司評議。其陛辭赴任者，隨所職任而戒諭之。有大政，則禦文華殿，使大臣各盡其謀，勿相推避，不當，則許言官駁正。其他具疏進者，召閣臣議可否以行。而於奏事辭朝諸臣，必降詞色，詳詢博訪，務竭下情，使賢才常接於目前，視聽不偏於左右，合天下之耳目以為聰明，則資於外者博，而致治之綱舉矣。如或經筵常朝，只循故事，百官章奏，皆付內臣調旨批答，臣恐積習未革，後患滋深。」疏入，帝深嘉納，遂於月之丙子十二日。開經筵，*此是每月二日之大經筵。翼日丁丑，命儒臣日講，越六日壬午，視午朝。*

日再朝以聽政，又無日不講經史治道以資法戒，接士大夫之時
多，對宦官宮妾之時少，荒怠之主必不能行；果能行之，敗事
鮮矣。孝宗能嘉納此言，可謂有志圖治。

是月，起用言事謫降諸臣，凡憲宗時得罪於閹人佞幸而遷謫者皆
起，惟尚有為劉吉所撓間者。四月，釐正祀典，憲宗時，用方士僧道
言，多所崇祀，煩瀆不當，靡費不貲。禮科給事中張九功奏請釐正，
禮臣周洪謨條議革諸淫祀。洪謨並議謂玄武七宿，不當通道家武當山修煉之
說；城隍非人鬼，不當有五月十一日誕辰之祭；東嶽泰山，既專祭封內，且合祭郊
壇，則朝陽門外東嶽廟之祭實為煩瀆。帝以崇祀既久，不盡從也。

四年春，以陝西方用兵，罷織造絨毦既中官。五年二月，以陝西
巡按御史張文言，減織造絨之半。又明制，蘇、杭等府各有織染局，
歲造有定數。英宗天順四年，遣中官往蘇、松、杭、嘉、湖五府，於
常額外，增造彩緞七千匹。增造坐派自此始。弘治四年八月，以水災
停南畿、浙江額外織造，召督造官還。既而帝納諸大臣言，並召還中
官之監蘇、杭織造者。中官鄧璿固請，帝又許之。而以工部尚書曾鑒
言，減歲造三之一。事在十六年，見〈曾鑒傳〉。十七年五月，終以劉大夏
言織造中官當罷。悉召還，令鎮巡官領之。

凡此見孝宗不難於節用以恤民，而難於卻閹之請，然猶卒以大
臣之語而撤閹，則恭儉尚有天資也。後來變本加厲，絕非能長
保孝宗之德意，要此自見弘治朝保存明代盛時元氣之美。

明之一代立法創制，皆在太祖之世。至孝宗朝，始有修明之舉。
洪、永間定制，法司斷獄，一依律擬議。英、憲以後，巧法吏往往舍
律用例，條例由此日繁。八年，以鴻臚少卿李鐩請，命刑部尚書彭韶

刪定問刑條例。十三年，給事中楊廉復言：「高皇帝命劉基、陶安等詳定律令，百三十年來，律行既久，條例漸多。近令法司詳議，革其繁瑣。臣以為非深於經者，不足議律；非深於律者，不足以議例。望特選素有經術深明律意者，專理其事，以太祖立法貴簡之心，革去一切近代冗雜之例，俾以例通律之窮，不以例淆律之正。」帝嘉納之。尚書白昂會九卿定議，擇條例可行者二百九十餘條，與律並行，詔頒之中外。帝所任刑官，前後如何喬新、彭韶及昂與閔珪，持法皆平，會情比律，一歸仁恕，天下翕然稱頌。至廷杖詔獄等慘酷事，終弘治之世無聞。據〈刑法志〉：「弘治元年，員外郎張倫請廢東廠，不報。然孝宗仁厚，廠衛無敢橫，司廠者羅祥、楊鵬，奉職而已。」錦衣衛使，在弘治中亦有可稱者二人，初年為朱驥，《明史》無驥傳。驥為於謙之婿，因謙獲譴。〈謙傳〉言驥自有傳，而卒無之。此亦《明史》之前後失照也。《明史稿》有〈驥傳〉。〈刑法志〉謂驥持法平，詔獄下所司，獨用小杖，憲宗嘗命中使詰責，不為改。《史稿・驥傳》，遇重獄，苟可生者，必為之解。迄明世，論典獄之使，率以驥稱首。弘治三年卒官。同時又有牟斌，〈刑法志〉：「牟斌者，弘治中指揮也。李夢陽論張延齡兄弟不法事，下獄，斌傅輕比，得不死。」牟斌，《明史稿》與朱驥合傳。後入正德朝，不容於中官，奪職死。是知廢東廠非帝所能，而終帝之世，廠、衛皆循職不為惡，且歷朝為中人鷹犬之錦衣衛，於弘治朝即累有賢指揮使可稱，亦見「上好仁，則下好義」。經訓自不易也。

　　弘治一朝，多用正士，然初年則首輔劉吉未退，頗受阻撓，至宦官則僅免肆惡。帝於奏請裁抑之臣，率不能用，或且罪之。其間用事者有一李廣，〈宦官傳〉：「以符籙禱祀蠱帝，因為奸弊，矯旨授傳奉官，如成化間故事。四方爭納賄賂，又擅奪畿內民田，專鹽利鉅萬。起大第，引玉泉山水繞之。給事葉紳、御史張縉等交章論劾，帝不問。十一年，廣勸帝建毓秀亭於萬歲山，亭成，幼公主殤。未幾，清

寧宮災。日者言:『廣建亭犯歲忌。』太皇太后恚曰:『今日李廣,明日李廣,果然禍及矣!』廣懼自殺。帝疑廣有異書,使使即其家索之,得賂籍以進,多文武大臣名,饋黃白米各千百石。帝驚曰:『廣食幾何?乃受米如許!』左右曰:『隱語耳,黃者金,白者銀也。』帝怒,下法司究治。諸交結廣者走壽寧侯張鶴齡求解,乃寢弗治。時司設監已為廣請祠額祭葬,及是,以大學士劉健等言,罷給祠額,猶賜祭。」時更有守備南京太監蔣琮,以前成化間,奸民指瀕江補坍沙灘,投獻中官,中官收其利,而坍地賦責之民。帝立,詔:「勢家悉返投獻地。」民乃訴於朝。下御史姜綰等覆勘,琮脅綰右己,綰劾琮罔民利,因及其侵漁諸不法事。琮與綰互訐,累勘卒為宦者所持,其先為守備受投獻之太監黃賜,並同時私墾後湖為田之太監陳祖生,並奉使兩廣道南京之太監郭鏞,因大學士劉吉共譖綰等,至下御史十人於獄,貶為州判官,而宥各閹不問。後琮以僭侈殺人,掘傷皇陵氣得罪,充孝陵淨軍。則帝之不能不為閹人所蠱,可考見矣。惟其時亦多賢中官,懷恩、覃吉貽自先朝;有何鼎者,更以得罪張鶴齡兄弟,為皇后所怒,竟由后使李廣杖殺鼎。蓋孝宗張后,不能法前代諸賢后,縱其兄弟多作過惡,請乞無度,敗壞鹽法,至廢中鹽法不行,而投獻閒田,明知禁止而不能絕,張氏實蠹政之尤。此亦帝之不得賢后為助,又不能裁制外戚如祖宗時,皆仁而不斷之現象也。

## 第八節　英憲孝三朝之學術

宣宗時始開講學之風,公卿士庶,翕然信向,為天下是非標準,始於月川曹氏,前已言之。英宗時則有薛瑄。瑄有學行,人稱為薛夫子,初為山東提學僉事。王振問楊士奇:「吾鄉有可為京卿者乎?」士奇以瑄對,召為大理少卿。瑄至,士奇使謁振,瑄曰:「拜爵公朝,謝

恩私室，吾不為也。」宣德中，瑄授御史，三楊當國，欲見之，謝不往。至是士奇反欲令見王振，輔臣之仰振積威久矣。一旦會議東閣，公卿見振皆趨拜，瑄獨屹立，振知為瑄，先揖之，自是銜瑄。會指揮某死，振從子山欲強娶其妾，誣指揮妻毒殺其夫，處極刑，瑄辨其冤，三卻之，都御史王文承振指，劾瑄故出人罪，振復諷言官奏瑄受賄，下獄論死。將行刑，振蒼頭忽泣於爨下，問故，曰：「聞薛夫子將刑也。」振感動，會兵部侍郎王偉亦申救，乃免。瑄系獄待決，讀《易》自如。既免，景泰間以薦起，歷官大理寺卿。蘇州大饑，貧民掠富家粟，火其居，蹈海避罪，王文以閣臣出視，坐以叛，當死者二百餘人；瑄力辨其誣。文恚曰：「此老倔強猶昔。」然卒得減死。英宗復辟，重瑄名，拜禮部右侍郎入閣。王文、于謙之獄，惟瑄力爭，為減極刑一等，得棄市。瑄見石亨、曹吉祥用事，歎曰：「君子見機而作，寧俟終日！」遂致仕去，在閣數月耳。告歸後七年，天順八年卒，贈尚書，諡文清。瑄學一本程朱，其修已教人，以復性為主，充養邃密，言動咸可法。嘗曰：「自考亭以還，斯道已大明，無煩著作，直須躬行耳。」有《讀書錄》二十卷，平易簡切，皆自道其所得，學者宗之。弘治中，給事中張九功請從祀文廟，詔祀於鄉。已給事中楊廉請頒《讀書錄》於國學，俾六館誦習，且請祠名，詔名「正學」。隆慶六年，允廷臣請從祀。

薛文清雖亦為達官，世自尊為薛夫子，其弟子及再傳三傳弟子，以學行名節著者甚眾，皆見〈儒林傳〉，楊廉亦見〈儒林〉。《明史・儒林傳》皆躬行自重之賢，不似《清史・儒林》，專重考據，稍習《說文》小學，輒尊之曰儒，而其所以敦品立行者不問也。蓋清之國史館傳體已如是，末流遂無以品行為意者。文清歿後百餘年，卒從祀文廟。吾國昔以能從祀為人品之至高，亦懸一人格以為士大夫之標的而已。至抉此藩籬而欲為

人類設新訓條，至今彷徨未知所向，吾輩談歷史，只能就史實中經過者言之。

英宗朝專以講學名而門弟子極盛者，為吳與弼。與弼，字子傳，世稱康齋先生。父溥，即靖難時與王艮、胡廣等同居，斷定胡廣、解縉不能死節者。溥亦在建文時已為國子司業，永樂中復為翰林修撰。康齋門人，明代從祀文廟者乃有二人：一胡居仁，一陳獻章。講學之風，斯時極盛。君相側席，願見大賢，康齋以處士蒙召，創意者為石亨，後來頗受指摘。尹直《瑣綴錄》謂康齋跋石亨族譜，自稱門下士，又為其弟所訟，或謂地方官忌康齋，募人教其弟為之。右康齋者並辨《瑣綴錄》之誣。但康齋之於世論，頗未能如薛夫子之一致推服，則可見矣。今讀其《集》，屢言夢見孔子、朱子，縱或為結想所成，要亦無當於為學實用。雖大儒盡出其門，明儒從祀止四人，薛瑄在前，胡居仁、陳獻章、王守仁三人同以萬曆間從祀。胡、陳皆康齋弟子。然世所景仰，對康齋不及對胡、陳，而胡尤平實可為人師法也。

居仁聞吳與弼講學崇仁，往從之遊，絕意仕進。其學以主忠信為先，以求放心為要。操而勿失莫大乎敬，因以敬名其齋。端莊凝重，對妻子如嚴賓。手置一冊，詳書得失，用自程式，鶉衣簞食，晏如也。築室山中，四方來學者甚眾，皆告之曰：「學以為己，勿求人知。」曰：「吾道相似莫如禪學，後之學者，誤認存心，多流於禪。或欲屏絕思慮以求靜，不知惟戒慎恐懼，自無邪思，不求靜，未嘗不靜也。務於空虛與溺於功利者均失，其患有二：一在所見不真，一在工夫間斷。」承學之士，皆佩之為篤論。居仁暗修自守，布衣終其身，人以為薛瑄之後，粹然一出於正，居仁一人而已。陳獻章，字公甫，舉人未第。從吳康齋講學，嘗自言：「吾年二十七，始從吳聘君學，於古聖賢之書無所不講，然未知入處，比歸白沙，專求用力之方，亦卒未有

得。於是捨繁求約，靜坐久之，然後見吾心之體隱然呈露，日用應酬，隨吾所欲，如馬之卸勒也。」其學浩然獨得，論者謂有鳶飛魚躍之樂，世稱白沙先生。白沙實大近禪悟，胡敬齋亦言之，後皆從祀。則門弟子等盛，學說等行，出大儒之門者，終身服膺師說，服官皆有名節，不負所學。亦多有已通籍而解官受業於門者，〈儒林傳〉中不少其人。一時學風，可見人知向道，求為正人君子者多，而英挺不欲自卑之士大夫，即不必盡及諸儒之門，亦皆思以名節自見。故閹宦貴戚，混濁於朝，趨附者固自有人；論劾蒙禍，瀕死而不悔者，在當時實極盛，即被禍至死，時論以為榮，不似後來清代士大夫，以帝王之是非為是非，帝以為罪人，無人敢道其非罪。故清議二字，獨存於明代，讀全史當細尋之，而其根源即由學風所養成也。

# 第四章

# 議禮

　　大禮之獄，為嘉靖一朝士大夫氣節之表示。議禮之所由來，以由外藩入嗣，必欲追尊其所生，廷臣持之，遂拂帝意。其入嗣之故，則以武宗荒惑，以致無後。不能效法孝宗，明運已大可危，賴世宗起而振之，尚得為中葉守文之世。晚年雖惑於奉道，放棄萬幾，一意玄修，能助其玄修者即為忠愛，遂致奸人專國，荼毒正士。然世宗究屬英主，日久亦終除權相，貽穆宗以未壞之丕基。故以正德、嘉靖、隆慶三朝為一段落，此尚未入危亡之限也。至萬曆之世，乃當別議明之所由亡矣。

## 第一節　武宗之失道

　　弘治十八年五月庚寅，初六日。帝大漸，帝於四月二十九日甲申不豫。四月小盡，甲申晦日。召劉健、李東陽、謝遷至乾清宮，曰：「朕承統十有八年，今三十六歲，遘疾殆不興，故召卿輩。」健等皆慰藉。帝曰：「朕自知命也。朕守祖宗法度，不敢怠荒，天下事重煩卿輩。」又曰：「東宮年十五矣，未選婚，可急令禮部行之。」皆應曰：「諾。」時司禮太監跪榻下，帝口授遺旨，命就榻前書之。執健手曰：「卿輩輔導良苦，朕備知之。東宮年幼好逸樂，卿輩當教之讀書，輔導成德。」越日辛卯，初七。召太子諭以法祖用賢。午刻崩。壬寅，十八日。太子厚照即位，是為武宗，以明年為正德元年。孝宗於太子，臨終以其年幼好逸樂為言，固知武宗將來之縱欲敗度矣，然只此一子，孝宗二子，其一蔚王

厚煒，三歲已殤。早正東宮，自無不立之理。既即位，即有東宮舊豎劉瑾與馬永成、谷大用、魏彬、張永、邱聚、高鳳、羅祥等八人俱用事，謂之八黨，亦謂之八虎，日導帝遊戲。自是怠於政事，遺詔中當興罷者，悉廢格不行。八月，京師淫雨，大學士劉健等上言：「登極詔出，中外歡呼，想望太平。今兩月矣，詔書所載，徒為具文。陰陽所以不調，雨暘所以不若。如監局、倉庫、城門及四方守備內臣增置數倍，朝廷養軍匠費鉅萬計，僅足供其役使，寧可不汰？文武臣曠職債事虛糜廩祿者，寧可不黜？畫史工匠濫授官職者多至數百人，寧可不罷？內承運庫累歲支銀數百餘萬，初無文簿，司鑰庫貯錢數百萬，未知有無，寧可不勾校？至如放遣先朝宮人，縱內苑珍禽奇獸，皆新政所當先，而陛下悉牽制不行，無以慰四海之望。」帝雖溫詔答之，而左右宦豎日恣，增益日眾。帝出，帶刀被甲擁駕後，內府諸監局僉書多者至百數十人，光祿日供驟益數倍。健等極陳其弊，謂勤政講學，報聞而已。十一月，命太監韋興分守湖廣。興自成化末得罪久廢，至是夤緣出守。科道官言：「詔革天下鎮守內官非舊額者，墨猶未乾，乃復遣興，無以示信。」尚書劉大夏等再三爭執，皆不聽。

正德元年二月，大學士劉健等以吏戶兵三部及都察院各有疏言事，為宦官所撓，傳示帝意，令閣臣調旨，健等不奉命，別擬以奏，帝不聽，健等力諫，不報。居數日，乞休，帝優旨慰留之，疏仍不下。又數日，歷數政令十失，指斥責戚近幸尤切，因再申前請，帝不得已，始下前疏，令所司詳議。健等知志終不行，各上章乞骸骨，帝不許。既而所司議上，一如健等指，帝勉從之，而失利者咸切齒。四月，罷吏部尚書馬文升，以侍郎焦芳代之。芳深結閹宦以干進，廷議以國用不足，勸上節儉，芳知左右有竊聽者，大言曰：「庶民家尚須用度，何況縣官？諺云：『無錢揀故紙。』今天下多逋租匿稅，不是檢索，而但云損上，何也？」帝聞大喜。會文升去，遂代為尚書，至十

月遂入閣。先是，五月兵部尚書劉大夏罷。文升、大夏皆以承遺詔汰傳奉官及武臣，為帝所不悅，求去，遂許之。十月，罷華蓋殿大學士劉健、武英殿大學士謝遷。健等輔臣皆承孝宗遺囑輔帝。時劉瑾以內官監兼督團營，日與馬永成等進鷹犬歌舞角觝之戲，導帝佚遊。又勸帝令鎮守內臣各進萬金，奏置皇莊至三百餘所，畿內大擾。給事中陶諧、御史趙佑等交章論劾，章下閣議。健等持當從言官奏甚力。先是戶部尚書韓文以八黨用事，每朝退與僚屬言，輒泣下。郎中李夢陽進曰：「公泣何為？比諫官疏劾諸閹，執政持甚力。公誠及此時率大臣固爭，去八人易耳。」文毅然改容曰：「善！縱事弗濟，吾年足死矣，不死不足報國。」令夢陽草疏，既具，文讀而刪之，曰：「是不可文，文恐上弗省；不可多，多恐覽弗竟。」遂率諸大臣伏闕以上，略曰：「伏睹近日朝政益非，號令失當，中外皆言太監馬永成、谷大用、張永、羅祥、魏彬、邱聚、劉瑾、高鳳等造作巧偽，淫蕩上心，擊球走馬，放鷹逐犬，俳優雜劇，錯陳於前，至導萬乘與外人交易，狎昵媟褻，無復禮體。日遊不足，夜以繼之，勞耗精神，虧損志德。此輩細人惟知蠱惑君上，以便己私，而不思皇天眷命，祖宗大業，皆在陛下一身，萬一遊宴損神，起居失節，雖齏粉若輩，何補於事？窮觀前古，閹宦誤國，為禍尤烈，漢十常侍、唐甘露之變，其明驗也。今永成等罪惡既著，若縱不治，將來益無忌憚，必患在社稷。伏望陛下奮乾綱，害私愛，上告兩宮，下諭百僚，明正典刑，潛消禍亂之階，永保靈長之祚。」疏入，帝驚泣不食，乃遣司禮中官李榮、王岳等至閣議，一日三反，欲安置之南京，遷欲遂誅之，以為處之未盡，健推案哭曰：「先帝臨崩，執老臣手，付以大事。今陵土未乾，使若輩敗壞至此，臣死何面目見先帝？」健、遷聲色俱厲，惟李東陽語少緩。王岳者，素剛直嫉邪，慨然曰，「閣議是。」具以健等言白帝。明日，忽有旨召諸大臣入，至左順門，健迎謂曰：「事垂濟，公等第堅持。」尚書

許進曰：「過激恐生變。」健不應。有頃，李榮手諸大臣疏曰：「有旨問諸先生，諸先生言良是，但奴儕事上久，不忍即致理，幸少寬之，上自處耳。」眾相顧莫言，韓文乃抗聲數八人罪，侍郎王鏊助之曰：「八人不去，亂本不除。」榮曰：「上非不知，第欲少寬之耳。」鏊直前曰：「設上不處，奈何？」榮曰：「榮頸有鐵裹耶？敢壞國事！」遂退。健約文及諸九卿詰朝伏闕面爭，王岳從中應之，因允誅瑾等。焦芳馳告瑾，瑾乃率永成等夜伏帝前環泣，以首觸地，曰：「微上恩，奴儕磔喂狗矣。」帝色動，瑾進曰：「害奴儕者王岳也。」帝曰：「何故？」瑾曰：「岳結臣欲制上出入，故先去所忌耳，且鷹犬何損萬幾？若司禮監得人，左班官安敢如此？」帝大怒，立收岳，命瑾掌司禮監，永成、大用掌東西廠，各分據要地。及旦，諸臣入朝，將伏闕，知事已中變，於是健、東陽、遷俱上章求去，瑾矯旨聽健、遷歸，而獨留東陽，岳充南京淨軍，追殺之於途，於是中外大權悉歸於瑾。健、遷瀕行，東陽祖餞泣下，健正色曰：「何哭為？使當日多出一語，與我輩同去矣。」東陽嘿然。

〈刑法志〉：「正德元年，殺東廠太監王岳，命邱聚代之，又設西廠，以命谷大用，皆劉瑾黨也。兩廠爭用事，遣邏卒刺事四方，南康吳登顯等戲競渡龍舟，身死家籍。遠州僻壤，見鮮衣怒馬作京師語者，轉相避匿，有司聞風，密行賄賂，於是無賴子乘機為奸，天下皆重足立。而衛使石文義亦瑾私人，廠衛之勢合矣。瑾又改惜薪司外薪廠為辦事廠，榮府舊倉地為內辦事廠，自領之，京師謂之內行廠，雖東西廠皆在伺察中，加酷烈焉。且創例，罪無輕重，皆決杖永遠戍邊，或枷項發遣，枷重至百五十斤，不數日輒死，尚寶卿顧璿、副使姚祥、工部郎張瑋、御史王時中輩，並不免瀕死而後謫戍，御史柴文顯、汪澄

以微罪至凌遲，官吏軍民，非法死者數千。」

劉、李、謝三相同心輔政，皆為賢相，劉、謝去位，李稍依違，遂為同時所詬病。閹黨以盡逐閣員為有所卻顧，樂得一不甚激烈者姑留之。其後李遂久為首相，譽之者謂其留以保全善類，善類之賴保全者誠有之，要其不與劉、謝同退之初，未必遂為將來之善類計也，故嘲之者曰「伴食」，曰「戀棧」，未嘗無理。特李卒以廉謹和厚自處，又文學為明一代冠冕，其所著《懷麓堂集》，所居之西涯，皆足動後人景仰矣。

初，許進輩以年資推焦芳入吏部，劉健不悅，曰：「老夫不久歸田，此座即焦有，恐諸公俱受其害耳。」及健、遷去位，芳果附劉瑾謀柄政，而廷議獨推王鏊，瑾迫公論，令鏊與芳同入閣。芳裁量章奏一阿瑾意；鏊雖持正，不能與抗，事有不可，與李東陽彌縫其間，多所補救。東陽雖為首輔，常委蛇避禍，芳嫉其位在己上，日夕構之於瑾，會《通鑑纂要》成，瑾以謄寫不謹，欲因是為東陽罪，東陽大窘，芳為解乃止，除謄錄官數人名，東陽得無事。

東陽之保全祿位，至不惜求解於芳以自容於劉瑾，其氣骨之不如劉、謝可見，但終非為惡者耳。《通鑑纂要》九十二卷，即清代御批之所本，改名為《通鑑輯覽》，後又增益明代，並於《纂要》原書亦有以意更定，而其上古至元並為一書，中包溫公《通鑑》及朱子《綱目》並金履祥之《前編》、陳桱之《續鑑》統為一書，實自東陽《纂要》發之。

給事中劉蕆、呂翀請留劉健、謝遷，不報。南京給事中戴銑、御史薄彥徽等亦以為言，並蕆、翀俱杖於廷，並削其籍。兵部主事王守

仁論救銑等，杖四十，謫龍場驛丞。時南京御史蔣欽與銑等同被罪，出獄甫三日，獨具疏劾瑾，請急誅瑾謝天下，然後殺臣以謝瑾。疏入，再杖三十，繫獄。越三日，復具疏請殺瑾，且言陛下不殺此賊，當先殺臣，使臣得與龍逢、比干同遊地下，臣誠不願與此賊並生，言尤激切。既入，復杖三十。後三日，卒於獄。

〈欽傳〉言：「欽屬草時，燈下微聞鬼聲。欽念疏上且掇奇禍，此殆先人之靈，欲吾寢此奏耳，因整衣冠立曰：『果先人，盍屬聲以告。』言未已，聲出壁間，益悽愴，歎曰：『業已委身，義不得顧私，使緘默負國為先人羞，不孝孰甚？』復坐，奮筆曰：『死即死，此藁不可易也。』聲遂止。」

王守仁為明一代偉人，講學開別派，為大師，世所稱陽明先生，以平宸濠功封伯爵。

瑾恨韓文甚，日令人伺文過，不得，十一月，有以偽銀輸內庫者，以為文罪，詔降一級致仕。給事中徐昂疏救，中旨責其黨護，更削文職，並除昂名。文出都，乘一騾，宿野店而去。又矯旨謫李夢陽山西布政司經歷，勒致仕，復撫他事下之獄，將殺之，賴康海救得免。

夢陽以文學為一代宗，始李東陽負重望，夢陽獨譏其萎弱，倡言：「文必秦漢，詩必盛唐。」非是者弗道。與何景明、徐禎卿、邊貢、朱應登、顧璘、陳沂、鄭善夫、康海、王九思等號十才子，又與景明、禎卿、貢、海、九思、王廷相號七才子，皆卑視一世，而夢陽尤甚。迨嘉靖朝，李攀龍、王世貞出，復奉以為宗，天下推李、何、王、李為四大家，無不爭效其體。李者，夢陽字獻吉，有《空同集》。何者，景明字仲默，有《大

復集》。王者，世貞字元美，又字鳳洲，有《弇州山人集》。李
者，攀龍字於鱗，有《滄溟集》。李、何七才子，謂之前七子；
王、李時，李先芳、謝榛、吳維岳、宗臣、梁有譽、徐中行、
吳國倫，謂之後七子。後又擯先芳、維岳而以王、李為七子之
魁，是為後七子。七子才名，風靡一世。後又有譏夢陽輩詩文
者，則謂其模擬剽竊，得史遷、少陵之似而失其真云。

康海與瑾同鄉，弘治十五年殿試第一，授修撰。瑾慕其才，欲
招致之，不肯往。夢陽下獄，書片紙致海曰：「對山救我。」對
山者，海別號也。海乃謁瑾，瑾大喜，倒屣迎海，因詭詞說
之，夢陽遂得釋。後又為張敷華解於瑾。瑾敗，海坐黨落職，
遂以聲伎自放。

二年三月，劉瑾憾劉健、謝遷，及建言留健、遷劾己者，矯詔列
健、遷及尚書韓文、楊守隨、林瀚、都御史張敷華、郎中李夢陽、主
事王守仁等五十三人為奸黨，榜示朝堂，召群臣跪金水橋南，宣戒
之。其中有任諾、王蕃，鞫獄時抵不與知。雖仍列五十三人之數，識
者恥道其名。又敕各鎮守太監預刑名政事。

宣德中，有各布政使之鎮守太監，其職權當同此。凡鎮守太
監，干預刑名政事，本無人能禁之，是時加以特敕，則列入職
掌矣。後瑾誅，從兵部言令繳敕悉如舊制。

帝惑於群閹，二年八月，於西華門外別構院御，築宮殿，而造密
室於兩廂，勾連櫛列，謂之豹房。初帝令內侍仿設廛肆，身衣估人
衣，與貿易，持簿算喧詢不相下，更令作市正調和之，擁至廊下家，
廊下家者，中官於永巷所張酒肆也，坐當壚婦其中，帝至，雜出牽

衣，蜂簇而入，醉即宿其處。楊守隨疏言之。至是既作豹房，朝夕處
其中，稱之曰新宅。日召教坊樂工入新宅承應，久之，樂工怨言：「樂
戶在外府多有，令獨居京師者承應，不均。」遂敕禮部，檄取河間諸府
樂戶，精技業者遣送。教坊人日以百計，逾時群小見幸者皆集於教坊
矣。

　　劉瑾每奏事，必伺帝為戲弄時，帝厭之，亟揮去曰：「吾用若何
事？乃溷我。」自此大小事瑾皆專決，不復白帝。翰林學士吳儼家多
貲，瑾求金，啗以美官，儼峻拒。御史楊南金清鯁，瑾黨都御史劉宇
惡其不阿己，笞辱之，南金憤甚告疾去，宇讒於瑾。三年正月，大計
外吏，瑾忽批奏尾勒儼致仕，黜南金為民。奏出，中外駭異。瑾不
學，批答章奏皆持歸私第，與妹婿禮部司務孫聰、松江市儈張文冕相
參決，聰、文冕不能文，辭率鄙冗，焦芳為潤色之。已而瑾權威日
盛，內外章奏，先具紅揭投瑾，號紅本，然後上通政司，號白本，皆
稱劉太監而不名。都察院奏讞，誤名瑾，瑾怒甚，都御史屠滽率屬跪
謝乃已。公侯勳戚以下莫敢均禮，每私謁，相率跪拜，其熏灼如此。

　　三年六月壬辰，二十六日。午朝退，有遺匿名書於御道數瑾罪者，
瑾矯旨召百官跪奉天門下，及日暮，盡收下錦衣衛獄，凡三百餘人，
而主事何等三人已喝死。明日，大學士李東陽等力救，瑾亦廉知其同
類所為，眾獲免。時瑾恣行兇暴，庶官以荷校死者甚眾，亦賴東陽等
申救，間有釋而戍之者。八月辛巳，十六日。立內廠，瑾自領之，尤酷
烈，中人以微法，無得全者。一家犯，鄰里皆坐。或瞰河居者，以河
外居民坐之。矯旨悉逐京師客傭，命寡婦盡嫁，喪不葬者焚之，輦下
洶洶。又創罰米法，以困所憾尚書韓文等五十餘人。又索巡鹽官賂，
不當意，責令補償商課，追論及前任者。御史彭程，孝宗時巡兩浙
鹽，久物故，家止遺一孫女，罄產不足償，則並女鬻之，行道皆為流
涕。九月，逮前兵部尚書劉大夏下獄。大夏於孝宗時改廣西土司田

州、思恩為流官，因二土司岑猛、岑相仇殺，誅濬而徙猛福建。及
是，猛賄瑾求復故地，瑾許之，欲坐大夏激變論死，閣臣王鏊曰：「岑
氏未叛，何云激變？」都御史屠亦言劉尚書無死法，乃戍之極邊。初
擬廣西，焦芳謂近大夏家，大夏，湖北華容人。是送之歸，乃改肅州。大
夏年已七十三，徒步荷戈，至大明門下，叩首而去。觀者歎息泣下。
大夏至戍所，遇團操輒就伍，所司固辭，大夏曰：「軍固當役也。」瑾
猶摭事罰米輸塞下者再，後遇赦歸。及瑾誅，復原官致仕。四年二
月，又黜前大學士劉健、謝遷為民。四月，罷大學士王鏊。六月，以
吏部尚書劉宇兼文淵閣大學士，以吏部侍郎張彩為吏部尚書。初，宇
介焦芳以結瑾，自宣大總督入為左都御史，以萬金為贄謁瑾。瑾始通
賄，望不過數百金，得此大喜曰：「劉先生何厚我！」遂轉兵部尚書，
加太子太傅。時許進為吏部尚書，宇讒進於瑾，遂代其位。吏部文選
郎張彩，為瑾私人，權勢出宇上。文吏贈遺又不若武弁，宇雖為六卿
長，而頗悒悒。至是，瑾欲用彩代宇，乃令宇入閣，宇宴瑾閣中極
歡，明日將入閣任事，瑾曰：「爾真欲相耶？此地豈容再入。」宇不得
已，乞省墓去。彩初矯飾聲譽，為馬文升等所愛，被劾移疾歸，焦芳
力薦於瑾，瑾大敬愛，稱為神人。彩自是一意事瑾，由郎署三遷，遽
長六卿。每瑾出休沐，公卿往候，自辰至晡未得見。彩故徐徐來，直
入瑾小閣，歡飲而出，始揖眾人，眾益異，見彩如瑾禮。彩與朝臣
言，呼瑾為老者，所言瑾無不從。恣意變亂舊格，賄賂肆行，海內金
帛奇貨，相望衢巷間。性尤漁色，其鄉人撫州知府劉介娶妾美，彩特
擢介太常少卿，盛服往賀曰：「子何以報我？」介惶恐謝曰：「一身外
皆公物。」彩曰：「命之矣。」即使人入內牽其妾輿載而去。又聞平陽
府知府張恕妾美，索之不得，令御史張綸按致其罪，擬戍，恕獻妾始
得論減。其橫如此。《明史》立〈閹黨傳〉，閹以黨名，始於劉瑾時之
焦芳、張彩、劉宇、曹元、韓福等。前此公卿或屈於閹，不過不敢相

抗，若李東陽之於瑾而已，未有閣部大臣公然為閹效命者也。黨瑾者
以張彩為最著，其先結於瑾之焦芳、劉宇俱為所傾，宇先罷，至五年
五月，焦芳亦罷。芳入閣五年，凡瑾濁亂朝政，荼毒縉紳，流惡海
內，皆芳導之。每過瑾，言必稱「千歲」，自稱「門下」。凡所可否，
與瑾出一口。四方賂瑾者先賂芳。芳子黃中亦傲狠不學，廷試必欲得
第一，李東陽、王鏊為置二甲首，芳不悅，言於瑾，徑授檢討，俄進
編修。芳以子黃中故，時罵東陽，瑾亦以黃中才紬笑之。始張彩由芳
進，比彩為尚書，芳父子鬻爵薦人無虛日，彩頗厭之，遂有隙，盡發
芳陰事於瑾，瑾大怒，數於眾中斥責芳，芳不得已乞歸，黃中勾閣
萌，以侍讀隨父歸。芳以先去，瑾後敗，轉得良死。惟馬盜火其居，發其藏金，
掘其先人墓，雜燒以牛羊骨，求芳父子不獲，倖免盜手。此自閣等激成民變，芳食其
報也。

　　五年八月，劉瑾伏誅。瑾於八黨中尤狡獪，為七人所推，及專
政，七人有所請，瑾俱不應，咸怨之。又嘗欲逐張永南京，永於帝前
毆瑾，帝令谷大用等置酒為解，由是二人益不合。先是四月間，安化
王寘鐇以討瑾為名反，朝議以右都御史楊一清總制軍務，張永為督
軍，討寘鐇，平之。方永西征，帝戎服送之東華門，寵遇甚盛，瑾愈
忌永，而帝方向之，不能間。永至寧夏，一清與永結納甚密，知永與
瑾隙，乘間扼腕言曰：「賴公來定反側，然此易除，國家自有內患，奈
何？」遂促席畫掌作瑾字，永難之，一清慷慨曰：「公亦上信臣，討賊
不付他人而付公，意可知。今功成奏捷，請間論軍事，因發瑾奸，上
必聽公誅瑾，誅瑾，公益柄用，悉矯弊政，安天下心，呂強、張承業
暨公，千載三人耳。」永曰：「脫不濟奈何？」一清曰：「言出於公必
濟，萬一不信，公頓首據地泣請死上前，剖心以明不妄，上必為公
動，苟得請，即行事，毋須臾緩。」永勃然起，意遂決。既入獻俘畢，
帝置酒勞永，瑾等皆侍，及夜，瑾退，永密白瑾反狀，瑾信術士俞日明

言，謂其從孫二漢當大貴，遂謀不軌。會瑾兄都督同知景祥死，將以八月十五日俟百官送葬，因作亂。永捷疏至，請以是日獻俘，瑾使緩其期，欲事成並擒永，或馳告永，永遂先期入。且出袖中奏及寘鐇檄，數其不法十七事。帝已被酒，俯首曰：「奴負我。」永曰：「此不可緩，緩則奴輩當齏粉。」馬永成等亦助之，乃命執瑾。夜啟東華門，繫瑾菜廠，復分遣官校封瑾內外私第。明日出永奏示內閣，謫瑾奉御，鳳陽閑住。帝猶未欲誅之，已親籍其家，得金銀數百萬，珠玉寶玩無算，及袞衣玉帶甲仗弓弩諸違禁物，又所常持扇內藏利匕首二，帝大怒曰：「奴果反。」趣付獄。於是言官請亟賜誅戮，都給事中李憲，瑾私人也，至是亦劾瑾，瑾聞之而笑，曰：「憲亦劾我！」鞫之日，刑部尚書劉璟猶噤不敢發聲，瑾大言曰：「公卿多出我門，誰敢問我？」皆卻避。駙馬都尉蔡震曰：「我國戚，得問汝。」使人批瑾頰曰：「公卿皆朝廷用，何云由汝？汝何藏甲？」曰：「以衛上。」震曰：「何藏之私室？」瑾語塞。獄具，磔於市，族人逆黨皆伏誅，張彩獄斃，磔其屍，閣臣焦芳、劉宇、曹元而下，尚書畢亨、朱恩等共六十餘人，皆降謫。已廷臣奏瑾所變法，吏部二十四事，戶部三十餘事，兵部十八事，工部十三事。詔悉釐正，如舊制。前敕鎮守太監預刑名政事，至是乃令繳敕，西廠及內行廠亦均革。

劉瑾既誅，內監以張永為最用事，然頗不欲效瑾所為，帝亦自豹房起後別有所昵，不盡昵宦官。正德中葉，導帝失德者又一變。閣臣自瑾黨敗後，所用亦非甚不肖，時士大夫風氣未壞，循資擢用，所得亦多正人，而帝之不可與為善，則童昏其本質也。正德七年九月丙申，二十五日。賜義子一百二十七人國姓。帝所悅中官奴卒並及亡虜，輒收為義子，賜姓朱氏。有錢寧者，不知所出，幼鬻太監錢能家為奴，能嬖之，冒錢姓，得為錦衣百戶。曲事劉瑾，得幸於帝，賜國姓為義子。累遷左都督，掌錦衣衛事，典詔獄，言無不聽，其名刺自稱

皇庶子。引樂工臧賢、回回人於永及諸番僧以秘戲進，請於禁內建豹房新寺，《明通鑑》：七年十月甲子，增建豹房，增修房屋二百餘間。恣聲伎為樂，復誘帝微行。帝在豹房，常醉枕寧臥，百官候朝，至哺，莫得帝起居，密伺寧，寧來，則知駕將出矣。太監張銳領東廠，緝事橫甚，而寧典詔獄，勢最熾，中外稱曰廠衛。

先是正德六年，畿內賊起，京軍不能制，調邊兵，有江彬者，以大同遊擊隸總兵官張俊赴調。七年，賊漸平，遣邊兵還鎮，大同、宣府軍過京師，帝聞彬與賊戰，被三矢，其一著面，鏃出於耳，拔之更戰，壯之，遂並宣府守將許泰皆留不遣。彬因錢寧得召見。貌魁碩有力，善騎射，談兵帝前，帝大悅，擢都指揮僉事，出入豹房同臥起。嘗與帝弈，不遜，千戶周騏叱之，彬陷騏榜死，左右皆畏彬。彬導帝微行，數至教坊司，進鋪花氈幄百六十二間，制與離宮等，帝出行幸皆齎之。寧見彬驟進，意不平，彬知寧不相容，欲借邊兵自固，因盛稱邊軍驍悍勝京軍。言官交諫，大學士李東陽疏稱十不便，皆不聽。於是調遼東、宣府、大同、延綏四鎮軍入京師，號外四家，縱橫都市。每團練大內，間以角牴戲，帝戎服臨之，與彬聯騎出，鎧甲相錯，幾不可辨。彬旋兼統四鎮軍，帝自領群閹善射者為一營，號中軍，晨夕馳逐，甲光照宮苑，呼雜訊達九門，帝時臨閱，名「過錦」。彬既心忌寧，欲導帝巡幸遠寧，因數言宣府樂工多美婦人，且可觀邊釁，瞬息馳千里，何鬱鬱居大內為廷臣所制？帝然之。十二年八月，急裝微服出幸昌平，至居庸關，為御史張欽所遮，乃還。數日復夜出，先令太監谷大用代欽，止廷臣追諫者，因度居庸，幸宣府，彬為建鎮國府第，設四鎮軍時已改太平倉為鎮國府，帝自稱鎮國公，至今其地猶名西帥府胡同。悉輦豹房珍玩女御實其中。彬從帝數夜入人家索婦女，帝大樂之忘歸，稱曰「家裡」。未幾，幸陽和，迤北入寇，諸將禦之，至應州，寇引去，斬首十六級，官軍死數百人，以捷聞京師。帝自稱「威

武大將軍朱壽」。所駐蹕稱「軍門」。中外事無大小，白彬乃奏，或壅格至二三歲。廷臣前後切諫，不省。十三年正月，還京，數念宣府，彬復導帝往，因幸大同。聞太皇太后崩，乃還京發喪。將葬，如昌平祭告諸陵，遂幸黃花、密云，彬等掠良家女數十車以隨，有死者。下詔稱：「威武大將軍總兵官朱壽統率六軍。」而命彬為威武副將軍，錄應州功，封彬平虜伯，子三人錦衣衛指揮，其餘三鎮軍將，許泰安邊伯，彬所薦之李琮、神周俱都督，升賞內外官九千五百五十餘人，賞賜億萬計。彬又導帝由大同渡黃河，次榆林，至綏德，幸總兵官戴欽第，納其女還。由西安曆偏頭關，抵太原，大征女樂，納晉府樂工楊騰妻劉氏以歸。彬與諸近幸皆母事之，稱曰劉娘娘。初，延綏總兵官馬昂罷免，有女弟善歌，能騎射，解外國語，嫁指揮畢春，有娠矣，昂因彬奪歸，進於帝，召入豹房，大寵，傳升昂右都督，弟炅、昶並賜蟒衣，大瑢皆呼為舅，賜第太平倉。嘗幸昂第，召其妾，昂不聽，帝怒而起，昂復結太監張忠進其妾杜氏，遂傳升炅都指揮，昶儀真守備。昂喜過望，又進美女四人謝恩。十四年正月，自太原還至宣府，命彬提督十二團營。及還京，復欲南幸，廷臣伏闕諫者百餘人，彬激帝怒，悉下獄，多杖死者。彬亦意沮，議得寢。而寧王宸濠亦於是時反。

武宗之昏狂無道，方古齊東昏、隋煬帝之流，並無遜色，然竟外禦強虜，內平大亂，卒晏然死於豹房。雖荒淫無嗣，迎立宗藩，得一稍明事理之世宗，依然成守文之世，元氣初無虧損也；以是見明初諸帝遺澤之厚，最要者，扶植清議，作養士氣。正德間，初以劉瑾挾帝用事，幾乎盡逐正人，遍引邪佞當要地，幸而閹權未能統一，以閹圖閹，遂殄巨憝。至江彬、錢寧輩之導帝淫荒，轉於朝事不甚過問，於是祖宗所貽之綱紀，仍托士大夫之手，遇無道之事，諫諍雖不納，亦不甚摧折朝士，惟於十四年帝欲南幸時，正邪相激，多有被禍，而佞

人卒為奪氣，公論益見昌明，此即國祚未傾之征驗也。稍詳其曲折如下。

正德十四年二月，帝降手敕諭吏部曰：「鎮國公朱壽宜加太師。」又諭禮部曰：「威武大將軍太師鎮國公朱壽，今往兩畿、山東，祀神祈福。」復諭工部：「急修黃馬快船備用。」閣臣及科道官皆切諫，不報。兵部郎中黃鞏抗章言：「陛下即位以來，紀綱法度，一壞於劉瑾，再壞於佞幸，又再壞於邊帥，蓋蕩然無餘矣。亂本已生，禍變將起，因陳最急者六事：一崇正學，二通言路，三正名號，四戒遊幸，五去小人，六建儲貳。」時員外郎陸震草疏將諫，見鞏疏，毀己稿與鞏連署以進。修撰舒芬亦邀同官崔桐等七人上疏曰：「古帝王所以巡狩，協律度，同量衡，訪遺老，問疾苦，黜陟幽明，式序在位，是以諸侯畏焉，百姓安焉。陛下之出，如秦皇、漢武，侈心為樂，博浪、柏谷，其禍可鑒。西北再巡，四民告病，哀痛之聲，上徹蒼昊，傳播四方，人心震動。一聞南幸詔書，鳥驚獸散，而有司方以迎奉為名，徵發嚴急，江、淮之間，蕭然煩費，萬一不逞之徒乘勢倡亂，為禍非細。且陛下以鎮國公自命，苟至親王國境，或據勳臣禮以待陛下，循名責實，深求悖謬之端，則左右寵倖無死所矣。尚有事堪痛哭不忍言者，宗藩蓄劉濞之釁，大臣懷馮道之心，以祿位為故物，以朝署為市廛，以陛下為弈棋，以革除年間為故事，左右寵倖，無能以此言告陛下；使陛下得聞此言，雖禁門之外，亦將警躍而出，尚敢輕騎慢遊哉？」陸完迎謂曰：「上聞有諫者輒恚，欲自引決，諸君且休。」芬等不應而出。芬等所論之大臣即完耳。各疏皆指宸濠必反，芬等尤明言之。完前督師討劉六、劉七，江彬、許泰等皆其所部，後彬等大得幸，而完輒倚之，又與宸濠有交通，遇事將順，非大奸也。吏部員外郎夏良勝及禮部主事萬潮、太常博士陳九川復連疏入。於是，吏節郎中張衍慶等十四人、刑部郎中陸俸等五十三人繼之，禮部郎中姜龍等十六人、兵部郎中孫鳳等十六人又繼

之，而醫士徐鏊亦以其術諫。帝與諸幸臣大怒，下鞏、震、良勝、潮、九川、鏊詔獄，芬等百有七人罰跪午門外五日。已而大理寺正周敘等十人、行人司副余廷瓚等二十人、工部主事林大輅等三人連名疏又相繼上，並下詔獄。俄令與鞏、震等俾跪闕下五日，加梏焉。至晚系獄，諸臣晨入暮出，累累若重囚，道旁觀者無不歎息泣下。廷臣自內閣及尚書石玠疏救外，莫有言者。諸嬖幸洋洋得意，士民憤恨，伺諸大臣出入，爭擲瓦礫詬詈之，諸大臣皆恐，入朝不敢待辨色。請下詔禁言事者，通政司遂格不受疏。金吾衛指揮僉事張英肉袒戟刃於胸，持疏諫，當蹕道跪哭，即自刺其胸，血流滿地。衛士奪其刃，縛送詔獄，詔杖之八十，遂死。諸臣跪既畢，仍杖之於廷，陸震、餘廷瓚及工部主事何遵等十一人皆死，鏊戍邊，餘除名貶黜有差，而車駕亦不復出。

宸濠之反即在是年六月，距廷杖諸臣之日不過兩月，不旋踵而即平。功成於講學之王守仁，而禍起於佞幸及一二無氣骨之大臣，綜其本末，亦見當時士大夫之未泯，即見明初養士之遺澤。宸濠所封寧國本以大寧為名，靖難後徙南昌。及是時，帝遊幸不時，又無儲貳，人情危懼，因日夕覬覦，與致仕都御史李士實、舉人劉養正等圖不軌，典儀閻順間行詣闕上變，嬖人錢寧、臧賢庇之，不問。宸濠疑出承奉周儀指使，殺儀家及典仗查武等數百人。巡撫江西副都御史孫燧疏上其事，中道為所邀，不得達。燧念左右悉宸濠耳目，陰察按察司副使許逵可屬大事，與之謀，托禦他盜，先城進賢，次城南康、瑞州，請復饒、撫二州兵備。不得復，則請敕湖東分巡兼理，九江當湖沖，請重兵備道權，兼攝南康、寧州、武寧、瑞昌、興國及湖廣通城，以便控制。又廣信、橫峰諸窯，地險人悍，則請通判駐弋陽，兼督旁縣兵。又恐宸濠劫兵器，假討賊名，盡出之他所。宸濠覺燧圖己，使人賄近幸去燧，而遺燧棗梨薑芥以示意，謂早離疆界。燧笑卻之。此事史見

〈張嵿傳〉:「嵿旋果內召去。」《綱目三編》屬之孫燧,《明通鑒》從之,《紀事本末》又屬張嵿。當是嵿事。宸濠招鄱陽湖中淩十一、吳十三等甚眾,燧與達謀捕淩、吳、走匿宸濠祖墓間。燧密疏白其狀,具言宸濠必反。章七上,皆為所邀阻。宸濠以帝無儲貳,冀以其子入嗣承大統,故蓄謀未發,重賂錢寧,求取中旨召其子司香太廟。寧言於帝,用異色龍箋加金報賜。異色龍箋者,故事所賜監國書箋也。宸濠大喜,列仗受賀,復脅鎮巡官及諸生父老奏闕下,稱其孝且勤。時江彬與太監張忠欲傾錢寧、臧賢,乘間言:「寧、賢盛稱寧王孝,譏陛下不孝;稱勤,譏陛下不勤耳。」帝下詔逐王府人,毋留京師。宸濠益與士實、養正謀,蹤跡大露。諸權奸多得宸濠金錢,匿不以聞。南昌人熊浹官給事中,草奏盡列其狀,授御史蕭淮上之。疏下內閣,楊廷和請遣勳戚大臣宣諭,收其護衛。宸濠聞之,遂決計反。六月十三日,宸濠生辰,宴諸守土官,詰旦皆入謝,宸濠命甲士環之,大言:「孝宗誤抱民間子,祖宗不血食十四年,太后詔令我起兵討賊。」眾相顧愕眙,燧、達與抗遇害,諸官不從逆者皆下獄。以士實、養正為左右丞相,他各署偽職,改元順德。集兵合鄱陽湖眾,陷九江、南康,將順長江東下,江左右皆震動。巡撫南贛都御史王守仁方奉命勘福建叛軍,至豐城而宸濠反,遂急趨吉安,與知府伍文定徵調兵食,治器械舟楫,傳檄暴宸濠罪,俾守令各率吏士勤王。集眾議曰:「賊若出長江,順流東下,南都不保。吾以計撓之,少遲旬日,無患矣。」乃多遣間諜,檄府縣言:「都督許泰、郤永將邊兵,劉暉、桂勇將京兵各四萬,南贛王守仁、湖廣秦金、兩廣楊旦各率所部,合十六萬,直搗南昌。所至,有司缺供者,以軍法論。」又為蠟書遣偽相李士實、劉養正,敘其歸國之誠,令燧惠早發兵東下,而縱諜泄之。宸濠果疑,與士實、養正謀,則皆勸之疾趨南京即大位,益大疑。十餘日,詢知中外兵不至,乃悟守仁紿之。七月壬辰朔,留宜春王拱樤守城,而刮其眾六萬人出大江,攻安

慶。都督僉事楊銳與知府張文錦、指揮崔文等禦之江上，已收兵入城，被圍。銳晝夜拒戰，守禦甚固，百計攻之，終不能克。宸濠慚憤，謂其下曰：「安慶且不克，安望金陵哉？」守仁聞賊兵盡銳東下，南昌兵少，趨樟樹鎮，臨江知府戴德孺、袁州知府徐璉、贛州知府邢珣等各以兵來會，合八萬人，或請救安慶，守仁曰：「不然，今九江、南康已為賊守，我越南昌與相持江上，二郡兵絕我後，是腹背受敵也；不如直搗南昌，賊守備虛，我軍新集氣銳，攻必破，賊聞南昌破，必解圍自救，逆擊之湖中，蔑不勝矣。」眾曰：「善。」己酉，十八日。次豐城，以文定為前鋒。庚戌十九日。夜半，兵抵廣潤門，守兵駭散。辛亥二十日。黎明，諸軍梯絚登城，縛拱橢等，宮人多焚死。既下南昌二日，遣伍文定、邢殉、徐璉、戴德孺各將精兵分道進，而使瑞州通判胡堯元等設伏以待。宸濠果解安慶圍，崔文出城襲擊破之，宸濠恚甚，殺舟中所械瑞州知府宋以方。以方守瑞，瑞無城郭，以方慮宸濠叛，築城繕守具，募兵三千，日夕訓練。宸濠深忌之，有征索又不應，遂迫鎮守劾系南昌獄。既反，脅之降，不可，械以行。安慶敗歸，聞地名曰「黃石磯」，江西人音則「王失機」也，宸濠以為不祥，斬以方祭江。還救南昌，遇於黃家渡，文定當其前鋒，佯北，宸濠趨利前，珣繞出其背，貫其中，文定乘之，璉、德孺張兩翼分其勢，堯元等伏發，宸濠軍大潰，退保八字腦。宸濠懼，盡發南康、九江兵復戰，官軍卻，守仁斬先卻者，諸軍殊死戰，宸濠軍復大敗，退保樵舍，聯舟為方陣，宸濠盡出金寶犒士。明日，宸濠方晨朝其群臣，官軍奄至，以小舟載薪，乘風縱火，焚其副舟，妃婁氏以下皆投水死，宸濠及士實、養正、並降宸濠之按察使楊璋等皆就擒，南康、九江亦下，凡三十五日而事平。

　　平宸濠功出於王守仁，而帝方以南遊之興為諸臣強諫所敗，欲因此遂其本懷，遂傳旨稱：「宸濠悖逆天道，謀為不法，即令總督軍務威

武大將軍鎮國公朱壽統各鎮兵征剿。」所下璽書改稱軍門檄，江彬等皆隨征。大學士楊廷和等諫，不聽。八月癸未，二十二日。車駕發京師。丁亥，二十六日。次涿州，王守仁捷奏至，留之不下。進至保定。九月壬辰朔，駐蹕保定，宴於府堂，與都御史伍符為藏鬮戲，帝不悅，飲符至醉，乃大笑。方帝之南發也，劉姬疾，不從，約以玉簪召。帝過盧溝橋，馳馬失簪。戊戌，初七。至臨清，遣使召姬，姬以無信約不肯行，帝乘單舸晨夜疾行至張家灣，載與俱南，內外從臣無知者。

　　諸嬖幸欲令王守仁縱宸濠湖中，待上自擒之。於是命太監張忠、安邊伯許泰率禁軍往江西。守仁乘其未至，俘宸濠發南昌，忠、泰以威武大將軍檄邀之，守仁間道趨玉山，上書請獻俘，止上南征。上不許。初，守仁上宸濠反書，因請黜奸諛，諸嬖幸已恨甚。及事平，欲媢功，且懼發其罪，競謂守仁初與宸濠通謀，慮事不成乃起兵。守仁行抵錢唐，遇提督軍務太監張永。永故與楊一清除劉瑾，天下稱之。守仁夜見永，頌其賢，因極言江西困敝，不堪六師之擾。永深然之，曰：「永此來為調護聖躬，非邀功也。公大勳，永知之，但不可徑請耳。」守仁乃以宸濠付永，而身至京口，欲朝行在。會帝命守仁巡撫江西，乃返南昌。忠、泰已先至，恨失宸濠，執伍文定，縛之。文定罵曰：「吾為國家平大賊，何罪？汝天子腹心，屈辱忠義，為逆賊報仇，法當斬。」忠推文定僕地。文定求解任，不報。時忠、泰必欲誣守仁與宸濠通，詰責宸濠左右，皆言無有，嚴詰不已，獨嘗遣弟子冀元亨詣宸濠論學。忠等大喜，榜元亨，加以炮烙，終不承，械送京師詔獄。比守仁至，故縱京軍犯之，或呼名嫚罵，守仁撫之愈厚，病予藥，死予棺，遭喪於道，必停車慰問，京軍謂：「王都堂愛我。」無復犯者。忠、泰言：「寧府富厚甲天下，今所蓄安在？」守仁曰：『宸濠異時盡以輸京師，約內應，籍可考也。」忠、泰故納宸濠賄者，氣懾不敢復言。已輕守仁文士，強之射，徐起，三發三中，京軍皆歡呼，忠、泰

益沮。會冬至，守仁命居民巷祭，已上塚哭。時新喪亂，悲號震野，京軍泣下思歸。張永後至，復促忠、泰偕還，乃不得已班師。

帝自發京師，江彬在途矯旨輒縛長吏，至揚州，即民居為提督府，遍索處女寡婦，導帝漁獵。十二月至南京，又欲導帝幸蘇州，下浙江，抵湖湘。諸臣極諫，會其黨亦勸阻，不果。十五年正月，帝令群臣議，欲於南京行郊禮，扈行大學士梁儲、蔣冕計，此議行，則回鑾益無日，極陳不可，疏三上，乃改卜郊。儲因乞還乘輿，而帝殊無還意，日挾劉姬縱遊，嘗幸牛首山，至夜不返，左右忽失帝所在，大擾，久之乃定。

守仁既以宸濠付太監張永，永復械之至江西，留數旬，促忠、泰同歸。忠、泰見帝，百端譖毀守仁，獨永時左右之。忠、泰屢矯旨召守仁，守仁不赴，忠揚言帝前曰：「守仁必反，試召之，必不至。」永遣急足先告守仁，召者至，守仁不退食即與偕行。忠、泰計沮，不令見帝。守仁乃入九華山，日宴坐僧寺，帝覘知之，曰：「守仁學道人，聞召即至，何謂反？」遣還鎮，令更上捷音，守仁遂易前奏，言：「奉威武大將軍方略，討平叛亂。」而盡入諸嬖幸名。於是帝乃以為捷，命設廣場，戎服樹大纛，環以諸軍，釋所俘宸濠等，去桎梏，伐鼓鳴金而擒之，然後置械受俘，時已十五年閏八月初八日癸巳，距守仁俘宸濠逾一年矣。丁酉，閏月十二帝發南京。先是，梁儲、蔣冕請還乘輿疏八九上，不省。後御前屢見妖異，儲、冕又泣諫，乃許不日還京。會宸濠尚繫舟中，民間訛言將為變，帝心疑欲歸，乃下詔班師。至揚州駐蹕，江彬欲奪富民居為威武副將軍府，知府蔣瑤執不可，彬閉瑤空舍，挫辱之，脅以帝所賜銅瓜，不為懾。帝漁獲一巨魚，戲言值五百金，彬即畀瑤，責其值，瑤懷其妻簪珥服以進，曰：「庫無錢，臣所有惟此。」帝笑而遣之。府故有瓊花觀，詔取瓊花，瑤言自徽、欽北狩，此花已絕。又傳旨征異物，瑤具對非揚產。帝曰：「苧白布亦非揚產

耶？」瑤不得已，為獻五百匹。權幸以揚繁華，要求無所不至，微瑤民且重困。駕旋，瑤扈至寶應，中官邱得用鐵綑繫瑤，數日始釋，竟扈至臨清始返，揚人感泣，迨遷陝西參政爭出資建祠祀之，名自此大震。嘉靖中，瑤為工部尚書，世宗極重之，以老致仕，卒贈太子太保，諡恭靖。九月丙寅，十二日。帝至清江浦，幸太監張陽第，逾三日，自泛小舟，漁於積水池，舟覆溺焉，左右挾帝出，自是遂不豫。十月庚戌，二十六日。至通州，召勳戚大臣議宸濠獄，用江彬言，命治交通宸濠罪。先是張永至南昌搜宸濠籍，得吏部尚書陸完等交通事，至是執完。錢寧先已為江彬所發，羈之臨清，臧賢則於寧未被羈時，為寧所歸罪，謫戍邊，於道殺之以滅口。帝以陸完，大臣，錢寧，素所信任，尤恨之，皆裸體反接，揭其姓名於幟，雜俘囚中，列凱旋前部以行。濠籍所記平日饋送姓名，遍於中外，多者累數萬，少亦以千計。李士實疑其太費，濠笑曰：「此為我寄之庫耳。」王守仁以簿籍連及者眾，令焚之，張永所發者，僅百之一二。帝駐通州。至十二月己丑，初六日。誅宸濠，並同逆之宗藩拱樤等。江彬欲治宸濠獄竣，勸帝復幸宣府，仍上言：「臣奉鎮國公朱壽指示方略，擒捕宸濠及其逆黨十五人，乞速正典刑。」乃下詔褒賜鎮國公，次及彬，歲加彬祿米百石，蔭一子世襲錦衣千戶。將即西幸。會帝體憊甚，左右力請還朝，越三日，乃返京師。甲午，十一日。車駕至京，文武百官迎於正陽橋南，是日大耀軍容，俘諸從逆者及家屬數千人，陳輦道東西，生者標其姓名，死者懸首於竿，皆標以白幟，數里不絕。帝戎服乘馬，立正陽門下，閱視良久乃入。諸俘者逾大內自東安門出，彌望皆白，未幾帝崩，人以此為不祥。丁酉，十四日。大祀南郊，初獻，上拜，疾作嘔血，不克成禮，遂還齋宮。逾宿，入禦奉天殿，行慶成禮，傳旨免宴。十六年三月丙寅，十二日。帝崩於豹房。皇太后以遺詔遣官迎興世子厚熜入嗣皇帝位。帝自十三年以來，歲首俱遊幸在外，兩在宣府，一在南京，十六

年以疾甚在京。九年始微行,是年正月張燈,宸濠別獻奇巧,著柱附壁,以取新異,偶不戒,遂延燒宮殿,乾清以內皆燼。火盛時,上往豹房臨視,回顧光焰燭天,笑謂左右:「此是一棚大煙火也。」十年正月,有事南郊,逮暮成禮,閣臣楊廷和等疏諫,皆不報。十一年正旦,奉殿受賀,逮暮成禮,朝臣枵腹而待,散朝競奔赴家,前僕後躓,互相蹂踐,右將軍趙朗者竟死禁門,其他臣僚失簪笏,毀衣裳,至以得生相慶。午門左右,吏覓其官,子呼其父,僕求其主。喧若市衢。御史程啟充以為言,請屏宴遊,不報。武宗之無道不可勝紀,而災賑蠲貸猶如故事,百司多守法,凡祖制之善者,雖無朝命,士大夫自不計禍害以奉行之,試舉一事為證:

〈張日韜傳〉:「字席珍,莆田人,正德十二年進士,授常州府推官。武宗南巡,江彬縱其黨橫行州縣,將抵常州,民爭欲亡匿,時知府暨武進縣咸入覲,日韜兼綰府縣印,召父老約曰:「彬黨至,若曹力與格。」又釋囚徒,令與丐者各持瓦石待。已彬黨果累騎來,父老直遮之境上曰:「常州比歲災,物力大屈,無可啖若曹,府中惟一張推官,一錢不入,即欲具芻秣,亦無以辦。」言已,彬黨疑有他變,乃稍退,馳使告彬。日韜即上書巡按御史言狀,御史東郊行部過常州,謂曰:「事迫矣,彬將以他事縛君。」命日韜登己舟先發,自以小舟尾之。彬黨果大至,索日韜,誤截御史舟,郊使嚴捕截舟者,而陰令緩之。其黨恐御史上聞,咸散去,日韜遂免。彬亦戒其黨毋擾,由是常以南諸府得安。」日韜後於嘉靖初為御史,累言事,受杖死。隆慶初,贈光祿少卿。東郊史無傳,在當時猶為無甚表見,而能回護賢屬員以恤民隱如此,可見正人在列者尚多,士大夫之風氣未壞也。

# 第二節　議　禮

　　武宗荒淫無嗣，孝宗亦無他皇子在者，乃以大臣議，迎立憲宗子興獻王祐長子厚熜，是為世宗，閣臣中以梁儲往興國奉迎。當武宗不豫，江彬猶矯旨，改西官廳為威武團營，自提督軍務，至是楊廷和請於太后，傳遺旨罷之。各邊軍俱重賫散歸鎮，革京城內外皇店，縱遣豹房番僧及少林僧、教坊司樂人。又以遺詔放還四方進獻女子，停京師不急工務，收宣府行宮珠寶歸之內庫。中外大悅。江彬知天下惡己，又見罷遣邊兵，益內疑。其黨李琮勸速反，不勝則北走塞外，彬猶豫未決，詭稱疾不出，陰布腹心，衷甲觀變。令許泰詣內閣探意，廷和慰以溫言，彬稍安，乃出成服。廷和遂密與蔣冕、毛紀及太監溫祥、魏彬、張永合謀捕之。魏彬入白太后，會坤寧宮安獸吻，即命江彬與工部尚書李鐩入祭。彬禮服入，家人不得從。祭畢，張永留彬飯，故緩之，俄而太后下詔收彬。彬覺，走西安門，門閉，尋走北安門，門者曰：「有旨留提督。」彬曰：「今日安所得旨？」排門者，門者執之，拔其須且盡，收者至，縛之。頃，神周、李琮亦縛至，琮罵彬曰：「奴早聽我，豈為人擒？」遂並下錦衣衛獄。籍彬家，黃金七十櫃，白金二千二百櫃，珍寶不可勝計。彬既敗，張忠、許泰等以次下獄。

　　世宗未至京師，楊廷和總朝政者三十七日，中外倚以為安。及即位，廷和草詔，自恤錄蠲租外，先朝蠹政，厘剔殆盡，所革錦衣、內監、旗校工役凡十餘萬，減漕百五十三萬二千餘石。其中貴義子傳升乞升一切恩澤得官者，大半皆斥去。朝野僉稱新天子神聖，且頌廷和功。諸失職之徒銜之次骨，廷和入朝，有挾白刃伺興傍者。事聞，詔以營卒百人衛出入。五月壬申，錢寧伏誅。六月戊子，江彬伏誅。中

官佞幸，悉予逮治。時京師久旱，彬誅，適大雨。惟許泰、張忠得減死戍邊，時以為除惡未盡也。

以上結武宗朝事，亦見世宗初政。以下入議禮本案。

正德十六年四月癸卯，二十二日。世宗以興世子自興邸至京師，止於郊外。有議用天子禮奉迎者，禮部尚書毛澄曰：「今即如此，後何以加？豈勸進辭讓之禮當遂廢乎？」乃具議，當如皇太子即位禮。世子顧長史袁宗皋曰：「遺詔以我嗣皇帝位，非皇子也。」楊廷和請如禮臣所具儀，由東安門入，居文華殿，擇日登極。不允。乃由皇太后趣群臣上箋勸進，即郊外受箋，是日日中，入自大明門，禦奉天殿即位，詔草言：「奉皇兄遺命入奉宗祧。」帝遲回久之，始報可。以明年為嘉靖元年。

甲辰，二十三日。毛澄等言：「大行皇帝大喪，成服已畢，伏望以宗廟社稷為重，少節哀情，於西角門視事，文武百官行奉慰禮。」上曰：「朕哀痛方切，未忍遽離喪次，其以二十七日視朝，具儀來聞。」於是澄等具上儀注曰：「本月二十七日，上服衰服西角門視事，文武百官，素服，烏紗帽，黑角帶，行奉慰禮。二十八日以後如之。至五月十八日，遵遺詔二十七日服制已滿，自十九日後，合依孝宗敬皇帝服制，上釋衰服，易素翼善冠，麻布袍，要経，禦西角門視事，俱不鳴鐘鼓，文武百官，仍素服朝參，至百日後，變服如常。」制曰：「可。」

世宗以正德十六年四月二十二日至京，於即位即與群臣爭禮節，不欲以臣子遭君父之喪之禮行入嗣即位之禮。然至翌日二十三日，禮臣如常奏請，帝亦以尋常太子嗣位之喪禮自處。所云以日易月之制，乃從即位之日起算，不以武宗崩日起算，蓋若以武宗崩日計，則三月丙寅至即位日四月癸卯已越三十八日，早已逾二十七日之服喪期矣。由即位日服二十七日，至五

月十八日為服滿釋衰，仍服百日內之服。此文惟《明通鑒》據《實錄》載之。則其時帝於嗣統即行服之意，初未有悖。後來所爭，乃純為追尊本生父母之故。君之所爭為孝思，臣之所執為禮教，各有一是非，其所可供後人議論者，正見明代士氣之昌，非後來所能及爾。

丙午，二十五日。遣使迎母妃蔣氏於安陸。戊申，二十七日。詔議興獻王主祀及尊稱，時上即位甫六日。於是禮部尚書毛澄請於大學士楊廷和，廷和出漢定陶王、宋濮王事授之曰：「是足為典據矣。」澄稱善。五月戊午，初七日。澄會文武群臣上議，引漢定陶王嗣成帝，宋濮安懿王之子嗣仁宗，略言：「陛下入承大統，宜如定陶王故事，以益王第二子崇仁王厚炫興獻王為憲宗第四子祐杬，益王為憲宗第六子祐檳。主後興國。興獻王於孝宗為弟，於陛下為本生父，與漢安懿王事正相等。陛下宜稱孝宗為皇考，改稱興獻王為皇叔父，興獻大王妃為皇叔母興獻王妃，凡祭告興獻王及上箋於妃，俱自稱侄皇帝某，則正統私親，恩禮兼盡，可以為萬世法。」議上，上大慍，曰：「父母可更易若是邪？」命再議。是月乙亥，二十四日。澄復會廷臣上議，執如初，因錄程頤〈代彭思永議濮王禮疏〉進覽，帝不從，命博考前代典禮，再議以聞。澄乃復會廷臣上議，略言：「推尊之說，稱親之議，似為非禮，推尊之非，莫詳於魏明帝之詔；稱親之非，莫詳於程頤之議，至當之禮，要不出此。」並錄上魏明帝詔書。時廷和、蔣冕、毛紀復上言：「三代以前，聖莫如舜，未聞追崇所生父瞽瞍；三代以後，賢莫如漢光武，亦未聞追崇所生父南頓君，惟陛下取法二君。」疏皆留中不下。七月壬子，初三日。觀政進士張璁上疏，略言：「廷議執漢定陶王、宋濮王故事，欲考孝宗叔興獻王。夫漢哀帝、宋英宗皆預養宮中，立為儲嗣，其為人後之義甚明。今陛下以倫序當立，循繼統之義，非為孝宗後

也。且迎養聖母，稱皇叔母，則當以君臣禮見，子可以臣母乎？長子不得為人後，興獻王子惟陛下一人，利天下而為人後，恐子無自絕其父母之義。故謂陛下入繼祖統則可，謂為人後而自絕其親則不可，蓋統與嗣不同，非必奪此父子之親，建彼父子之號，然後謂之繼統。今宜別立皇考廟於京師，以隆尊親之孝，且使母以子貴，尊與父同，則皇考不失其為父，聖母不失其為母矣。」帝方扼廷議，得璁疏大喜曰：「此論出，吾父子獲全矣。」遂手詔楊廷和、蔣冕、毛紀，欲尊父為興獻皇帝，母為興獻皇后，祖母為壽安皇太后。廷和等持不可，封還手詔。於是給事中朱鴻陽、史於光，御史王溱、盧瓊交章劾璁。帝不聽。九月癸酉，二十五日。上母妃蔣氏自安陸至通州。先是下廷臣議奉迎禮，毛澄等請由崇文門入東安門。上不可。乃議由正陽左門入大明東門。又不可。比母妃至通州，聞尊稱未定，止不肯入。上聞而泣，欲避位奉母歸藩。澄等仍執議如初。上乃自定議，由中門入。仍下廷臣前疏，更令博采輿論以聞。張璁知帝意向己，又聞母妃止通州，益大喜，著《大禮或問》以上，且曰：「非天子不議禮，願奮獨斷，揭父子大倫，明告中外。」章下禮部，毛澄等知不可已，乃謀於內閣。十月己卯朔，以皇太后懿旨，追尊興獻王為興獻帝，王妃蔣氏為興獻后。帝不得已，乃報可。並尊憲宗貴妃帝祖母邵氏為皇太后。興王之藩，妃不得從，世宗入繼大統，妃已老，目眚矣，喜孫為皇帝，撫世宗身，自頂至踵。是時清議皆目璁議為邪說，惟兵部主事霍韜、御史熊浹附和之。未幾，浹外轉僉事，璁出為南京刑部主事，韜自知為眾論所齮，引疾歸。壬午，初四日。興獻后至京師，謁奉先、奉慈二殿。初欲廟見，以廷議而止。十二月己丑，十一日。復傳諭：「興獻帝后皆加稱皇字。」內閣楊廷和封還手敕，尚書毛澄抗疏力爭，又偕九卿喬宇等合諫。皆不納。嘉靖元年正月己未，十一日。清寧宮後殿災，廷和等因言興聖帝后加稱，列聖神靈容有未安。給事中鄧繼曾亦言：「天有五行，火實主禮；人有

五事，火實主言。名不正則言不順，言不順則禮不興。今之火災，廢禮失言之所致也。」上不得已，勉從眾議，稱孝宗為皇考，慈壽皇太后為聖母，興獻帝后為本生父母，不稱皇。三月丁巳，初九日。上慈壽皇太后尊號曰昭聖慈壽皇太后，武宗皇后曰莊肅皇后，皇太后邵氏曰壽安皇太后，興獻後曰興國太后。十一月庚申，十八日。壽安皇太后邵氏崩，諡曰孝惠皇太后，別祀奉慈殿。七年七月，改稱太皇太后。二年二月丙申，二十五日。葬孝惠皇太后於茂陵。先是，帝欲葬太后於茂陵，數下廷議，楊廷和等言祖陵不宜數興工作，驚動神靈。帝不從。庚子，二十九日。禮部尚書毛澄罷。帝欲推尊所生，嘗遣中官諭意澄，至長跪稽首，澄駭愕，急扶之起，其人曰：「上意也。上言：『人孰無父母，奈何使我不獲伸？必祈公易意。』」因出囊金畀澄，澄奮然曰：「老臣耄矣，不能隳典禮，獨有一去不與議已耳。」抗疏引疾，至五六上，帝輒慰留，不允，及是疾甚，復力請，乃許之。澄端亮有學行，論事侃侃不撓，帝雅敬澄，雖數忤旨，恩禮不衰。

孝宗既稱皇考，興獻帝后既稱本生父母，事已逾年，不復有他議矣。三年正月，又有南京刑部主事桂萼，與張璁同官，璁以議禮不合內閣意，調南刑部主事。日夜私詆朝議，而南京兵部侍郎席書、員外郎方獻夫亦各具疏與璁意合，因朝議詆璁為邪說，懼不敢上。萼揣帝意，上疏請改稱孝宗為皇伯考，興獻帝曰皇考，別立廟大內，正興國太后之禮，定稱聖母，並錄書、獻夫二疏以聞。帝得疏心動，手詔下廷臣議。於是禮部尚書汪俊會廷臣七十三人議萼疏非是，議上留中。而特旨召璁、萼及書於南京。俊不得已，乃集群臣，請加皇字以全徽稱。帝亦留之十餘日，始報可。二月，罷華蓋殿大學士楊廷和。三月，罷禮部尚書汪俊，以席書代之。

廷和、俊皆以議禮不合罷。然當時士大夫之氣骨則大有可觀，

以廷和定策迎立時之大功，及議大禮，先後封還御批者四，執奏幾三十疏。帝本雅重廷和，及是左右乘間言廷和專恣無人臣禮，意遂內移。會帝遣內官提督蘇、杭織造，工部及臺諫皆以江左比歲不登，請毋遣。不聽，趣內閣撰敕。廷和因極言蘇杭諸府，旱潦相繼；淮、揚、徐、邳，田廬漂沒，幼稚計斤而鬻，母子赴水而死；詔書必不敢草。帝趣愈急，戒毋瀆擾執拗，廷和力爭，言：「臣等舉朝大臣言官，言之不聽；顧二三邪佞之言是聽，陛下獨能與二三邪佞共治祖宗天下哉？陛下以織造為累朝舊例，不知洪武以來，何嘗有之？〈食貨志〉：「洪武時，罷天下有司歲織緞匹，有賞賚給以絹帛，於後湖置局織造。」創自成化、弘治耳。憲宗、孝宗，愛民節財，美政非一，陛下不取法，獨法其不美者，何也？即位一詔，中官之幸路絀塞殆盡，天下方傳誦聖德，今忽有此，何以取信？」帝為謝不審，俾飭所遣中官毋縱肆而已，不能止也。於是廷和累疏乞休，帝遂聽之去。言官交章請留，不報。

汪俊以帝諭建室奉先殿側，祀興邸祖宗，上疏爭，帝嚴旨切責，趣立廟益急。俊曰：「立廟大內，有干正統，臣實愚昧，不敢奉詔。」帝令集群臣大議，俊等復上議：「請於安陸特建獻帝百世不遷之廟，他日襲封興王子孫，世世薦享，陛下歲時遣官持節奉祀。」帝不納，仍命遵前旨再議，俊再疏乞休，帝怒，責以肆慢，允其去。召席書代之，書未至，令侍郎吳一鵬署部事。一鵬持議如俊言，並請下璁、萼等法司按治。帝責以欺朕沖歲，黨同執違，遂趣成之，名觀德殿，而命一鵬偕京山侯崔元等迎主安陸。一鵬等復上言：「歷考前史，並無自寢園迎主入大內者，且安陸為獻帝啟封之疆，神靈所戀。伏乞俯納群言，改題神主，奉安故宮，為百世不遷之廟，其觀德殿中，宜別設

　　神位香几，以慰孝思。」奏入不納，一鵬乃行。

　　四月，追尊興獻帝曰本生皇考恭穆獻皇帝，上興國太后尊號曰本
生皇母章聖皇太后。時疏諫者有編修鄒守益，下詔獄拷掠，謫廣德州
判官。而修撰呂亦言大禮未正，御史段續、陳相請正席書、桂萼罪，
吏部員外郎薛蕙上〈為人後解〉，鴻臚寺少卿胡侍言張璁等議禮之失，
俱下獄，謫官奪俸有差。五月，罷謹身殿大學士蔣冕。冕自楊廷和
罷，為首輔，帝更逐汪俊以怵冕，而用席書代之，且召璁、萼，冕極
諫，並再疏乞罷，帝令馳傳歸，以石珤為吏部尚書，兼文淵閣大學
士，預機務。珤初已為吏部尚書，楊廷和有所不悅，改詹事，典誥
敕，以奪其權。帝知珤不附廷和，欲引以贊大禮，乃命代冕，而珤據
禮力爭，大失帝意。璁、萼既赴召，閣臣以獻帝已追尊，請停召命，
帝不得已，從之。二人復合疏言：「本生對所後而言，若不亟去此二
字，則雖稱皇考，實與皇叔無異。」疏入，復召二人，比至都，眾洶
洶，欲仿先朝馬順故事，斃之於廷。萼懼不敢出，璁越數日始朝，恐
有伺者，出東華門走匿武定侯郭勳家。勳大喜，約為內助。自此勳遂挾
大禮邀寵，恣為奸利不法。時給事中張等連劾璁、萼及獻夫、書諸人，章
下所司，狦匯送刑部尚書趙鑒，即列璁等罪狀上請，私相語曰：「倘得
俞旨，便撲殺之。」以其罪應廷杖，冀以杖時盡法。帝廉知之，特命璁、萼
為翰林學士，獻夫為侍講學士，切責狦、鑒。學士豐熙、修撰舒芬、
楊慎、張衍慶、編修王思等皆不願與璁、萼同列，乞罷歸，帝怒，俱
奪俸。璁、萼以議禮驟貴，於是閑罷失職武夫小吏皆望風希旨，抗論
廟謨矣。

　　七月，帝召見群臣於左順門，示以手敕，言：「章聖皇太后命去本
生字。」群臣駭愕，而張璁、桂萼復列上禮官欺罔十三事，且斥為朋
黨。於是九卿、詹事、翰林、給事、御史、六部、大理、行人諸司各

上章爭之，皆留中不下。尚書金獻民、少卿徐文華倡言曰：「諸疏留中，必改稱孝宗為伯考矣。」吏部右侍郎何孟春曰：「憲宗朝議慈懿太后葬禮，姚夔率百官伏哭文華門，此我朝事也。」楊慎曰：「國家養士百五十年，仗節死義，正在今日。」編修王元正、給事中張曰：「萬世瞻仰，在此一舉，有不力爭者擊之。」於是九卿二十三人、翰林二十二人、給事二十一人、御史三十人、諸司郎官吏部十二人、戶部三十六人、禮部十二人、兵部二十人、刑部二十七人、工部十五人、大理寺屬十一人跪伏左順門，有大呼高皇帝、孝宗皇帝者。帝方齋居文華殿，命中官諭之退，不聽。帝怒，遣錦衣先執為首者豐熙、張翀及御史余翱、郎中余寬、黃待顯、陶滋、相世芳、大理寺正德純八人下獄，楊慎等乃撼門大哭，眾皆哭，聲震闕廷。帝益怒，命盡錄諸臣姓名，時有不在列者，其親故以不與義舉為嫌，多為代書，遂系馬理等一百九十人於獄。孟春等待罪。越數日，為首者戍邊，四品以上奪俸，五品以下予杖，編修王相等十有七人杖死。自是衣冠喪氣，萼、璁等勢益張。九月，更定大禮，稱孝宗為皇伯考，昭聖皇太后為皇伯母，獻皇帝為皇考，章聖皇太后為聖母，尊稱自是遂定。

　　明代尊宋儒，以程、朱之言為科律，獨於程子之濮議則反之，不惟反之，且矯枉而過其直，至不可以道里計。宋英宗欲尊所生之濮王，程子議止宜稱濮王為皇伯父，歐陽修不以為然，當時遂以歐公為邪說，然英宗於所生止求至稱本生考而止，皇字帝號，皆所謹避，雖太后有詔而英宗避不敢當。故歐公之論，謂父子之名不可以強改，雖與程子意不合，在歐公固心安理得也。嘉靖議禮，其始楊廷和輩皆挾程子之成見，固亦覺其過拘，至謂奉迎興國太妃時，若稱皇叔母，則當以君臣禮見，子不可以臣母，則至稱以本生，亦可以已矣。嗣是而熱衷之徒，

假此為進取之捷徑，本生不已，稱皇稱帝，更進而稱在廟之孝
宗為皇伯考，見在之太后為皇伯母。如璁萼所持之議，不且入
廟而臣皇伯考，入宮而臣皇伯母乎？若以為稱伯母伯考而非臣
之，則前此不受叔母之稱，於義亦無當矣。然猶未已也，僥倖
之門既開，但能設一說以導帝縱情以蔑禮，即富貴如操券，其
變幻又何所不至矣。

　　四年五月，又作世廟。初，國子生何淵首請建世室，廷臣惡之，
出為平涼主簿，求內改，帝擢為光祿寺署丞。復申前議，請崇祀獻皇
帝於太廟。章下廷議，席書率群臣言：「天子七廟，周文、武並有功
德，故立文、武世室於三昭三穆之上。獻皇帝追稱帝號，未為天子，
淵妄為詼詞，乞寢其奏。」敕令再議。書等言：「將置主於武宗上，則
以臣先君，分不可僭；置武宗下，則以叔後姪，神終未安。在廷諸
臣，於稱考稱伯異同相半，今廟之舉無人以為可者。」時張璁亦言入太
廟為禮之所不得為。書復密疏勸止，帝意不可回。書遂請於皇城內別
立一廟，前後寢如文華殿制，出入不與太廟同門，座位不與太廟相
並，祭用次日，廟欲稍遠，庶以成禰廟獨尊之禮，避兩廟一體之嫌。
詔可。親定名曰世廟，而世室之議乃寢。冬十二月，《大禮集議》成，
頒示天下。先是，帝命席書輯《大禮集議》，因言：「以書及張璁、桂
萼、方獻夫、霍韜五人為正取，熊浹、黃宗明、黃綰、金述、陳雲
章、張少連六人為附取，其中又有楚王、棗陽王二宗室，皆建言在嘉
靖三年以前。若何淵等亦在不取之列。其他罷職投閑之夫，建言於
璁、萼召用後者，皆以為望風希旨，有所覬覦，一切不錄。又有奏乞
附名之聶能遷、王價二人，建言在三年二三月，應如其請。」帝從之。
及是書成，進書太子太保，以璁、萼為詹事，獻夫、韜為少詹事，諸
與議者皆進秩。因詔：「大禮已定，自今有假言陳奏者，必罪不宥。」

　　五年九月，以世廟既成，章聖太后欲謁見，帝詢璁、萼，俱援廟
見禮，言：「宜先見太廟，次謁世廟。」閣臣費宏、楊一清等及禮部侍
郎劉龍爭之不得。石復上疏極諫，言：「太廟尊嚴，非時享祫祭，天子
亦不輕入，況后妃乎？璁、萼輩所引廟見禮，今奉先殿是也。聖祖神
宗行之百五十年，已為定制，中間納後納妃，不知凡幾，未有敢議及
者，何至今日，忽倡此議？」帝不聽。六年二月，罷大學士費宏、
石。時璁、萼並欲興大獄，罪及楊廷和、彭澤等，給事中楊言抗章論
辯，帝怒其為大臣遊說，收繫言，親鞫於午門，備極五毒，無撓詞，
乃下五府九卿議。鎮遠侯顧仕隆等覆奏，承璁、萼指上書之錦衣百戶
王邦奇言皆虛妄。帝仍切責之，然獄亦由是解。明年，萼以前御史陳
九疇誤報邊情，再株連廷和、澤，削澤尚書職，廷和以有社稷功，僅
免。

　　　彭澤立朝及馭邊，疏闊負氣，不為無過，然究為一時正人。
　　　《史・本傳》載其為郡守時一事，足見當時士大夫家教之美，
　　　〈傳〉云：「澤，弘治中為刑部郎中，勢豪殺人，澤置之辟，中
　　　貴為祈免，執不聽，出為徽州知府。澤將遣女，治漆器數十，
　　　使吏送其家，澤，蘭州人，澤父大怒，趣焚之，徒步詣徽，澤驚
　　　出迓，目吏負其裝，父怒曰：『吾負此數千里，汝不能負數步
　　　耶？』入杖澤堂下，杖已，持裝徑去。澤益痛砥礪，政最，人
　　　以方前守孫遇。」〈循吏傳〉：徽州知府孫遇，秩滿當遷，民詣闕乞留，
　　　英宗令進秩視事，先後在官十八年，遷至河南布政使。

　　先是五年十二月，上林苑監丞何淵以所上前後疏為席書所格，請
一併增入《大禮集議》中，於是詔內閣草敕，命儒臣纂修全書，其先
所頒行《集議》，且令繳進。此文《明史》等諸書皆不載，《明通鑒》據《實錄》

增書為修《明倫大典》之緣起。六年正月，詔開館纂修《大禮全書》，仍以閣臣費宏等及席書為總裁官，張璁、桂萼副之。未幾，費宏、石珤俱罷，席書亦病卒。書將成，璁復引疾求退以要帝，言：「臣與舉朝抗四五年，舉朝攻臣至百十疏。今修《大禮全書》，元惡寒心，群奸側目，要略方進，讒謗繁興，使全書告成，將誣陷益甚。」帝慰留之。七年二月書成，名曰《明倫大典》，帝自製序弁其前，命璁為後序，刊佈天下。敘功加璁少傅，萼少保，璁於上年十月，已由翰林學士為禮部尚書兼文淵閣大學士，自釋褐至入閣僅六年。萼亦於上年九月為禮部尚書兼翰林學士，旋又遷吏部。霍韜、方獻夫等皆進宮。而追論前議禮諸臣罪，削楊廷和籍，蔣冕、毛紀、毛澄、汪俊、喬宇、林俊皆奪職，斥何孟春、夏良勝為民。

議禮一案，尚不以此為止。興獻皇帝更以稱宗廟為終極，而凡附和大禮者，皆可挾為顛倒是非報復恩怨之用，其事不勝列舉。其中尤以李福達之獄為甚，敘其大略，可見當時朝局。其事蓋即在嘉靖六年，正重修《大禮全書》之日，崞縣人李福達，坐彌勒教王良、李鉞黨，戍山丹衛。逃還，更名午，為清軍御史所勾，再戍山丹衛。復逃，居洛川，以彌勒教結邵進祿等起事。事覺，進祿被誅，福達先還家，得免。更姓名曰張寅，挾重貲往來徐溝間，輸粟得太原衛指揮，用黃白術幹武定侯郭勳，大信幸。其仇薛良訟於巡按御史馬錄，錄問得實，檄洛川父老雜辨之，益信。勳為移書祈免，錄不從，偕巡撫江潮具獄以聞，且劾勳庇奸亂法。章下都察院，覆如錄奏。詔責勳對狀，勳懼乞恩，因為福達代辨，帝置不問。會給事御史部屬等數十人交章劾勳，謂罪當連坐，尤以刑部主事唐樞為辨晰。勳再自訴，以議禮觸眾怒為言。帝心動。勳復乞璁、萼為援，璁、萼以廷臣攻己，亦欲借是洩憤，乃合謀騰蜚語曰：「諸臣內外交結，藉端陷勳，將漸及諸議禮者。」帝深入其言，而外廷不知，攻勳益急。帝愈疑，命取福達等至京師，下三法司訊，既又命文武大臣更訊之，皆無異詞。帝大怒，

將親訊，以楊一清言而止，仍下廷鞫，刑部尚書顏頤壽等不敢自堅，改妖言律。帝猶怒，命法司俱戴罪辦事。遣官往械錄、潮及前問官布政使李璋、按察使李玨、僉事章綸、都指揮馬豸等。時璋、玨已遷都御史，璋巡撫寧夏，玨巡撫甘肅，皆下獄。廷訊乃反前獄，抵良誣告罪。帝以罪不及錄，怒甚，命萼署刑部，璁署都察院，獻夫署大理寺，覆讞之。乃盡下尚書頤壽等三法司堂上官十人於獄，嚴刑推問，搜錄篋，得大學士賈詠等有書慰問。帝責，致仕去。都御史張仲賢以下，凡曾慰問錄者亦皆下獄。萼等上言：「請大奮乾斷，以彰國法。」帝納其言，並下劾勣諸臣獄。會訊時，太僕卿汪元錫、光祿少卿餘才偶語曰：「此獄已得情，何再鞫？」偵者告萼以聞，亦逮問。萼等遂肆榜掠，錄不勝刑，自誣故入人罪。璁、萼等乃定爰書，言寅非福達，錄等恨勣，構成冤獄，因列上諸臣罪名。帝悉從其言，讁戍極邊遇赦不宥者五人，讁戍邊衛者四人，為民者十一人，革職閑住者十七人，其他下巡按逮問者五人，讞未定前先已得譴者六人，錄以故入人死未決，當徒。帝必欲置重辟，獻夫曰：「張寅未死而錄代之死，恐天下不服。」楊一清復力爭，乃減死永戍煙瘴地，緣及子孫，遇赦不宥。薛良抵死，眾證皆戍，張寅還職，璁、萼等平反有功，賜二品服俸，給三代誥命，遂編《欽明大獄錄》，頒示天下。錄中備載各疏，獨唐樞疏最得情，刪去不載。至四十五年正月，四川蔡伯貫就擒，自言：「學妖術於山西李同。」所司檄山西捕同下獄，同供李午之孫，其父曰大禮，世習白蓮教，結眾謀起事。與《大獄錄》姓名無異。《錄》中原載福達三子，名大仁、大義、大禮也。由是福達獄始明，而馬錄早死戍所矣。李同伏誅。是年世宗崩，穆宗即位，御史龐尚鵬據李同之獄，乞追奪勣等官爵，優恤馬錄諸人，以作忠良之氣，以前得罪之卿貳大臣尚有因事起用者，臺諫曹郎，終嘉靖之世，無一人召復。隆慶初，皆復職贈官，馬錄首贈太僕少卿。嘉靖十六年，皇子生肆赦，諸讁戍者已釋還，惟錄不赦。

詳《明史‧唐樞傳》，所載樞言李福達獄之疏。福達實名伏答，犯法戍山丹衛時，案牘中名福達，遂繫軍籍。逃還，更名午，為清軍御史所勾，再戍山丹衛。復逃以後，更姓名曰張寅。原問官山西按察使李珏，因見仇控福達之薛良不似良善，而福達身原有龍虎形之硃砂字，今張寅之身已無之；又見五台縣張子真戶內實有張寅父子。其實寅父子附籍，乃始於嘉靖元年，非以前所固有。又因軍籍福達為崞縣左廂都人，崞縣左廂都戶籍無李福達李午名，惟城坊有李伏答。蓋坊與廂本無界限，其貫址實在城坊，名字則書寫兩歧，遂於初牒舉其可疑。經馬錄集諸供證，判明張寅之實為福達，而以涉及郭勛，遂為璁、萼所假手以興大獄，於議禮案中添一冤濫慘酷之禍。錄樞原疏，以詳曲折：

疏言：「李福達之獄，陛下駁勘再三，誠古帝王欽恤盛心，而諸臣負陛下，欺蔽者肆其讒，諂諛者潤其說，畏威者變其辭，訪緝者淆其真。是以陛下惑滋甚，而是非卒不能明。臣竊惟陛下之疑有六：謂謀反罪重，不宜輕加於所疑，一也；謂天下人貌有相似，二也；謂薛良言弗可聽，三也；謂李珏初牒明，四也；謂臣下立黨傾郭勛，五也；謂崞、洛證佐皆仇人，六也。臣請一一辨之：達福之出也，始而王良、李鉞從之，其意何為？繼而惠慶、邵進祿等師之，其傳何事？李鐵漢十月下旬之約，其行何求？我有天分數語，其情何謀？太上元天垂文秘書，其辭何指？劫庫攻城，張旗拜爵，雖成於進祿等，其原何自？鉞伏誅於前，進祿敗露於後，反狀甚明，故陝西之人曰可殺，山西之人曰可殺，京畿中無一人不曰可殺，惟左右之人曰不可，則臣不得而知也。此不必疑一也。據此釋第一疑。是左右用事之璁、萼等直謂即是福達，亦未可罪以謀反而殺之。且福達之形，最

易辨識，或取驗於頭禿，或證辨於鄉音，如李二、李俊、李
三，是其族識之矣；發於戚廣之妻之口，是其孫識之矣；始認
於杜文柱，是其姻識之矣；質證於韓良相、李景全，是其友識
之矣；一言於高尚節、王宗美，是州主人識之矣；再言於邵繼
美、宗自成，是洛川主人識之矣；三言於石文舉等，是山、陝
道路之人皆識之矣。此不必疑二也。此釋貌有相似之疑。貌縱極似，
不能得如許人皆識為其本身。薛良恬惡，誠非善人，至所言張寅之
即福達，即李午，實有明據，不得以人廢言。況福達蹤跡譎
密，黠慧過人，人咸墮其術中，非良狡獪，亦不能發彼陰私。
從來發摘告訐之事，原不必出之敦良樸厚之人。此不當疑三
也。李玨因見薛良非善人，又見李福達無龍虎形硃砂字，又見
五台縣張子真戶內實有張寅父子，又見崞縣左廂都無李福達李
午名，遂苟且定案，輕縱元兇。殊不知五台自嘉靖元年黃冊始
收寅父子，忽從何來？納粟拜官，其為素封，必非一日之積，
前此何以隱漏？崞縣在城坊，既有李伏答，乃於左廂都追察，
又以李午為真名，求其貫址，何可得也？則軍籍之無考，何足
據也？況福達既有妖術，則龍虎形硃砂字，安知非前此假之以
惑眾，後此去之以避罪，亦不可盡謂薛良之誣矣。此不當疑四
也。京師自四方來者，不止一福達，既改名張寅，又衣冠形貌
似之，此句當作又形貌似衣冠中人。原文不明了，故《三編》刪此句，《明
通鑒》亦因之。郭勳從而信之，亦理之所有，其為妖賊餘黨，亦
意料所不能及。在勳自有可居之過，在陛下既宏議貴之恩，諸
臣縱有傾勳之心，亦安能加之罪乎？此不用疑五也。鞫獄者曰
誣，必言所誣何因；曰仇，必言所仇何事。若曰薛良，仇也，
則一切證佐非仇也；曰韓良相、戚廣，仇也，即高尚節、屈
孔、石文舉非仇也；曰魏泰、劉永振，仇也，則今布按府縣官

非仇也；曰山、陝人，仇也，則京師道路之人非仇也。此不用
疑六也。望陛下六疑盡釋，明正福達之罪，庶群奸屏跡，宗社
幸甚。」疏入，帝大怒，斥為民。

十五年十月，更定世廟為獻皇帝廟。先是八年十月朔日食，刑部
員外郎邵經邦疏言張璁復召為足致天變。下鎮撫司拷訊，讁戍福建鎮
海衛。然其疏中有用賈誼語，云：「萬年之後，廟號世宗，子孫百世不
遷。」不無隱動帝意。帝勤勤禮制為百世計，自命足當明之世宗，後來亦果以此
為帝號。十四年二月，改廟製作九廟時，諭閣臣曰：「今擬建文祖廟為
世室，則皇考世廟宇當避。張孚敬張璁時已避帝嫌名，奏請改名，帝賜名孚
敬。言世廟著《明倫大典》，頒詔四方，不可改。文世室宜稱太宗廟，
其餘群廟，不用宗字，用本廟號，他日遞遷，更牌額可也。」從之。未
幾，孚敬罷。明年，帝諭禮部尚書夏言曰：「前以皇考廟比世室之義，
名曰世廟。今分建宗廟，惟太宗世宗不遷，而世之一字，來世或用加
宗號，今加於考廟，又不得世宗之稱，徒擁虛名，不如別議。可會議
以聞。」言等議未上，帝復諭曰，「皇考廟名，如題曰獻皇帝廟，庶別
宗稱，且見推尊之意。」於是言等議：「廟以諡名，既合周典，又與列
聖廟號同符，請敕所司擇吉題額，宣付史館。」從之。

獻皇帝廟既立，止舉時祀，不祀太廟。至十七年夏，有致仕揚州
府同知豐坊，學士熙子也，熙於嘉靖三年伏闕爭大禮時，廷杖遣戍，
死於戍所。坊家居貧乏，思效張、桂等片言取通顯，上言：「孝莫大於
嚴父，嚴父莫大於配天，宜建明堂，尊皇考為宗，以配上天。」下禮部
議。尚書嚴嵩等於配天具功德及親親二說以進，但舉漢、唐、宋親親
已有先例，至稱宗則以為與廟相及，不敢妄議。帝曰：「配享皇考稱
宗，不為過情。」覆命集議。戶部侍郎唐冑疏爭，略言：「《孝經》曰：
『嚴父莫大於配天，則周公其人也。』周公制作禮樂，而文王適為其

父，故引以證聖人之孝，答曾子之問，非謂有天下者皆必以父配天，然後為孝。成王不以嚴父之故，廢文王配天之祭而移於武王；康王不廢文王配天而移於成王。後世乃誤識《孝經》之意，而違先王之禮。故宋儒朱熹謂後來第為嚴父之說所惑。陛下力正大倫，答張孚敬、席書諸臣，亦云：『朕奉天法祖，豈敢有幹太廟？』顧今日乃惑於豐坊之說乎？明堂禮不可廢，惟當奉太宗配。若獻皇帝得聖人為之子，不待稱宗議配，而專廟之享，百世不遷矣。」疏入，下冑錦衣獄，黜為民。嵩乃言皇考侑饗，允合嚴父配天之周道。坊待命久之，無所進擢，歸家悒悒以死，人咸惡其畔父。

配天議定，而稱宗祔廟，又命集議。嚴嵩等議宜加宗皇考，配帝明堂，永為有德不遷之廟。帝以疏不言祔廟，不悅，留中。作《明堂或問》難嵩，嵩惶恐，盡改前說，條畫禮樂甚備，具言古者父子異昭穆，兄弟同世次，皇考與孝宗當同一廟。奏上，群臣無敢異議。帝既排正議，崇私親，心念太宗永無配享，無以謝廷臣，乃改稱太宗廟號曰成祖，尊獻皇帝廟號為睿宗，遂奉睿宗主祔太廟，躋武宗上。初張璁議禮，有同年生胡鐸亦主考興獻王，璁要之同署，鐸曰：「主上天性，固不可違；天下人情，亦不可拂。考獻王不已則宗，宗不已則入廟，入廟則當有祧，以藩封虛號而干治世之宗可乎？且入廟則有位，將位於武宗上乎，武宗下乎？生為之臣，死不得躋於君，然魯嘗躋僖公矣，恐異日不乏夏父之徒也。」至是果如其言。

# 第三節　議禮前後之影響

嘉靖一朝，始終以祀事為害政之樞紐，崇奉所生，已極憎愛之私，啟人報復奔競之漸矣。帝於大祀群祀，無所不用其創制之意，而尤於事天變為奉道，因而信用方士，怠政養奸，以青詞任用宰相，委

政順旨之邪佞，篤志玄修，更濟以獨斷自是，濫用刑辟，遂有權相柄國，殘害忠良。議禮稍竣，而嚴嵩進用，始猶有相軋之夏言，言不得其死，而嵩獨專國政十四年，正人受禍不知凡幾，其影響皆由帝僻好神祇符瑞之事來也。嘉靖二年閏四月，帝始用太監崔文言，建醮宮中，日夜不絕。楊廷和力言不可，引梁武、宋徽為喻，優旨報納，然修醮如故。給事中劉最上章極諫，且劾文耗帑金狀，而帝從文言，命最自核侵耗數。最言帑金屬內府，雖計臣不得稽贏縮，文乃欲假難行事，逃己罪，制言官。疏入忤旨，出為廣德州判官。廷臣論救，不納。文憾不已，嗾其黨芮景賢奏最在途仍故銜，乘巨舫，取夫役，巡鹽御史黃國用復遣牌送之。帝怒，逮二人下詔獄，國用謫極邊雜職，最戍邵武。其後帝益好長生，齋醮無虛日，命夏言為監禮使，顧鼎臣等充導引官。鼎臣進〈步虛詞〉七章，且列上壇中應行事，帝優詔褒答之。自此詞臣多以青詞干進矣。

七年春，靈寶人言黃河清者五十里。遣太常往祭告。御史周相疏諫，帝震怒，下之獄。四月，南贛巡撫汪鋐奏所部有甘露降，為帝仁孝之感。帝喜，遂告郊廟。於是告祥瑞者踵至。

七年，既定《明倫大典》，帝益覃思製作之事，郊廟百神，咸欲斟酌古法，厘正舊章。九年五月，作四郊，分建圜丘、方丘於南北郊，以二至日祭。建朝日、夕月壇於東西郊，以春秋分祭。帝又議建雩壇，於孟夏行大雩禮。議太社太稷，以句龍、後稷配。議祀帝社、帝稷於西苑。議祀高之神於皇城東。雖皆命下禮官，多以獨斷決之。逾時畿內、河南、湖廣、山東、山西悉災，歲大饑，方詔群臣修省，而希旨者詭言祥瑞，廷臣稱賀。兵部主事趙時春上疏言：「災變求言旬月，大小臣工率浮詞面謾，蓋自靈寶知縣言河清受賞，都御史汪鋐繼進甘露，今副都御史徐瓚、訓導范仲斌進瑞麥，指揮張楫進嘉禾，鋐及御史楊東又進鹽華，禮部尚書李時再請表賀。仲斌等不足道，鋐、

瓚司風紀，時典三禮，乃罔上欺君，壞風傷政。」帝責時春妄言，謂：
「既責大臣科道不言，彼必有讜言善策，令條具以聞。」時春惶恐引咎
未對，帝趣之，乃上言：「當今之務，最大者有四，最急者有三。最大
者：曰崇治本，曰信號令，曰廣延訪，曰勵廉恥。最急者：曰惜人
才，曰固邊圉，曰正治教。其正治教為請復古冠婚喪祭之禮，絕醮祭
禱祈之術，凡佛老之徒，有假引符籙，依託經懺，幻化黃白飛升遐
景，以冒寵祿者，即賜遣斥，則正道修明而民志定。」帝覽之愈怒。七
月戊子朔，下時春詔獄掠治，黜為民。十一月，更定孔廟祀典，尊孔
子曰至聖先師，去王號及大成文宣之稱，其四配稱復聖顏子，宗聖曾
子，述聖子思子，亞聖孟子；十哲以下，凡及門弟子，皆稱先賢某
子；左丘明以下皆稱先儒某子，不復稱公侯伯。制木為神主，其塑像
即令屏撤，敕天下學官別建啟聖公祠，春秋祭祀與文廟同日，遂為定
制。

　　十四年二月，作九廟。初洪武八年，改建太廟，定為同堂異室之
制。成祖遷都，建廟如南京。帝更定廟祀，銳意復古，諭閣臣曰：「宗
廟之制，父子兄弟，同處一堂，於禮非宜。太宗以下，宜皆立專廟南
向。」諸臣上議，歷年未決，至是盡撤故廟改建之，諸廟合為都宮，廟
各有殿，有寢，太祖廟寢後有祧廟，奉祧主藏焉。太廟門殿皆南向，
群廟門東西向，內門殿寢皆南向。二十年四月，九廟災，議重建久之，仍復同
堂異室之舊。二十四年六月乃告成。

　　　　諸廟合為都宮句，用《紀事本末》文，《明史・禮志》誤合作
　　　　各，以後各書皆誤。〈禮志〉上文明有中允廖道南言：「太宗以
　　　　下，宜各建特廟於兩廡之地，有都宮以統廟，不必各為門垣」
　　　　云云。則都宮乃九廟之週邊，太祖廟正中南向，兩世室及三昭
　　　　三穆皆在兩廡，合之則稱都宮也。《紀事本末》不誤。

帝以冀長生而奉道，然不信佛，故於鎦蔽中尚少一蔽。禁中有元時所造大善佛殿，藏金銀像及佛骨佛牙等物，十五年五月，議以其地建太后宮。夏言請敕有司將佛骨等物瘞之中野。帝曰：「朕思此類，智者以為邪穢而不欲觀；愚民無知，必以奇異奉之，雖瘞中野，必有竊發以惑民者，其毀之通衢。」金銀佛像凡一百六十九座，皆鑄像神鬼淫褻之狀。又金函玉匣藏貯佛首佛牙之類，及支離傀儡，凡萬三千餘斤。

> 帝之排斥異端若此，可謂明且決矣。然沉溺於方士之說，則又大惑不解。然則此亦以異端攻異端，入主出奴之見，非得力於正學也。大抵方士挾障眼幻術，而假道教以為名，帝時見其變幻形象，遂篤信之，而佛法則無當時之徵驗耳。

是年，以道士邵元節為禮部尚書。元節，貴溪人，龍虎山上清宮道士。三年，召入京，見於便殿，大加寵信，俾專司禱祠，封真人，總領道教，班二品。贈其父太常丞，並官其孫及曾孫。以皇嗣未建，數命元節建醮，以夏言為監禮使，文武大臣日再上香。及是皇子疊生，嘉其禱祀功，拜尚書，賜一品服。十七年十一月，以獻皇帝既稱宗配帝，躬詣南郊，上皇天上帝大號，恭進大號。此與宋徽宗政和六年上玉帝徽號同其不經。

帝好神仙，以諫得罪者甚眾。十九年八月，方士段朝用以所煉白金器百餘因郭勳以進，云以盛飲食物供齋醮，神仙可致。帝立召與語，大悅。朝用言帝深居無與外人接，則黃金可成，不死藥可得。帝益悅。諭廷臣：「令太子監國，朕少假一二年，親政如初。」舉朝愕不敢言，太僕卿楊最抗疏諫曰：「陛下春秋方盛，乃聖諭及此，不過欲服食求神仙耳。夫神仙乃山棲澡煉者所為，豈有高居黃屋紫闥，袞衣玉食，而能白日舉者？臣雖至愚，不敢奉詔。」帝大怒，亟下詔獄，杖殺

之。監國議亦罷。時日事齋醮，久不視朝，工作煩興。歲頻旱，二十年元日微雪，夏言、嚴嵩作頌稱賀。御史楊爵撫膺太息，上疏言失人心致危亂者五端：一言夏秋不雨，畿輔千里，已無秋禾，一冬無雪，元日微雪即止，民失所望，正憂懼不寧之時，而輔臣方稱頌符瑞，欺天欺人。翊國公郭勛，中外皆知為大奸大蠹，寵之使稔惡肆毒，群狨趨附，善類退處。二言臣巡視南城，一月中凍餒死八十人，五城共計，未知有幾？而土木之功，十年未止。工部屬官，增設至數十員。又遣官遠修雷壇，以一方士之故，朘民膏血而不知恤。三言陛下即位之初，勵精有為，嘗以《敬一箴》頒示天下，數年以來，朝御希簡，經筵曠廢，大小臣庶，朝參未睹聖容，敷陳未聆天語，人心日益怠偷，中外日益渙散。四言左道惑眾，聖王必誅，今異言異服，列於朝苑；金章紫綬，賞及方外。保傅之職，坐而論道，舉而畀之奇邪之徒，上之所好，下必有甚，妖盜繁興，誅之不息。五言往歲太僕卿楊最，出言而身殞，近日贊善羅洪先等，皆以言罷斥。古今有國家者，未有不以任德而興，拒諫而亡，忠蓋杜口，則讒諛交進，安危休戚，無由得聞。帝震怒，立下詔獄榜掠，血肉狼藉，關以五木，死一夕復蘇。所司請送法司問罪，帝不許，命嚴錮之。主事周天佐、御史浦鋐以救爵，先後棰死獄中，自是無敢救者。

雷壇者，帝用方士陶仲文言，建於太液池西。所司希帝意，務宏侈，程工峻急，工部員外郎劉魁欲諫，度必得重禍，先命家人鬻棺以待，遂上章曰：「前營大享殿、大高元殿，諸工尚未告竣。一役之費，動至億萬，土木衣文繡，匠作班硃紫，道流所居，擬於宮禁，國用已耗，民力已竭，而復為此不經之事，非所以示天下後世。」帝震怒，杖於廷，錮之詔獄。

段朝用因郭勛獻所煉銀器，又獻萬金助雷壇工，授紫府宣忠高士。更請歲進數萬金，以資國用。帝益喜。已而術不驗，其徒王子嚴

攻發其詐，帝執子嚴、朝用付鎮撫拷訊，朝用所獻銀故出勳資，事既敗，帝亦浸疏勳。二十年九月，勳亦下獄，朝用乃脅勳賄，捶死其家人，復上疏瀆奏，帝怒，論死。勳之下獄也，以給敕令與兵部尚書王廷相等同清軍役，敕具，勳久不領，言官劾之，勳疏辨，有「何必更勞賜敕」語。帝怒，責勳悖慢無人臣禮。給事中高時因盡發勳貪縱不法十數事，乃下錦衣衛獄。夏言與勳交惡，陰持勳獄窮究之。帝念勳曾贊大禮，諭勿加刑訊，所司奏上當勳罪斬，帝令法司復勘，法司更當勳不軌罪斬，沒入妻孥田宅。奏上，留中不下，帝意本欲寬勳，屢示意指，而廷臣惡勳，謬為不喻指者，更坐重辟，久之勳竟死獄中。

邵元節死於嘉靖十八年，帝為出涕，贈少師，賜祭十壇，遣中官錦衣護喪還，有司營葬用伯爵禮，禮官擬諡榮靖，不稱旨，再擬文康，帝兼用之曰文康榮靖。陶仲文亦由元節引薦，以遼東庫大使特授少保禮部尚書，尋加少傅，仍兼少保，繼元節而恩寵過之，蓋位極人臣者二十年，然與元節尚均安靜少罪惡。世宗奉道事實，以仲文一傳為特詳，以其歷年久也，略載如下：

〈佞幸·陶仲文傳〉：「初名典真，黃岡人，受符水訣於羅田萬玉山。與邵元節善。嘉靖中，由黃梅縣吏為遼東庫大使。秩滿需次京師，寓元節邸舍。元節年老，宮中黑眚見，治不效，薦仲文，以符水劍絕宮中妖。莊敬太子患痘，禱之而瘥。帝深寵異。十八年南巡，元節病，以仲文代，次衛輝，有旋風繞駕，帝問何祥，對曰：「主火。」是夕行宮果火，宮人死者甚眾。帝益異之，授高士，尋封真人。明年八月，欲令太子監國，專事靜攝。太僕卿楊最疏諫杖死，廷臣震懾，大臣爭諂媚取容，禱祀日亟。以仲文子世同為太常丞，子婿吳、從孫良輔為太常博士。帝有疾，既而瘥，喜仲文祈禱功，特授少保禮部尚書。久

之加少傅，仍兼少保。既請建雷壇，又請建於其鄉縣以祝聖
壽。黃州同知郭顯文監工，工稍稽，謫典史，遣工部郎何成
代，督趣甚急，公私騷然。楊爵、劉魁言及之，給事中周怡陳
時事，有『日事禱祀』語。悉下詔獄，拷掠長繫。吏部尚書熊
浹諫乩仙，即命削籍。浹先以贊大禮入《大禮集議》正取。自是中外
爭獻符瑞，焚修齋醮之事無敢指及者。二十年，帝遭宮婢之
變，二十一年十月宮婢楊金英等伺帝熟寢，以組縊帝項，誤為死結得不絕。
〈陶傳〉作二十年，當脫一字。移居西內，日求長生，郊廟不親，朝
講盡廢，君臣不相接。獨仲文得時見，見輒賜坐，稱之為師而
不名。帝心知臣下必議己，每下詔旨，多憤疾之辭，廷臣莫知
所指，小人顧可學、盛端明、朱隆禧輩皆緣以進。其後夏言以
不冠香葉冠，積他釁至死，而嚴嵩以虔奉焚修，蒙異眷者二十
年。大同獲諜者王三，帝歸功上玄，加仲文少師，仍兼少傅少
保，一人兼領三孤，終明世惟仲文而已。久之，授特進光祿大
夫、柱國兼支大學士俸，蔭子世恩為尚寶丞，復以聖誕加恩給
伯爵俸。授其徒郭弘經、王永寧為高士。時都御史胡纘宗下
獄，株連數十人。纘宗於十八年為河南巡撫，帝幸承天，迎駕有詩，中
有「穆王八駿空飛電，湘竹英、皇淚不磨」之句，為所治凶狡屬員王聯訐告
下獄，刑部尚書劉訒訊得誣罔狀，坐聯父子死，而獄仍不解，並罪訒等。
二十九年春，京師災異頻見，帝以諮仲文，對言：『慮有冤獄，
得雨方解。』俄法司上纘宗等爰書，帝悉從輕典，果得雨。乃
以平獄功，封仲文恭誠伯，歲祿千二百石，弘經、永寧封真
人。仇鸞之追戮也，鸞請開馬市，諸邊日苦侵暴，帝罷其戎政職，鸞恚
恨疽死。先與嚴嵩相結，後相軋仇怨，為嵩構其罪，追戮其屍。下詔稱仲
文功，增祿百石，蔭子世昌國子生。三十二年，仲文言：『齊河
縣道士張演升建大清橋，浚河得龍骨一，重千斤；又突出石沙

一，脈長數尺，類有神相。』帝即發帑銀助之。時建元嶽湖廣
太和山既成，遣英國公張溶往行安神禮，仲文偕顧可學建醮祈
福。明年聖誕，加恩蔭子錦衣百戶。帝益求長生，日夜禱祠，
簡文武大臣及詞臣入直西苑，供奉青詞。四方奸人段朝用、龔
可佩、藍道行、王金、胡大順、藍田玉之屬，咸以燒煉符咒，
熒惑天子，然不久皆敗，獨仲文恩寵日隆，久而不替，士大夫
或緣以進。又創『二龍不相見』之說，青宮虛位者二十年。十八
年立載壑為皇太子，二十八年年十四，行冠禮，後二日薨，諡莊敬，遂不復
立太子。三十五年，上皇考道號為『三天金闕無上玉堂都仙法主
玄元道德哲慧聖尊開真仁化大帝』，皇妣號為『三天金闕無上玉
堂總仙法主玄元道德哲慧聖母天后掌仙妙化元君』，帝自號『靈
霄上清統雷元陽妙一飛玄真君』，後加號『九天弘教普濟生靈掌
陰陽功過大道恩仁紫極仙翁一陽真人玄虛圓應開化伏魔忠孝帝
君』。再號『太上大羅天仙紫極長生聖智昭靈統元證應玉虛總掌
五雷大真人玄都境萬壽帝君』。帝自加道號，並誣及考妣，荒惑可丑，
亦可謂忘身辱親矣。惟此傳一見，《紀事本末》微有異同，別見後。明年，
仲文有疾，乞還山，獻上歷年所賜蟒玉、金冠法寶，及白金萬
兩。既歸，帝念之不置，遣錦衣官存問，有司以時加禮，改其
子尚寶少卿世恩為太常丞，兼道錄司右演法，供事真人府。仲
文得寵二十年，位極人臣，然小心慎密，不敢恣肆。三十九年
卒，年八十餘，帝聞痛悼，葬祭視邵元節，特諡榮康惠肅。」秩
諡於隆慶初與邵元節均追削。世恩官至太常卿，亦坐與王金偽製藥物，於隆
慶元年下獄論死。

《紀事本末》帝所上各道號，其皇妣號「三天金闕無上玉堂總仙
法主玄元道德哲慧聖母天后」，止此而已。更加孝烈皇后號「九
天金闕玉堂輔聖天后掌仙妙化元君」。后，方氏，為帝所更立之

后，崩於二十六年。《紀事本末》所敘為得其實，可以訂史文之
脫誤。

世宗於議禮之後，繼以奉道。議禮之摧折廷臣，以張璁、桂萼屍
其禍，而璁、萼所未盡者，大抵由帝獨斷，而嚴嵩輩成之。至奉道之
禍毒正人則尤遠過於議禮。蓋修道則務靜攝，靜攝則萬幾假手於閣
臣，閣臣惟能以力贊玄修者，為所信任。嘉靖中葉以後，用事之臣固
無不以青詞邀眷，然用此以擅權固寵，以一念之患失，不得不與全國
之正士為仇，此則以嚴嵩一人關係嘉靖中葉以後之朝局，迨其敗，而
世宗亦將棄世矣。即以嚴嵩一傳見二十餘年事變之緒，錄其略於左：

〈奸臣・嚴嵩傳〉：「嵩，字惟中，分宜人，弘治十八年進士，
改庶起士，授編修。移疾歸，讀書鈐山十年，為詩古文辭，頗
著清譽。正德間嵩恆不在朝，為褒貶所不及，故有恬淡之譽。還朝久
之，進侍講，歷祭酒。嘉靖七年，以禮部右侍郎奉命祭告顯
陵，即興獻王葬地。還言：『臣恭上寶冊，及奉安神床，皆應時雨
霽。又石產棗陽，群鶴繞集，碑入漢江，河流驟漲。是時御制
《顯陵碑》，遣嵩往豎碑祭告。請命輔臣撰文刻石，以紀天眷。』帝
大悅，從之。是為希旨貢諛之始。廷議更修《宋史》，嵩以禮部
尚書兼翰林學士董其事。及夏言入內閣，十五年閏十二月，夏言以
禮部尚書入閣。命嵩還掌部事。祀獻皇帝明堂，已又稱宗入太
廟，嵩與群臣議沮之，帝不悅，嵩惶恐盡改前說，自是益務為
佞悅。帝上皇天上帝尊號寶冊，尋加上高皇帝尊諡聖號以配，
嵩乃奏慶雲見，請受群臣朝賀，又為〈慶雲賦〉〈大禮告成頌〉
奏之，帝悅，命付史館。嵩科第先夏言，而位下之，始倚言，
事之謹，嘗置酒邀言，躬詣其第。言辭不見，嵩布席展所具啟

跽讀，言謂嵩實下己，不疑也。帝以奉道，嘗禦香葉冠，因刻沉水香冠五賜言等，言不奉詔，帝怒甚。嵩因召對冠之，籠以輕紗，帝見，益內親嵩，嵩遂傾言，斥之。言去，醮祀青詞，非嵩無當帝意者。二十一年八月，拜武英殿大學士，入直文淵閣，仍掌禮部事。時嵩年六十餘矣，精爽溢發，不異少壯，朝夕直西苑板房，未嘗一歸洗沐。帝益謂嵩勤。久之，請解部事，遂專直西苑。帝嘗賜嵩銀記，文曰『忠勤敏達』。尋加太子太傅。翟鑾資序在嵩上，帝待之不如嵩，嵩諷言官論之，鑾得罪去。吏部尚書許、禮部尚書張璧同入閣，皆不預聞票擬事，嵩欲示厚同列，且塞言者意，因以顯夏言短，乃請：『凡有宣召，乞與成國公朱希忠、京山侯崔元及、璧偕入，如祖宗朝蹇、夏、三楊故事。』帝不聽，然心益喜嵩。累進吏部尚書，謹身殿大學士，少傅兼太子太師。久之，帝微覺嵩橫，時老病罷，璧死，乃復用夏言，帝為加嵩少師以慰之。言至，復盛氣陵嵩，頗斥逐其黨，嵩不能救。子世蕃方官尚寶少卿，橫行公卿間，言欲發其罪，嵩父子大懼，長跪榻下泣謝乃已。知陸炳與言惡，遂與比而傾言，炳亦在〈佞幸傳〉。窺言失帝眷，用河套事構言，及曾銑俱棄市。銑主以兵復套，言欲倚銑成大功，銑輒破敵，帝亦向之，廷議皆右銑。時亦有爭言河套不可遽復者，帝意忽變，嵩遂極言不可復，廷臣亦盡反前議如嵩說，嵩且謂向擬襃銑，己不與聞，會虜寇邊，歸罪復套啟釁。既傾殺言，益偽恭謹。言嘗加上柱國，帝亦欲加嵩，嵩乃辭曰：『尊無二上，上非人臣所宜稱，乞免此官，著為令典，以昭臣節。』帝大喜，允其辭，而以世蕃為太常卿。嵩無他才略，惟一意媚上，竊權罔利，帝英察自信，果刑戮，護己短，以故得因事激帝怒，戕害人，以成其私。張經、李天寵、王之死，嵩皆力焉。前後劾嵩、世蕃者，謝瑜、葉經、童

漢臣、趙錦、王宗茂、何維柏、王曄、陳塏、厲汝進、沈鍊、徐學詩、楊繼盛、周鐵、吳時來、張翀、董傳策皆被譴。經、鍊用他過致之死，繼盛附張經疏尾殺之。張經為嵩黨趙文華所構，方剿倭，劾經養寇失機論死。方疏上，經大捷，文華攘其功，謂己與胡宗憲督師所致。繼盛以劾嵩繫獄已三年。嵩必欲殺之，以經為養寇重罪，帝所必誅，請帝旨疏尾附繼盛，遂並命棄市。他所不悅，假遷除考察以斥者甚眾，皆未嘗有跡也。俺答薄都城，慢書求貢，帝召嵩與李本本亦夏言敗後新入閣。及禮部尚書徐階入對西苑，嵩無所規畫，委之禮部，帝悉用階言，稍輕嵩。嵩復以間激帝怒，杖司業趙貞吉而謫之。兵部尚書丁汝夔受嵩指，不敢趣諸將戰，嵩謂汝夔：「塞上敗，可掩也，失利輦下，上無不知，誰執其咎，寇飽自颺去耳。」汝夔因不敢主戰。寇退，帝欲殺汝夔，嵩懼其引己，謂夔曰：『我在，毋慮也。』汝夔臨死，始知為嵩紿。事在二十九年，是為庚戌虜迫京師之役。倭寇江南，用趙文華督察軍情，大納賄賂以遺嵩，致寇亂益甚。及胡宗憲誘降汪直、徐海，文華乃言：『臣與宗憲策，臣師嵩所授也。』遂命嵩兼支尚書俸，無謝，自是褒賜皆不謝。帝嘗以嵩直廬隘，撤小殿材為營室，植花木其中，朝夕賜禦膳法酒。嵩年八十，聽以肩輿入禁苑。帝自十八年葬章聖太后後，即不視朝，自二十年宮婢之變，即移居西苑萬壽宮，不入大內，大臣希得謁見，惟嵩獨承顧問，御札一日或數下，雖同列不獲聞，以故嵩得逞志。帝雖甚親禮嵩，亦不盡信其言，間一取獨斷，或故示異同，欲以殺離其勢。嵩父子獨得帝窾要，欲有所救解，嵩必順帝意痛詆之，而婉曲解釋，以中帝所不忍；即欲排陷者，必先稱其媺，而以微言中之，或觸帝所恥與諱，以是移帝喜怒，往往不失。士大夫輻輳附嵩，時稱文選郎中萬、職方郎中方祥等為嵩文武管家。吳鵬、歐陽必進、高

耀、許論輩皆惴惴事嵩。嵩握權久，遍引私人居要地，帝亦寖厭之，而漸親徐階。會階所厚吳時來、張翀、董傳策各疏論嵩，嵩因密請究主使者，下詔獄窮治無引，帝乃不問而慰留嵩，然心不能無動，階因得間傾嵩。嵩雖警敏能先意揣帝指，然帝所下手詔，語多不可曉，惟世蕃一覽了然，答語無不中。及嵩妻歐陽氏死，世蕃當護喪歸，嵩請留侍京邸，帝許之，然自是不得入直所代嵩票擬，而日縱淫樂於家。嵩受詔多不能答，遣使持問世蕃，值其方耽女樂，不以時答。中使相繼促嵩，嵩不得已自為之，往往失旨。所進青詞又多假手他人，不能工，以此積失帝歡。會萬壽宮火，嵩請暫徙南城離宮。南城，英宗為太上皇時所居也。帝不悅，而徐階營萬壽宮甚稱旨，帝徙居玉熙殿，隘甚，欲有所營建，以問嵩，嵩請還大內，帝不懌；問階，階請以三殿餘材責雷禮營之，可計月而就，帝悅，如階議。命階子璠董其役，十旬而功成，帝即日徙居之。帝益親階，顧問多不及嵩。嵩懼，置酒要階，使家人羅拜，舉觴屬曰：『嵩旦夕且死，此曹惟公乳哺之。』階謝不敢。未幾，帝入方士藍道行言，有意去嵩，道行以扶乩得幸，故惡嵩。帝問：「天下何以不治？」道行詐為乩語，具道嵩父子弄權狀。帝問：「上仙何不殛之？」答曰：「留待皇帝自殛。」帝心動，欲逐嵩。御史鄒應龍避雨內侍家，知其事，抗疏極論嵩父子不法，曰：『臣言不實，乞斬臣首以謝嵩、世蕃。』帝降旨慰嵩，而以溺愛世蕃負眷倚，令致仕，馳驛歸，有司歲給米百石，下世蕃於理。嵩為世蕃請罪，且求解，帝不聽。法司奏論世蕃及其子錦衣鵠、鴻、客羅龍文戍邊遠。詔從之，特宥鴻為民，使侍嵩。而錮其奴嚴年於獄。擢應龍通政使參議。時四十一年五月也。龍文宮中書，交關為奸利，而年最黠惡，士大夫競稱萼山先生者也。嵩既去，帝追念其贊玄功，意忽忽不

樂，論階，欲遂傳位，退居西內，專祈長生。階極陳不可，帝
曰：『卿等不欲，必皆奉君命，同輔玄修乃可，敢更言嵩、世蕃
者，並應龍俱斬。』嵩知帝念己，乃賂帝左右，發道行陰事，
系刑部俾引階，道行不承，坐論死，得釋。謂釋階不引，道行
則死獄中。嵩初歸至南昌，值萬壽節，使道士藍田玉建醮鐵柱
宮，田玉善召鶴，嵩因取其符籙，並己祈鶴文上之，帝優詔褒
答。嵩因言：『臣年八十有四，惟一子世蕃及孫鵠，皆遠戍，乞
移便地就養，終臣餘年。』不許。世蕃被應龍劾戍雷州，未至
而返，益大治園亭，其監工奴見袁州推官郭諫臣不為起。御史
林潤嘗劾嵩黨鄢懋卿，懼相報，因與諫臣謀發其罪，且及冤殺
楊繼盛、沈狀。世蕃喜，謂其黨曰：『無恐，獄且解。』法司黃
光升等以讞詞白徐階，階曰：『諸公欲生之乎？』僉曰：『必欲
死之。』曰：『若是，適所以生之也。夫楊、沈之獄，嵩皆巧取
上旨，今顯及之，是彰上過也。必如是，諸君且不測，嚴公子
騎款段出都門矣。』世蕃與其黨謀：賄字非上所深惡，惟聚眾通倭為大
恨，但揚言楊、沈獄為大罪，次受賄，餘皆不足畏，則獄自解。光昇等聞之
以為然，遂以之定為讞詞。為手削其草，獨按龍文與汪直姻舊為交
通，賄世蕃乞官，世蕃用彭孔言，以南昌倉地有王氣，取以治
第，制擬王者，又結宗人典，陰伺非常，多聚亡命，龍文又招
直餘黨五百人，謀為世蕃外投日本，先所發遣世蕃班頭牛信亦
自山海衛棄伍北走，誘致外兵，共相回應。即日令光升等疾書
奏之，世蕃聞，詫曰：『死矣！』遂斬於市。籍其家，黜嵩及諸
孫皆為民。又二年，嵩老病，寄食墓舍以死。嵩旦夕直西內，諸司
白事，輒曰：「以質東樓。」東樓，世蕃別號也。朝事一委世蕃，九卿以下浹
日不得見，或停至暮而遣之。

世蕃伏誅，時已四十四年，閱年餘，帝亦崩矣。終帝之世，奉道不懈。四十一年，嚴嵩已敗，而是年十一月，分遣御史求方書，時江西豐城縣方士熊顯，進法書六十六冊，詔留覽，賜顯冠帶。命御史姜儆、王大任分行天下，訪求方士時陶仲文已死。及符秘書，閱二年還朝，上所得法秘數千冊，薦方士唐秩、劉文彬等數人。儆、大任俱擢侍講學士，秩等賜第京師。時嚴嵩既罷，藍道行亦被譴，宮中數見妖孽，帝春秋高，意邑邑不樂，中官因設詐以娛之，嘗夜坐庭中，獲一桃御幄後，左右言：「自空中下」，帝喜曰：「天賜也。」修迎恩醮五日。明日，復獲一桃，是夜，白兔生二子。帝益喜，謝玄告廟。未幾，壽鹿亦生二子，廷臣表賀。帝以奇祥三錫，天眷非常，手詔褒答，事在四十三年。明年六月，睿宗原殿東柱產金色芝一本，帝大悅，告於太廟，百官表賀。因建玉芝宮。十一月，奉安獻皇帝、后神主於玉芝宮。

帝久不視朝，深居西苑，專意齋醮，督撫大吏爭上符瑞，禮官輒表賀。廷臣自楊最、楊爵得罪後，無敢言時政者。四十五年二月，戶部主事海瑞獨上疏言之，是為嘉靖朝最後建言之名疏，讀之可以結嘉靖間士大夫敢言之局。疏略曰：「陛下即位初年，敬一箴心，冠履分辨，天下欣然望治。未久而妄念牽之，謂遐舉可得，一意修真，竭民脂膏，濫興土木，二十餘年不視朝，法紀弛矣；數年推廣捐納事例，名器濫矣。二王不相見，人以為薄於父子；以猜嫌誹謗戮辱臣下，人以為薄於君臣；樂西苑而不返，人以為薄於夫婦。吏貪官橫，民不聊生，水旱無時，盜賊滋熾，陛下試思今日天下為何如乎？古者人君有遇，賴臣工匡弼，今乃修齋建醮，相率進香，仙桃天藥，同辭表賀。建宮作室，則將作竭力經營；購香市寶，則度支差求四出；陛下誤舉之而諸臣誤順之，無一人肯為陛下正言者，諛之甚矣。且陛下之誤多矣，其大端在於齋醮。齋醮所以求長生也，自古聖賢垂訓，修身立命，曰順受其正矣，未聞有所謂長生之說。陛下受術於陶仲文，以師

稱之，仲文則既死矣，彼不長生，而陛下何獨求之？至於仙桃天藥，怪妄尤甚，昔宋真宗得天書於乾祐山，孫奭曰：『天何言哉，豈有書也？』桃必採而後得，藥必制而後成，今無故獲此二物，是有足而行耶？曰天賜者，有手執而付之耶？此左右奸人，造為妄誕，以欺陛下，誤信之以為實然，過矣！陛下又將謂懸刑賞以督責臣下，則分理有人，天下無不可治，而修真為無害已乎？太甲曰：『有言逆於汝心，必求諸道；有言遜於汝志，必求諸非道。』用人而必欲其惟言莫違，此陛下之計左也。即觀嚴嵩，有一不順陛下者乎？昔為同心，今為戮首矣。梁材守道守官，陛下以為逆者也，歷任有聲，官戶部者至今首稱之。材三為戶部尚書：第一次以憂去，在嘉靖十年；第二次忤郭勛，帝令致仕去，在十七年；第三次亦忤勛，屢為所劾，又以醮壇需龍涎香，材不以時進，帝銜之，遂責材沽名誤事，落職閑住，歸，旋卒，在十九年。然諸臣寧為嵩之順，不為材之逆，得非有以窺陛下之微，而潛為趨避乎？即陛下亦何利於是？陛下誠知齋醮無益，一旦幡然悔悟，日御正朝，與宰相侍從講求天下利害，洗數十年之積誤，使諸臣亦得洗數十年阿君之恥，天下何憂不治？萬事何憂不理？此在陛下一振作間而已。釋此不為，而切切於輕舉度世，敝精勞神，以求之於繫風捕影，茫然不可知之域，臣見勞苦終身而無成也。」此疏直攻帝失，尤切指玄修，中帝所最忌，為自來所不敢言，竟未遭大譴，殆亦帝臨終有悔萌矣。

　　帝得疏大怒，抵之地，顧左右曰：「趣執之，無使得遁。」宦官黃錦在側曰：「此人素有癡名，聞其上疏時，自知觸忤當死，市一棺，訣妻子，待罪於朝，僮僕亦奔散無留者，是不遁也。」帝默然，少頃，復取讀之，為之感動太息，留中者數日，嘗曰：「此人可方比干，但朕非紂耳。」會帝有疾，煩懣不樂，召徐階議內禪，因曰：「海瑞言俱是。朕今病久，安能視事？」又曰：「朕不自謹惜，致此疾困，使朕能出御便殿，豈受此人詬詈邪？」遂逮瑞下詔獄，究主使者，尋移刑部論

死。獄上，階力救，奏遂留中。是年十二月帝崩，穆宗即位，次日即釋出。

　　帝求仙而身日病，病久，忽欲南幸興都取藥，徐階力諫而止。四十五年十一月，服方士王金等所獻丹藥，病遂甚。時方士至者日眾，帝知其妄，無殊錫。王金思所以動帝，乃偽造諸品仙方，與所制金石藥同進，其方詭秘，藥性燥，非服食所宜，帝御之，稍稍火發，病遂不能愈。十二月庚子，十四日。帝大漸，自西苑還乾清宮，是日崩。

　　自武宗大為不道，而士大夫猶補苴其間，所受挫折未甚。世宗英斷，資質之可與為善，自非武宗所及，然終身事鬼而不事人。早年亦有意圖治，《明實錄》：萬曆初，張居正進講文華殿時，言世宗皇帝嘉靖初年於西苑建無逸殿，省耕勸農，以知王業艱難。又命儒臣講〈周書·無逸篇〉，講畢，宴文武大臣於殿中。至其末年，崇尚焚修，聖駕不復臨御，殿中徒用以謄寫科書，表背玄像而已，昔時勤民務本氣象，不復再見，而治平之業亦寢不如初。此可見當時政治消長之狀。

　　帝又以堅僻怙過，拒諫立威，廷杖之事，習為故常。小小舛誤，一中飭可了之事，亦用杖刑。摧辱言官，其恣意被杖者可想。三十二年元旦，以賀表語乖文體，逮禮科給事中楊思忠，於午門外杖之百，罷為民，六科官各奪俸一月，以思忠初議孝烈皇后不祔廟，帝心銜之也。孝烈后方氏，崩於二十六年十一月，至二十九年，議后主祔廟，自始固未有帝在而后先祔廟者，帝以皇考睿宗入廟，恐後世議祧，遂欲當己世預祧仁宗，以孝烈祔廟，自為一世。下禮部議，尚書徐階言后無先入廟者，思忠亦主階議，帝大怒，階皇恐不敢守前議，遂祧仁宗，升祔孝烈。此皆非禮之舉，而仇守禮之臣，又匿怨而假他微罪發之，益非人君使臣以禮之道。然用刑手滑，至次年三十三年正旦，又以賀表中失抬萬壽字，詔錦衣衛逮六科給事中張思靜等各廷杖四十，以此可知當時用威之濫矣。

　　明開國以來節儉愛養，藏富於民之意，久而不渝。至憲宗晚年漸不如昔，孝宗稍復前規，及武宗則不知祖訓為何物，但祖宗所養之士，類以守法為事，武宗及其所昵之群小，尚不能力破綱紀。至世宗因禱祀而土木，靡費無限，遂開危亡之漸。〈食貨志‧賦役門〉云：「三十年，京邊歲用至五百九十五萬，戶部尚書孫應奎蒿目無策，乃議於南畿、浙江等州縣，增賦百二十餘萬，加派於是始。嗣後京邊歲用，多者過五百萬，少者亦三百餘萬，歲入不能充歲出之半，由是度支為一切之法，其箕斂財賄，題增派，括贓贖，算稅契，折民壯，提編均徭，推廣事例興焉。其初亦賴以濟匱，久之諸所灌輸益少。又四方多事，有司往往為其地奏留，或請免，浙、直以備倭，川、貴以採木，山、陝、宣、大以兵荒，不惟停格軍興所徵發，即歲額二百萬且虧其三之一，而內廷之賞給，齋殿之經營，宮中夜半出片紙，吏雖急，無敢延頃刻者。」又云：「武宗時，乾清宮役尤大，以太素殿初制儉樸，改作雕峻，用銀至二千萬餘兩，明代幣貴工賤，一殿用銀至二千萬餘兩，又有下文工食米萬三千餘石，豈不可駭？然《明史稿》文亦同，知非字誤。夫祖宗宮殿樸儉，後世正當知美德所貽，況太素命名，更何得以雕峻污之？役工匠三千餘人，歲支工食米萬三千餘石。權幸閹宦，莊園祠墓，香火寺觀，工部皆竊官銀以媚之。給事中張原言：『匠夫養父母妻子，尺籍之兵禦外侮，京營之軍衛王室，今奈何令民無所賴，兵不麗伍，利歸私門，怨蒙公室乎？』疏入，謫貴州新添驛丞。世宗營建最繁，十五年以前，名為汰省，而經費已六七百萬，其後增十數倍，齋宮秘殿，並時而興，工廠二三十處，役匠數萬人，軍稱之，歲費二三百萬，料直百餘萬，車腳雇運三四十萬。承天工役十餘處，費亦數百萬。其時宗廟萬壽宮災，帝不之省，營繕益亟，經費不敷，乃令臣民獻助，獻助不已，復行開納，勞民耗財，視武宗過之。」

　　又〈倉庫門〉：「嘉靖初，內府供應視弘治時，後乃倍之。初太倉

中庫積銀八百餘萬，續收者貯之兩廡，以便支發，而中庫不動，謂之老庫，兩廡為外庫。及是時，老庫所存僅百二十萬。二十二年，特令金花子粒銀應解內庫者，並送太倉備邊用，然其後復入內庫。金花銀始於正統初，歲折漕糧以百萬為額，盡解內承運庫，其前偶有折漕俱送南京供武臣祿，各邊緩急亦取足焉。折色本色，均充國用，不生分別。正統改解以後，不送南京，自給武臣祿十餘萬外，餘皆充御用，謂之金花銀。三十七年，令歲進內庫銀百萬外，加預備欽取銀，後又取沒官銀四十萬兩入內庫。」

又〈采造門〉：「世宗初，內府供用，減正德十九。中年以後，營建齋醮，採木、採香、採珠玉寶石，吏民奔命不暇給，黃白蠟至三十餘萬斤，又有召買，有折色，視正數三倍。沉香、降香、海漆諸香至十餘萬斤，又分道購龍涎香，十餘年未獲，使者因請海舶入澳，久乃得之。葡萄牙占澳門蓋始於此。方丘、朝日壇，爵用紅黃玉，求不得，購之陝邊，遣使覓於阿丹，去土魯番西南二千里。太倉之銀，頗取入承運庫，辦金寶珍珠，於是貓兒晴、祖母綠石、綠撒孛尼石、紅剌石、北河洗石、金剛鑽、朱藍石、紫英石、黃甘石，無所不購。」

以上就〈食貨志〉中世宗時用財浮濫之事略舉之。蓋取民之制，至世宗而壞，一切苟且，多取以濟急，而實暫贏而絀於永久，愈多取乃愈匱乏。禱祀與土木相連，古來帝王之奉道奉佛皆然，逼取人民之膏血，以媚神佛，謂可求福，無不得禍。古云：「四海困窮，天祿允終。」理不可易。明祚中衰，以正德、嘉靖為顯著，當時尚無人民負擔加重，即事業開發加多之學說，其奢儉之為得失，猶易考見。至新學說行，則當問取之於民是否用之於民，民不拒官之取，是否能監視官之用於民事與否，則讀史者所應借鑒而知之也。

## 第四節　隆慶朝政治

　　嘉靖四十五年十二月庚子，世宗崩。壬子，二十六日。穆宗即位，改明年為隆慶元年。徐階時為首輔，於即位詔，免明年天下田賦之半，及嘉靖四十三年以前逋賦。所草世宗遺詔，則召用建言得罪諸臣，死者恤錄，方士付法司論罪，一切齋醮工作及政令不便者悉罷之。詔下，朝野號慟感激。時高拱、郭樸以階不與共謀，不樂，樸曰：「徐公謗先帝。」兩人遂與階有隙。

　　穆宗承世宗之後，享國亦僅六年，其政事倚成於內閣。閣臣用事者，亦不得謂無才，然多挾意見，無和衷之美，所形成一朝之政治，即諸閣臣意見之用事。當即位初，世宗遺詔，已因忌徐階而沮先朝悔過之美。其後閣臣進退，由恩怨之推排，為政令之反覆。《明史》徐階、高拱、張居正類為一傳，頗足為朝局樞紐。《明史稿》徐階與楊廷和、楊一清為一傳，意不同。階在世宗朝，以嚴嵩能逆探帝指而肆其惡，即用其術以移帝意，拔大憝而去之，世服其智而不病其譎，階固撥除亂賊而引君當道也。迨草遺詔，夜召門人學士張居正與謀，質明，裕王入臨世宗不立太子，但先遣景王就國，以示裕王之留，即為儲貳。景王又前卒，裕王自即太子。畢，以詔草上，令旨報可。朝野比之楊廷和所擬登極詔書，為世宗始終盛事。高拱、郭樸以階引門生謀，而同列反不與，遂忌嫉騰謗言。拱初侍穆宗裕邸，階引之輔政，然階獨柄國，拱心不平，世宗不豫時，給事中胡應嘉嘗劾拱，拱疑階嗾之。隆慶初救考察被黜者，樸言：「上甫即位，而應嘉敢越法無人臣禮，宜削籍。」階睨拱方怒，不得已從之。言者謂拱修舊郤，脅階斥應嘉。階又請薄應嘉罰，言者又相繼劾拱。拱欲階擬杖，階從容譬解，拱益不悅，令御史齊康劾階，言其二子多干請，及家人橫里中狀。階疏辨乞休，九卿以下交章

劾拱譽階，拱遂引疾歸，康竟斥，樸亦以言者攻之，乞身去。給事御史多起廢籍，恃階而強，言輒過激，帝不能堪，論階等處之。同列欲擬譴，階曰：「上欲譴，我曹當力爭，乃可導之譴乎？」請傳諭令省改，帝亦勿之罪。是年，詔翰林撰中秋宴致語，階言先帝未撤幾筵，不可宴樂。帝為罷宴。帝命中官分督團營，階力陳不可而止。南京振武營兵屢嘩，階欲汰之，慮其據孝陵，不可攻也，先令操江都御史唐繼祿督江防兵駐陵傍，而徐下兵部分散，事遂定。群小瑠毆御史於午門，都御史王廷將糾之，階曰：「不得主名，劾何益？且慮彼先誣我。」乃使人以好語誘大瑠，先錄其主名，廷疏上，乃分別逮治有差。階之持正應變多此類。然階所持諍多宮禁事，伸者十八九，中官多側目。會帝幸南海子，階諫不從，方乞休，而給事中張齊以私怨劾階，階因請歸，帝意亦漸移，許之。舉朝疏留，報聞而已。王廷復刺得張齊納賄事，劾戍之邊。階既行，李春芳為首輔，未幾而拱出。

　　拱與郭樸皆階所薦入閣。拱驟貴負氣，頗忤階。穆宗即位，進少保兼太子少保。階雖為首輔，而拱自以帝舊臣，數與之抗，樸復助之，階漸不能堪。而是時陳以勤、張居正皆入閣，居正亦侍裕邸講。階草遺詔，獨與居正計，拱心彌不平。會議登極賞軍，及請上裁去留大臣事，階悉不從拱議，嫌益深。拱欲逐胡應嘉，給事中歐陽一敬劾拱尤力，階於拱辨疏，擬旨慰留，而不甚譴言者。拱益怒，相與憤訐閣中。御史齊康為拱劾階，康坐黜，於是言路論拱者無虛日，南京科道至拾遺及之，拱不自安，乞歸，隆慶元年五月也。拱以舊學蒙眷注，性強直自遂，頗快恩怨，卒不安其位去。既而階亦乞歸，則在二年七月。三年冬，帝召拱，以大學士兼掌吏部事。拱乃盡反階所為，凡先朝得罪諸臣，以遺詔錄用贈恤者，一切報罷，且上疏極論之曰：「《明倫大典》頒示已久，今議事之臣假託詔旨，凡議禮得罪者，悉從褒顯，將使獻皇在廟之靈何以為享？先帝在天之靈何所為心？而陛下

歲時入廟亦何以對越二聖？」帝深然之。法司坐王金等子弒父律，拱復上疏曰：「人君殞於非命，不得正終，其名至不美。先帝臨御四十五載，得歲六十有餘，末年抱病，經歲上賓，壽考令終，曾無暴遽。今謂先帝為王金所害，誣以不得正終，天下後世，視先帝為何如主？乞下法司改議。」帝復然拱言，命減戍。拱之再出，專與階修郤，所論皆欲以中階重其罪，賴帝仁柔，弗之竟也。階子弟頗橫鄉里，拱以前知府蔡國熙為監司，簿錄其諸子，皆編戍，所以扼階者無不至。逮拱去位乃得解。拱練習政體，負經濟才，所建白皆可行。其在吏部，欲遍識人才，授諸司以籍，使署賢否，志爵里姓氏，月要而歲會之，倉卒舉用，皆得其人。又以時方憂邊事，請增置兵部侍郎，以儲總督之選，由侍郎而總督，由總督而本兵，中外更番，邊材自裕。又以兵者專門之學，非素習不可應卒，儲養本兵，當自兵部司屬始，宜慎選司屬，多得智謀才力曉暢軍旅者，久而任之，勿遷他曹，他日邊方兵備督撫之選皆於是取之。更各取邊地之人，以備司屬，如銓曹分省故事，則題覆情形可無扞格。並重其賞罰以鼓勵之。凡邊地有司，其責頗重，不宜付雜流及遷謫者。」皆報可，著為令。拱又奏請：「科貢與進士並用，勿循資格。其在部考察，多所參伍，不盡憑文書為黜陟，亦不拘人數多寡，黜者必告以故，使眾咸服。」吉田瑤亂，用殷正茂總督兩廣，曰：「是雖貪，可以集事。」貴州撫臣奏土司安國亨將叛，命阮文中代為巡撫，臨行語之曰：「國亨必不叛，若往，無激變也。」既而如其言。以廣東有司多貪黷，特請旌廉能知府侯必登，以厲其餘。又言：「馬政鹽政之官，名為卿為使，而實以閑局視之，失人廢事，漸不可訓。惟教官驛遞諸司，職卑祿薄，遠道為難，宜銓注近地，以恤其私。」詔皆從之。拱所經畫，皆此類也。俺答孫把漢那吉來降，總督王崇古受之，請於朝，乞授以官。朝議多以為不可，拱與居正力主之，遂排眾議請於上，而封貢以成。由是西塞諸部歲來貢市，自宣大

至甘肅，邊陲晏然，不用兵革者二十餘載。拱以邊境稍寧，恐將士惰玩，復請敕邊臣，及時閒暇，嚴為整頓，仍時遣大臣，帝皆從之。遼東奏捷，進柱國、中極殿大學士。此屬禦建州女真事，故《明史》含糊其詞。蓋拱於隆慶五年，特拔副使張學顏為遼東巡撫，學顏與大將李成梁討敵有功，故云遼東奏捷也。事略具〈張學顏傳〉。尋考察科道，拱請與都察院同事，時大學士趙貞吉掌都察院，持議稍同異。給事中韓楫劾貞吉有所私庇，貞吉疑拱嗾之，遂抗章劾拱，拱亦疏辨，帝令貞吉致仕去。拱嗣是專橫益著，言者皆謫外。拱初持清操，後其門生親串頗以賄聞致物議，帝終眷拱不衰。始拱為祭酒，居正為司業，相友善，拱亟稱居正才。及是李春芳、陳以勤皆去，拱得首輔，居正肩隨之。拱性直而傲，同官殷士儋輩不能堪，居正獨退然下之，拱不之察也。六年春，帝崩，拱卒為居正所傾，別詳萬曆初政局。

> 高拱亦政事才，不失為救時良相，惟以恩怨快意，至不惜屈抑忠正，寬庇佞邪，以修怨於故輔，並以先朝之過舉，劫持嗣君，以中傷元老。拱之才與居正相類，而氣質之偏各不同，亦各有大過當之處。隆慶朝之得失，即當時相業之優劣也。

穆宗中材之主，史稱「在位六載，端拱寡營，躬行儉約，尚食歲省巨萬。許俺答封貢，減賦息民，邊陲寧謐。繼體守文，可謂令主。第柄臣相軋，門戶漸開，未能振肅乾綱，矯除積習，寬恕有餘，剛明不足。」以此論隆慶一朝，大略固如是。然謂柄臣相軋，議帝未肅乾綱，則其得失亦參半。俺答封貢，減賦息民，即柄臣用事之效。至躬行節儉，僅舉尚食歲省而言，則純為當時頌聖門面語，參考事實，當分別觀之。

〈宦官傳〉：「李芳，穆宗朝內官監太監也。帝初立，芳以能持正

見信任。《明通鑒》：「芳侍上於藩邸，即位信任之。」是信任由於舊侍，非以其持正也，其後獲譴，乃正以其持正耳。初世宗時，匠役徐杲以營造躐官工部尚書，修盧溝橋，所盜萬計，其屬冒太僕、少卿、苑馬卿以下職銜者以百數。隆慶元年二月，芳劾之，時杲已削官，乃下獄遣戍，盡汰其所冒冗員。又奏革上林苑監增設皂隸，減光祿歲增米鹽及工部物料，以是大為同類所嫉。而是時司禮諸閹滕祥、孟沖、陳洪方有寵，爭飾奇技淫巧以悅帝意，做鼇山燈，導帝為長夜飲。芳切諫，帝不悅，祥等復媒蘗之，帝遂怒，勒芳閑住。二年十一月，復杖芳八十，下刑部監禁待決。尚書毛愷等言：『芳罪狀未明，臣等莫知所坐。』帝曰：『芳事朕無禮，其錮之。』芳錮，祥等益橫。前司禮太監黃錦已革蔭，祥輒復予之。工部尚書雷禮劾祥：『傳造採辦器物，及修補壇廟樂器，多自加征，糜費巨萬；工廠存留大木，斬截任意。臣禮力不能爭，乞早賜罷。』帝不罪祥，而令禮致仕。禮於史無傳，事蹟僅見此，今但存其著述甚多耳。沖傳旨下海戶王印於鎮撫司，論戍，法司不預聞；納肅藩輔國將軍縉煴賄，越制得嗣封肅王。洪尤貪肆，內閣大臣亦有因之以進者。三人所麋國帑無算。帝享太廟，三人皆冠進賢冠，服祭服以從爵賞辭謝，與六卿埒。廷臣論劾者，太常少卿周怡以外補去，給事中石星、李已、陳吾德，御史詹仰庇、尚寶丞鄭履淳，皆廷杖削籍。三人各蔭錦衣官至二十人。而芳獨久繫獄。四年四月，刑科都給事中舒化以熱審屆期請宥芳，乃得釋充南京淨軍。」據此則穆宗之嗜好及惑溺已可概見，惟歷年少，亦舉動不烈，不大震驚耳目而已。

〈食貨志・上供采造門〉：「穆宗朝，光祿少卿李健奏十事，帝皆可之，頗有所減省，停止承天香米，外域珍禽奇獸，罷寶坻魚鮮，凡薦新之物，領於光祿寺，勿遣中官，著為令。又從太監李芳請，停徵加增細粳米，白青鹽，命一依成、弘間例。御史王宗載請停免加派，部議悉准原額，果品百七萬八千餘斤，牲口銀五萬六千餘兩，免加派

銀二萬餘。未行而神宗立，詔免之。世宗末年歲用止十七萬兩，穆宗裁原額二萬，止十五萬餘，蓋愈省約矣。」萬曆初，張居正為政，光祿寺經費益減至十三四萬，中年漸增，幾三十萬。此為躬行節儉事實之可征者。

又〈倉庫門〉：「隆慶中，數取太倉銀入內庫，內承運庫中官至以空札下戶部取之，廷臣疏諫皆不聽。又數取光祿太僕銀，工部尚書朱衡言：『每年礦金稅金皆收內庫，而其他羨餘、乾折、抄沒、孝順之屬，其名甚眾，無不入內庫者。金花歲百萬，計三十年，當數千萬，況天產地生，匯而郁於其中，內庫充牣若是，尚言不足耶？』帝不聽。」然則帝以內庫與國庫爭，並無損上益下之意，所省光祿寺微末之數，其意何為，殆亦為內庫增聚斂邪？即於民間有所輕減，直以毫末之惠，市史冊之名耳。人主節儉，若視為美名，即不可恃，儉在寡欲，有寡欲之質，不期儉而自儉，若太祖以來是也。穆宗史以節儉稱，今再征之史實。

〈王治傳〉：隆慶元年，上疏陳四事，其二為：「謹燕居之禮，以澄化源。人主深居禁掖，左右便佞，窺伺百出，或以燕飲聲樂，或以遊戲騎射，近則損敝精神，疾病所由生；久則妨累政事，危亂所由起。比者人言籍籍，謂陛下燕間舉動，有非諒闇所宜者。臣竊為陛下憂之。」此知穆宗非厚重守禮之君，宜有務求玩好之事。

《綱目三編》：「二年正月，吏科給事中石星言：『天下之治，不日進則日退；人君之心，不日強則日偷。臣竊見陛下入春以來，為鰲山之樂，縱長夜之飲，極聲色之娛，朝講久廢，章奏遏抑，一二內臣，威福自恣，肆無忌憚，天下將不可救。用是條上六事：一曰養聖躬，二曰講聖學，三曰勤視朝，四曰速俞允，五曰廣聽納，六曰察讒諂。』疏入，上怒，以為惡言訕上，命廷杖六十，黜為民。時中官滕祥以造作奇巧得幸，會監仗，星大詬之，祥怒，予重杖，星絕而復蘇，其妻鄭，誤聞星已死，遽觸柱死。聞者哀之。」史無〈石星傳〉，惟《本

紀》：「隆慶二年正月己卯，給事中石星疏陳六事，杖闕下，斥為民。」
《史稿》有傳，載此文略同。

〈周弘祖傳〉：「二年春，言：『近四方地震，土裂成渠，旗竿數
火，天鼓再鳴，隕星旋風，天雨黑豆，此皆陰盛之徵也。陛下嗣位二
年，未嘗接見大臣，諮訪治道。邊患孔棘，備禦無方。時俺答尚未封貢。
事涉內廷，輒見撓沮。如閱馬核庫，詔出復停。皇莊則親收子粒，太
和則權取香錢。織造之使累遣，糾劾之疏留中。內臣爵賞，謝辭溫旨
遠出六卿上，尤祖宗朝所無者。』疏入不報。」此可知主道之不隆，修
政之無善狀，特不似世宗之猛厲耳。

〈詹仰庇傳〉：「隆慶初，穆宗詔戶部購寶珠，尚書馬森執奏，給
事中魏時亮、御史賀一桂等繼爭，皆不聽。仰庇疏言：『頃言官諫購寶
珠，反蒙詰讓。昔仲虺戒湯，不邇聲色，不殖貨利；召公戒武王，玩
人喪德，玩物喪志。湯武能受二臣之戒，絕去玩好，故聖德光千載。
若侈心一生，不可復遏，恣情縱欲，財耗民窮。陛下玩好之端漸啟，
弼違之諫惡聞，群小乘隙，百方誘惑，害有不勝言者。況寶石珠璣，
多藏中貴家，求之愈急，邀直愈多，奈何以有用財耗之無用之物？今
兩廣需餉，疏請再三，猶靳不予，何輕重倒置乎？』不報。」穆宗一
朝，以購珠寶拒諫罪言官者比比矣，其事沿世宗之奉道而來，奉道之
用奢侈品，殆亦如佞佛之必資佈施莊嚴乎？夫以佈施莊嚴，破愚民之
慳吝，未嘗非均貧富之一助；若有權力可剝奪於民者信之，此即歷史
中信佛通道之君，皆所以促敗亡者也。顧世宗以奉道需珠寶，其惑溺
之根猶有所為，欲袪其惑，當移其求長生之妄念而後可；穆宗則直以
童心未化，為左右近習所玩弄而已，美之曰恭儉，豈有當哉？

仰庇後又以帝耽聲色，陳皇后微諫，怒出之別宮，后寢疾危篤，
上疏言之，帝批答但云：「爾何知內庭事？顧妄言！」未予譴謫。感奮
益思盡言，復以巡視十庫上疏言：「內官監歲入租稅甚多，而歲出不置

籍。按京城內外園廛場地，隸本監者數十計，歲課皆屬官錢，而內臣假上供名，恣意漁獵，利填私家，過歸朝寧。乞備核宜留宜革並出入多寡數，以杜奸欺。再照人主奢儉，四方系安危。陛下前取戶部銀，用備緩急，今如本監所稱，則盡以創鼇山，修宮苑，制秋千，造龍鳳艦，治金櫃玉盆。群小因幹沒，累聖德，虧國計。望陛下深省，有以玩好逢迎者，悉屏出罪之。」宦官益恨。故事：諸司文移往還及牧民官出教，用照字，言官上書無此禮。宦官因指「再照人主」語為大不敬。帝怒，下詔曰：「仰庇小臣，敢照及天子，且狂肆屢不悛。」遂廷杖百除名，並罷科道之巡視庫藏者。南京給事中駱問禮、御史余嘉詁等疏救，且言巡視官不當罷。不納。明代公文用照字較近代為多，其意則猶近代之查字。查本木名，其入公文作察字用亦相沿為之，非字之本義也。至言事疏中應否用照字乃另一事，其言可采與否又是一事，況言及宦官，而由宦官挑剔，坐以大不敬，此即昏庸之證。祖制以科道巡視各署，原以為國家計，防蠹弊之由來。今因此而罷之，不知祖宗立法之意，而為宦官抉綱紀以快其私，上承嘉靖，下啟萬曆，為亡國之醞釀而已。

　　〈劉體乾傳〉：「馬森去，森為戶部尚書，三年二月以終養去，亦緣力爭珠寶等事不見聽之故。召改北部，由南戶部尚書改北。詔取太倉銀三十萬兩。體乾言：『太倉銀所存者三百七十萬耳，而九邊年例二百七十六萬有奇，時俺答未封貢，邊未解嚴，但封貢以後，所云減費，亦有名無實。事見《實錄》。在京軍糧商價百有餘萬，薊州、大同諸鎮例外奏乞不與焉。若復取以上供，經費安辦？』帝不聽。體乾復奏：『今國計絀乏，大小臣工所共知。即存庫之數，乃近遣御史所搜括，明歲則無策矣。今盡以供無益費，萬一變起倉卒，如國計何？』於是給事中李已、楊一魁、龍光，御史劉思問、蘇士潤、賀一桂、傅孟春交章乞如體乾言，閣臣李春芳等皆上疏請，乃命止進十萬兩。又奏：『太和山香稅宜如泰山例，

有司董之，毋屬內臣。』忤旨，奪俸半年。」又：「逾年，隆慶四年。詔趣進金花銀，且購貓睛、祖母綠諸異寶。已上書力諫，體乾請從已言。不納。內承運庫以白索部帑十萬。體乾執奏，給事中劉繼文亦言白非體。帝報有旨，竟取之。〈馬森傳〉：「帝嘗命中官催發戶部銀六萬，市黃金。森持不可。且言：『故事，御札皆由內閣下，無司禮徑傳者。』事乃止。」是前年之白札，馬森尚以故事爭之而止，至是竟以有旨二字拒諫矣。體乾又乞承運庫減稅額二十萬，為中官所格，不得請。是時內供已多，數下部取太倉銀，又趣市珍珠黃綠玉諸物。體乾清勁有執，每疏爭，積忤帝意，竟奪官。給事中光懋、御史凌瑠等交章請留。不聽。」凡此皆有常識之君不待人言，自不欲以無益之物病國以自病者。穆宗終身溺其中，《史》猶據光祿減費一事稱其節儉，可知其不足信矣。

體乾於嘉靖間為給事中，帝以財用絀，詔廷臣集議，多請追宿逋，增賦額。體乾獨上奏曰：「蘇軾有言：『豐財之道，惟在去其害財者。』今之害最大者有二：冗吏、冗費是也。歷代官制，漢七千五百員，唐萬八千員，宋極冗，至三萬四千員。本朝自成化五年，武職已逾八萬，合文職蓋十萬餘。今邊功升授，勳貴傳請，曹局添設，大臣恩蔭，加以廠、衛、監、局、勇士、匠人之屬，歲增月益，不可悉舉，多一官則多一官之費。請嚴敕諸曹，清革冗濫，減俸將不貲。又聞：光祿庫金，自嘉靖改元至十五年積至八十萬。自二十一年以後，供億日增，余藏頓盡。進御果蔬，初無定額，止視內監片紙，如數供御，干沒狼藉，輒轉鬻市人，其他諸曹，侵盜尤多。宜著為令典，歲終令科道臣會計之，以清冗費。二冗既革，國計自裕。舍是而督逋增賦，是揚湯止沸也。」於是部議請汰各監局人匠。從之。此等奏議，皆不可改移之論。國之強，政之理，財之裕，皆始於官之不冗。國家至以官職為安插不事事之人之用，則能事事者亦相率而怠廢，官愈多，事愈廢，俸愈無限制，豈徒財力有所不給，乃至無復政事可言，此治

亂之龜鑒也。

〈陳吾德傳〉：「帝從中官崔政言，命市珍寶。戶部尚書劉體乾、戶科都給事中李已執奏，不從。此即〈體乾傳〉中事。吾德復階已上疏，此在體乾罷後。曰：『伏睹登極詔書：「罷採辦，蠲加派。」且云：「各監局以缺乏為名，移文苛取，及所司阿附奉行者，言官即時論奏，治以重典。」海內聞之，歡若更生。比者左右近習干請紛紜，買玉市珠，傳帖數下，人情惶駭，咸謂：「詔書不信，無所適從。」邇時府庫久虛，民生困瘁，司度支者日夕憂危，陛下奈何以玩好故費數十萬貲乎？政等獻諂營私，罪不可宥，乞亟譴斥，以全詔書大信。』帝震怒，杖已百，鋃刑部獄，斥吾德為民。」

〈劉奮庸傳〉：「隆慶六年三月，上疏言五事，其三言：『慎儉德。陛下嗣位以來，傳旨取銀不下數十萬，求珍異之寶，作鼇山之燈，服御器用悉鏤金雕玉。生財甚難，靡廠無紀。願察內帑之空虛，思小民之艱苦，不作無益，不貴異物，則國用充羨而民樂其生矣。』因帝不久即崩，而所嗜好者不過如此。且一鼇山之燈，歷年見之諫疏，可見童心永不能革。疏入帝但報聞，不怒也。而高拱以為諷刺及己，由尚寶卿謫興國知州。奮庸與拱同為裕邸講官，拱以舊恩為首輔，奮庸久不調而持正論，遂遭拱忌。」

隆慶六年閏二月丁卯，初十日。御皇極殿門，疾作，遽還宮。五月己酉二十五日大漸，召大學士高拱、張居正、高儀受顧命。庚戌，二十六日。崩於乾清宮。穆宗顧命之詞，《史》以高拱著有《病榻遺言》一書，自述其身受穆宗殊遇，而遭忌於居正，為所傾。居正之傾拱自實，當敘入萬曆初朝局。至其述顧命語及其時日，考之皆不甚可信。今《病榻遺言》自有行世之本，《明史稿》頗採之，《明史》即不用其語。

# 第五節　正嘉隆三朝之學術

　　明代學術，皆尊程、朱。自正德間，王守仁始有直接孟子以學孔子之說，於宋儒則尊陸九淵之學，而不甚滿於朱子。嗣是以來，其說亦風靡天下，而尊之者曰：「無姚江，則古來之學脈絕。」毀之者曰：「與朱子異趣，頗流於禪。」自此程、朱與陸、王分為道學中兩派，辯論相激，至詆守仁為異端。同時有湛若水，初與守仁同講學，後各立宗旨，學者稱甘泉先生，一時分王、湛之學。承學之士，不歸王，則歸湛。若水為增城人，與陳獻章均粵人，蓋傳獻章之學，亦與朱子之學不盡同。惟羅欽順、呂柟柟二家，篤守程朱。欽順與守仁反覆辯難，具載所著《困知錄》中。當嘉靖間，守仁之學已為廷臣所指斥，桂萼於守仁既卒，議言：「守仁事不師古，言不稱師，欲立異以為名，則非朱熹格物致知之論。知眾論之不予，則為《朱熹晚年定論》之書，號召門徒，互相唱和。才美樂其任意，或流於清談；庸鄙借其虛聲，遂至於縱肆；傳習轉訛，背謬日甚。討捕奔賊，擒獲叛藩，據事論功，誠有足錄。陛下御極之初，即拜伯爵，宜免追奪以彰大信，禁邪說以正人心。」帝乃下詔停世襲恤典俱不行。給事中周延先爭之，被黜。隆慶初，廷臣多頌其功，詔贈新建侯，諡文成。萬曆十二年，乃從祀文廟。明世從祀者四人，薛瑄已從祀於隆慶間，守仁與陳獻章、胡居仁同從祀。蓋守仁之事功莫能訾議，而學術則為守洛、閩者所詆毀云。

　　程朱、陸王之辨，明代最烈，沿至於清，顯分門戶。夫講學心得之不同，愈辯愈明，不害其各有論著。至就其人品而觀，非程朱之派極多正人，不能不謂得力於講學。學程朱之學者，若不課其躬行，亦豈無托門戶以爭勝者？第存誠主敬，流弊終少；超超玄悟，一轉而入

於禪，自陳白沙已不免。明一代士大夫之風尚最可佩，考其淵源，皆由講學而來。凡賢士大夫無不有受學之淵源；其不肖之流，類皆不與於學派，不必大奸大惡也。即以譏議守仁之桂萼言之，惡直醜正，以窺測世宗之私意，致身通顯，遂恃寵以傾陷異己，此豈學者所屑為？考黃宗羲〈明儒學案〉，士大夫可為盛矣。不分門戶，惟問實行如何，此研究明代學術之要義，當專力為之。

# 第五章
# 萬曆之荒怠

　　明之衰，衰於正、嘉以後，至萬曆朝則加甚焉。明亡之徵兆，至萬曆而定。萬曆在位四十八年，歷時最久，又可分為三期：前十年為沖幼之期。有張居正當國，足守嘉、隆之舊，而又或勝之。蓋居正總攬大柄，帝之私欲未能發露，故其干濟可觀，偏倚亦可厭，而若穆宗之嗜欲害政則尚無有，純乎閣臣為政，與高拱之在穆宗朝大略相等。至居正卒後，帝親操大柄，洩憤於居正之專，其後專用軟熟之人為相。而怠於臨政，勇於斂財，不郊不廟不朝者三十年，與外廷隔絕，惟倚閹人四出聚斂，礦使稅使，毒遍天下。庸人柄政，百官多曠其職；邊患日亟，初無以為意者。是為醉夢之期。至四十六年，清太祖公然起兵，入占遼、瀋，明始感覺，而徵兵征餉，騷動天下，民窮財盡，鋌而走險，內外交乘，明事不可為矣。是為決裂之期。

## 第一節　沖幼之期

　　隆慶六年五月庚戌，二十六日。穆宗崩。是日傳遺詔，以馮保為司禮監。初保提督東廠，兼掌御馬監事。時司禮掌印缺，保以次當得之，而閣臣高拱獨薦陳洪，及洪罷，復薦孟沖，保以是怨拱。是時司禮之缺猶懸於閣臣之推薦與否，隆慶時閣權已較重於嘉靖間，然用否系於首輔之一言，相權固重於閣權也。自張居正欲傾拱而假閹為用，由此閹更鴟張。保以怨拱之故，乃與次輔居正深相結。初拱與居正相友善，並先後入閣。拱方修故輔徐階郤，嗾言路迫論不已，階諸子多

坐罪。居正從容為拱言，拱稍心動，而拱客構居正納階子三萬金，拱以誚居正，居正色變，指天誓，詞甚苦，拱謝不審，兩人交遂離。會帝不豫，居正欲引保以為內助。帝疾再作，居正處分十餘事，使小吏投保，拱知而迹之，吏已入，拱恚甚，面詰居正曰：「密封謂何？天下事不以屬我曹而屬之內豎，何也？」居正面發赤，乾笑而已。帝崩於卯刻，忽巳刻斥司禮監孟沖而以保代之。禮科給事中陸樹德言：「先帝甫崩，忽有此詔，果先帝意，何不傳示數日前，乃在彌留後？果陛下意，則哀痛方深，萬幾未御，何暇念中官？」疏入不報。

　　六月甲子，初十日。太子翊鈞即位，以明年為萬曆元年。詔祀建文朝盡節諸臣於鄉，有苗裔恤錄。又建表忠祠於南京，祀徐輝祖、方孝孺等。庚午，十六日。高拱罷。馮保既掌司禮監，又督東廠，總理內外，勢益張。帝登極時，保升立御座旁不下，舉朝大駭。拱以主上幼沖，中官專政，條奏請絀司禮權，還之內閣。又命給事中雒遵、程文合疏攻保，而已從中擬旨逐之。使人報張居正，居正陽諾之，而私以語保，保訴於太后，謂拱擅權蔑視幼君，太后頷之。至是，召群臣入，宣兩宮及上詔。拱意必逐保也，亟趨入，比宣詔，則數拱罪而逐之。拱伏地不能起，居正掖之出，僦騾車出宣武門。居正乃與高儀請留拱，弗許；請得乘傳，許之。拱既去，於是居正遂為首輔。七月，尊皇后為仁聖皇太后，貴妃李氏為慈聖皇太后。舊制：天子立，尊皇后為皇太后，若有生母稱太后，則加徽號以別之。是時馮保媚帝生母，風居正以並尊，居正不能違。慈聖移居乾清宮，撫視帝，內任保，而大柄悉委居正。萬曆元年正月，妖人王大臣之獄起。大臣者，浙中傭奴，以浮蕩入都，與宮中小豎交昵，竊其牌帽巾服入乾清宮，為守者所執，詔下東廠究問，馮保欲緣此陷故輔高拱，令家人辛儒飲食之，納刃其袖中，俾言拱怨望，與陳洪謀大逆，遂發緹騎馳械高氏奴，圍拱里第。居正亦請詰主使，舉朝洶洶，謂且逮拱。吏部尚書楊

博、左都御史葛守禮詣居正力解，居正憤曰：「二公意我甘心高公邪？」奮入內，取廠中揭帖投博曰：「是何與我？」揭帖有居正篡改四字，曰「歷歷有據」。守禮識居正手跡，密納諸袖，居正覺曰：「彼法理不譜，我為易數字耳。」守禮曰：「回天非相公不能。」居正奏緩其獄。博陰囑錦衣怵大臣吐實，又以拱僕雜稠人中，令大臣識別，茫然莫辨也。會上命守禮偕錦衣都督朱希孝會決，加刑，大臣疾呼曰：「許我富貴，乃榜掠我邪？且我何處識高閣老？馮家僕教我。」希孝不敢鞫而罷。保懼，以生漆酒瘖大臣，移送法司，坐斬。拱獲免。由是舉朝多惡保，而不肖多因之以進。

> 高拱扼徐階，居正傾高拱，三人皆良相，而恩怨權勢之間相軋如此。惟徐階之傾嚴嵩，則為世所美。而居正得志以後，則明於治國而昧於治身，其受報亦至酷，遂為萬曆初期政局之綱領。

元年二月，從居正請，御經筵。一日講畢，上問：「建文果出亡否？」居正曰：「國史不載，但故老相傳，披錙雲遊，題詩於田州，有『流落江湖四十秋』句。」上太息，命錄詩進。居正因曰：「此亡國事，不足觀，請錄皇陵碑及高祖御制集以上，見創業之艱，聖謨之盛。」先是，隆慶六年，帝登極後，居正於是冬進《帝鑒圖說》，大要言前史所載興亡治亂之跡，如出一轍，大抵以敬天法祖，聽言納諫，節用愛人，親賢臣，遠小人，憂勤惕厲，無不治者；反之則亂。因屬講官馬自強稽古堯舜以來有天下之君，撮其善可為法者八十一事，惡可為戒者三十六事，每事前繪一圖，取唐太宗以古為鑒之意名之。帝命圖冊留覽，宣付史館。至萬曆元年三月，進講《帝鑒圖說》時，至漢文帝勞軍細柳事，因奏曰：「古人言：『天下雖安，忘戰必危。』」今承平日

久，武備廢弛，文吏鉗制弁員，不啻奴隸。夫平日既不能養其鋒銳之氣，臨敵何以責其折衝之勇？嗣後將帥忠勇可任者，宜假以事權，俾得展布，庶幾臨敵號令嚴整，士卒用命。」於是乃詔內外官各舉將才。

　　隆、萬間軍事頗振作，高拱、張居正皆善馭將。居正雖傾拱，初不改其所拔之材，若張學顏之受知於拱，《史》有明文，讀之，想見宰相留意人才之美。〈學顏傳〉：「俺答封順義王，察罕土門汗語其下曰：『俺答，奴也，而封王，吾顧弗如！』挾三衛窺遼，欲以求王。而海、建諸部日強，皆建國稱汗。海西、建州兩種女真，時海西強者為王台，建州強者為王杲。其雲建國稱汗，當是當時事實，然則建州國汗之稱蓋不始自清太祖矣。大將王治道、郎得功戰死，遼人大恐。隆慶五年二月，遼撫李秋免。大學士高拱欲用學顏。或疑之，拱曰：『張生卓犖倜儻，人未之識也，置諸盤錯，利器當見。』侍郎魏學曾後至，拱迎問曰：『遼撫誰可者？』學曾思良久，曰：『張學顏可。』拱喜曰：『得之矣。』遂以其名上。時為荊州道兵備副使。進右僉都御史，巡撫遼東。」學顏在隆慶時興復遼鎮，禦破土蠻，入萬曆年，與李成梁築六堡，斥地數百里，誅建州王杲，居正以倚任成大功。綜萬曆初，居正當國之日，薦方逢時總督宣大軍務，申明封貢約信，邊境以安。其所用劉顯、戚繼光、凌雲翼、李成梁、張佳允，皆一時敢戰之將，應變之才盡在物色，而又發縱指示，明矚萬里，《史》稱：「居正當國，究心於軍謀邊瑣，書疏往復，洞矚機要，委任責成，使得展布，是以各盡其材，事克有濟。」語見譚綸、王崇古、方逢時、吳兌、鄭洛、張學顏、張佳允、殷正茂、凌雲翼傳贊。

　　張居正以一身成萬曆初政，其相業為明一代所僅有，而功罪之不相掩亦為政局反覆之由。讀〈居正傳〉可以盡萬曆初期之政，特詳錄之。其逐高拱而代為首輔，事已見前。為首輔之後，具見一時相業，即萬曆初之所以強盛也。

　　「帝虛己委居正，其實帝方幼沖，由太后主政。居正亦慨然以天下為己任，中外想望風采。居正勸帝遵守祖宗舊制，不必紛更，至講學親賢，愛民節用，皆急務，帝稱善。大計廷臣，斥諸不職及附麗拱者。復具詔，召群臣廷飭之，百僚皆惕息。兩宮既並尊，慈聖徙乾清宮，撫視帝，大柄悉委居正。居正為政，以尊主權、課吏職、信賞罰、一號令為主，雖萬里外，朝下而夕奉行。黔國公沐朝弼數犯法當逮，朝議難之，居正擢用其子，馳使縛之，不敢動，既至，請貸其死，錮之南京。漕河通，居正以歲賦逾春發，水橫溢，非決則涸，乃采漕臣議，督艘卒以孟冬月兌運，及歲初畢發，少罹水患，行之久，太倉粟可支十年。互市饒馬，乃減太僕種馬，而令民以價納，太僕金亦積四百餘萬。又為考成法，以責吏治。初部院覆奏，行撫按勘者，嘗稽不報，居正令以大小緩急為限，誤者抵罪，自是一切不敢飾非，政體為肅。南京小奄醉辱給事中，言者請究治，居正謫其尤激者趙參魯於外以悅保，而徐說保裁抑其黨，毋與六部事。其奉使者，時令緹騎陰詗之，其黨以是怨居正，而心不附保。」「居正喜建豎，能以智數馭下，人多樂為之盡。俺答欵塞，久不為害，獨小王子部眾十餘萬，東北直遼左，以不獲通互市，數入寇。居正用李成梁鎮遼。戚繼光鎮薊門，成梁力戰卻敵，功多至封伯，而繼光守備甚設，居正皆右之，邊境晏然。兩廣督撫殷正茂、凌雲翼等亦數破賊有功。浙江兵民再作

亂，用張佳允往撫即定。故世稱居正知人。然持法嚴，核驛遞，省冗官，清庠序，多所澄汰，公卿群吏不得乘傳，與商旅無別；郎署以缺少，需次者輒不得補；大邑士子額隘，艱於進取，亦多怨之者。時承平久，群盜蝟起，至入城市，劫府庫，有司恆諱之，居正嚴其禁，匿弗舉者，雖循吏必黜。得盜即斬決，有司莫敢飾情。盜邊海錢米盈數，例皆斬，然往往長系或瘐死，居正獨亟斬之，而追捕其家屬，盜賊為衰止。而奉行不便者，相率為怨言，居正不恤也。」「帝漸備六宮，太倉銀錢多所宣進，居正乃因戶部進御覽數目陳之，謂：『每歲入額不敵所出，請帝置坐隅，時省覽，量入為出，罷節浮費。』疏上留中。帝復令工部鑄錢給用，居正以利不勝費止之。言官請停蘇、松織造，不聽，居正為面請，得損大半。復請停修武英殿工及裁外戚遷官恩數，帝多曲從之。帝御文華殿，居正侍講讀畢，以給事中所上災傷疏聞，因請振，復言：『上愛民如子，而在外諸司營私背公，剝民罔上，宜痛鉗以法，而皇上加意撙節於宮中，一切用度服御，賞賚佈施，裁省禁止。』帝首肯之。有所蠲貸，居正以江南貴豪怙勢，及諸奸猾吏民善逋賦，選大吏精悍者嚴行督責，賦以時輸，國藏日益充，而豪猾率怨居正」。「帝初即位，馮保朝夕視起居，擁護提抱有力，小扞格即以聞慈聖，慈聖訓帝嚴，每切責之，且曰：『使張先生聞，奈何？』於是帝甚憚居正。及帝漸長，心厭之。乾清小璫孫海、客用等導上遊戲，皆愛幸。慈聖使保捕海、用，杖而逐之。居正復條其黨罪惡，請斥逐，而令司禮及諸內侍自陳上裁去留，因勸帝戒遊宴以重起居，專精神以廣聖嗣，節賞賚以省浮費，卻珍玩以端好尚，親萬幾以明庶政，勤講學以資治理。帝迫於太后，不得已，皆報可，而心頗嗛保、居正矣。帝初政，居正

嘗纂古治亂事百餘條，繪圖，以俗語解之，使帝易曉。至是，附屬儒臣紀太祖列聖《寶訓》《實錄》，分類成書，凡四十：曰創業艱難，曰勵精圖治，曰勤學，曰敬天，曰法祖，曰保民，曰謹祭祀，曰崇孝敬，曰端好尚，曰慎起居，曰戒遊佚，曰正宮闈，曰教儲貳，曰睦宗藩，曰親賢臣，曰去奸邪，曰納諫，曰理財，曰守法，曰儆戒，曰務實，曰正紀綱，曰審官，曰久任，曰重守令，曰馭近習，曰待外戚，曰重農桑，曰興教化，曰明賞罰，曰信詔令，曰謹名分，曰裁貢獻，曰慎賞賚，曰敦節儉，曰慎刑獄，曰褒功德，曰屏異端，曰飭武備，曰禦戎狄。其辭多警切，請以經筵之暇進講。又請立起居注，紀帝言動與朝內外事，日用翰林官四員入直應制詩文及備顧問，帝皆優詔報許。」

〈居正傳〉中敘其相業如此。而傳文與居正之怙權得禍相離，當明末議論，於居正之有功國家，非士大夫切己之事，省記而持公議者較少，惟升沉進退之際，挾舊怨以圖報復者為數較多。故紀萬曆初事，可功可罪。以史傳論，《明史稿》早成，其〈居正傳〉即多挾詆毀成見。如戚繼光之治兵，居正之任將，古今豈可多得？而當時繼光之倚居正，自不得不加密，因而有饋遺以為好，亦出恆情。繼光，名將，散財養士，士之依繼光者極盛，其不能以避嫌而獨遠首相，與居正之不能法古名賢操守，居相位而不以纖芥累人以自累，此皆以聖賢望人，求全責備之意。史本傳於張、戚之間，削去譏謗之語，已見公道之久而益明。當作《史稿》時，猶多採當時毀張之說。其敘邊功云：「俺答款塞，久不為害，獨小王子部眾十餘萬，東北直遼左，以不獲通互市，數入寇，然其人少弱，非久即退。而總兵李成梁悍勇善戰，數拒卻之，又數掩殺泰寧、福余諸屬國以為功。居正

張大其捷，帝數褒美，加恩輔臣，成梁至封伯。兩廣督撫殷正茂、凌雲翼輩亦以破賊功，爵賞亞遼左。戚繼光鎮薊門，多挾南兵從，北人嫉之，繼光懼，因兵部尚書譚綸購美姬進居正，他所摹畫亦多得居正指，以是畀之事權，諸督撫大臣，唯繼光所擇，欲不利繼光者即為徙去之。而成梁、正茂等亦皆媚居正。然數人故善用兵，功多，帝謂居正運籌力，而世亦稱居正知人。」此段文筆甚佳，褒貶互用，其實所褒皆成貶矣，文士筆鋒，古云可畏。試取《稿》與《正史》兩相比對，可以瞭然。居正綜核名實，不避嫌怨，於其為國而不顧身家，只應尊敬，不當與怙權而得怨之說混而為一。茲分別言之。

居正以御史在外往往凌撫臣，痛欲折之，一事不合，詬責隨下。又敕其長加考察。給事中余懋學請行寬大之政，居正以為風己，削其職。御史傅應禎繼言之尤切，下詔獄杖戍。給事中徐貞明等群擁入獄視，具橐饘，亦逮謫外。御史劉台按遼東，誤奏捷，居正方引故事繩督之，台抗章論居正專恣不法，居正怒甚，帝為下台詔獄，命杖百遠戍，居正陽具疏救之，僅奪其職，已卒戍台。由是諸給事御史益畏居正，而心不平。當是時，太后以帝沖年，尊禮居正甚至，同列呂調陽莫敢異同，及吏部左侍郎張四維入，恂恂若屬吏，不敢以僚自處。慈聖將還慈寧宮，諭居正，謂：「我不能視皇帝朝夕，恐不若前者之向學勤政，有累先帝付託。先生有師保之責，與諸臣異，其為我朝夕納誨，以輔臺德，用終先帝憑幾之誼。」因賜坐蟒白金彩幣。未幾丁父憂，帝遣司禮中官慰問，視粥藥，止哭，絡釋道路，三宮賻贈甚厚。戶部侍郎李幼孜欲媚居正，倡奪情議，居正惑之，馮保亦固留居正。諸翰林王錫爵、張位、趙志皋、吳中行、趙用賢、習孔教、沈懋學輩皆以為不可，弗聽。吏部尚書張瀚以持慰留旨，被逐去。御史曾士

楚、給事中陳三謨等遂交章請留。中行、用賢及員外郎艾穆、主事沈思孝、進士鄒元標互繼爭之，皆坐廷杖謫斥有差。時彗星從東南方起，長亙天，人情洶洶，指目居正，至懸謗書通衢。帝詔諭群臣：「再及者誅無赦。」謗乃已。於是使居正子編修嗣修與司禮太監魏朝馳傳往，代司喪，禮部主事曹誥治祭，工部主事徐應聘治喪。居正請無造朝，以青衣素服角帶入閣治政，侍經筵講讀，又請辭歲俸，帝許之。及帝舉大婚禮，居正吉服從事，給事中李涷言其非禮，居正怒，出為僉事。時帝顧居正益重，常賜居正札，稱「元輔張少師先生」，待以師禮。居正乞歸葬父，帝使尚寶少卿鄭欽、錦衣指揮史繼書護歸，期三月，葬畢即上道。仍命撫按諸臣先期馳賜璽書敦諭。范「帝賚忠良」銀印以賜之，如楊士奇、張孚敬例，得密封言事。戒次輔呂調陽等，有大事毋得專決，馳驛之江陵，聽張先生處分。居正請廣內閣員，詔即令居正推，居正因推禮部尚書馬自強、吏部右侍郎申時行入閣。自強素迂居正，不自意得之，頗德居正。而時行與四維皆自昵於居正，居正乃安意去。帝及兩宮賜賚慰諭有加禮，遣司禮太監張宏供張，餞郊外，百僚班送。所過地，有司飭廚傳，治道路。遼東奏大捷，帝復歸功居正，使使馳諭，俾定爵賞，居正為條列以聞。調陽益內慚，堅臥，累疏乞休不出。居正言：「母老不能冒炎暑，請俟清涼上道。」於是內閣、兩都部院、寺卿、給事、御史俱上章，請趣居正還朝。帝遣錦衣指揮翟汝敬馳傳往迎，計日以俟，而令中官護太夫人以秋日由水道行。居正所過，守臣率長跪，撫按大吏越界迎送，身為前驅。道經襄陽，襄王出候，要居正宴。故事：雖公侯謁王，執臣禮，居正具賓主而出。過南陽，唐王亦如之。抵郊外，詔遣司禮太監何進宴勞，兩宮又各遣大璫李琦、李用宣諭，賜八寶金釘川扇，御膳餅果醪醴。百僚復班迎。入朝，帝慰勞懇篤，予假十日而後入閣，仍賜白金彩幣寶鈔羊酒，因引見兩宮。及秋，魏朝奉居正母行，儀從煊赫，觀者如

堵。比至，帝與兩宮復賜賚加等，慰諭居正母子，幾用家人禮。居正
自奪情後，益偏恣，其所黜陟，多由愛憎，左右用事之人多通賄賂。
馮保客徐爵擢用至錦衣衛指揮同知，署南鎮撫。居正三子皆登上第，
蒼頭遊七入貲為官，勳戚文武之臣多與往還，通姻好，七具衣冠報
謁，列於士大夫，世以此益惡之。無何居正病，帝頻頒敕論問疾，大
出金帛為醫藥資，四閱月不愈，百官並齋醮為祈禱，南都、秦、晉、
楚、豫諸大吏無不建醮。帝令四維等理閣中細務，大事即家令居正平
章。居正始自力，後憊甚不能遍閱，然尚不使四維等參之。及病革乞
歸，上復優詔慰留，稱「太師張太岳先生」。居正度不起，薦前禮部尚
書潘晟及尚書梁夢龍、侍郎余有丁、許國、陳經邦，已復薦尚書徐學
謨、曾省吾、張學顏、侍郎王篆等可大用。帝為粘御屏。晟，馮保所
受書者也，強居正薦之，時居正已昏甚不能自主矣。及卒，帝為輟
朝，諭祭九壇，視國公兼師傅者。居正先以六載滿，加特進，中極殿
大學士；以九載滿，加賜坐蟒衣，進左柱國，蔭一子尚寶丞；以大婚
加歲祿百石，錄子錦衣千戶為指揮僉事；以十二載滿，加太傅；以遼
東大捷，進太師，益歲祿二百石，子由指揮僉事進同知；至是贈上柱
國，諡文忠，命四品京卿、錦衣堂上官、司禮太監護喪歸葬。於是四
維始為政，而與居正所薦引王篆、曾省吾等交惡。初帝所幸中官張誠
見惡馮保，斥於外，帝使密詗保及居正。至是誠復入，悉以兩人交結
恣橫狀聞，且謂其寶藏逾天府。帝心動，左右亦浸言保過惡，而四維
門人御史李植極論徐爵與保挾詐通姦諸罪。帝執保禁中，逮爵詔獄，
謫保奉禦居南京，盡籍其家，金銀珠寶鉅萬計。帝疑居正多畜，心益
豔之。言官劾篆、省吾，並劾居正，篆、省吾俱得罪，新進者益務攻
居正，詔奪上柱國太師，再奪諡，居正諸所引用者，斥削殆盡。召還
中行、用賢等，遷官有差。劉台贈官還其產。御史羊可立復追論居正
罪，指居正構遼庶人憲㸅獄，庶人妃因上疏辨冤，且曰：「庶人金寶萬

計，悉入居正。」帝命司禮張誠及侍郎邱橓偕錦衣指揮、給事中籍居正家。

> 神宗天性好貨，嗣此遂以聚斂造成亡國之釁。當時構居正及馮保之罪，惟言其多藏為最動帝聽，此即知其失人君之度矣。憲㸅事在隆慶三年，時尚以在嘉靖中奉道被寵，賜真人號，有淫虐僭擬諸罪狀，憲㸅樹白蠡曰訟冤之蠡，副使施篤臣遂以建蠡為王反，居正亦憾憲㸅，主篤臣說以重憲㸅罪，遂錮之高牆，後雖訟冤，遼國亦未復也。

　　誠等將至荊州，守令先期錄人口，錮其門，子女多遁避空室中，比門啟，餓死者十餘輩。誠等盡發其諸子兄弟藏，得黃金萬兩，白金十餘萬兩。其長子禮部主事敬修，不勝刑，自誣服寄三十萬金於省吾、篆及傅作舟等，尋自縊死。事聞，時行等與六卿大臣合疏請少緩之，刑部尚書潘季馴疏尤激楚，詔留空宅一所，田十頃，贍其母。而御史丁此呂復追論科場事，謂高啟愚以舜、禹命題啟愚典南畿鄉試，以「舜亦以命禹」命題。為居正策禪受。尚書楊巍等與相駁，此呂出外，啟愚削籍。《明史稿》本傳有云：「士大夫初詆以伊命五臣，其後擬之舜、禹，居正不為怪。則竟以舜、禹命題為罪狀後言者復攻居正不已，詔盡削居正官秩，奪前所賜璽書、四代誥命，以罪狀示天下，謂：「當剖棺戮屍，而姑免之。」其弟都指揮居易、子編修嗣修俱發戍煙瘴地。終萬曆世，無敢白居正者。天、崇間國事日棘，任事無人，乃追思居正，累復官蔭贈諡。至敬修孫同敞死節於南明，與瞿式耜同烈，第五子允修亦死張獻忠之難。

　　綜萬曆初之政皆出於居正之手，最犯清議者乃奪情一事，不恤與言路為仇，而高不知危，滿不知溢，所謂明於治國而昧於治身，此之謂也。居正之卒在萬曆十年，明年追奪官階，又明年籍其家，子孫慘

死狼藉。其時代明之清室，清太祖已逾萬曆十一年弄兵於塞外，蠶食坐大，遂移國祚。經過三十餘年，中朝始竟不知有此事，後漸聞其強而羈縻之。至萬曆四十餘年稍稍傳說，已立國僭號，亦不以為意，直至入犯遼、瀋，然後舉國震驚。廟堂若有留心邊事如居正其人，何至憒憒若此？故居正沒而遂入醉夢期間矣。

# 第二節　醉夢之期

居正既沒，言官攻擊不已，吳中行、趙用賢等以論奪情被杖，清議予之。至是號召群言，適中帝之積忌，而謗傷太過，適成順旨希榮之捷徑。閣臣許國憤而求去，疏言：「昔之專恣在權貴，今乃在下僚；昔顛倒是非在小人，今乃在君子。意氣感激，偶成一二事，遂自負不世之節，號召浮薄喜事之人，黨同伐異，罔上行私，其風漸不可長。」自是言官與政府日相水火。

十四年二月，冊鄭氏為皇貴妃。妃有殊寵，先於十年八月，王恭妃生皇子常洛，至是鄭妃生常洵，進封貴妃，而王妃不益封，中外謂帝將廢長而立愛矣。給事中姜應麟請立元嗣為東宮，帝怒，謫應麟廣昌典史。吏部員外郎沈璟請立儲，謫行人司司正。大學士申時行率同列再請建儲，不聽。時以旱霾求直言，郎官劉復初、李懋檜等顯侵貴妃。時行請帝下詔，令諸曹建言止及所司職掌，聽其長擇而獻之，不得專達。帝甚悅之。於是言者蜂起，皆指斥宮闈，攻擊執政，帝概置不問，門戶之禍大起。

> 萬曆間言官封奏，抗直之聲滿天下。實則不達御前，矯激以取名者，於執政列卿詆毀無所不至，而並不得禍，徒騰布於聽聞之間，使被論者愧憤求去，而無真是非可言，此醉夢之局所由

成也。申時行當國，承張居正後，逆揣帝意，為此以濟其怠荒，養成止有朋黨而無政府之狀，政事軍事，一切不可為，其端實啟於此，庸主濟以庸臣，所以合而釀亡國之禍也。但亦間有因言事而受處分者，無非好逸惡勞，好奢惡儉，好聚斂惡用財而致然耳。

是年十月，禮部主事盧洪春上言：「陛下連日以疾免朝，享廟遣官恭代。若真疾耶？則當以宗社為重，毋務為逸預以基禍；若非疾也，則當以詔旨為重，毋務為矯飾以起疑。」疏入，帝大怒，傳諭內閣數百言，極明謹疾遣官之故，責洪春悖妄，命擬旨治罪，閣臣擬奪官，不從，廷杖六十斥為民，給事御史先後申救，奪俸有差。

十六年十二月，杖給事中李沂於廷，斥為民。中官張鯨掌東廠，橫肆無憚，御史何出光劾鯨專擅威福，並及其黨錦衣都督劉守有、序班邢尚智，尚智論死，守有除名，鯨被切讓，而任職如故。御史馬象乾復劾鯨，詆執政甚力，帝下象乾詔獄。申時行等力救，且封還御批，不報。許國、王錫爵復各申救，乃寢前命，而鯨竟不罪。外議謂鯨以金寶獻帝獲免。沂拜官甫一月，上疏曰：「陛下往年罪馮保，近日逐宋坤，鯨惡百保而萬坤，奈何獨濡忍不去？若謂其侍奉多年，則壞法亦多年；謂痛加省改，猶足供事，則未聞可馴虎狼使守門戶也。流傳鯨廣獻金寶，多方請乞，陛下猶豫未忍斷決。中外臣民，初未肯信，以為陛下富有四海，豈愛金寶？威如雷霆，豈徇請乞？及見明旨，許鯨策勵供事，外議藉藉，遂謂為真，虧損聖德，夫豈淺鮮？且鯨奸謀既遂，而國家之禍將從此始，臣所大懼也。」是日，給事中唐堯欽亦具疏諫，帝獨手沂疏震怒，謂：「沂欲為馮保、張居正報仇。」立下詔獄嚴鞫。時行乞宥，不從。讞上，詔廷杖六十斥為民。御批至內閣，時行等欲留御批，中使不可，持去。帝特遣司禮張誠出監杖。時

行等上疏，俱詣會極門候進止，帝言沂置貪吏不問，而獨謂朕貪，謗
誣君父，罪不可宥。太常卿李尚智、給事中薛三才等抗章論救，俱不
報。國、錫爵以言不見用，引罪乞歸，錫爵言：「廷杖非正刑，祖宗雖
間一行之，亦未有詔獄廷杖並加於一人者。故事：惟盜賊大逆，則有
打問之旨，今豈可加之言官？」帝優詔慰錫爵，卒不聽其言。初馮保
獲罪，實鯨為之，故帝云然。

　　　帝以好貨流聞，至謂受閹人金寶而不能問其罪，言官直見之章
　　　疏，尚復成何君道？觀後來帝之舉措，惟利是圖，此流言固有
　　　征也。

　　十七年正月己酉朔日食，免元旦朝賀。嗣後每元旦皆不視朝。三
月，免升授官面謝，自是臨御遂簡。四月，召王家屏復入閣，家屏於
十二年十二月入閣，十四年九月丁憂去。抵任三月未得見。家屏以為言，帝
遣中官慰家屏，獎以忠愛。家屏疏謝，請帝視朝。居數日，帝為一御
門延見，自是益深居不出。是年冬，大理評事雒于仁疏上酒色財氣四
箴，直攻帝失，疏言：「臣備官歲餘，僅朝見陛下者三；此外惟聞聖體
違和，一切傳免，郊祀廟享，遣官代行，政事不親，講筵久輟。臣知
陛下之疾所以致此者有由也。臣聞嗜酒則腐腸，戀色則伐性，貪財財
喪志，尚氣則戕生。陛下八珍在御，觴酌是耽，卜晝不足，繼以長
夜，此其病在嗜酒也。寵十俊以啟幸門，于仁本傳，十俊，蓋十小閹也。溺
鄭妃靡言不聽，忠謀擯斥，儲位久虛，此其病在戀色也。傳索帑金，
括取幣帛，甚且掠問宦官，有獻則已，無則譴怒，李沂之瘡痍未平，
而張鯨之賄賂復入，此其病在貪財也。今日榜宮女，明日杖中官，罪
狀未明，立斃杖下；又宿怨藏怒於直臣，如范儁、姜應麟、孫如法
輩，皆一紲不申，賜環無日，此其病在尚氣也。四者之病，膠繞身

心，豈藥石所可治？陛下溺此四者，不曰操生殺之權，人畏之而不敢
言；則曰居邃密之地，人莫知而不能言。不知鼓鐘於宮，聲聞於外，
幽獨之中，指視所集。且保祿全軀之士，可以威權懼之；若懷忠守義
者，即鼎鋸何避焉？臣今敢以四箴獻。若陛下肯用臣言，即立誅臣
身，臣雖死猶生也，惟陛下垂察。」疏入，帝震怒，會歲暮，留其疏十
日，十八年元旦，召見閣臣申時行等於毓德宮，手於仁疏授之，帝自
辨甚悉，將置之重典。時行等委曲慰解，見帝意不可回，乃曰：「此疏
不可發外，恐外人信以為真。願陛下曲賜優容，臣等即傳諭寺卿，令
于仁去位可也。」帝乃頷之。居數日，于仁引疾，遂斥為民。自此章奏
留中，遂成故事。二月，罷日講。帝每遇講期，多傳免，申時行請免
講日仍進講章，以備觀覽。自後講筵遂永罷。三十一年三月，大學士沈一貫
請發群臣章疏言：「各衙門本章例應三日即下，自有留中之事，有奏而不發票者，有
票上而不發行者，政務壅滯，且藉手作奸。」不報。

　　由雒于仁疏可見帝之昏惰。申時行遇事遷就，以成其過。留中
之例開，言路無所施其匡救，於是廟堂爭議，與君國不生效
力，惟在臣僚間自為恩怨，朋黨分歧，言論龐雜，任事者無所
措手。其始公卿仰臺諫之鼻息，其後清室日強，邊氣日棘，而
封疆之將帥亦顛躓於黨論之交轟，其習慣皆此時所釀成也。時
行、錫爵諸人，及身不見覆敗，坐享太平宰相之榮，此皆祖宗
所貽之澤。而萬曆一朝之遺殃，則雖有賢子孫且不易振刷，況
重以至愚極不肖來承其後，猶必數十年而後亡，則明初之綱
紀，毀壞亦正不易也。當時政局，莫善於宋纁之論，《明史‧宋
傳》：「石星代纁為戶部，事在萬曆十八年三月。語纁曰：『某
郡有羨餘可濟國用。』纁曰：『朝廷錢穀，寧積久不用，勿使搜
括無餘，主上知物力充羨，則侈心生矣。』星憮然。有郎言漕

糧宜改折。纁曰：『寧紅朽，不可匱絀，一旦不繼，何所措
手？』中外陳奏，帝多不省，或直言指斥，輒曰：『此沽名
耳。』不罪。於慎行稱帝寬大，纁愀然曰：『言官極論得失，要
使人主動心，縱罪及言官，上意猶有所儆省，概置勿問，則如
痿痹不可療矣。』後果如其言。」

　　帝既不視朝，不御講筵，不親郊廟，不批答章疏，中外缺官亦不
補。二十四年七月，吏部尚書孫丕揚言：「數月以來，廷推擱矣，行取
停矣，年例廢矣。諸臣中或以功高優敘。或以資深量遷，或服闋而除
補，或覆題而注授，其生平素履原不在擯棄之列者，乞體因政設官之
意，念國步多事之時，將近日推補官員章疏簡發，間有注擬未當，亦
乞明示別推酌補。」疏入不報。是時外官亦多缺不補，御史王以時奏
言：「地方缺官之害，藩司、臬司等官，職掌各有攸司，每遇員缺，則
撫按必擇近便者一人使之攝理，職錢穀而攝軍屯，職兵戎而攝鹽馬，
夙昔未能嫻習，旦夕豈能旁通？顛末未暇究心，晷刻難於判發。聰明
少有未遍，寧免乖違；才力稍有不同，輒形愆謬。舞文者乘此弄其機
械，玩法者藉以恣其侵漁。文移之往來，獄訟之聽斷，近者數十里，
遠者數百里，又遠者千有餘里，道路奔走，歲月牽纏，費用不支，勞
苦勿恤。或鬻賣其妻子，而事尚未完；或轉死於溝洫，而冤莫可訴。
司道缺官，廢事病民，其為害既如此。至於郡縣守令，最為親民，民
之倚命於守令，不啻赤子於其乳母，使郡縣而可缺官，則是赤子而可
斷匱乳也；使守令而可使常署攝，則是赤子而可終歲寄養也。蓋專官
如柙匱之典守，故任勞怨而不辭；攝職若傳舍之經過，誰肯竭心力以
從事？乞行推補。」亦不報。
　　萬曆間官缺不補之事，略類敘之，則如三十年十二月，大學士沈
一貫奏御史巡差缺員。時天下御史巡行諸差務凡十有三處，至是缺其

九。一貫等奏請遣御史分往受事，庶監察有所責成，而綱紀可振。不報。明年正月，復營乾清、坤寧兩宮，二十四年三月兩宮災。輔臣入視工程，乃得見帝，因亟言巡漕巡倉二差，及河南、陝西巡撫缺應補授差遣。三月，吏部奏天下郡守缺員。不報。時郡守缺者幾十之五。是時兩北六卿正貳亦多缺不補。三十二年三月，閣臣請補司道郡守及遣巡方御史。不報。沈一貫擬各御史敕以上。不省。四月，一貫等上疏催補科道，行取考選吳道行等四員，熊鳴夏等三員，散館題授王元翰等八員。不報。三十四年二月，大學士沈鯉、朱賡請補六部大僚，言：「臣昨同文武百官齊赴文華門候駕，見二品班內，止戶部尚書趙世卿一員，其餘尚書、左右侍郎，員缺甚多，官聯廢闕，一至於此，政務叢脞，誰為修明？理亂所關，良非細故。乞於前後會推人數內，亟賜點用，以慰中外之望。」不省。四十五年二月，大學士方從哲、吳道南言：「今早入朝，有百餘人，群聚長安門外，環跪號訴，詢為鎮撫司監犯家屬，言：『本司理刑缺官，無人問斷，監禁日久，死亡相繼。』是有罪者不得速正厥法，無辜者不得早雪其冤。乞即簡補問官，以便審錄。」不省。

官缺不補，而求去官者亦無得請之路。三十五年正月，給事中翁憲祥言：「撫按官解任宜俟命，不宜聽其自去。」不報。據〈憲祥本傳〉：「江西巡撫許弘綱以父憂徑歸，廣西巡撫楊芳亦以憂乞免代。憲祥極言非制，弘綱貶官，芳亦被責。」據〈傳〉以證《紀》之言不報，亦非終不報，不候代者斯時尚有處分也。三十七年《本紀》書：「九月癸卯，左都御史詹沂封印自去。」三十九年又書：「十月丁卯，戶部尚書趙世卿拜疏自去。」四十年又書：「二月癸未，吏部尚書孫丕揚拜疏自去。九月庚戌，大學士李廷機拜疏自去。」四十一年又書：「七月甲子，兵部尚書掌都察院事孫瑋拜疏自去。九月庚辰，吏部尚書趙煥拜疏自去。」四十二年又書：「八月甲午，禮部右侍郎孫慎行拜疏自去。」

然則其先猶以巡撫不俟代而貶，與乞免代而被責，其繼則閣部大臣相率拜疏自去矣。未去之先，章必數十上而不報，遂以拜疏自去了之。

帝既置朝事不問矣，謂即朝無一事乎？則又非也。行政之事可無，斂財之事則無奇不有。帝之斂錢，皆用內監，而帝實非溺內監者。《明史・宦官・陳矩傳》：「自馮保、張誠、張鯨相繼獲罪，其黨有所懲不敢大肆。帝亦惡其黨盛，有缺多不補，迨晚年，用事者寥寥，東廠獄中至生青草。帝常膳，舊以司禮輪供，後司禮無人，乾清管事牌子常云獨辦，以故偵卒稀簡，中外相安。惟四方采榷者，帝實縱之，故貪殘肆虐，民心憤怨，尋致禍亂。」觀此知神宗之於內官，其員缺不補，亦與外廷之臣無異。外廷闕官為失政，內官缺額則為美德矣。而帝則用采榷之監，毒遍天下。此則惟知好貨，其內外缺官實為惜俸給，其采榷必遣內監，利其非士大夫，不知法紀，而可以盡搜括之能事。帝王之奇貪，從古無若帝者。

采榷之禍，詳於宦者〈陳增〉〈梁永〉兩傳，茲略舉之。〈陳增傳〉：礦稅遣官，自二十四年始。其後言礦者爭走闕下，帝即命中官與其人偕往，天下在在有之。其最橫者增及陳奉、高淮。是為礦監。〈梁永傳〉：二十七年二月，命往陝西徵收名馬貨物稅。嗣有楊榮，皆為窮凶極惡，通都大邑，無不遍設。是為稅監。又有兩淮鹽監，廣東珠監，或專遣，或兼攝，大璫小監，縱橫繹騷，吸髓飲血，以供進奉，人公帑不及什一，而天下生靈塗炭。撮舉其最可駭異者言之：增在山東，劾福山知縣韋國賢，即逮問削職。益都知縣吳宗堯幾死詔獄。兼徵山東店稅，與臨清稅監馬堂相爭，帝為和解，使堂稅臨清，增稅東昌。增益肆，其黨內閣中書程守訓、中軍官全治等自江南北至浙江，稱奉密旨搜金寶，募人告密，誣大商巨室藏違禁物，所破滅什伯家，殺人莫敢問。巡撫劉曰梧以狀聞，鹽務少監魯保亦奏守訓阻塞鹽課。俱弗省。三十三年增死，肆惡山東已十年。陳奉以二十七年命徵荊州店

稅，兼採興國州礦洞丹砂，及錢廠鼓鑄事。奉兼領數使，每托巡歷，鞭笞官吏，剽劫行旅，商民恨刺骨。伺奉自武昌抵荊州，聚數千人噪於塗，競擲瓦石擊之，奉走免，遂誣襄陽、黃州、荊州、荊門州數州府官煽亂，帝立為逮譴有差。興國州奸人漆有光，訐居民徐鼎等掘唐相李林甫妻楊氏墓，得黃金巨萬，騰驤衛百戶仇世亨奏之，帝命奉括進內庫，奉因毒拷責償，且悉發境內諸墓。巡按御使王立賢言：「所掘墓乃元呂文德妻，非林甫妻。奸人訐奏，語多不，請罷不治，而停他處開掘。」不報。二十八年十二月，武昌民變，南京吏部主事吳中明奏言：「奉嚇詐官民，僭稱千歲，其黨直入民家，姦淫婦女，或掠入稅監署中。王生之女、沈生之妻，皆被逼辱。士民公憤，萬餘人甘與同死。撫按三司護之數日，僅而得全，巡撫支可大曲為蒙蔽。」大學士沈一貫亦言：「陳奉入楚，始而武昌，繼之漢口、黃州、襄陽、寶慶、德安、湘潭等處，變經十起，幾成大亂，立乞撤回。」帝皆置不問。奉復開谷城礦不獲，脅其庫金，為縣民所逐。僉事馮應京劾奉，降應京雜職。奉又開棗陽礦，知縣王之翰以顯陵近，執不可。奉劾之翰及襄陽通判邸宅、推官何棟如，緹騎逮訊，並追逮應京。應京有惠政，民號哭送之。奉列應京罪狀於通衢，民切齒復聚圍奉署，奉逃匿楚王府，眾投奉黨耿文登等十六人於江，以巡撫可大護奉，焚其轅門。事聞，內閣及言官請撤奉。不報。而內監李道方督理湖口船稅，亦奏：「奉水沮商舟，陸截販賣，徵三解一，病國剝民。」帝始召奉歸。奉去，挾金寶財物鉅萬計，可大懼為民所掠，多與徒衛，導之出疆。以一貫請，始革可大職。而言官陳維春、郭如星極言奉罪，帝不懌，降二人雜職。三十二年，始釋應京歸，之翰卒瘐死。馬堂者，天津稅監兼轄臨清，始至，諸亡命從者數百人，白晝手銀鐺奪人產，抗者以違禁罪之，僅告主者畀以十之三，中人之家，破者大半，遠近罷市。民萬餘人縱火焚堂署，斃其黨三十七人，皆黥臂諸偷也。事聞，詔捕首惡，

株連甚眾。有王朝佐者素仗義，慨然出曰：「首難者我。」臨刑神色不
變。知府李士登恤其母妻，民立祠以祀。廷臣自大學士而下，諫者不
下百餘疏，悉寢不報。諸監有所糾劾，朝上夕下，輒加重譴，而以高
淮及梁永為尤甚。淮採礦徵稅遼東，所委官激民變，淮誣系諸生數十
人，巡按楊宏科疏救，不報。參隨楊永恩婪賄事發，奉旨會勘，卒不
問。又惡總兵馬林不為己下，劾罷之。給事中侯先春疏救，遂戍林而
謫先春雜職。巡按何爾健與淮互訐奏，淮遣人邀於路，錮其奏事人於
獄，匿疏不以聞。三十一年夏，淮率家丁三百餘，張飛虎幟，金鼓震
天，聲言入內謁帝，潛住廣渠門外。吏部尚書李戴、刑部尚書蕭大亨
皆劾淮擅離信地，挾兵潛住京師，數百年未有之事。御史給事中連疏
劾淮。皆不報。巡撫趙楫劾淮罪惡萬端，且無故打死指揮張汝立。亦
不報。淮因上疏自稱「鎮守關務」。兵部奏其妄，帝護淮，謬曰：「朕
固命之。」淮益募死士時時出塞射獵，發黃票龍旗，走朝鮮索冠珠貂
馬，數與邊將爭功，山海關內外咸被其毒。時清太祖日強，逼近遼東，淮為
民驅除，大有力於清之發展。又以短抑參價為清口實。三十六年四月，前屯衛
軍以淮奪餉，甲而噪，誓食淮肉。六月錦州、松山軍復變，淮懼，內
奔，誣同知王邦才、參將李孟陽孟陽《實錄》作獲陽。〈華鈺傳〉亦作獲
陽。逐殺欽使，劫奪御用錢糧。二人皆逮問。邊民益譁。總督蹇達再
疏暴淮罪。乃召歸，仍以通灣稅監張曄兼領其事。孟陽竟死獄中，邦
才至四十一年乃釋。

　　梁永為陝西稅監，本不典兵，而畜馬五百匹，招致亡命，用千戶
樂綱出入邊塞。富平知縣王正志發其奸，並劾礦監趙欽。詔逮正志，
瘐死詔獄中。渭南知縣徐鬥牛，廉吏也，永責賂，箠死縣吏卒，鬥牛
憤恨自縊死。巡撫賈待問奏之，帝使永會勘，永反劾西安同知宋賢，
並劾待問有私，請皆勘。帝從之，而宥待問。永又請兼鎮守職銜，又
請率兵巡花馬池、慶陽諸鹽池，征其課。緣是帥諸亡命，具旌蓋鼓

吹，巡行陝地，盡發歷代陵寢，搜摸金玉，旁行劫掠，所至邑令皆逃，杖死縣丞鄭思顏、指揮劉應聘、諸生李洪遠等，縱樂綱等肆為淫掠，私宮良家子數十人，稅額外增耗數倍。復用奸人胡奉言，索咸陽冰片五十斤，羊毛一萬斤，麝香二十斤。知縣宋時際怒勿予。咸寧人道行遇盜，跡之，稅使役也，知縣滿朝薦捕得之。永誣時際、朝薦劫稅銀。帝命逮時際，而以朝薦到官未久，鐫秩一級。巡撫顧其志盡發其奸，言秦民萬眾共圖殺永。大學士沈鯉、朱賡請械永歸以安眾心，帝悉不報，而亦釋時際、朝薦。御史余懋衡方按陝西，永懼，使綱酖懋衡幾死。訟於朝，言官攻永者數十疏，永部下諸亡命乃稍稍散。其渠魁王九功、石君章等齎重寶，輜軿盈路，詐為上供物，持劍戟弓弩，結陣以行。而永所遣解馬匹者已乘郵傳先發，九功等疾馳，欲追及與同出關。朝薦疑其盜，九功等後至又無驗，邏兵與格鬥，殺數人盡奪其裝，御史懋衡以捕盜殺傷聞。永懼，使繫書發中，入都訟朝薦劫上供物，殺數人投屍河中。帝震怒，曰：「御史酖無恙，而朝薦代為報復。」立遣使逮朝薦，時三十五年七月也。既至下詔獄榜掠，遂長系。中外自大學士以下論救百十疏，最後四十一年秋萬壽節，用大學士葉向高請，乃與王邦才、卜孔時並釋歸。而先一年三十四年，楊榮為雲南人所殺。初，榮妄奏阿瓦猛密諸番願內屬，其地有寶井可歲益數十萬，願賜敕領其事。帝許之。既而榮所進不得什一，乃誣知府熊鐸侵匿，下法司。又請詔麗江土知府木增獻地聽開採。巡按御史宋興祖言：「太祖令木氏世守茲土，限石門以絕西域，守鐵橋以斷土蕃，奈何自撤藩蔽，生遠人心？」不報。榮愈怙寵，誣劾各府州官下獄提問累累，百姓恨入骨，燔稅廠，殺委官張安民。榮恣行威虐，杖斃數千人，至是搒掠指揮使樊高明絕其筋，枷以示眾。又以求馬不獲，系指揮賀瑞鳳，且言將盡捕六衛官。於是指揮賀世勳等率冤民萬人，焚榮第殺之，投火中，並殺其黨二百餘人。事聞，帝為不食者數日。欲逮

問守土官，沈鯉揭爭，且密屬太監陳矩剖示，乃止誅世勳等。當是時，帝所遣中官，無不播虐逞兇者，史傳所詳，不能盡載也。

帝以溺鄭貴妃故，礦稅諸監率結鄭氏，以妃為內主。既生常洵，外廷疑妃有立己子謀，眾臣爭言立儲事，姜應麟等疏謂被謫，李太后聞之弗善。一日帝入侍，太后問故，帝曰：「彼都人子也。」太后怒曰：「爾亦都人子。」帝惶恐伏地不敢起。內廷呼宮人為都人，太后亦由宮人進，故云。皇長子由是不敢輕動。而請立儲之疏累數千百，皆指斥宮闈，攻擊執政，謂不能力定國本。帝以太后前語，概置不問。由是門戶之禍大起。二十年，禮科都給事中李獻可偕六科諸臣疏請預教，言：「元子年十一矣，豫教之典，當首春舉行。」帝大怒，摘疏中誤字，責以違旨侮君，貶官奪俸有差。科道諸臣各具疏救，俱譴責。給事中孟養浩語尤切，略言：「一字之誤，本屬無心，遽蒙顯斥，臣愚以為有五不可：元子天下本，豫教之請，為宗社計，不惟不聽，且從而罰之，是坐忍元子失學而敝帚宗社也。不可者一。長幼定序，明旨森嚴，天下臣民，既曉然諒陛下之無他矣，上年廷臣爭請建儲，得旨於二十年春舉行。至九月，工部主事張有德預以儀注請，帝又怒奪其俸。閣臣中申時行在告，許國、王家屏慮事有變，引前旨爭，首列時行名。時行聞帝怒，密疏言實不與知。言官力詆時行，時行遂乞罷。國與家屏又請立儲，遂罷國。然預教冊立，本非兩事，今日既遲回於預教，安知來歲不游移於冊立，是重啟天下之疑。不可者二。父子之恩，根於天性，預教有益元子，陛下罪之，非所以示慈愛。不可者三。古者引裾魏文時辛毗事。折檻漢成時朱雲事。之事，中主能容之。陛下量侔天地，言及宗社大計，反震怒而摧折之。天下萬世，謂陛下何如主？不可者四。獻可等所論，實天下臣民之公言，加罪獻可，是所罪者一人，而實失天下人之心。不可者五。」帝愈怒，謂養浩欺君惑眾，命錦衣衛杖之百，削籍為民。是時斥諫官十一人，朝士莫不駭嘆。未幾，大學士王家屏亦以救李獻可罷。

神宗以有所私於鄭貴妃，遂以請豫教元子為罪，以致元子長而失學。

二十一年正月，帝手詔王錫爵，欲待嫡子，令元子與兩弟且並封為王。錫爵奉詔擬旨，舉朝大譁，事得寢，而錫爵名大損。二十二年二月，皇長子始出閣講學。二十八年十月，給事中王德完復以請立儲廷杖除名。至二十九年，皇長子年二十，冊立冠婚並行，臨時復令改期。閣臣封還諭旨力爭，以十月己卯立皇長子常洛為皇太子。而封鄭貴妃子常洵為福王，婚費邸第，十倍常制。嗣是福王不之國，而奪嫡之疑時起。三十一年，有妖書之獄。

先是刑部侍郎呂坤撰《閨範圖說》，太監陳矩購入禁中，帝賜鄭貴妃，妃重刻之。二十六年秋，或撰《閨範圖說跋》，名曰《憂危竑議》。其文托朱東吉為問答，東吉者，東朝也，以呂坤曾有憂危一疏，因藉以諷。言坤書首載明德馬后，由宮人進位中宮，意以重妃。而妃之刊刻，實藉為奪嫡地。妃兄國泰，以給事中戴士衡嘗糾坤，全椒知縣樊玉衡並糾貴妃，疑出二人手，言於帝。帝重譴二人，事遂寢。至三十一年冬十一月，復出《續憂危竑議》，朱賡於寓門外獲之，其詞假鄭福成為問答，謂鄭氏子福王當成也。略言帝立東宮，出於不得已，他日必當更易。其用朱賡為內閣者，賡更同音，寓更易之意。詞極詭妄，時謂妖書。帝敕有司大索奸人，沈一貫與郭正域、沈鯉相嫌，欲因是陷之，遂興大獄。東廠又捕獲妖人皦生光。其他告訐紛起，鋃鐺旁午，都城人人自危。一貫與其黨欲自所獲諸人引正域以及鯉，卒不能得。而太子亦有言，謂：「何為欲殺我好講官？」正域為太子出閣時講官。諸人懼，乃歸獄皦生光，磔之。

嗣是又十年，福王仍不之國，洛陽邸第以二十八萬造成。廷臣請王之國者數十百奏，不報。四十一年春，復交章請，葉向高、孫慎行

爭尤力。帝始以明春為期，已復傳旨莊田非四萬頃不可。向高因言：
「〈會典〉載親王祿米萬石，養贍名目已是添設。各直省田土，大郡方
有四萬頃，少者止一二萬。祖宗以來。封國不少，使親王各割一大
郡，天下田土已盡，非但百姓無田，朝廷亦無田矣。況聖子神孫源源
未已乎？列聖遵守家法，豈無愛子？祖制不敢逾越，必如是而後萬世
可常行耳。福王所陳，不過引景府潞府事例，潞府就封時廢府田地尚
多，未嘗括及民間。今田地已盡，而租銀之入已過潞府，何更求多？
至景府久不之國，皇考在裕邸常懷危疑，其後皇祖斷然遣之，人心始
安。景府屢請楚地，幾至激變，當時皆譏皇祖過寵，非以愛之。景王封
四年而薨，無子國除。亦前事之鑒也。」

> 景恭王載圳，世宗第四子。潞簡王翊鏐，穆宗第四子，即帝同
> 母弟。初居京邸，王店王莊遍畿內，比之藩，悉以還官，遂以
> 內臣司之，皇店皇莊，自此益侈。嘉靖以後，天子與民爭利，
> 皆亡國之象。〈潞王傳〉：「明初親王歲祿外，量給草場牧地，
> 間有以廢壞河灘請者，多不及千頃。部臣得執奏，不盡從也。
> 景王就藩時，楚地曠，多閒田，詔悉予之。景藩除，潞得景故
> 籍田，多至四萬頃。部臣無以難。至福王之國，版籍更定，民
> 力益絀，尺寸皆奪之民間，海內騷然。論者推原事始，頗以翊
> 鏐為口實。」凡此即葉向高之所云也。祖宗時之閒田，本留以
> 贍軍，實亦無所謂閒，但不直接奪之民耳。閒田既盡，乃復奪
> 民，益思明祖創制之宏大，子孫日失其本意，猶久而後不支。
> 國之興亡，要以民之有無生計為斷，此萬世所可鑒也。

向高等又言：「福王莊田必足四萬頃，則之國無日。王疏以祖制為
言，臣不知所引祖制何指，惟景府以寵愛逾分致壞祖制，奈何尤而效

之？今河南、山東撫按官搜括已盡，恐奸徒以投獻為名，挾仇報怨，中州、齊、楚間，稍有土地者不安其生，天下從此多事矣。」又言：「東宮輟講八年，且不奉天顏者久；而福王一日兩見，以故不能無疑。」會錦衣百戶王曰乾與人相告訐，入皇城放炮上疏，訐鄭貴妃內侍姜嚴山等用厭勝術，詛皇太后、皇太子，欲擁立福王。帝震怒。向高請別治奸人罪，而速定福王之國期。帝納其言。貴妃又請留福王慶太后壽，太后曰：「吾潞王亦可來祝壽乎？」妃乃不敢言。四十二年二月，福王之國，歷年稅使礦使所進珍羨，悉以資之，押運劉孝，自虞城至洛陽，到處挾索，橫逞殺人，撫按以聞，悉置不問。莊田則群臣請減，帝諭以王意奏辭，減半給二萬頃，中州腴土不足，以山東、湖廣田益之。王復乞故大學士張居正所沒產，及江都至太平沿江荻洲雜稅，並四川鹽井榷茶銀以自益。伴讀承奉等官，假履畝為名，乘傳出河南北、齊、楚間，所至騷動。山東、河南、湖廣撫按臣各疏言：「王府賜地，照〈會典〉應令地方官每畝徵銀三分，王府遣人關領，不便自行勘丈管業。」並言中使諸人不法狀。俱不報。後湖廣田不足，又減一千頃，實給一萬九千頃。王又請淮鹽千三百引，設店洛陽，與民市。中使至淮揚支鹽，乾沒要求輒數倍。中州舊食河東鹽，以改食淮揚鹽故，非王肆所出不得鬻，河東引遏不行，邊餉由此絀。葉向高言以藩國之尊，下侵商賈之事，差官支取，滋夾帶之奸；定價貿易，無兩平之理。由是河東虧課，豫民食貴，公私交困，廷臣先後請停丈田、開市二事。俱不報。

〈福王傳〉：「帝深居久，群臣章奏率不省，獨福藩使通籍中左門，一日數請，朝上夕報可。四方奸人亡命，探風旨走利如鶩，如是者終萬曆之世。常洵日閉閣飲醇酒，所好惟婦女倡樂。秦中流賊起，河南大旱蝗，人相食。民間藉藉謂先帝耗天

下以肥王，洛陽富於大內，援兵過洛者，喧言：『王府金錢百
萬，而令吾輩枵腹死賊手。』南京兵部尚書呂維祺方家居，聞
之懼，以利害告，常洵不為意。」〈李自成傳〉：「十四年崇禎正
月，攻河南，有營卒勾賊，城遂陷，常洵遇害。自成兵汋王
血，雜鹿醢嘗之，名福祿酒。」多藏厚亡，蘊利生孽，此之謂
也。

　　福王既之國而太子較定矣，未幾又有梃擊之案，是為明代後三案
之。後三案之反覆，為邪正朋爭報復慘殺之樞紐，明於是以亡。事歷
天、崇兩朝，延及南渡以後，而在萬曆間，則先有此一案，亦鄭貴妃
所啟奪嫡之嫌疑也。太子居慈慶宮，四十三年五月，有不知姓名男子
持棗木梃入宮門，擊傷守門內侍李鑒，至殿前簷下被執。皇太子奏
聞，帝命法司案問，巡視皇城御史劉廷元鞫奏：「犯民張差，薊州井兒
峪人。按其跡若涉風瘋癲，稽其貌實系黠猾。請下法司嚴訊。」時東宮
雖久定，帝待之薄，中外方疑貴妃與兄國泰謀危太子。及差被執，舉
朝驚駭。廷元既以風癲奏，刑部郎中胡士相等復訊，一如廷元指。按
律當斬，加等立決。奏定未上，提牢主事王之寀私詰差，言由內侍引
導，得口詞甚悉。之寀備揭其語，因侍郎張問達以聞。疏入未下，廷
臣連章趣之，而郎中陸大受疏有「奸戚」字，帝惡之，與之疏俱不報。
御史過庭訓言：「禍生肘腋，宜即剗除。」大學士方從哲、吳道南斥之
寀言謬，請詳審。於是庭訓遂移文薊州蹤跡之，知州戚延齡具言致癲
始末，符原勘，遂以風癲為定案。越數日，問達以員外郎陸夢龍言，
令十三司會鞫，眾咸囁嚅，夢龍獨詳訊之，謂系龐保、劉成主使。刑
部乃行薊州道，提差所供馬三道等，差供詳〈王之寀〉〈陸夢龍〉兩傳。疏
請法司提龐保、劉成對質。保、成皆貴妃內侍，中外藉藉，語侵鄭國
泰。國泰懼，出揭自白。給事中何士晉直攻國泰，且侵貴妃。疏入，

上大怒，然不能無心動，蓋其初王曰乾上變言巫蠱事，辭連劉成，至是復涉成也。乃諭貴妃善為計。妃窘，乞哀皇太子，自明無他。帝令太子白之廷臣，太子亦以事連貴妃，大懼，請帝速具獄，毋株連。帝乃於慈寧宮召大學士方從哲、吳道南及文武諸臣入見，因執太子手，謂諸臣曰：「此兒極孝，朕極愛，使朕有別意，何不早更置？外臣何意，輒以浮言間朕父子耶？」因命內侍引三皇孫至石級上，令諸臣熟視曰：「朕諸孫俱已長成，更何說？」顧問太子：「有何語？與諸臣悉言無隱。」太子具言：「瘋癲之人，宜速決。」並責諸臣，言：「我父子何等親愛，而外廷議論紛如，爾等為無君之臣，使我為不孝之子。」帝復謂諸臣曰：「爾等聽皇太子語否？」申諭再三，諸臣始叩首出，帝不見群臣已二十五年矣。帝尋諭三法司：「張差以瘋癲奸徒闖入東宮，持梃傷人，罪在不赦。」因命決差於市。內官龐保、劉成，帝以涉鄭氏，付外廷議益滋，潛斃之於內，言皆以創重身死。馬三道等五人，命予輕比，坐流配。時帝意在調護貴妃太子，念事似有跡，故於諸言者亦不遽罪。未幾，何士晉調外，王之削籍，陸大受奪官，而陸夢龍以張問達力，獨免。

四十四年正月，清太祖建元天命，稱建州國汗，自承為金後，亦稱後金，而明廷未深知也，憒憒如故。是年八月，太子復出閣講學。輟講已十二年，群臣諫疏凡數百上，始命舉行，中外大悅，然一講而輟，後不復更舉矣。

## 第三節　決裂之期

萬曆四十六年，清兵克撫順，明人記載謂之東事起。清太祖名努爾哈赤，自萬曆十一年其祖及父為李成梁焚戮之後，起而訴其以忠獲禍。蓋太祖父祖實為明嚮導，以破建州酋阿台而致駢死也。明稍假借

之，遂以所得之敕命，漸漸自立，以力吞併諸部，混一建州，旁及海西。李成梁始而狎之，繼而畏之，且欲倚以消弭邊釁。時猶稱建州，亦頗自昵於明，取其尊官厚賞以自肥殖，兼併行之塞外。中朝不能顧內事，遑問邊計？貢市頻繁，猶以順服視之。至撫順陷而顯然內犯，且有七大恨誓師之文。今於清與明之接觸，本講義中不求其詳，別詳《清史講義》焉。

遼東三面受敵，無歲不用兵，自高淮為稅使，朘削十餘年，軍民益困，而先後巡撫皆庸才，玩愒苟歲月，帝又置萬機不理，邊臣呼籲，漠然不聞，邊事大壞。四十六年春，朝廷之上，方昏臥未覺禍至。二月，吏部尚書鄭繼之以累疏乞休不允，稽首闕下，出郊待命。帝聞，命馳傳歸。兵部尚書崔景榮又封印出城。御史王象恆言：「十三道御史在班行者止八人，六科給事中止五人，而冊封典試諸差，及巡方報滿，告病求代者踵至，當亟議變通之法。」方從哲亦言：「考選諸臣守候六載，艱苦備嘗，乞特允部推，令受命供職。」皆不報。至四月甲辰，十五日。建州兵陷撫順，《明史》作「大清兵克撫順。」至《明紀》等書竟作「我太祖高皇帝起兵克撫順。」在清代文義如此。若論史實，則其時建州未自名為清，並無滿洲之名。遊擊李永芳叛降，千總王命印死之。巡撫李維翰趣總兵官張承蔭赴援，承蔭急帥副將頗廷相、參將蒲世芳、遊擊梁汝貴等諸營併發。庚戌，二十一日。次撫順，甫交鋒，建州兵蹴之，大潰。承蔭、世芳皆戰死，廷相、汝貴已潰圍出，見失主將，亦陷陣死，將士死者萬人，生還者十無一二，撫安、三岔兒、白家沖三堡繼失。事聞，詔逮維翰，中外戒嚴，羽書日數十至，帝頗憂懼，章奏時下，不數月泄泄如故。

閏月庚申，初二日。楊鎬為兵部左侍郎兼右僉都御史，經略遼東，周永春代李維翰，李如柏代張承蔭，劉綎、柴國柱、官秉忠並僉書都督府事。杜松馳援遼陽，馬林以故官從征。遼東兵事興，驟增餉三百

萬。李汝華累請發內帑，不得，時內帑充積，帝靳不肯發，汝華乃借支南京部帑，括天下庫藏餘積，征宿逋，裁工食，開事例。會周永春請益兵加賦，八月，汝華再請發各省稅銀。不報。汝華乃議：「天下田賦，自貴州外，畝增銀三厘五毫，可得餉二百萬有奇。」從之。九月辛亥，加天下田賦。是為萬曆間永加之第一次。是年兵事，七月丙午，二十五日。建州兵又克清河堡，副將鄒儲賢、參將張旆俱死，部將二十人，兵民萬餘殲焉。詔賜楊鎬尚方劍，得斬總兵以下官，鎬乃斬逃將陳大道、高炫，徇軍中，徵兵四方圖大舉。自九月以後，災異迭見，御史熊化劾方從哲乞用災異策免。從哲方獨相，至是求罷，堅臥四十餘日，閣中虛無人，慰留再三，仍視事。於是以師久餉絀，從哲及兵部尚書黃嘉善發紅旗日趣楊鎬進兵。四十七年正月，鎬定議分四路出兵，號四十七萬，以馬林由開原出三岔口合北關軍北關即海西女真之葉赫部。時海西已由各衛並成四部之後，而為清太祖滅其三，止餘北關，即太祖高皇后之母家，太祖非兼併不可，故為明廷效用。為北路，杜松出撫順為西路，李如柏出鴉鶻關趨清河時清河已失。清河即本溪地，建州在撫順之東，本溪之東北。為南路，劉綎出寬甸合朝鮮軍為東南路，師期為三月二日。鎬無方略，中樞非但不知敵情，並不自知其所命之將，軍事期會分佈，先期盡泄。劉綎、杜松較勇銳，直入建州境，建州設伏以待，全軍盡沒；馬林亦敗，僅以身免；李如柏與建州有私交，自其父成梁以來，常扶助清太祖，又以李寧遠成梁封寧遠伯家世，為楊鎬所倚賴而昵之，故獨不出軍救應，而稱鎬以令箭撤回；北關軍亦未出；朝鮮軍亦為建州所擄，從此不敢盡忠於明；文武將史前後死者三百一十餘人，軍士四萬五千八百餘人，亡失馬駝甲仗無算。敗書聞，京師大震。言官連疏劾李如柏，如柏自殺，而朝廷又用如柏弟如楨代鎮，楊鎬罪亦不問，馬林謫充為事官，仍守開原。林恃兀良哈酋宰賽暖兔等許助兵，不設備。六月丁卯，十六日。建州又破開原，林及城守諸將副參遊以下盡

死。癸酉，二十二日。用熊廷弼代楊鎬經略遼東，帝怠事斁財如故。甲戌，二十三日。廷臣伏文華門，請發章奏及增兵發餉，又候旨思善門。皆不報。

　　李如楨至遼，楊鎬使守鐵嶺。李氏故鐵嶺人，乃預令其族遷避，留一空城。又以鎬令還瀋陽，而令參將丁碧等防守。七月丙午，二十五日。建州兵臨鐵嶺城，如楨擁兵不救，遊擊哈成名等俱陣沒，城又失，瀋陽及諸城堡軍民一時盡竄，遼陽洶洶。熊廷弼之起用，朝廷倚望甚厚，廷弼受命於開原已陷之日，上言：「遼左京師肩背，河東遼河東遼鎮腹心，開原又河東根本，欲保遼東，開原必不可棄。虜未破開原時，北關、朝鮮，猶足為虜腹背患，今已破開原，北關不敢不服；遣一介使朝鮮，不敢不從。虜既無腹背憂，必合東西之勢以交攻，然則遼、瀋何可守也？乞速遣將士，備芻糧，修器械，毋窘臣用，毋緩臣期，毋中格以沮臣氣，毋旁撓以掣臣肘，毋獨遺臣以艱危，以致誤臣誤遼兼誤國也。」疏入，悉報允，且賜尚方劍以重其權。廷弼甫出山海關，聞鐵嶺陷，兼程進，遇逃者，諭令歸，斬逃將劉遇節、王捷、王文鼎以祭死節士，誅貪將陳倫，劾如楨十不堪，罷之，以李懷信代；督軍士造戰車，治火器，濠繕城，為守禦計。八月癸亥十三日。，逮楊鎬下錦衣獄，論死。

　　遼左餉絕，廷臣數請發帑。不報。會廣東進金花銀，戶部主事鹿善繼言於尚書李汝華曰：「與其請不發之帑，何如留來進之金。」汝華然之。帝怒，奪善繼俸一年，趣補進，善繼持不可，以死爭，乃奪汝華俸一月，降善繼一級調外。汝華懼，卒補銀進。九月戊子，吏部尚書趙煥帥廷臣伏文華門，固請帝臨朝議政。方從哲叩首仁德門，跪俟諭旨。抵暮，帝遣中官諭之退，從哲復請帝出御文華殿，召見群臣，面商戰守方略。煥〈疏〉云：「他日薊門蹂躪，敵人叩闔，陛下能高枕深宮稱疾謝卻之乎？」帝終不報。自鐵嶺陷後，宰賽始以兵來戰，為

建州所擒，建州移兵攻北關，滅之。明所恃為「以夷制夷」之計者於是盡矣。

　　熊廷弼令嚴法行，守備大固，乃上方略：「請集兵十八萬，分佈璦陽、清河、撫順、柴河、三岔兒、鎮江諸要口，首尾相應，小警自為堵禦，大敵互為應援，更挑精悍者為遊徼，乘間掠零騎，擾耕牧，更番迭出，使敵疲於奔命，然後相機進勦。」從之。初廷弼抵遼，令僉事韓原善往撫瀋陽，憚不肯行，繼命僉事閻鳴泰，至虎皮驛，痛哭而返。廷弼乃躬自巡歷，自虎皮驛抵瀋陽，復乘雪夜赴撫順，總兵官賀世賢以近敵沮之，廷弼曰：「冰雪滿地，敵不料吾來。」鼓吹入，時兵燹後，數百里無人跡，廷弼祭諸死事者而哭之，遂耀兵奉集，相度形勢而還。所至招流移，繕守具，由是人心復固。會帝從方從哲言，遣姚宗文閱視遼東軍馬，遂以意氣相失，回京與言路數人相結傾廷弼。

　　是年十二月，再加天下田賦，畝三厘五毫，是為萬曆間二次加派。內庫之積如山，帝不肯稍出，而責貢輸不已。明年四十八年三月，再議增賦，複畝增二厘，三歲三增，遂為歲額。御史張銓疏言：「軍興以來，所司創議加賦，畝增銀三厘五毫，未幾至七厘，又未幾至九厘。譬之一身，遼東肩背，天下腹心也，肩背有患，猶藉腹心之血脈滋灌，若腹心先潰，危亡可立待。竭天下以救遼，遼未必安，而天下已危。今宜聯人心以固根本，豈可朘削無已，驅之使亂？且陛下內廷積金如山，以有用之物置無用之地，與瓦礫糞土何異，乃發帑則叫閽不應，加派則朝奏夕可，臣殊不得其解。」不省。

　　四十八年五月，建州兵略地花嶺，六月，略王大人屯，失亡將士四五百人，諸將賀世賢等亦有斬獲，是為姚宗文等傾熊廷弼之口實。帝自四月癸丑皇后王氏崩，亦有疾，七月甲午大漸，召大臣入見宏德殿。丙申，二十一日。帝崩。諸臣出遺詔，有云：「比緣多病，靜攝有年，郊廟弗親，朝講稀御，封章多滯，寮案半空，加以礦稅煩興，徵

調四出，民生日蹙，邊釁漸開，夙夜思惟，不勝追悔。方圖改轍，與
天下更新，而遘疾彌留，殆不可起，蓋愆補過，允賴後人。皇太子常
洛可嗣皇帝位。」又云：「內閣輔臣，亟為簡任。閣臣只方從哲一人，已逾
三年。卿貳大僚，盡行推補。兩諮考選，並散館科道官俱令授職。建言
廢棄及礦稅詿誤諸臣，酌量起用。一切榷稅並新增織造燒造，悉停
止。各衙門見監人犯，俱起送法司查審，應釋者釋放。東師缺餉，多
發內帑以助軍需，陣亡將士速加恤錄。」次日丁酉，皇太子即遵遺詔發
帑金百萬犒邊，盡罷天下礦稅，起建言得罪諸臣，下前後考選之命。
後二日己亥，再發帑金百萬充邊賞。

## 第四節　光宗一月之附贅

　　萬曆四十八年八月丙午朔，皇太子常洛即位，改明年為泰昌元
年。丙寅，二十一日。帝不豫。戊辰，二十三日。召對英國公張惟賢、大
學士方從哲等十有三人於乾清宮，命皇長子出見。甲戌二十九日。是月小
建，即月盡日。大漸，復召從哲等受顧命。是日，鴻臚寺官李可灼進紅
丸。九月乙亥朔，崩於乾清宮。熹宗即位，從廷臣議，改萬曆四十八
年八月後為泰昌元年。

　　光宗之在位也，於朝事無所補裨，而惑於女寵，促其大命。為當
時黨局造成紅丸、移宮兩案，作反覆禍國之資。紅丸即李可灼所進，
帝服而崩。移宮案者，光宗崩後，選侍李氏占居乾清宮，由楊漣、左
光斗建議，督促輔臣，力請選侍移居噦鸞宮者也。光宗為太子時，太
子妃郭氏，先薨於萬曆四十一年，熹宗為皇長孫，其生母王才人亦早
薨。太子宮中有二李選侍，號東、西李，西李最有寵，嘗撫視皇長
孫。初鄭貴妃侍神宗疾，留居乾清宮。及光宗嗣位猶未移，懼帝以福
王事銜己，進珠玉及美姬八人啖帝，知帝寵李選侍，因請立為皇后，

選侍亦為貴妃求封皇太后。乙卯，八月初十。帝不豫，召醫官診視。丁巳，十二日。帝力疾御門，以神宗遺命，趣舉封后禮。方從哲即以命禮部，禮部侍郎孫如游疏言：「以配而后者，乃敵體之經；以妃而后者，則從子之義。皇貴妃事先帝有年，不聞倡議於生前，而顧遺詔於逝後，豈先帝彌留之際遂不及致詳耶？且王貴妃誕育陛下，豈非先帝所留意者，乃恩典尚爾有待，而欲令不屬毛離里者得母其子，恐九原亦不無怨恫也。昭先帝之失言，非所以為孝，〈中庸〉稱『達孝』為『善繼』『善述』。義可行則以遵命為孝；義不可行則以遵禮為孝。臣不敢奉命。」議乃寢。己未，十四日。內侍崔文昇進泄藥，一晝夜三四十起，都人紛言為貴妃所使，帝由是委頓。群情疑駭，外家王、郭二戚畹遍詣朝士，泣朔宮禁危急狀，言鄭、李交固甚，包藏禍心。於是給事中楊漣、御史左光斗昌言於朝，與吏部尚書周嘉謨以大義責貴妃兄子鄭養性趣貴妃移宮。貴妃恐，即移居慈寧。養性亦請封還皇貴妃封后成命，從之。漣遂劾文用藥無狀，刑部主事孫朝肅、徐儀世、御史鄭宗周上書方從哲，責以用藥乖方，請調護聖躬，速建儲貳。從哲候安，因言用藥宜慎。帝褒答之。戊辰，召對大臣，楊漣亦與召，皇長子侍立，帝命群臣前，連論之曰：「朕見卿等甚慰。」因諭冊封李選侍為皇貴妃。選侍挽皇長子入，複推之出，告旨欲封后。群臣愕然，旋叩首退。甲戌大漸，再召對諸臣，漣亦與，漣自以小臣預顧命，感激矢報。是日，仍論冊立皇貴妃，因顧皇太子論曰：「卿等輔佐為堯、舜。」又語及壽宮，輔臣以皇考山陵對，上曰：「是朕壽宮」，諸臣言聖壽無疆，何遽及此？上問：「有鴻臚寺官進藥者安在？」先是有鴻臚寺丞李可灼來閣門，言：「有仙丹欲具本進。」時輔臣方揭請慎藥，已諭之去。而可灼夙從諸御醫往來思善門，與中使熟，因以上聞，從哲等弗能禁，因奏言：「寺丞李可灼自雲仙方，臣等未敢輕信。」帝即命中使宜可灼至診視，具言病源及治法。帝喜命進藥。諸臣出，乃令可

灼與御醫及諸臣商榷，未決，輔臣劉一燝言其鄉兩人同服，一益一損，非萬全藥；禮臣孫如游言此大關係，未可輕投。時復有旨趣進，諸臣複入，可灼調藥進，帝飲湯輒喘，藥進乃受，所謂紅丸者也，帝稱「忠臣」者再，日晡複進一丸出，夜昧爽帝崩。中外藉藉，以誤下劫劑為疑，而從哲擬旨賞銀五十兩，御史王安舜首爭之，言：「先帝之脈雄壯浮大，此三焦火動，宜清不宜助，紅鉛乃陰中之陽，純火之精，投於虛火燥熱之症，不速之逝乎？以中外危疑之日，而敢以無方無制之藥駕言金丹，輕亦當治以『庸醫殺人』之條，而蒙殿下頒以賞格，是不過借此一舉塞外廷議論也。」疏入，乃改票罰俸一年，而議者蜂起矣。時選侍據乾清宮，與心腹閹魏進忠謀挾皇太子自重。群臣入臨，為群閹所格，楊漣厲聲責之，得入臨如禮。劉一燝詰皇長子所在，群閹不應。一大言：「誰敢匿新天子者？」東宮伴讀王安入白選侍，紿曰：「第出即返。」逐挾皇長子趨出，及門，中官數輩追及，攬衣請還，漣呵退之，一與英國公張惟賢遂掖皇長子升輦，至文華殿，群臣叩頭呼萬歲，還居慈慶宮太子宮。，擇日登極。時選侍圖專大權，欲與皇長子同居，諸大臣慮皇長子無嫡母生母，勢孤甚，亦欲托之選侍，楊漣曰：「天子豈可托婦人？選侍昨於先帝召對廷臣時，強皇長子入，復推之出，是豈可托幼主者？」先是皇長子還居慈慶宮，而選侍仍居乾清宮，於是周嘉謨等合疏請選侍移居噦鸞宮。為宮妃養老之處。左光斗上言：「內廷之有乾清宮，猶外廷之有皇極殿，惟皇上御天得居之，惟皇后配天得共居之，其餘嬪妃，雖以次進御，遇有大故，即當移置別殿，非但避嫌，亦以別尊卑也。大行皇上賓天，選侍既非嫡母，又非生母，儼然居正宮，而殿下乃居慈慶，不得守幾筵，行大禮，名分倒置，臣竊惑之。殿下春秋十六齡矣，內輔以忠直老成，外輔以公孤卿貳，何慮乏人，尚須乳哺而繈負之哉？倘及今不早斷，借撫養之名，行專制之實，武后之禍將見於今。」選侍大怒，召光斗將嚴

譴。光斗曰：「我天子法官也，非天子召不赴，若輩何為者？」選侍益怒，使內豎召皇長子，遇楊漣於麟趾門，漣曰：「殿下在東宮為皇太子，今則為皇帝，選侍安得召？他日即不奈選侍何，若曹置身何地？」怒目視之，其人退。是日，初四。請移宮疏得皇長子俞旨。次日，選侍尚在乾清，聞欲緩其移宮之期，楊漣及諸大臣集慈慶宮門外，漣語方從哲趣之，從哲曰：「遲亦無害。」漣曰：「昨以皇長子就太子宮猶可，明日為天子，乃反居太子宮以避宮人乎？兩宮聖母如在，夫死亦當從子，選侍何人？敢欺藐如此！」時中官往來如織，或言選侍亦顧命中人。漣斥之曰：「諸臣受顧命於先帝，先帝自欲先顧其子，何嘗先顧其嬖媵？請選侍於九廟前質之，若曹豈食李家祿者？能殺我則已；否則今日不移，死不去。」一燝、嘉謨助之，詞色俱厲，聲徹御前。皇長子使宣諭，乃退，複抗疏言：「宮必不可不移，臣言之在今日，殿下行之在今日，諸大臣贊決之亦惟今日。」其日選侍遂移居噦鸞宮，皇長子復還乾清。是時宮府危疑，漣與一燝、嘉謨定大事，言官惟光斗助之，餘悉聽漣指，一時論者稱楊、左。又明日庚辰，初六日。皇長子由校即皇帝位，時廷議改元，或議削泰昌弗紀，或議去萬曆四十八年，即以今年為泰昌，或議明年為泰昌，後年為天啟元年。左光斗請以今年八月以前為萬曆，以後為泰昌，明年為天啟。己丑十五日。下詔，如光斗議。

# 第六章
# 天崇兩朝亂亡之炯鑒

　　熹宗，亡國之君也，而不遽亡，祖澤猶未盡也；思宗，自以為非亡國之君也，及其將亡，乃曰有君無臣。夫臣果安往？昔日風氣未壞，正人君子，屠戮之而不能遽盡，故無君而猶有臣；至崇禎時，則經萬曆之敗壞，天啟之喪，不得挽回風氣之君，士大夫無由露頭角矣。思宗而在萬曆以前，非亡國之君也；在天啟之後，則必亡而已矣。分述如下。

## 第一節　天啟初門戶之害

　　門戶之禍，起自萬曆。人主心厭言官，一切不理；言官知譏切政府必不掇禍，而可聳外間之聽，以示威於政府，政府亦無制裁言官之術，則視其聲勢最盛者而依倚之。於是言官各立門戶以相角，門戶中取得勝勢，而政權即隨之，此朋黨所由熾也。在萬曆間不過把持朝局，排除異己而汲引同黨，至邊事既起，各立門戶之言官，以封疆為逞志之具，將帥之功罪賢不肖悉淆混於黨論，而任事者無所措手足矣。建州坐大，清太祖逐成王業，其乘機於明廷門戶之爭者固不小也。

　　泰昌元年十月丁未，初四日。罷遼東經略熊廷弼，以僉都御史袁應泰代之。廷弼有膽略知兵，善守邊，然性剛好謾罵，物情不甚附。為御史時，與姚宗文、劉國縉同在言路，並以排東林攻異己為事。及廷弼經略遼東，二人意望廷弼，不如願，逐相失，二人比而傾廷弼。本年八月，建州兵略蒲河，邊民有亡失，諸將亦有斬獲，蓋與五六月

間，花嶺、王大人屯兩役，皆守邊遇強敵所不能免之事。宗文還朝，
疏陳遼土日蹙，詆廷弼廢群策，雄獨智，軍馬不訓練，將領不部署，
人心不親附，復鼓其同類攻擊。於是御史顧慥首劾廷弼出關逾年，漫
無定畫，蒲河失守，匿不上聞，荷戈之士，徒供挑濬，尚方之劍，逞
志作威。御史馮三元劾廷弼無謀者八，欺君者三。下廷議。廷弼憤
甚，抗疏極辨，且求罷。而御史張修德、給事中魏應嘉複劾之。廷弼
再疏自明，繳尚方劍，力求罷斥，朝議允廷弼去。是時應泰方代周永
春巡撫遼東，遂擢經略。廷弼乃上疏求勘，言：「遼師覆沒，臣始驅羸
卒數千，踉蹌出關，至杏山而鐵嶺又失。廷臣咸謂遼必亡，而今且地
方安堵，舉朝帖席，此非不操練不部署者所能致也。若謂擁兵十萬，
不能搴旗決勝，誠臣之罪，然求此於今日，亦豈易言？令箭催而張帥
殞命；馬上催而三路喪師，臣何敢復蹈前軌？」三元、應嘉、修德等
複連章極論，廷弼即請三人往勘，從之。御史吳應奇給事中楊漣等力
言不可，乃改命兵科給事中朱童蒙往。廷弼複上疏曰：「今廟堂議論，
全不知兵，冬春之際，敵以冰霜稍緩，哄然言師老財匱，馬上促戰，
及軍敗始愀然不敢復言；比臣收拾甫定，而愀然者又複哄然責戰矣。
自有遼難以來，用武臣，用文吏，何非台省所建白，何嘗有一效？疆
場事當聽疆場吏自為之，何用拾帖括語徒亂人意，一不從輒怫然怒
哉？」及童蒙還奏，備陳廷弼功狀，末言：「臣入遼時，士民垂泣而
道，謂數十萬生靈皆廷弼一人所留，其罪何可輕議？獨是廷弼受知最
深，蒲河之役，敵攻瀋陽，策馬趨救，何其壯也！及見官兵駑弱，遽
爾乞骸以歸，將置君恩何地？廷弼功在存遼，微勞雖有可紀；罪在負
君，大義實無可逃，此則罪浮於功者矣。」疏入，朝廷方知廷弼足用，
而時袁應泰已受代矣。

　　應泰歷官，精敏強毅，用兵非其所長。既受事，刑白馬祀神，誓
以身委遼，疏言：「臣願與遼相終始，更願文武諸臣與臣相終始。」優

詔褒答，賜尚方劍，戮貪將何光先，汰大將李光榮以下十餘人，遂謀進取撫順，議用兵十八萬人廷弼交代疏中，有方略之交代，以取撫順為先務，用兵十八萬，亦廷弼原議，應泰蓋遵其說而不知運用也。大將十人，上陳方略。初廷弼持法嚴，部伍整肅，應泰以寬矯之，多所更易。而是時蒙古諸部大饑，多入塞乞食，應泰下令招降，歸者日眾，處之遼、沈二城，優其月廩，與民雜居，於是敵間充塞，無守備可言矣。將領參佐皆以為言，應泰不聽。天啟元年三月，建州入犯。應泰方議三路出師復清河、撫順，未行而建州兵已薄瀋陽。總兵賀世賢出城逆戰，不利，退欲入城，降丁斷吊橋以叛，世賢戰死，總兵尤世功援世賢亦死，城外兵七萬人皆潰，建州遂拔瀋陽，圍攻僅二日耳。建州兵又敗來援之兵，大將以下死者甚眾，乘勝攻遼陽，五日而至，應泰方撤奉集、威寧諸軍，並力守禦。第一日戰城外而敗，應泰宿營中不入城。次日再戰又敗，應泰入城，與巡按御史張銓等分陣固守，諸監司高出、牛維曜、胡嘉棟及督餉郎中傅國並逾城遁。又明日戰又敗，薄暮醮樓火，城陷，降人導民家啟扉張炬以待。不及一旬，遼沈皆陷，應泰自縊死，張銓被執，不屈，死最烈。銓以前論遼事必用熊廷弼，並言加派之害，既按遼，力言納降之非，皆不見聽。文武死者甚眾。遼東之三河等五十寨及河東大小七十餘城皆望風降，距廷弼之罷未半年也。

　　遼東既陷，沿海遼民皆航海走山東，不能達者棲止各島間。援遼都司毛文龍率師至皮島。島在登萊大海，謂之東江，地廣衍，有險可恃。文龍乃招集逃民馬兵，分佈哨船，聯接登州為掎角計，朝議是之，授文龍參將，是為東江之師。其能聯絡朝鮮以牽制建州者為時甚久。應泰敗死，以巡撫薛國用代經略，而升參議王化貞代巡撫。化貞以能得西部心，為時所倚重，蓋始終挾以西制東為取巧之計，又信叛將李永芳之誘，謂在建州軍中為內應，已可以不慮兵事，而坐致奇功者也。

　　熊廷弼既罷，人乃知其守遼功。瀋陽破，廷臣復思用廷弼，給事中郭鞏力詆之。及遼陽繼失，河西軍民盡奔，自塔山至閭陽二百餘里，煙火斷絕，京師大震。輔臣劉一燝曰：「使廷弼在遼，當不至此。」御史江秉謙追言廷弼守遼功，且以排擠勞臣為鞏罪。帝乃治前劾廷弼者，貶馮三元、張修德、魏應嘉、郭鞏等秩，除姚宗文名。御史劉廷宣救之，亦被斥，乃詔起廷弼於家。六月，廷弼入朝，首請免言官貶謫，帝不可。乃建三方佈置策：廣寧用馬步兵，列壘三岔河上；天津、登、萊各置舟師，設登萊巡撫如天津；而山海特設經略，節制三方，以一事權。遂命廷弼以兵部尚書兼右副都御史，駐山海關，經略遼東軍務。廷弼因請尚方劍，請調兵二十餘萬，以兵馬芻糧器械之屬責成戶、兵、工三部；請復監軍道高出、胡嘉棟、督餉郎中傅國等官；又議用遼人故贊畫主事劉國縉為登萊招練副使，夔州同知佟卜年為登萊監軍僉事，故臨洮推官洪敷教為職方主事、軍前贊畫，三人皆遼人，以收拾遼人心。並報允。七月廷弼行，特賜麒麟服一、彩幣四，宴之郊外，令文武大臣陪餞，異數也。先是薛國用代應泰，病不任事，化貞自部署諸將，沿河設六營，營置參將一，守備二，分守諸要害，各設戍防。議既上，廷弼疏言：「河窄難恃，堡小難容。今日但宜固守廣寧，若駐兵河上，兵分則力弱，倘輕騎潛渡，直攻一營，力必不支，一營潰則諸營俱潰，西平諸戍亦不能守。河上止宜置遊徼兵，更番出入，示以不測，不宜屯聚一處，為人所乘。自河抵廣寧止宜多置烽堠，西平諸處止宜稍置戍兵，為傳烽哨探之用。而大兵悉聚廣寧，於城外河角立營，深壘高柵以俟。遼陽去廣寧三百六十里，非飛騎一日所能到，有聲息我必預知，斷不宜分兵防河，先為自弱之計。」會御史方震孺亦言防河不足恃，化貞之議乃寢。化貞慍甚，盡委軍事於廷弼。廷弼請申諭化貞，不得藉口節制坐失事機。先是四方援遼之師，化貞悉改為平遼，遼人多不悅。廷弼言遼人未叛，乞改平遼

名以安其心。自是化貞與廷弼有隙而經撫不和。而中朝固有之門戶，乃用袒經袒撫為標幟，本兵及兵部用事之職方司則皆袒撫，蓋廷弼為經略，同時以張鶴鳴為本兵，兵部職方司郎中耿如杞、主事鹿善繼皆惡廷弼。自經撫兩歧之後，廷弼所請遂無一得行者矣。

鶴鳴與廷弼論事多不合，因獨喜化貞。化貞庸才好大言，鶴鳴主之，令無受廷弼節制。中外皆知經撫不和必誤封疆，而鶴鳴信化貞愈篤。先是廷弼奏：「三方建置，須聯絡朝鮮，請遣使往勞，俾發兵連營鴨綠江上，助我聲勢。再詔恤遼人之避難朝鮮者，招集團練，別為一軍，與朝鮮軍合勢。使臣即權駐義州控制聯絡，與登萊聲息相通。更發銀六萬兩分犒朝鮮及遼人，乞給空名付百道，東山礦徒能結聚千人者即署都司，五百人者署守備，一二萬勁兵可立致。」因薦監軍副使梁之垣充命使。帝從之。方與所司議兵餉，而毛文龍適以島兵襲取鎮江。鎮江，今之安東。時建州盡占遼東，以陳良策為鎮江守將，良策潛通文龍，故文龍引兵取其城。化貞遽以大捷奏，舉朝皆喜，化貞遂請授文龍總兵官，設軍鎮皮島。廷議亟發天津、登萊水師二萬援文龍，化貞督廣寧軍四萬進據河上，合諸蒙古軍乘機進取。鶴鳴奏言：「時不可失，促進師。」廷弼言：「三方兵力未集，文龍發之太早，亂三方並進之謀，誤屬國聯絡之計。」時朝士方以鎮江為奇捷，聞其言多不服。廷弼又顯詆鶴鳴，謂：「臣任經略，四方援兵，宜聽臣調遣，鶴鳴竟自發戍，不令臣知，臣諮部問調軍之數，亦不答，臣有經略名而無其實，遼左事，聽樞臣撫臣共為之。」鶴鳴益恨。化貞又言西部兵四十萬且至，請速濟師。廷弼言：「撫臣恃西部，欲以不戰為戰計，臣未敢以為可。臣初三方佈置，必兵馬器械舟車芻茭無一不備，克期齊舉，進足戰，退亦足守。今臨事中亂，樞臣主謀於中，撫臣決策於外，臣猶有萬一不必然之慮，而化貞則務為大言以罔中朝，謂仲秋之月可高枕而聽捷音。」及期西兵不至，化貞雖渡河，亦不敢進而返。

　　化貞大言既一次不售，及冬河冰合，廣寧人謂建州兵必渡河，競謀竄逸。鶴鳴亦以廣寧可慮，請救廷弼出關策應。廷弼上言：「樞臣第知經略一出，足鎮人心，不知徒手之經略一出，其搖動人心更甚。且臣駐廣寧，化貞駐何地？鶴鳴責經撫協心同力，而樞臣與經臣獨不當協心同力乎？為今日計，惟樞臣俯同於臣，臣始得為陛下任東方事也。」於是廷弼出關至右屯。蓋八月間化貞渡河，廷弼已一至右屯，即馳奏海州取易守難，不宜輕舉。及是出關部署扼守甫定，化貞又信諜者言，遽發兵襲海州，旋又引還。自此十日間，化貞三出師，三引還，李永芳不應，西兵不至。廷弼乞救化貞慎重舉止，疏言：「撫臣之進，及今而五，八九月間屢進屢止，猶未有疏請也。十月二十五日之役，拜疏輒行，臣疾趨出關而撫臣歸矣，西平之會，相與協心議守，犄角設營，而進兵之書又以晦日至矣。此即欲襲海州之役。撫臣以十一月二日赴鎮武，臣即以次日赴杜家屯，比至中途而軍馬又遣還矣。初五日，撫臣又欲以輕兵襲牛莊，奪馬圈守之，為明年進兵門戶計。夫馬圈無一敵兵，即得牛莊，我不能守，敵何損？我何益？牛莊仍即海州，隔在河東，敵反攻即難守。會將吏力持不可，撫臣亦怏怏回矣。兵屢進屢退，敵已窺盡伎倆，而臣之虛名亦以輕出而損。願陛下明諭撫臣，慎重舉止，毋為敵人所笑。」化貞上言：「願請兵六萬，一舉蕩平。」因請便宜行事。時葉向高當國，化貞座主也，頗右之。廷臣惟太僕少卿何喬遠、御史江秉謙、周宗建等與廷弼合，餘皆右化貞，令毋受廷弼節制。廷弼抗疏言：「臣以東西南北所欲殺之人，適遘事機難處之會，諸臣能為封疆容則容之，不能為門戶容則去之，何必內借閣部，外借撫道以相困？」又言：「經撫不和，恃有言官；言官交攻，恃有樞部；樞部佐鬨，恃有閣臣，今無望矣。」帝令群臣議兩人去留，張鶴鳴請撤廷弼，專任化貞，議上未發，時已入二年正月。是月丁巳，二十一日。建州兵已渡河，取西平堡，羅一貫死之。化貞遣所信遊擊孫得功

及參將祖大壽，令總兵祁秉忠赴援。廷弼亦檄總兵劉渠會師前進。得功，化貞所恃以約李永芳為內應，得功實與永芳昵，早與永芳約俱叛，得化貞倚為腹心，欲生縛化貞以為功者也。會戰，得功輒呼敗矣，與參將鮑承先奔，永芳、得功、承先，皆為清開國功臣，後入〈貳臣傳〉。遂大敗，諸將盡沒，大壽獨走覺華島。建州兵頓沙嶺未進。得功奔還，揚言兵已薄城，居民驚竄，參政高邦佐禁之不能止，化貞方闔署理軍書，不知也，參將江朝棟排闥入，大呼曰：「事急矣，速去。」化貞莫知所為，朝棟掖之出上馬，僕二人徒步從，遂棄廣寧，踉蹌西走。得功糾諸將甘叛國者出降，遠近四十餘城守禦官皆降。廷弼離右屯次閭陽驛，聞敗，參議邢慎言請馳救，為僉事韓初命所阻，遂退還。化貞棄城走，廷弼遇之大淩河，化貞哭，廷弼微笑曰：「六萬眾一舉蕩平竟何如？」化貞慚，議守寧遠及前屯，廷弼曰：「嘻！已晚，惟護難民入關可耳。」高邦佐馳見廷弼，報廣寧空城，敵未敢入，勸急馳入守，不則假以數千人用經略命自往守。廷弼不從。乃以己所將五千人授化貞為殿，盡焚積聚，與副使高出、胡嘉棟等先後入關，獨邦佐至杏山驛自經死。鶴鳴懼罪，務歸罪廷弼，惟恐人尚欲用其才，又假廷弼所用遼人佟卜年為叛投建州佟養性、養貞之同族，欲以通敵陷之，獄株累甚久，至魏忠賢當道，卒斬廷弼，傳首九邊，時化貞尚未伏誅也。

　　廷弼再出為經略，實處處失策。三方佈置，己駐山海，而使廣寧前敵，委之呆妄之王化貞，登萊、天津之師何嘗一用，而禦敵進止之權反由化貞為主。明代最重死節，反與化貞同以逃潰為名。邢慎言請馳救被沮，高邦佐請還守不從，視生命太重，將無欲留其身以有待耶？抑亦明於料敵而黯於謀身矣。

　　建州陷廣寧，未敢深入，經撫偕逃，關外地盡為西部韃靼侵佔，拾取官軍所遺餉械，與關上明軍為市。久之以兵部侍郎王在晉為經略。在晉議關外八里築重關，餘盡委西部，恃以禦建州。寧前兵備僉事袁崇煥以為非策，白之葉向高。向高不能決，孫承宗以熹宗舊講官入閣，請身往定之，乃絀在晉議，自任經略，而調在晉為南京兵部尚書。承宗乃漸收河西地；建州亦退回河東，棄廣寧不守。承宗以帝舊學，時魏忠賢尚未大肆，帝心任承宗，在晉輩百端齮，未能遽動也。而關外之守，暫無破裂者數年。朝廷所為門戶之反復者，則以三案為亟。

　　泰昌元年九月庚辰，初六日。熹宗即位。戊戌，二十四日。御史賈繼春信諸閹蜚語，言選侍投繯、皇八妹入井，因言：「新君御極之初，不當導以違忤先帝，逼逐庶母。」先是楊漣已言，選侍既移宮，當有以安之，帝亦侍養甚備。繼春有此疏，左光斗上言，乞宣召閣部九卿科道面諭以當日避宮何故，今日調禦何方，不得憑中使傳旨，帝是之。辛丑，二十七日。傳諭內閣：「朕幼沖時，選侍氣淩聖母，成疾崩逝，使朕抱終天之恨。皇考病篤，選侍威挾朕躬，要封皇后。朕暫居慈慶，復遣李進忠、劉遜等命每日章奏，先奏選侍，方與朕覽。朕今奉養選侍於噦鸞宮，仰遵皇考遺愛，無不體悉。其田詔等盜庫首犯，事干憲典，原非株連，可傳示遵行。」蜚語由宮奴田詔、劉朝於移宮時盜內府秘藏，過乾清門，金寶墜地，帝怒下法司而起。輔臣方從哲具揭封進，言皇上既仰體先帝遺愛，不宜暴其過惡，傳之外廷，帝不允。南京御史王允成陳保治十事，中言：「張差闖宮，說者謂瘋癲，青宮豈發瘋之地？龐保、劉成豈並瘋之人？今鄭氏四十年之恩威猶在，卵翼心腹，實繁有徒，陛下當思所以防之。比者聖諭多從中出，當則開煬灶之端，不當而臣下爭執，必成反汗之勢。孰若事無大小，盡歸內閣。至元輔方從哲屢劾不去，陛下於選侍移宮後，發一敕諭，不過如常人表明心跡耳，從

哲輒封還。夫封后之命，不聞封還，是司馬昭之心，路人知之矣。」十月丁卯，二十四日。噦鸞宮災。先是帝以賈繼春誤聽疏傳論廷臣，於是給事中周朝瑞以繼春前揭為生事，繼春再揭復有入井雉經等語。楊漣恐繼春說遂滋，亦上疏具陳移宮始末，帝優詔褒漣，復申諭言：「選侍前因毆崩聖母，自度有罪，每使宮人竊伺，不令朕與聖母舊侍言，有輒捕去。朕之苦衷，外廷豈能盡悉？因責繼春妄生謗議，今停選侍封號，以慰聖母在天之靈，厚養選侍及皇八妹，以遵皇考之意。爾諸臣可以仰體朕心矣。」帝將嚴譴繼春，劉一力救乃止。十二月，楊漣給假歸裡。時繼春之黨，以帝褒漣志安社稷，益忌之，詆漣結王安圖封拜，漣不勝憤，抗疏乞歸。天啟元年正月，削賈繼春籍。二年二月，王之上復仇疏，以三案為說。四月，禮部尚書孫慎行追論紅丸事，劾方從哲庇李可灼，並論移宮時從哲意在濡遲下廷臣集議。都御史鄒元標以下百一十餘人，紛紛俱罪從哲，獨刑部尚書黃克纘及給事中汪慶百等數人右之，希內廷意也。慎行復疏折克纘之謬，會王紀代克纘掌部事，復偕侍郎楊東明署議，言：「不逮可灼，無以服天下；不逮崔文升，無以服可灼；不削奪從哲官階祿蔭，無以泄天地神人之憤。」光祿少卿高攀龍亦乞亟正文升典刑，並劾戚畹鄭養性。於是大學士韓爌述進藥始末，與尚書張問達等合奏：「先帝服藥就寢，臣等所共見聞，逆二字何忍言？但可灼非醫官，且非知醫脈者，以藥嘗試，龍馭即上升。從哲與臣等未能止之，均為有罪。乃從哲反賚及可灼，及御史王安舜有言，先止罰俸，繼令養疾，失之太輕，何以慰皇考，服中外？宜削從哲官階，為法任咎，然可灼罪不容誅，而崔文升當皇考哀感時，妄進大黃涼藥，罪又在可灼上，法皆宜顯戮，以泄公憤。」議上，可灼遣戍，文升放南京，而從哲置不問，以近習為之地也。

　　是時外廷之門戶漸移其柄於內廷，魏進忠忠賢未改名時名進忠。忌王安有功於帝登極之始，既已殺之，於王安所贊助之移宮一案，在所必

翻。帝一再論選侍毆崩聖母之罪，並褒楊漣之功在社稷，後俱反之，
何論梃擊、紅丸兩案。蓋自客、魏擅權，以前之門戶，又不以舊日之
黨派為異同，惟有挾閹以求勝者皆變為閹黨；而為閹所屠戮者，則以
東林黨人為多。凡終不媚閹而戮辱不悔者，自是講求正學之效。但東
林之講學，以干預時政為宗旨，其盛時絕有勢力於政局，即奔走東林
者不能無奔競之徒，此為晚明講學之風之一變。蓋以後不足復言門
戶，但述魏閹之肆惡，足以概天啟一朝之失道矣。

## 第二節　天啟朝之閹禍

　　明中葉以後，朝廷大事，成敗得失，頗係於閹人之贊否。興安之
於于謙，張永之於王守仁，馮保之於張居正，事皆然矣。楊、左移宮
之案，為之內主者王安，王安在萬曆時，為皇長子伴讀，調護皇長
子，使鄭貴妃欲搆其遇而無所得。既立為太子。梃擊事起，安為太子
屬草，下令旨，釋群臣疑以安貴妃，帝大悅。蓋當時光宗有得體之
舉，即出王安之手。既即位，於踐祚一月之中，尚能發帑濟邊，起用
直臣鄒元標、王德完等，皆安為主動。安又用其客汪文言謀。此安之
所以為士大夫稱賢，而文言之所以見重於正人君子，後來與於東林之
黨禍者也。光宗崩，而宮掖之穢惡，因李選侍之寵，又招引鄭貴妃之
餘焰，幾於復然。熹宗嗣位之初，以移宮為一大節目，而熹宗生母王
才人之為選侍所，內忿不平者實為安，其時為選侍心腹者實為李閹進
忠。進忠後復姓魏，又賜名忠賢，殺安而代之。於是移宮之是非，選
侍之恩怨，忽然盡反其態度。蓋熹宗為至愚至昧之童蒙，固不足預於
是非恩怨之理解者也。國勢之危至此，而明之主器者如彼，此即天亡
之兆矣。

　　忠賢為肅寧無賴子，與群惡少博不勝，為所苦，恚而自宮為閹。

結安名下魏朝，朝舉之於安，安亦善遇之。客氏為定興民侯二妻，選為熹宗乳媼，宮中私侍魏朝，所謂「對食」。及通忠賢，遂愛之而薄朝。安信忠賢，怒朝與忠賢爭客氏，遂勒朝退。熹宗立甫逾旬日，封客氏奉聖夫人，蔭其子侯國興、弟客光先及忠賢兄釗並為錦衣千戶。客、魏得志，惟忌安，天啟元年五月，帝命安掌司禮監，安以故事辭，客氏勸帝從其請。與忠賢謀殺之，忠賢猶豫未忍，客氏曰：「爾我孰若西李，而欲遺患耶？」忠賢乃嗾給事中霍維華論安，是為閹黨第一功。安降充南海子淨軍，而劉朝為南海子提督，使殺安。劉朝故李選侍私閹，移宮盜庫下獄宥出者。既至，絕安食，安取籬落中蘆菔啖之，三日猶不死，乃撲殺之。安死後三年，忠賢誣東林諸人與安交通，興大獄，清流之禍極烈。崇禎初，為安立祠，賜額曰昭忠。

　　忠賢不識字，不得為司禮，以客氏故，遂為秉筆。《史・五行志》：「忠賢名進忠，直東宮時，有道士歌於市曰：『委鬼當頭坐，茄花遍地生。』北人讀客為楷，茄又轉音，為魏忠賢、客氏之兆。」天啟元年三月遼、瀋陷。四月立后張氏。御史劉蘭、畢佐周請遣客氏出外，劉一燝亦言之，帝戀不忍捨，曰：「皇后幼，賴媼保護，俟皇考大葬後議之。」大婚禮成，蔭忠賢侄二人。言官並言：「祖制非軍功不襲。」不聽。五月殺王安。忠賢遂閱章奏，以群閹王體乾、李永貞、石元雅、涂文輔等為心腹，先閱白忠賢議可否，然後行。帝性機巧，好親斧鋸椎鑿髹漆之事，每引繩削墨，忠賢輒奏事，帝厭之，謬曰：「朕已悉矣，汝輩好為之。」忠賢因得擅威福。九月，光宗葬慶陵，以客氏保護功，命戶部擇田二十頃賜為香火之用，忠賢以陵工告成敘錄。御史王心一疏諫被責。閣臣劉一燝等請遵前詔，葬畢遣客氏出宮，不得已從之，然思念流涕，至日旰不食，宣諭複入。給事中侯震暘疏言：「徘徊眷注，稍遲其出，猶可言也；出而再入，不可言也，么麼裡婦，何堪數昵至尊？」會給事中倪思輝、朱欽相相繼疏劾，並貶三官。大學士

劉一燝等先後論救，不報。同官馬鳴起複抗疏諫，言客氏六不可留，帝議加重譴。以一燝等言奪俸，御史王心一復疏論之，遂與思輝、欽相等並貶。廷臣請召還者十餘疏，俱不省。十月，御史周宗建論客氏，言：「天子成言，有同兒戲；法宮禁地，僅類民家。聖朝舉動有乖，內外防閑盡廢。此輩一叨隆恩，便思逾分，狎溺無紀，漸成驕恣，釁孽日萌，後患難杜。」忤旨切責。十二月，吏部尚書周嘉謨以惡霍維華傾狡，出之外。忠賢嗾給事中孫傑劾嘉謨受劉一燝屬，為王安報仇，嘉謨乞罷，忠賢矯詔許之。時葉向高復入為首輔，請留嘉謨竣大計事，不報。遂罷歸。

　　二年三月，劉一燝罷。初陵工成，忠賢欲以為功，一燝援故事，內臣非司禮掌印及提督陵工，不得濫蔭，止擬加恩。諸言官論客氏被謫者，一燝皆疏救，又請出客氏於外。及言官交章論沈㴶，㴶疑一燝主之，與忠賢比而齮一燝。孫傑攻周嘉謨，亦力攻一燝，皆受忠賢指。一燝求去，帝稍慰留即允之。葉向高言：「客氏既出複入；一燝，顧命大臣，乃不得比保姆，致使人揣摩於奧窔不可知之地，其漸當防。」不聽。沈㴶之入閣，在元年七月。故事：詞臣教習內書堂，所教內豎執弟子禮。忠賢與劉朝皆弟子，既任，密結二人，乃奏言：「遼左用兵亟，臣謹於東陽、義烏諸邑及揚州、淮安募材官勇士二百餘，請以勇士隸錦衣衛，量授材官職。」忠賢、朝方舉內操，選武閹，練火器，得奏大喜，詔錦衣官訓練募士，授材官王應鬥等游擊以下官有差，於是禁中內操日盛。又日引帝為倡優聲伎狗馬射獵。駙馬都尉王亦奉詔募兵，願得帷幄重臣主其事。廷臣皆言與朝陰相結，給事中惠世揚、周朝瑞、御史江秉謙等劾沈㴶交通閹人，弄兵大內，中旨切責。侯震暘、黃尊素等先後疏諫，皆不聽。刑部尚書王紀再疏劾㴶，比之蔡京，㴶亦劾紀保護熊廷弼、佟卜年等，紀尋以卜年獄削籍，議者益側目㴶。閣臣葉向高與朱國祚請留紀，國祚至以去就爭，皆不

聽。淮不自安，乃力求去。時內閣言路尚多正人，萬曆末三黨黨徒屏
黜殆盡，至是方漸附忠賢求進，而清議尚有力，未遽逞也。

　　萬曆末之三黨，曰齊、楚、浙，各為門戶，以爭攘權位。劉一
燝、周嘉謨等任國事，於廢籍起用正人，盡黜各黨之魁。至是凡宵小
謀再起者，皆知帝為童昏，惟客、魏足倚以取富貴，於是盡泯諸黨，
而集為閹黨；其不能附閹者，亦不問其向近何黨，皆為閹黨之敵，於
是君子小人判然分矣。神宗時廟堂無主，黨同伐異，以利而為之，至
是以閹為主，趨利者歸於一途，故只有閹黨非閹黨之別。欲知當時之
君子，大率為閹所戮辱之人；欲知當時之小人，但觀崇禎初所定附閹
之逆案。而君子又多在講學之列，閹黨則無不與講學為仇。此一時朝
士邪正之驗也。神宗時，鄒元標、馮從吾以建言削籍，里居講學數十
年。泰昌初，兩人始召用，已而同官都察院，元標為左都御史，從吾
為副都御史，共建首善書院於京師，御史周宗建董其事，大學士葉向
高為之記。朝暇，與同志高攀龍等講學其中，名望日重，而諸不附東
林者咸忌之。會明年當京察，給事中朱童蒙、郭允厚、郭興治慮為元
標所黜，蒙乃首劾之，以講學為門戶，元標疏辨求去，帝已慰留。允
厚復繼劾，語尤妄誕，而魏忠賢方竊政，傳旨謂：「宋室之亡，由於講
學。」將加嚴譴，從吾言：「宋之不競，以禁講學故，非以講學故也。」
葉向高亦力為解，且乞同去，乃得溫旨。而興治復力攻，比元標於山
東妖賊，元標、從吾遂並引歸。先是書院方建，御史黃尊素謂元標
曰：「都門非講學地，徐文貞已叢議於前矣。」謂徐階也。元標不能
用，至是群小擊碎其碑，暴於門外，先師木主委棄路隅，經史典籍焚
毀，獨存院宇。崇禎中，徐光啟率西洋人湯若望等借院修曆，署曰曆局，今宣武
門內東城根法文學校也。

　　三年正月，顧秉謙、魏廣微入閣。忠賢為言官周宗建等所劾，乃
謀結外廷諸臣，秉謙、廣微率先詔附，霍維華、孫傑之徒和之。時廷

推閣臣，首列孫慎行、盛以宏，皆不用。忠賢援秉謙、廣微偕朱延禧、朱國禎入閣。閣中已有葉向高、韓爌、何宗彥、朱國祚、史繼偕，又驟增四人，直房幾不容坐。秉謙、廣微庸劣無恥，忠賢得為羽翼，勢益張，而二人曲奉忠賢儼如奴役，是為忠賢收攬政柄之始。

忠賢謂帝好察邊情，常遣中官詣關門，具事狀奏報，名曰較事。及三年三月，更遣其黨劉朝等四十五人，齎甲仗弓矢，白金文綺，先後至山海關，頒賚將士，實覘軍也。督師孫承宗方出關巡寧遠，聞之，立疏言：「中使觀兵，自古有戒。」帝溫旨報之，而不用其言。自永樂以後，頗任中官監軍，至嘉靖時盡罷不設。忠賢將盡收軍政，先設內操使閹人習武事，至是漸以行邊先之，又非但向時鎮守太監之體制矣。

是秋，客氏、忠賢矯旨賜光宗選侍趙氏自盡，選侍出光宗賜物列於庭，西向禮佛，痛哭自經。幽裕妃別宮，絕其飲食，天雨，妃匍匐承簷溜飲之而死。皇后張氏有娠，客氏秘佈心腹宮人以計墮之，帝用此乏嗣。后父國紀，封太康伯。后性嚴正，數為帝言客、魏過惡，嘗召客氏至，欲繩以法。客、魏交恨，逐誣后非國紀女，有死囚孫二自言張后已所生，非國紀女。冀惑帝聽，而帝不問，及是竟損元子。又於帝郊祀日，掩殺帝所寵馮貴妃，左右無敢言者。范慧妃以讒失寵，李成妃為之乞憐，客、魏知之，亦幽成妃別宮，成妃故鑒裕妃餓死，預備食物壁間，半月不死，斥為宮人。帝於父之姜，己之妻姜，生命皆操之客、魏，此豈複有人理可言？天啟朝之閹禍，非閹之惡，而明之氣運將盡，產此至愚極不肖之子孫也。帝之生死未嘗不操於閹，猶憚天下之臣民，不能不假以鎮壓耳。

十二月，忠賢提督東廠，用田爾耕掌錦衣衛事，許顯純為鎮撫理刑。是時東林勢尚盛，在朝多有正人，忠賢於外事未敢大肆，至是乃為羅織鍛煉計矣。

　　是年九月，增州縣兵，計畝加餉。御史馮英請。十二月，括天下庫藏輸京師。葉向高言：「郡邑庫藏已竭，藩庫稍餘，倘盡括之，猝有如山東白蓮教之亂，將何以應？」帝不納。

　　四年六月，楊漣劾忠賢二十四大罪，中旨切責漣。漣自泰昌元年以移宮事定乞歸，天啟二年，起為禮科都給事中，至是為左副都御史。以忠賢肆惡日甚，抗疏略言：「忠賢本市井無賴，中年淨身，讒入內地。初猶謬為小忠小信以市恩，繼乃敢為大奸大惡以亂政。祖制以擬旨專責閣臣，而忠賢多出傳奉，或逕自內批。逐去顧命大臣劉一燝、周嘉謨，大臣孫慎行、鄒元標、王紀、鐘羽正，群臣滿朝薦、文震孟、熊德陽、江秉謙、徐大相、毛士龍、侯震暘等；於枚卜則力阻首推之孫慎行、盛以宏，更為他辭以錮其出；於廷推則南太宰北少宰，皆用陪推。所陷害則上自裕妃，下及內臣王安等，擅殺擅逐，不知凡幾，甚至中宮有慶，已經成男，忽焉告殞。又創用立枷法，戚畹家人，駢首畢命，意欲誣陷國戚，動搖中宮。其餘良鄉生員章士魁以煤窯，王思敬等以牧地，並致之死。縱野子傅應星、陳居恭、傅繼教輩投匭設阱，日行傾陷，片語稍違，駕帖立下。鎮撫劉僑不肯殺人媚人，則削其籍。而奸細韓宗功，宗功為遼東武員，實即建州奸細。潛入長安，實主其司房之邸。又與奸相沈㴶創立內操，藪匿奸宄，安知無大盜刺客，為敵國窺伺者潛匿其中？其濫恩擬，則中書錦衣，襲蔭日眾，獎賞祠額，要脅無窮。又於河間毀人居屋，起建牌坊，鏤鳳雕龍，干雲插漢。所營塋地，亦僭擬陵寢。其進香涿州，警蹕傳呼，清塵墊道；及歸改駕四馬，羽幢青蓋，夾護環遮，儼然乘輿。一切政務，必星夜馳請，待其既旋，詔旨始下。甚至走馬御前，不自伏罪，進有傲色，退有怨言，內廷畏禍而不敢言，外廷結舌而莫敢奏。間或奸狀敗露，又有奉聖夫人為之彌縫。無恥之徒，攀附枝葉，依託門牆，更相表裡，迭為呼應。積威所劫，致掖庭之中，但知有忠賢，不

知有陛下；都城之內，亦但知有忠賢，不知有陛下。陛下春秋鼎盛，生殺予奪，豈不可以自主？何為受制麼小丑，令中外大小惴惴莫保其命？伏乞大奮雷霆，集文武勳戚，會刑部嚴訊，以正國法，並出奉聖夫人於外，用消隱憂。」疏上，忠賢懼甚，趨帝前泣訴，且辭東廠。帝令王體乾誦漣疏，體乾置疏中切要語不讀，客氏又從旁為剖析，帝憒然不辨也，遂溫諭留忠賢。次日下漣疏，令魏廣微調旨切責。於是給事中魏大中等，御史袁化中等，郎中鄒維璉等，太常寺卿胡世賞等，撫寧侯朱國弼等，兵部尚書趙彥等七十餘人，交章論忠賢不法，皆不納。漣既被責，愈憤，擬對仗複劾之。忠賢知，遏帝不御朝者三日。及帝出，群閹數百人，衷甲夾陛立，敕左班官不得奏事，漣乃止。當時中書舍人吳懷賢讀漣疏，擊節稱歎，注其旁曰：「宜如韓魏公治任守忠故事，即時遣戍。」其奴告之，忠賢即逮懷賢，下獄拷掠死，籍其家。夫忠賢處擊節漣疏者已如是，而處漣則猶遲遲，未敢即肆，豈有畏於帝，畏廷臣知綱紀者尚多耳。首輔葉向高嘗謂繆昌期曰：「楊君疏太率易，人於上前時有匡正，是疏若行，安得此小心謹慎之人在上左右？」昌期愕然曰：「誰為此言以誤公？可斬也。」向高色變，昌期徐起去。及廷臣相繼抗章，或勸向高下其事，可決勝也，至有詬誶向高者，向高慍甚。朱國禎請容之，向高念忠賢未易除，閣臣從中挽回，猶冀無大禍，具奏稱忠賢勤勞，朝廷寵待甚厚，盛滿難居，宜解事權，聽歸私第，保全終始。禮部尚書翁正春亦以為請。忠賢矯帝旨敘己功勤，累百餘言，向高駭曰：「此非閹人之所能，必有代為草者。」探之則徐大化也。向高乃決計去，謂國禎曰：「我去，蒲州更非其敵，公亦宜早歸。」蒲州謂韓爌也。忠賢欲盡殺異己者，而畏外廷勢盛，其黨因導以興大獄，體乾複導以用廷杖威脅廷臣，忠賢意遂決。

　　未幾，工部郎中萬燝劾忠賢，疏入，得旨：「燝廷杖一百，斥為民。」內閣科道論救，皆不聽。忠賢借燝立威，命群閹至燝邸捽而毆

之，比至闕下，氣息才屬，杖已，絕而復蘇，群閹更肆蹴踏，越四日即卒。黃尊素、李應升迭疏申理，忠賢益忿，羅織燝罪，誣以贓賄三百，世廉吏，破產乃竣。燝，恭之孫，恭以僉都御史總理河道，仕於嘉、隆之間。

　　向高乞歸未允，其甥林汝翥為御史巡城，杖犯法內豎，忠賢傳旨廷杖，言官詣內閣爭其事，小璫數百擁入閣中，攘臂肆罵，黃尊素厲聲曰：「內閣經綸地，即司禮非奉詔不敢至，若輩安得無禮？」群閹索汝翥，汝翥逃城外，遂圍向高邸大噪，都御史孫瑋、御史潘雲翼交章論救，不聽。汝翥尋出受杖，不死，削籍歸。向高言：「國家二百年來，無中使圍閣臣第者。臣今不去，何面目見士大夫？」帝優旨慰留。向高請益力，命行人護歸。韓爌、朱國楨相繼為首輔，不數月皆罷。五年正月，顧秉謙為首輔，閹黨內閣成，批答無須中旨矣。向高去在四年七月，是月，封光宗選侍李氏為康妃。初上暴選侍罪狀，命停其封號，前論出王安，後旨出忠賢，帝實懵然。而移宮之案翻，梃擊案自亦與聯繫，崔文升複用事，紅丸之案亦翻，此後凡爭三案者皆罪人矣。是年十一月，削吏部侍郎陳於廷、副都御史楊漣、僉都御史左光斗籍。其先於十月中，吏部尚書趙南星、左都御史高攀龍先後並罷。時東林勢尚盛，南星長吏部，益搜舉遺佚，布之庶位。攀龍主考察，發御史崔呈秀貪污狀，南星議戍之，呈秀大窘，夜走忠賢所，叩頭乞哀，言攀龍、南星皆東林，挾私排陷，複涕泣願為養子。忠賢憤廷臣交攻，方思得外廷為助。涿州人馮銓，少年宮侍從，家居，與熊廷弼有隙，遺書忠賢侄良卿，勸興大獄。忠賢於廷弼獄事本無預，廷弼亦仇東林，然東林中重廷弼邊才者頗右之，群小欲藉忠賢力傾諸正人，相率歸忠賢稱義兒。且云：「東林將害翁。」故忠賢欲甘心焉。得呈秀恨相見晚。呈秀又言：「不去南星、攀龍等，吾輩未知死所。」忠賢大以為然，遂與定謀。會南星以山西巡撫缺，乙太常卿謝應祥首列

以請。魏廣微以父執事南星，南星嘗喟然曰：「見泉無子。」見泉，廣微父允貞也。廣微知之，恨次骨，嗾御史陳九疇論南星舉應祥，為與魏大中、夏嘉遇等朋謀，賢矯旨黜大中、嘉遇，而責南星，南星遽引罪去，複切責，放之歸，攀龍亦引去。

忠賢自杖殺萬，逐諸正人，用崔呈秀、馮銓輩，方力排東林，師輔臣孫承宗請入朝賀聖壽，面奏機宜，欲因是論忠賢罪，帝蓋以十一月十四日為萬壽節也。廣微奔告忠賢，承宗擁兵數萬，將清君側，兵部侍郎李邦華為內主。忠賢悸甚，繞御床哭，帝令閣臣擬旨，秉謙奮筆曰：「無旨離信地，非祖宗法，違者不宥。」夜啟禁門召兵部尚書入，令三道飛騎止之，又矯旨諭九門守閹，「承宗若至齊化門，反接以入。」承宗抵通州，聞命而返。忠賢遣人偵之，一補被置輿中，後車鹿善繼而已，意少解。而其黨李蕃、崔呈秀，徐大化連疏詆之，比之王敦、李懷光，承宗乃杜門求罷，不允。自王化貞棄廣寧後，承宗守關圖恢復，絀王在晉八里築重關之策，既城寧遠工竣，關外守具畢備，奏言前哨已置連山、大淩河，速界臣餉二十四萬，功可立奏。帝以命所司，兵工二部文移往復，許而不與，師不果出，然支邊務歷五防，未有挫失，中朝得以乘暇，為閹黨日增其焰。忠賢亦以承宗功高，欲親附之，遣中官劉應坤等齎帑金十萬犒將士，而賜承宗坐蟒膝襴金幣，並為忠賢申意，宗不與交一言，忠賢始恨之，至是益不能安其任矣。

顧秉謙、魏廣微撰《縉紳便覽》一冊，若葉向高、韓爌等百餘人。目為邪黨，而以黃克纘、王永光、徐大化等六十餘人為正人，進之忠賢，俾用是為黜陟。忠賢得內閣為助，勢始張，屢逐正人，即代以其黨。代左光斗為僉都御史者王紹徽。又仿民間《水滸傳》編東林一百八人為《點將錄》，獻之，以此益為忠賢所善。自是奸黨日盛，後進者求速化，悉附閹黨進用，天下大權悉歸忠賢。時崔呈秀又造《天

鑒》《同志》諸錄，皆以不附忠賢者為東林黨人。而爭三案及辛亥、癸亥兩京察，與熊廷弼獄事，皆歸忠賢為排斥東林之具。十二月，複逮汪文言下鎮撫司獄，而東林之禍作。

　　五年三月，讞汪文言獄，逮前副都御史楊漣、僉都御史左光斗、給事中魏大中、御史袁化中、太僕少卿周朝瑞、西副使顧大章。先是許顯純為北鎮撫司，榜掠文言，詞連趙南星、李三才及漣、光斗等二十餘人，純欲坐漣等以移宮罪，大理丞徐大化獻策於忠賢曰：「但坐移宮，則無贓可指，若坐納楊鎬、熊廷弼賄，則封疆事重，殺之更有名。」忠賢然之，〈熊廷弼傳〉：「論死後當行刑，令汪文言賄內廷四萬金，祈緩，既而背之，魏忠賢大恨，誓速斬廷弼。乃令顯純複鞫文言，五毒備至，使引漣納廷弼賄，文言仰天大呼曰：「世豈有貪贓之楊大洪哉？」大洪，漣別字也。漣字文孺。復及光斗等，文言蹶然起曰：「以此蔑清廉之士，有死不承。」顯純乃手作文言供狀，文言複張目曰：「任汝巧為之，吾當與面質。」遂即日斃之，而具獄辭以上。於是漣、光斗坐贓二萬，大中三千，化中六千，朝瑞一萬，大章四萬。大中於孫承宗請緩廷弼獄時尚持不可，至是乃坐納其賄；大章則於張鶴鳴以佟卜年陷廷弼時，持卜年非通敵甚力，故定其賄額有輕重也。其他所牽引則趙南星等十五人。中旨逮漣、光斗等六人下詔獄，南星等十五人除削籍外，仍行撫按提問追贓。

　　四月，詔重修《光宗實錄》。先是御史楊維垣言張差瘋癲之真，即碎王之寀之骨不足贖其罪。時之方授刑部侍郎，不數月削籍。至是給事中霍維華並論三案，乞嚴諭纂修諸臣，以存信史，故有是命。遂削大學士劉一燝籍，以維華論三案首詆之也。又以南京侍郎周應秋為刑部添注尚書。忠賢門下有十狗，應秋其首。時忠賢以顯爵樹私人，故兩京大僚多添注。方治楊、左獄，故有是命。五月，以給事中楊所修、霍維華言，集梃擊、移宮、紅丸三案章疏，仿《明倫大典》例，

編輯為書，頒示天下。六月，中旨令閣票擬，稱忠賢為元臣，朱廷禧執不可，御史田新劾之，遂罷。

　　楊漣等六人下鎮撫司獄，奉旨嚴刑追比，五日一回奏，俟贓完日送刑部擬罪。七月，漣、光斗、大中三人另發大監，一夕斃之。漣之死，土囊壓身，鐵釘貫耳，最為慘毒；光斗、大中亦皆體無完膚；越數日始報，三人屍俱已潰敗，不可識矣。漣被逮時，士民數萬，擁道攀號，所歷村市，悉焚香建醮，祈祐生還。既死，產入官不及千金，母妻止宿譙樓，二子至乞食以養，徵贓令急，鄉人競出貲助之，至賣菜傭亦為輸助。光斗與興畿輔水利，並督學政，士民德之，容城孫奇逢與定興鹿正倡義醵金，諸生爭應之，得金數千，謀代輸緩獄，而光斗已前斃。其贓未竟，撫按嚴追，兄光齊坐累死，母以哭子死。都御史周應秋猶以所司承追不力，疏趣之，自是家族盡破。後定《三朝要典》，楊、左為移宮罪魁，議開棺戮屍，未果。大中長子學，以父被逮，號慟隨行，大中止之，乃微服間行，探刺起居。既抵都，邏卒四布，變姓名匿旅舍，晝伏夜出，稱貸完贓，未竟而大中斃。學慟哭幾絕，扶櫬歸，晨夕號泣，水漿不入口，遂死。崇禎初，贈恤大中，詔旌學為孝子。

　　　　魏廣微竭力事閣，每以札通忠賢，簽曰「內閣家報」，時稱外魏
　　　公。其為清流所鄙也，趙南星慨見泉廣微父允貞別號。之無子。李
　　　應升劾詞則云：「乞陛下戒諭廣微，退讀父書，保其家聲，毋倚
　　　三窟與言官為難，他日庶可見乃父於地下。」廣微父允貞，萬曆
　　　中，糾輔臣，抗稅使，有聲士大夫間。其人已極不堪矣。然楊、左之
　　　獄，為吏部尚書崔景榮函勤，乃具疏言：「縱使贓私果真，亦當
　　　轉付法司，按律論罪，豈可逐日嚴刑，令鎮撫追比？以理刑之
　　　職使之追贓，勿論傷好生之仁，抑且違祖宗之制，將朝政日

亂，與古之帝王大不相侔矣。」疏入，遂忤忠賢，懼而急出景榮手書自明，景榮削籍去，廣微冀可戀棧，而忠賢稱詔切責廷臣，中言：「朕方率循舊章，而曰朝政日亂；朕方祖述堯舜，而曰大不相侔。」廣微益懼，三疏乞休，遂去。蓋忠賢之門甚廣，已成仕宦之中心，名為閹黨而派別分歧，彼此相軋，視為一朝堂矣。其後崔呈秀傾馮銓，顧秉謙亦不自安乞罷。忠賢高高在上，無複有思撼之者，惟有造生祠，稱功德，窮思極想，以作配孔子為獻媚之極端而已。

漣、光斗、大中後，袁化中、周朝瑞、顧大章先後掠斃獄中，熊廷弼亦斬決，傳首九邊。閹黨以求索廷弼侵盜軍餉，指山海關起解廣寧款十七萬，廣寧陷後無銷據。追贓不得，逼其子至自剄。廷弼妻稱冤，去其兩婢衣撻之，遠近嗟憤。士有作詩誄廷弼者，斬孫文豸、顧同寅兩人，連及孫、顧等同郡編修陳仁錫、修撰文震孟，俱削籍。孫承宗亦以所用總兵官馬世龍誤信建州降人劉伯言，襲取耀州，敗於柳河，失副參兩將及兵士數百，遂於是年十月罷督師職，代以閹黨高第。其他追贓掠斃，親故坐死者不勝舉，皆所謂東林黨人也。御史曹欽程求媚忠賢，又於《點將》等《錄》外，上言：「東林自顧憲成、李三才、趙南星而外，如王圖、高攀龍等謂之副帥，曹于汴、湯兆京、史記事、魏大中、袁化中謂之先鋒，丁元薦、沈正宗、李朴、賀烺謂之敢死軍人，孫丕揚、鄒元標謂之土木魔神，請以黨人姓名罪狀榜示海內。」忠賢大喜，敕所司刊籍，凡黨人已罪未罪者，悉編名其中，是榜遂與宋之黨人碑並傳，而慘烈尤過之。六年正月，以編輯三案章疏為書，正名為《三朝要典》，開館設正副總裁，六月告成。而其間以關門易帥，清太祖又動兵，寧遠奇功，為畿輔延數年之命。

孫承宗絀王在晉關外八里築重關專守關門之說，先築寧遠，漸圖

東進，已進守錦州、右屯、大淩河，謂之關外三城，開屯田至五千頃，以袁崇煥為寧前道，守前屯衛及寧遠。高第既代承宗，又申王在晉之說，謂關外必不可守，令盡撤移關內。承宗所用督屯通判金啟上書崇煥，謂：「三城前鋒要地，已得之封疆，再歸淪沒，關內外堪幾次退守？」崇煥亦力爭，謂：「錦右動搖，則寧前震驚，關門亦失保障。」第意實並撤寧前，且甚決，崇煥曰：「我寧前道也，官此當死此，我必不去。」第無以難，乃撤錦州、右屯、大小淩河及松山、杏山、塔山守具，盡驅屯兵入關，委棄米粟十餘萬，死亡載途，哭聲震野，民怨而軍益不振。崇煥先以父憂奪情，及是遂乞終制，帝不許，進按察使，視事如故，時在五年十二月。清太祖知新經略易與，舉大軍西渡遼河，清太祖於天啟元年得遼、沈，二年即據遼陽為都，因遼東都司舊治所在也。五年三月，又以瀋陽西逼關門，北控韃靼，為形勝地，乃又自遼移都沈。崇煥聞，即偕總兵滿桂，副將左輔、朱梅，參將祖大壽，守備何可剛等集眾誓死守，刺血為書，激以忠義，為之下拜，眾咸請效死，乃盡焚城外民居，攜守具入城，清野以待。令同知程維、通判金啟具守卒食，辟道上行人，檄前屯守將趙率教、山海守將楊麒，將士逃至者悉斬，人心始定。六年正月丁卯，二十三日。建州兵至，圍攻之，戴楯穴城，矢石不能退，崇煥令閩卒羅立發西洋巨炮，傷城外軍。明日再攻，複被卻，圍遂解，啟亦以然炮死。〈崇煥傳〉言：「我大清舉兵所向無不摧破，諸將罔敢議戰守，議戰守自崇煥始。」〈清太祖實錄〉：「天命十一天啟六年。年二月壬午，初九。上至瀋陽，諭諸貝勒曰：『朕自二十五歲征伐以來，戰無不勝，攻無不克，何獨寧遠一城不能下耶？』不懌累日。」是年八月十一日，《清實錄》書：「上崩。」朝鮮記載謂：「奴兒哈赤憤恚而死。」明人記載謂：「奴疽發背死。」要之崇煥此捷，為東事以來所未有。高第任寧遠被圍，擁兵不救，事後疏言：「因關門兵少，只存五萬之故。」閹黨大喜，將罪承宗虛報冒餉，王在晉尤鼓動是

言，冀甘心於承宗。承宗告戶部：「第薊關已月給十一萬七千人餉，今
但給五萬人足矣。」第乃以妄言引罪，朝議免第職，以閹黨王之臣代。
升崇煥為巡撫。建州汗即清太祖死，崇煥托遣吊往覘，嗣國汗即清太
宗，報使議和。之臣故忌崇煥，而以崇煥新有功，不敢發，及是訐崇
煥辱國通敵，朝命調之臣內任本兵，專倚崇煥。既而建州兵又至，攻
錦州，滿桂、趙率教卻之。忠賢使其黨論崇煥不救錦州為暮氣，遂罷
崇煥，再任之臣為經略，時已七年七月，距帝崩只月餘矣。

　　忠賢恨繆昌期預楊漣草疏事，閹黨尤指目高攀龍、周順昌、李
應、周宗建、黃尊素諸人及前應天巡撫周起元，再興大獄，悉逮下
獄，先後掠死。惟攀龍以大臣不受辱，聞緹騎至，自沉於園池死。逮
順昌時，吳人毆斃一旗尉。是日適逮尊素之旗尉亦至吳，泊舟胥門
外，又擊其舟而沉之，旗校泅水遁，失駕帖，不敢往浙，尊素囚服自
詣投獄。應天巡撫毛一鷺飛章告變，東廠刺事者言：「吳人謀斷水道劫
漕舟。」忠賢大懼，已而一鷺言：「縛得倡亂者顏佩韋等五人，亂已
定。」忠賢乃安。然自是緹騎不敢復出國門。五人者為蘇州全城免株
累，事後忠賢亦伏法，遂以一鷺所造忠賢生祠為五人之墓，迄今猶
存。當時以積懦之吳人，攘臂仇閹。昌期、應升自江陰被逮至常州，
知府曾櫻助之貲。方開讀詔書，忽署外有數千人哄聲，皆言：「忠臣何
故被逮？」櫻素得民，力為勸諭始解散。時諸校方怖蘇州事，有越垣
而僕者，適有賣蔗童子過之曰：「我恨極，惜不能殺汝！」即取削蔗刀
割片肉而去。遣緹騎逮諸忠，在六年二月戊戌，二十五日。蘇州民變，
在三月庚申，十七日。常州事在稍後，亦三月間事。

　　忠賢之爵上公，在六年十月戊申，以殿工成，太監李永貞歸功忠
賢，尚書周應秋繼之，遂有是封。其姪魏良卿先已由肅寧伯晉侯，至
是再晉寧國公。自是諸邊築隘口成，南京孝陵工竣，甘肅奏捷，法司
捕盜，並言忠賢區畫方略，詔書褒美，閣臣皆擬九錫文。半歲中，蔭

錦衣指揮使十七人，同知三人，僉事一人，擢其族孫希孟、希孔等世
襲都督同知，甥傅之琮、馮繼先俱都督僉事。章奏無巨細，輒頌忠
賢，稱廠臣而不名。山東奏產麒麟，大學士黃立極等票旨，言：「廠臣
修德故仁獸至。」故事：內官為司禮秉筆，非公事不得出。忠賢每歲必
數歷畿甸，坐文軒，駕四馬，笙鼓鐃吹之屬轟隱黃埃中，錦衣玉帶靴
褲而握刀者夾車左右而馳，自廚傳優伶暨輿皂隨者動以萬數。嘗自琉
璃河祭水還，歷西山碧雲寺，士大夫皆遮道拜伏。凡有章奏，其黨遣
急足馳請然後下。客氏既朝夕侍上所，而每數日必出至私第，輿過乾
清宮前竟不下，盛服靚妝，儼同後妃，侍衛赫奕，照耀衢路，至宅則
老祖、太太、千歲之聲喧呼震地，犒賚銀幣無算。凡忠賢濁亂朝政，
毒痛海內，皆客氏為內主。七年七月乙丑朔，錦州以捷聞，上不豫，
遣魏良卿告南北郊及太廟，代行禮。八月己卯，敘錦州功，封忠賢從
孫鵬翼為安平伯，一時文武冒濫增秩賜蔭者數百人。八月戊戌，再敘
三大工功，封忠賢從子良棟為東安侯，加良卿太師，鵬翼少師，良棟
太子太保，鵬翼、良棟皆在繈褓中，未能行步也。後十餘日而帝崩。
崩前數日，猶召見閣部科道於乾清宮，諭以魏忠賢、王體乾皆恪謹忠
貞，可計大事。內閣黃立極等對曰：「皇上任賢勿貳，諸臣敢不仰體。」
上悅。

　　忠賢之建生祠，始自六年閏六月朔辛丑，浙江巡撫潘汝禎倡議，
奏請祀於西湖。織造太監李實請令杭州衛百戶守祠，詔賜祠額曰普
德，勒石紀功德。嗣是諸方效尤，幾遍天下。薊遼總督閻鳴泰請於部
內建祠至七所，費數十萬，其頌忠賢有「民心依歸，即天心向順」語。
開封毀民舍二千餘間，創宮殿九楹，儀如王者。巡撫郭增光巡按鮑奇謨所
建。巡撫朱童蒙建祠延綏，用琉璃瓦。劉詔建祠薊州，金像冕旒。其諸
祠工作之巧，像皆以沉香木為之，眼耳口鼻宛然生人，腹中腸肺皆以
金玉珠寶為之，髻空穴其一，以簪四時香花。一祠木像頭稍大，小豎

上冠不能容，匠人恐，急削而小之以稱冠，小豎抱頭慟哭責匠人。凡疏辭揄揚，一如頌聖，稱以堯天舜德，至聖至神。閣臣輒用駢語褒答。督餉尚書黃運泰迎忠賢像，五拜三稽首，稱九千歲。都城內外，祠宇相望。有建於東華門外者，工部郎中葉憲祖曰：「此天子臨辟雍道也，土偶能起立乎？」忠賢聞之，即削其籍。初汝禎請建祠，巡按御史劉之侍會稿遲一日，即削籍。薊州道胡士容以不具建祠文，遵化道耿如杞以入祠不拜，皆下獄論死。自督撫巡按而外，宗室若楚王華，勳戚若武清侯李誠銘、保定侯梁世勳等，廷臣若尚書邵輔忠，詞臣若庶起士李若琳，部郎若郎中曾國楨，諸司若通政司經歷孫如冽、上林監丞張永祚等，下至武夫賈豎，諸無賴子，莫不攘臂爭先，洶洶若不及。最後巡撫楊邦憲建祠南昌，至毀周、程三賢祠益其地，鬻澹台滅明祠，曳其像碎之，比疏至則上已崩矣。當生祠盛行時，監生陸萬齡於五月己巳作疏詣司業請代奏，以魏忠賢配孔子，其父配啟聖公，疏言：「孔子作《春秋》，廠臣作《要典》，孔子誅少正卯，廠臣誅東林黨人，禮宜並尊。」司業林援筆塗抹，即夕掛冠櫺星門去，朱之俊為司業，遂為奏請，從之，坐削籍，會帝崩，並配事未及行而罷。烈皇即位，朱之俊乃糾萬齡等借影射利，亦不敢侵及忠賢，林則於崇禎九年入閣。

帝崩無子，信王嗣立，事由張后主持。方是時，后父國紀為忠賢所撼甚危。帝嘗至后宮，后方讀書，帝問：「何書？」對曰：「〈趙高傳〉也。」帝嘿然而出。忠賢聞其事，會有張匿名榜於厚載門者，列忠賢反狀，及其黨七十餘人。忠賢疑國紀為之，閣黨邵輔忠、孫傑欲因此興大獄，借國紀以搖中宮，事成則立魏良卿女為后。草一疏募人上之，諸人慮禍不敢承，順天府丞劉志選年老嗜進無厭，惑家人言，謂己老，必先忠賢死也。六年十月己未，應募上之，疏中極論國紀罪，末言：「令人訾及丹山之穴，藍田之種。」蓋仍理忠賢誣后非國紀女

語。疏上，事叵測，帝無所問，但令國紀自新。忠賢意大沮，而銜國紀不已。七年二月，御史梁夢環理志選前疏，故詰丹山藍田二語，忠賢從中究其事，大學士李國及王體乾交沮之，事乃止，而國紀竟勒歸故郡。未幾帝大漸，折忠賢逆謀，傳位信王者後力也。七年七月乙丑朔，帝不豫，八月乙巳，十二日。召見閣部科道諸臣於乾清宮，諭以魏忠賢、王體乾忠貞可計大事。甲寅二十一日。大漸，乙卯二十二日。崩，遺詔以皇五弟信王由檢嗣皇帝位。

## 第三節　崇禎致亡之癥結

　　天啟七年八月乙卯，帝崩，是為二十二日，丁巳，二十四日。信王即皇帝位，大赦天下，以明年為崇禎元年。熹宗崩之日，信王奉遺詔，即夕入臨，居宮中，比明，群臣始至。時崔呈秀方改兵部尚書，奪情視事，比入臨，內使十餘傳呼呈秀甚急，呈秀入與忠賢密謀久之，語秘莫得聞，或云：「忠賢欲篡位，呈秀以時未可止之也。」帝既即位於八月二十四日，至十月，乃罷崔呈秀。時閹黨自危，楊所修、楊維垣、賈繼春先後劾呈秀以嘗帝，呈秀遂罷。又削浙江巡撫潘汝禎籍，以其建祠作俑。而閹黨布在朝列，竟相持莫敢動。楊邦憲建祠疏至，帝閱而笑。忠賢辭建祠輒允。乃僅於部屬中得主事錢元愨、陸澄源各一疏，又嘉興貢生錢嘉征一疏，論劾忠賢。帝召忠賢，使內侍讀疏，忠賢震恐喪魄，急以重寶啗信邸太監徐應元求解，帝斥應元。以十一月甲子朔，命：「忠賢鳳陽安置。」戊辰，初五。罷各邊鎮守太監。己巳，忠賢與其黨李朝欽行至阜城，自縊，崔呈秀聞之，亦自縊。十二月，客氏及其子侯國興、弟客光先與魏良卿皆伏誅，客氏詔赴浣衣局掠死，籍其家，良卿、國興、光先皆棄市，家屬無少長皆斬。客氏之籍也，於其家得宮女妊娠身者八人，蓋將效呂不韋所為，帝大

怒，命悉笞殺之。詔天下所建逆祠悉拆毀變價。逮陸萬齡於獄，監候處決。崇禎元年正月，詔「中官非奉命，不得出禁門」。戮忠賢屍，寸磔懸首河間。戮崔呈秀屍，懸首薊門。

> 崇禎之處忠賢當矣，罷各邊鎮守，禁中官出禁門。創鉅痛深，宜有此明斷。乃未幾又悉用閹，至日後開城迎闖之曹化淳，正為帝之所尊信者，帝猶自謂「非亡國之君」，此讀史者所可論定也。

元年正月，大計天下吏，楊維垣以御史佐計，以東林與崔、魏並詆，並堅持三案。是時柄國者皆忠賢遺黨，無敢頌言東林者。編修倪元璐首上疏一再駁正維垣，當局以互相詆訾兩解之，而公論乃漸明矣。嗣是閣中閹黨黃立極、張瑞圖、施鳳來陸續罷。立極先以山陰監生胡煥猷劾之，不自安求去。楊維垣猶論煥猷疑出東林指使，帝為除煥猷名下吏，亦允立極去。五月，從倪元璐言，毀《三朝要典》，焚其板。閹黨侍講孫之獬聞之，詣閣大哭，天下笑之。之獬後降清，入〈貳臣傳〉。於是罹忠賢之禍者多贈官賜諡，東林始不負罪於世，而閹黨猶持朝局，動以計陷右東林者。二年三月，始定逆案，分別磔、斬、秋後處斬、及充軍、坐、徒、革職、閑住各等罪名，共二百餘人，諸奸亦多漏網者，維垣名在充軍之列。

維垣於仇東林、翻逆案最力，為清流所深惡，然南都破後，能以一死了之；東林後輩，亦有降於闖軍，列於清廷者，鼎革之際，事多難言，惟然不汙者終以正人為多。

元年四月，起袁崇煥為兵部尚書，督師薊遼。崇煥以忤忠賢去，忠賢誅，王之臣被劾罷，廷臣爭請召崇煥，詔所司敦趣上道。七月至京師，召對平臺，自任五年可複全遼，請勿令在朝諸臣以權力掣臣

肘，以意見亂臣謀，帝悉從之，並假便宜賜尚方劍。崇煥又以前此熊
廷弼、孫承宗皆為人排構，不竟其志，上言：「恢復之計，不外臣昔年
以遼人守遼土，以遼土養遼人，守為正著，戰為奇著，和為旁著之
說。法在漸不在驟，在實不在虛，任而勿貳，信而勿疑。馭邊臣與廷
臣異，軍中可驚可疑者殊多，但當論成敗之大局，不必摘一言一行之
微瑕。事任既重，為怨實多，諸有利於封疆者，皆不利於此身者也，
是以為邊臣甚難。臣非過慮，中有所危，不得不告。」帝優詔答之。八
月抵關，適寧遠兵缺餉四月嘩變，先靖其亂，即裁併諸鎮，關內外止
設二大將，祖大壽駐錦州，趙率教駐關門，身自居中駐寧遠。請罷寧
遠及登萊巡撫不設，亦報可。二年六月，崇煥殺毛文龍。文龍鎮東
江，朝廷視為意外之兵，不能時給餉，文龍因得以自籌之說，假通商
名，往來海上，多販違禁物規利。建州所資於中國者，得之東江，而
文龍亦多得建州所產參貂，略遣朝貴，恆為閹黨所樂袒庇。既擁厚
利，所集刁健不逞之徒極眾，建州亦頗有顧忌，而朝鮮亦賴以聯中朝
之聲氣。崇煥蒞鎮，疏請遣部臣理東江餉。文龍惡文臣監製，抗疏駁
之，崇煥不悅。尋文龍來謁，接以賓禮，文龍不讓，崇煥謀益決。至
是以閱兵為名，泛海抵雙島，文龍來會，崇煥相與燕飲每至夜分，文
龍不覺也。崇煥議更營制，設監司，文龍怫然，崇煥以歸鄉動之，文
龍曰：「向有此意，但惟我知東事，東事畢，朝鮮衰弱，可襲而有也。」
崇煥滋不懌，朝鮮最忠於明，明廷亦無謀襲朝鮮之意，而至末代之軍人，則多以此
為厚自封殖之計，李成梁有此計，故益欲聯絡清太祖，毛文龍亦然，皆以糾集徒黨太
眾，思開一新國土，以自雄於海外耳。遂以是月五日，邀文龍觀將士射，先
設幄山上，伏甲士幄外，文龍至，其部卒不得入，崇煥曰：「予詰朝
行，公當海外重寄，受予一拜。」交拜畢登山，因詰文龍違令數事，文
龍抗辯，崇煥厲聲叱之，命去冠帶縶縛，文龍猶倔強，崇煥曰：「爾有
十二斬罪，知之乎？祖制：大將在外，必命文臣監。爾專制一方，軍

馬錢糧不受核。一當斬。人臣之罪，莫大欺君。爾奏報盡欺妄，殺瀕海難民冒功。二當斬。人臣無將，將則必誅。爾奏稱：『牧馬登州，取南京如反掌。』大逆不道。三當斬。每歲餉銀數十萬，不以給兵，月止散米三斗有半，侵盜軍糧。四當斬。擅開馬市於皮島，私通海外諸國。五當斬。部將數千人，悉冒己姓，副將以下，濫給付千，走卒輿夫盡金緋。六當斬。自寧遠剽掠商船，自為盜賊。七當斬。強取民間子女，不知紀極，部下效尤，人不安室。八當斬。驅難民遠竊人參，不從則幽之島上，僵臥死者，白骨如莽。九當斬。輦金京師，拜魏忠賢為父，塑冕旒像於島中。十當斬。鐵山之敗，喪軍無算，掩敗為功。十一當斬。開鎮八年，擁兵觀望，不能恢復寸土。十二當斬。」數畢，文龍噤不能置，但叩頭乞免。崇煥召諭其從官曰：「文龍罪狀當斬否？」皆惶怖唯唯，中有稱文龍數年勞苦者，崇煥叱退之，乃頓首請旨出尚方劍斬文龍於帳下。然後出諭其部卒曰：「誅止文龍，餘無罪。」皆不敢動。分其兵為四協，以文龍子承祚及副將陳繼盛等領之，犒軍士，檄撫諸島，盡除文龍虐政。還鎮，以其狀上聞，末言：「文龍大將，非臣得擅誅，謹席槁待罪。」上驟聞意殊駭，既念文龍已死，方任崇煥，乃優旨褒答。崇煥歎上言：「文龍一匹夫，不法至此，以海外易為亂也，其眾合老稚四萬七千，妄稱十萬，且民多，兵不能二萬，妄設將領千，今不宜更置帥，即以副將陳繼盛攝之，於計便。」又慮部下為變，請增餉銀至十八萬。皆報可。

　　崇煥誅文龍一事，流傳失實之記載不可勝舉，至今人有為文龍抱屈，稱崇煥忌才者。然《史》文明白，合之《實錄》所見，於文龍之罪狀無疑也。但《史》又言：「文龍專閫海外，有跋扈聲，崇煥一旦除之，自謂可弭後患，然東江屹然巨鎮，文龍死，勢日衰弱，且島弁失主帥，心漸攜，益不可用，其後致有

叛去者。」此為後來詆議誅毛為失計說之所由來。然此皆崇煥
冤死後島兵變化之事實，若使崇煥久任以處其責，何至視劉興
祚兄弟與陳繼盛相屠殺，而卒令耿仲明、孔有德、尚可喜輩遂
為清廷佐命哉？誅毛部署不過三閱月，崇煥已中清太宗反間，
明廷自壞長城，反信高捷、袁弘勳、史䇍輩，為閹黨報仇，興
大獄，以妄殺文龍陷輔臣錢龍錫。易代以後，流聞語尚不實，
則審慎讀史者之少矣。

　　十月，建州兵毀邊牆入犯，崇煥入援。謗者以崇煥先有與建州通
和之意，謂其招虜脅和，將為城下之盟。清太宗又授計叛將高鴻中，
於軍中所獲宦官二人前故作耳語，云：「今日撤兵，袁巡撫有密約，事
可立就。」縱宦官歸，以聞於帝。遂再召見於平臺，詰殺文龍事，縛付
詔獄。祖大壽駭而毀關東奔，猶於獄中取崇煥手書召大壽，得無叛
去。時閣臣錢龍錫持正，不悅閹黨，閹黨王永光復用，為吏部尚書，
引同黨御史高捷、史䇍，為龍錫所扼，遂以龍錫與崇煥屢通書，訐議
和，殺文龍為龍錫主使，並罷龍錫。時起用孫承宗禦建州兵，兵退。
遂於三年八月磔崇煥，九月逮龍錫，十二月下龍錫獄。閹黨借議和誅
毛，指崇煥為逆首，龍錫等為逆黨，謀更立一逆案，與前案相抵。內
閣溫體仁、吏部王永光主其事，欲發自兵部，而兵部尚書梁廷棟不敢
任而止，僅議：「龍錫大辟，決不待時。」帝不信龍錫逆謀，龍錫亦悉
封上崇煥原書及所答書，帝令長系。明年，中允黃道周申救譴外，而
帝亦詔所司再讞，減龍錫死，戍定海衛，在戍十二年，兩赦不原，其
子請輸粟贖罪，周延儒當國，尼不行，南渡後始復官歸里卒。崇禎宰
相五十人，龍錫尚為賢者，崇禎初與劉鴻訓協心輔政，朝政稍清，兩
人皆得罪去。崇煥則以邊事為己任，既被磔，兄弟妻子流三千里，籍
其家無餘貲，天下冤之。帝茫無主宰，而好作聰明，果於誅殺，使正

人無一能任事，惟奸人能阿帝意而日促其一線僅存之命，所謂「君非亡國之君」者如此。二年之役，遼東大將趙率教、滿桂遇建州兵，先後皆戰死。

## 第四節　專辨正袁崇煥之誣枉

　　袁崇煥之獄，已敘於上節。然三百年來，公論不定，一翻明末人當時之記載，愈墮入五里霧中。論史者將謂：今日之人固不應妄斷古人之獄，惟有求之故紙，憑耳目相及者之言以為斷耳。豈知明代之事，惟耳目相及之人，恩怨是非，尤為糾葛。而崇煥之被謗，則於溫、錢相傾之門戶舊套以外，只多一虛驕愛國者之興奮，為清太宗反間所中，久而不悟，雖有正人，只能保錢龍錫之無逆謀，不敢信袁崇煥之不通敵。北都既覆之後，弘光朝尚持此論，且出於正人君子之言，如南都吏部尚書徐石麒專論歷來款虜事一疏，錄之可以備見明人對建州之認識不真，對力能抗敵之疆臣猜疑太過，皆為促亡之道。

　　　　徐石麒《疏》見談遷《棗林雜俎》，遷之錄此，固亦援石麒之言，為足以存信史也。石麒在天啟時，抗魏忠賢，勒完贓而削籍，當時已著清望。崇禎中歷官卿貳，長刑部時，以申救熊開元、姜埰落職。南都再起，為馬士英輩所扼而去。去後，南都亡，朝服自縊，其正義大節，無愧完人矣。《史·本傳》言：「福王監國，召拜右都御史，未任，改吏部尚書，奏陳省庶官，慎破格，行久任，重名器，嚴起廢，明保舉，交堂廉七事。時方考選，與都御史劉宗周矢公甄別，以年例出御史黃耳鼎給事中陸朗於外。朗賄閣人得留用，石麒發其罪，朗憝詆石麒，石麒稱疾乞休，耳鼎亦兩疏劾石麒，並言其枉殺陳新甲。石麒疏辨，求去益力，馬士英擬嚴旨，福王不許，命馳驛歸。」云

云。此疏即為耳鼎所劾自辨之詞也。其疏云：

「奏為矯誣先帝者悖之極，欺罔聖明者奸之盛，事關封疆殷鑒，信史紀傳，不得不據事驗明，以存實錄事。臣於十五日崇禎十七年九月。伏枕次，見黃耳鼎翻出陳新甲一案，謂臣『殺新甲以敗款局』。此似耳鼎拾馬紹愉之邪唾，將以顛倒成案，獻媚朝廷，以為後日賣國之地，不但欲為新甲報仇起大獄已也。事關宗社封疆，臣何敢默默處此？臣請與皇上先言款事終始。我國家自有虜患以來，其講款非一矣。天啟二年，穢樞惑於王化貞之說，俾違督臣熊廷弼節制，而私與孫得功為市，得功突發犯順，城陷身逃，而款議敗；王化貞雖極愚昧僨事，然非款敵，乃欲倚孫得功購李永芳為間以圖敵耳。第一段已失實，可見當時輿論龐雜已甚。其次則袁崇煥遣喇嘛僧吊老酋，因以議款，未成而崇煥去位。迨先帝初立，意在滅敵，召崇煥授兵柄，崇煥陽主戰而陰實主款也，甚至殺東江毛文龍以示信。竟以殺文龍為示信於建州。嗣先帝不之許，進喉敵闌入脅款，仍戒以勿得過關門一步，崇煥先頓兵以待，是夕敵至，牛酒相犒勞，夜未央，敵忽渝盟，拔騎突薄城下，崇煥師反殿其後，建州兵由喀剌沁蒙古為嚮導，入遵化、遷安之洪山、潘家、大安等口及龍井關。崇煥自邊援薊，自然出建州兵後。疏意謂犒勞建兵，自向朝廷脅款。旋變計真犯薊門，倉皇赴救，故反殿其後，以成反間之說。先帝於是逮崇煥誅之，而款議再敗。然崇煥雖言款，其所練甲士稍精強，邊備未嘗弛，故誅後而祖大壽猶得以餘威振於邊。嗣是中外靡有敢言款者，第歲久我叛帥累累家遼西，益相狎習，邊將益約節士卒，復與北蕣，偷旦夕之安，而邊備日弛矣，本兵未必知也。至楊嗣昌為樞密，廉得狀，時敵亦適內寇，於是再以款市聞。先帝命偵實情，竟得嫚書，大怒格之，而款議復敗。此事詳嗣昌及盧象昇傳。嗣是即新甲主款矣，

新甲令石鳳台與北通，而惡洪承疇撓其事，因敵困錦州，急遣
張若麒往催戰，欲乘間殺承疇脅款，此即向者崇煥殺文龍故智
也。再提崇煥殺文龍為脅款之罪，此不惟崇煥非此意，即謂陳新甲欲殺洪承
疇，亦恐非新甲本意也。不虞承疇先覺，獨入松、杏城死守。若麒
計不成，乘月宵遁，陷我六師。舊輔臣謝升見邊事大壞，憶督
臣傅宗龍臨行有「樞臣計專主款」之語，發聞，先帝遂召新甲
陛見，切責良久，遍詢諸輔，獨升對曰：「彼若果許款，款亦可
恃。」議遂定，時壬午正月初八日事也。已而遣一瞽者一黠生
與馬紹愉偕往義州議款。賈卜瞽者周元忠，楊嗣昌議款所用，至是想仍
借之。四月歸，虜不具表謝，而復得語，先帝知為所紿，大恨，
而款事又敗。建州復書見《東華錄》，在明人固應謂之嫚書，然款之敗，
非以書故，因新甲為家童誤付邸鈔洩漏也。蓋自辛巳張若麒倡逃後，
舉先帝十五年所鳩集之精銳一旦盡掃，老成謀國之臣，無不私
祝，望款事之成，庶幾稍有息肩，至天子親發璽書，下明詔，
首臣屬草，次輔書真，誡樞臣撫使者而遣之，為使者飭冠劍，
連車騎，至塞外，我邊臣椎牛醱酒，張筵十六席燕敵使。此事可
補史文所略。敵之酋長遣綱紀，一美少年，一龐眉皓首之老，來
會，絕不語及開市事，問之，則云：『待老憨命。』憨為汗之對
音，明人多作憨字。及憨至義州，首詰諸酋長私與中國通，擬殺我
使人，譯事者為之祈請，叩頭乞哀，馬紹愉等抱頭匍匐竄歸，
恐彼尚未見憨面，今反飾稱親到瀋陽，不幾夢中囈語耶？證以
《東華錄》，絕不如是，愛國斥和者疾視之語，國亡而虛驕自在。以下論新
甲他罪從略。

《東華錄》：「天聰三年，即明崇禎二年，十二月辛丑，大兵逼北
京，上營於城北土地關之東，兩翼兵營於東北。偵知滿桂、侯世祿等

集德勝門，上率右翼諸貝勒前進，又聞『瞭見東南隅有寧遠巡撫袁崇
煥、錦州總兵祖大壽等以兵來援。』傳令左翼諸貝勒迎擊。癸卯，遣歸
順王太監齎和書致明主。上率諸貝勒環閱北京城。乙巳，屯南海子。
丁未，進兵距關廂二里。戊申，聞袁崇煥、祖大壽營於城東南隅，豎
立柵木，令我兵逼之而營。上率輕騎往視進攻之處，諭曰：『路隘且
險，若傷我軍士，雖勝不足多也。』遂回營。先是獲明太監二人，付與
副將高鴻中，參將鮑承先、寧完我，榜式達海監收，至是回兵，高鴻
中、鮑承先遵上所授密計，坐近二太監，故作耳語云：『今日袁巡撫有
密約，此事可立就矣。』時楊太監者，佯臥竊聽，悉記其言。庚戌，縱
楊太監歸，楊太監將高鴻中、鮑承先之言詳奏明帝，遂執袁崇煥下
獄，祖大壽大驚，率所部奔錦州，毀山海關而出。」云云。此《清太宗
實錄》所書，以示太宗之善用兵。其方法乃襲小說中之蔣幹中計。清
太祖時譯《三國演義》以為兵書，此時尚得其用，而明帝之不知士大
夫心跡，竟墮此等下劣詭道，自壞萬里長城，並不言其蜚語之所由
來，自矜燭照神秘。虛驕之正人，既不慊於前時遣吊，又不審毛文龍
之當誅罪惡，捏其情事為一串，竟稱崇煥通敵脅款，至國亡後尚曉曉
欲傳為信史。《明史》出而稍據《清實錄》。於〈崇煥傳〉雪此誣構，
近又好據同時人之襃貶以為可信，則不可挾此成見也。

　　毛文龍東江之兵，始以明廷無餉而藉口通商，以違禁物與敵為
市，敵乃大得其助，而崇煥治兵，請東江之餉，而文龍拒之，以與敵
通市為利，又不欲以領餉而暴露其兵額也。崇煥斬文龍，編制其兵，
實其餉，東江正可有為，乃身既被戮，毛兵亦無所依賴，自相屠殺，
相率降清。論者又以此為崇煥之罪，不以為殺崇煥者之罪，至今尚糾
紛不已，是用揭之。

# 第五節　崇禎朝之用人

　　崇禎十七年中，用宰相至五十人。宋開國至元祐初百三十年，至司馬光、呂公著、呂大防、范純仁為相時，始為五十一人。明盛時本無宰相，至中葉以後有相矣，而崇禎中則置相如弈棋，十七年恰得五十人。再論其人格，早年為天啟所遺之閹黨，後來親擢之中，入〈奸臣傳〉者有溫體仁、周延儒二人。《明史・奸臣傳》除馬士英之奸，在北都亡後，其餘只有胡惟庸、陳瑛、嚴嵩三人，占二百數十年，十七年獨得奸臣二人，亦極見促亡之效。孫承宗亦有閣臣之名，而從未任閣事，其他未有一擔荷國事者。帝之不任大臣，惟圖自用，姑舉一事為例：劉鴻訓於崇禎元年入閣，〈本傳〉言：「帝初甚向之，關門兵以缺餉鼓噪，帝意責戶部，而鴻訓請發帑三十萬示不測恩，由是失帝指。」又云：「鴻訓居政府，銳意任事，帝有所不可，退而曰：『主上畢竟是沖主。』帝聞深銜之，欲寘之死，賴諸大臣力救，乃得稍寬。以改敕書事戍代州，卒戍所。」夫勸發帑示恩，損上益下，不失為君子之事君，縱未能從，何致遂以此失指？則帝之吝財，猶有萬曆遺風。聞言已為沖主，即深銜而欲寘之死。自聖至此，又好誅戮大臣，艱危之日，欲以救亡，何可得也？人主虛中求善，來者尚多面諫；示以氣矜，正直之士，自知無幸。後來入閣紛紛，以卑劣之徒為多，而所謂奸臣，則溫體仁久任至歷八年，周延儒亦前後兩任，為其較隆重者。帝謂：「君非亡國之君，臣皆亡國之臣。」孰知用此亡國之臣者即鑿然亡國之君也。賢士大夫受杖獲譴相繼，不於其中物色一二以自輔，惟奸庸者登進不已，此用相之大概也。崇禎宰相被戮者薛國觀、周延儒，遣戍者劉鴻訓、錢龍錫，劉、錢尤非其罪。自有閣輔以來，戮死者惟一夏言，崇禎間則再見，豈複有敬大臣之意？

又〈喬允升傳〉言：「帝在位十七年，刑部易尚書十七人，薛貞以閹黨抵死，蘇茂相半歲而罷，王在晉未任改兵部去，允升遣戍，韓繼思坐議獄除名，胡應台獨得善去，馮英被劾遣戍，鄭三俊坐議獄逮繫，劉之鳳坐議獄論絞，瘐死獄中，甄淑坐納賄下詔獄，改下刑部瘐死，李覺斯坐議獄削籍去，劉澤深卒於位，鄭三俊再為尚書，改吏部，范景文未任改工部，徐石麒坐議獄落職閑住，胡應台再召不赴，繼其後者張忻，『賊』陷京師，與子庶起士端並降。」此文又見於〈劉之鳳傳〉，即所謂《明史》復遝之處。一部如此，他部略可想見。昔之列卿稍有名者，必敘其政績恩遇，崇禎時之大臣，救過不遑，為國之意蓋，如之何撥亂而反之正也？

兵部尚書之死於法者，王洽以建州兵始薄京城，下獄瘐死。《史》稱洽「清修伉直，雅負時望。遵化陷，再日始得報，帝怒其偵探不明，用重典不少貸。厥後都城復三被兵，樞臣咸獲免，人多為洽惜之。」則死固未當其罪也。陳新甲之死，以洩露款議，對建州有「既不能令又不受命」之心理，而所據以為罪者，則曰戮辱我親藩七，罪又甚於薄城。戰亂所及，藩國被屠，已非兵部專責，不過借此以掩其議款之恥，尤為失刑。

督撫為地方大吏。總督則見〈鄭崇儉傳〉：「帝自即位以來，誅總督七人：崇儉及袁崇煥、劉策、楊一鵬、熊文燦、范志完、趙光抃也。」崇儉與張獻忠戰本勝，以楊嗣昌言其撤兵太早，致師敗績，不俟秋決，以五月棄市。福王時，給事中李清言：「崇儉未失一城，喪一旅，因他人巧卸，遂服上刑。」崇儉冤始白。趙光抃之戮，世亦以為冤。袁崇煥之中建州反間，已見上。古有謗書盈篋，待功成而後留示其人者。絲毫無知人之明，而視任事之臣如草芥，當彼時會，烏得不亡？巡撫則見〈顏繼祖傳〉：「終崇禎世，巡撫被戮者十有一人：薊鎮王應豸、山西耿如杞、宣府李養沖、登萊孫元化、大同張翼明、順天

陳祖苞、保定張其平、山東顏繼祖、四川邵捷春、永平馬成名、順天潘永圖，而河南李仙風被逮自縊不與焉。」國事已非，喪師失律，不盡為所犯之罪，為中樞調度不當，所陷者亦多，事各具本傳，要之為人不自保而已。

## 第六節　李自成張獻忠及建州兵事

明自中葉以後，人民起事雖時有，然旋起旋滅，至崇禎朝遂以亡明，蓋由外困於建州，內民生日蹙故耳。萬曆之末，東事既起，餉不足而加賦無已，民失其樂生之心。兵弊於軍制廢弛，班軍困於占役，而京營不足用，衛所之軍，亦為豪家供奔走，雖一諸生可役使之，重以隱占虛冒，舉天下之兵不足以任戰守。而召募之說興，於是聚遊手好閒，無尺籍可稽之民，假以器械，教之技擊，赴警則脫逃嘩潰，既窮且悍之眾遍於閭里。天啟六年八月，〈本紀〉書：「陝西流賊起，由保寧犯廣元。」是時閹黨喬應甲巡撫陝西，朱童蒙巡撫延綏，皆貪黷虐民，起事比以此日眾。且又連歲大饑，崇禎元年十一月，有白水王二通於縣役，糾眾墨其面，掠蒲城之孝童，韓城之淄川鎮，由是府谷王嘉胤、宜川王左掛並起攻城堡殺官吏，安塞高迎祥、漢南王大梁復糾眾應之，迎祥自稱闖王，大梁自稱大梁王。迎祥，李自成舅也，其闖王之號，後遂為自成所襲稱。

三年春，詔以楊鶴為三邊總督平亂，參政劉應遇擊斬王二、王大梁，參議洪承疇擊破王左掛。會建州兵薄京師，山西巡撫耿如杞勤王兵嘩而西，延綏總兵吳自勉、甘肅巡撫梅之煥勤王兵亦潰，亂勢益熾。鶴畏之，乃主撫，其有降者給免死牒，安置延綏、河曲間。三月，起事民眾更由陝渡河入山西。六月，王嘉胤陷府谷，米脂張獻忠應之。獻忠，延安衛柳樹潤人，隸延綏鎮為軍，犯法當斬，主將陳洪

范奇其狀貌，請於總兵官王威釋之，乃逃去。先從神一元領紅旗為先
鋒，及是據米脂諸寨，自稱八大王。是為張獻忠著名之始。入山西之
首領王嘉胤於崇禎四年六月為其同夥所殺，更推號紫金梁即王自用者
為魁，與迎祥、獻忠共三十六營，眾二十餘萬，皆聚山西。於是迎祥
甥李自成與其兄子過往從迎祥。自成時未有名，但號闖將，本米脂
人，世居懷遠堡李繼遷寨。幼牧羊於邑大姓艾氏，及長充銀川驛卒，
善騎射，數犯法，知縣晏子賓捕之，將置諸死，脫去為屠。至是從迎
祥，是為李自成漸露頭角之始。自成之起在獻忠後也。

> 邑大姓艾氏家牧羊。《史》言自成之托始如此。《人海記》錄《棗
> 林雜俎》云：「惠世揚，米脂人，萬曆甲辰進士，歷刑部侍郎。
> 李自成故牧卒也，嘗給事世揚之家，及僭號，語人曰：『得惠先
> 生來則甚幸。』因致書，世揚即至，拜右平章，時左平章則牛
> 金星也。自成敗，從本朝兵入燕，三年不見用，後放歸。綏德
> 副總兵王永強作亂，劫世揚從軍，敗於朱原鎮，永強自縊，世
> 揚不知所終。」據此則邑大姓為惠氏，所牧者馬也。世揚名在
> 東林，天啟五年楊、左之獄，與趙南星等皆在削籍追贓之列。
> 《東華錄》：「順治四年八月甲戌，左副都御史惠世揚以年老致
> 仕。」是後又降清。

三邊總督楊鶴以無功遣戍，洪承疇代之，督諸將曹文詔、楊嘉謨
戰，所向克捷。後文詔及在籍故錦衣僉事張道等道澤州沁水人，張銓
子，以難蔭。先後為言官論列得罪及他調去。迎祥、獻忠等復偽降突渡
河，入河南、湖廣，逼四川。七年春，以陳奇瑜為山西、陝西、河
南、湖廣、四川總督專事平亂，以盧象為鄖陽撫治。奇瑜困迎祥、自
成等於車箱峽，自成以計賄奇瑜左右偽請降，奇瑜遽許之，檄諸將按

兵毋殺，所過州縣為具糧傳送。自成等甫渡棧即大噪，適略陽大眾數萬亦來會，在在告警，奇瑜坐削籍，而李自成之名大顯，與張獻忠相埒矣。

奇瑜削籍，洪承疇代，甫受命而東，西寧兵變不得下，迎祥、自成遂攻陷鞏昌、平涼、臨洮、鳳翔諸府數十州縣，敗官軍，戕道員，圍隴州四十餘日，承疇遣將擊破之，遂東走回南，承疇奉詔出關追之。八年春正月，自成等大會於滎陽，由自成倡議，分大眾抗各路官軍，迎祥、獻忠及自成等東出，遂陷鳳陽，焚皇陵，勢大熾。所樹幟大書「古元真龍皇帝」。大飲合樂，聲勢益張。自此屢分屢合，時敗時振，官兵迭有傷亡。九年七月，陝西巡撫孫傳庭擊迎祥，被俘死，其眾乃共推自成為闖王。十一年春，承疇、傳庭合力作戰，大破自成，盡亡其卒，獨與劉宗敏等十八騎入商洛山中不敢出。其年獻忠降，自成勢益衰。而遼事亟、承疇改薊遼總督，傳庭改保定總督，而傳庭復以疾辭，逮下獄。傳庭患失聰，而楊嗣昌劾其托疾故也。自是主持其事者為嗣昌與熊文燦。

嗣昌，湖南武陵人，萬曆進士。父鶴，天啟間，為閹黨除名，嗣昌亦引疾。崇禎初，鶴以被逮，嗣昌三疏請代，得減死。既嗣昌歷官右僉都御史巡撫永平、山海諸處，復升兵部侍郎，總督宣大、山西軍務。疏陳邊事，帝異其才。以父憂去，復遭繼母喪。崇禎九年，奪情起兵部尚書。三疏辭，不許。十年三月，抵京召對。嗣昌博涉文籍，多識先朝故事，工筆札，有口辯，帝大信愛之。前尚書張鳳翼柔靡無所規畫，嗣昌銳意振刷，帝益以為能，所請無不聽，曰：「恨用卿晚。」嗣昌議大舉進兵，請以陝西、河南、湖廣、江北為四正，四巡撫分剿而專防，以延綏、山西、山東、江南、江西、四川為六隅，亦巡撫分防而協剿，是謂十面之網。總督總理二臣專任征討。總督者，總督山西、陝西、河南、湖廣、四川軍務洪承疇；總理者，總理南畿、河

南、山西、陝西、湖廣、四川軍務王家禎。嗣昌握兵柄，承帝眷，以帝急平亂，冀得一人自助，乃物色得大言自詭之熊文燦，而嗣昌挾帝所信任以為之主。

　　文燦，貴州永寧衛人，徙家蘄水，由進士歷官至布政司。崇禎元年，以福建布政司就遷巡撫。福建海上，鄭芝龍為渠帥，頗願受撫，當事諭降之。文燦至，善遇芝龍，使為己用，芝龍屢立功，文燦遂以功擢總督兩廣軍務，仍藉芝龍力，最後擊劉香死，海上盡平，時崇禎八年。《史‧文燦傳》：「文燦官閩廣久，積貲無算，厚以珍寶結權要，謀久鎮嶺南。會帝疑劉香未死，且不識文燦為人，遣中使假廣西辦名往覘之。文燦盛有所贈遺，留飲十日，中使喜，語及中原寇亂，文燦方中酒，擊案罵曰：『諸臣誤國耳，若文燦往，詎令鼠輩至是？』中使起立曰：『吾非往廣西辦也，銜上命覘公，公當世才，非公不足辦賊。』文燦悔失言，隨言五難四不可以自遁。中使曰：『吾見上自請之，若上無所吝，即公不得辭矣。』文燦辭窮，應曰：『諾。』中使果還言之帝。文燦居蘄水，與邑人姚明恭為姻婭，明恭官詹事，又與嗣昌善，知中使譽言，因薦之嗣昌曰：『此有內援可引也。』嗣昌薦之。十年四月，拜文燦兵部尚書兼右副都御史，代王家禎為總理。文燦拜命，即請以左良玉軍屬己，而大募粵人及烏蠻精火器者一二千人自護，弓刀甲冑甚整，次廬山，謁所善僧空隱，僧曰：『公誤矣。』文燦屏人問故，僧曰：『公自度能制賊死命乎？』曰：『不能。』『諸將有可屬大事不煩指揮而定者乎？』曰：『未知如何也。』曰：『上特以名使公，厚責望，一不效，誅矣。』文燦卻立良久曰：『撫之何如？』僧曰：『吾料公必撫，然流寇非海寇比，公其慎之』。」是為文燦受任之原委。

　　嗣昌設十面之網，意在主戰，與文燦主撫本不相中。文燦既至，良玉桀驁，不受節制，其下又與粵軍不和，大譁，不得已遣還南軍，然良玉實不為用，嗣昌言於帝，乃以邊將馮舉、苗有才五千人隸焉。

時嗣昌號建四正六隅策，文燦則決計招降，初抵安慶，即遣人招張獻
忠、劉國能，二人聽命，乃益刊招降檄布通都。又請盡遷民與粟閉城
中，期無所掠當自退。帝怒，譙讓文燦，嗣昌以既已任之，則曲為之
解，仍上疏克期平定，以今年十二月至明年二月為限。當時任事者，
尚有總督洪承疇，嗣昌言於帝：「熊文燦任事僅三月，承疇七年不效，
論者繩文燦急，而承疇縱寇莫為言。」帝知嗣昌有意左右，變色曰：
「督理二臣但責及時平『賊』，奈何以久近藉之口？」嗣昌乃不敢言。
嗣昌建合剿之策，謂必可平定，而專任文燦。文燦則專主撫，所主張
本不相合，帝亦不復詰，亦無言者。初，獻忠為左良玉軍所敗，中箭
創甚不能戰，十一年春，偵知陳洪范隸文燦麾下為總兵，因遣間齎重
幣獻洪范，願率所部降。洪范以告文燦，受其降。獻忠遂據谷城，請
十萬人餉。文燦又招十三家先後降。嗣昌方以逾期故，疏引罪乞代，
帝不許，命察行間功罪，乃盛稱文燦功而罪承疇。承疇方與陝撫孫傳
庭大破李自成，自成走入崤函山中。獻忠則在谷城治甲仗，言者知其
必反，而帝信嗣昌倚文燦，不為憂。五月，獻忠合十三家一時並起，
設伏敗左良玉兵，帝聞變大驚，削文燦官戴罪視事。嗣昌於六月甫由
兵部尚書改禮部，兼東閣大學士，入參機務，仍掌兵部事。變既聞，
上疏請斥不許，帝以既撓群議用嗣昌，悟其不足倚，而猶冀其一出平
亂謝天下，遂命以輔臣督師，再疏辭不允，以九月杪抵襄陽入文燦
軍，聽文燦自訴，且檄召文燦所用知府萬年策、僉事孔貞會效用軍
前，而河南巡按高名衡既劾文燦，又劾二人以撫愚文燦不可用。嗣昌
發憤疏辨，謂：「廷臣以文燦不能剿賊，誣其無才；不能用兵，誣其無
算。文燦特過持重耳，流寇數十百萬，不可勝誅，必撫剿並施，方可
解散。文燦收拾兩年，功已十成六七，獨獻忠再叛，八營動搖，今以
一眚廢置，並所用之人訾之，非公論。」此疏見《明史稿・嗣昌傳》。以此
曲庇文燦，而帝卒重罪之，文燦以十三年十月棄市。

　　十一年九月，建州又復入邊，以宣大，山西總督盧象督師禦之。象亦以與嗣昌議不合，遂以監軍中官高起潛分其兵，又扼其餉，陷象陣亡。又與起潛比，謂象不死。有詔驗視，贊畫楊廷麟得其屍，嗣昌故斬之。遣三邏卒察其死狀，其一人俞振龍者，歸言象實死，嗣昌怒，鞭之三百，暴屍八十日而後殮，終嗣昌未死之日，不得議。象以對建州主戰，而嗣昌在本兵因與不合陷之，並欲沒其死事之烈，此為嗣昌一大罪狀。方是時，文燦主撫亦當嗣昌意，嗣昌歸功文燦而欲傾承疇。帝以東事亟，召承疇、傳庭入援，嗣昌議移承疇督薊遼，且盡留承疇所率入援之秦兵，屬承疇東守。傳庭謂嗣昌：「秦軍不可留。秦軍妻子俱在秦，久留於邊，非嘩則逃，不復為吾用。安危之機不可不察。」嗣昌不聽，傳庭疏爭之，帝不能用，不勝鬱鬱，耳遂聾。初傳庭入衛，象方戰歿，命代統諸鎮援軍，請召對決大計，嗣昌以傳庭與己多不同，高起潛亦與傳庭不協，合而沮之，竟不得入朝。十二年春，承疇與傳庭並受命，承疇督薊、遼，傳庭督保定、山東、河北軍務。復疏請陛見，嗣昌大驚，謂傳庭將傾己，飭來役齎疏還之，傳庭憤甚，耳益聾，不能聽機事，遂乞休，嗣昌又劾其托疾，帝大怒，斥為民，下巡撫楊一俊核真偽。一俊奏言非偽，並下一俊獄，傳庭長繫待決。舉朝知其冤，莫敢言。繫獄三年，至嗣昌敗後，朝士乃交薦起督陝。嗣昌主兵柄時，大將任戰者，僅盧象昇、孫傳庭、洪承疇為最著。嗣昌陷盧死，並仇其死後，陷孫幾死，復排洪於外，所倚所庇惟有熊文燦，此其任本兵時之所為也。而其時於顛倒命將是非之外，又有殘民以絕國脈之大罪。當萬曆末，以清犯遼東，三次加派，已驅民走險而致大亂。崇禎間，一再加派，曰剿餉，曰練餉，合前萬曆末所加名遼餉，共謂之三餉。剿餉、練餉，皆嗣昌主議而帝用之，擁剿餉而不剿，擁練餉而無可練。至清入關而首除三餉，遂取中國而民已多數安之，是尤為新朝造取代之資矣。謂兵事正殷，非餉不濟，清方以

兵取天下，較之明以兵守天下者豈不更費武力，然以首革三餉而興，求之宮廷節約，以養戰士，自有其道。明君臣當危亡之時，竭力椓喪，不恤資敵，此固亡國之臣所為，亦豈非亡國之君所信用乎？

當十年三月，嗣昌始履本兵任，議設十面之網，並薦熊文燦為總理，即議增兵十二萬，增餉二百八十萬，其措餉之策四：一因糧，二溢地，三事例，四驛傳。因糧者，因舊額之糧量為加派，畝輸糧六合，石折銀八錢，傷殘地不與，歲得銀百九十二萬九千有奇；溢地者，民間土田溢原額外者，核實輸賦，歲得銀四十萬六千有奇；事例者，富民輸資為監生，一歲而止；驛傳者，前此郵驛裁省之銀，以二十萬充餉。崇禎三年，以給事中劉懋請裁定驛站，給郵乘傳有額，而河北遊民向藉食驛糈者無所得食，潰兵煽之，為陝西民變熾盛之始。戶部不敢違，議上，帝傳諭：「不集兵無以平寇，不增餉無以餉兵，勉從廷議，暫累吾民一年。」改因糧為均輸，布告天下，使知為民去害之意，是為剿餉。帝言累民一年，本以一年為限，而遂為久計矣。

十二年，清兵入邊，破濟南始返。未解嚴時，廷臣請練邊兵，嗣昌議各鎮練兵數至七十餘萬。帝又採副將楊德政議，練民兵捍鄉土，不他調，天下府千、州七百、縣五百，汰府通判、州判官、縣主簿。府改設練備，秩次守備；州縣改設練總，秩次把總。嗣昌以勢有緩急，請先行輔、山東、河南、山西，於是有練餉之議。

剿餉在嗣昌原議一年即止，餉盡而亂未平，詔徵其半。至行練餉時，反並剿餉皆全徵，帝慮失信，大學士薛國觀、程國祥以為可行，嗣昌復言：「加賦出於土田，土田盡歸有力家，百畝增銀三四錢，稍抑兼併耳，貧者何害？」帝意遂決。由是剿餉之外，復增練餉七百三十萬。計遼餉在神宗末為五百二十萬，崇禎初又增百四十萬，後再增剿餉練餉，計千萬，事例所入無定，其數不計入。先後增賦一千六百七十萬，民不聊生，益起為亂。迨帝知悔前失，用大學士蔣德璟言，詔罷練

餉，自成兵已逼城下，有詔而不復能行矣。夫古禮家之說，年不順成，天地祖宗可以殺禮，社稷神只可以變置。古者神權最重，而救國只有奪典禮，而不聞可以剝民生。臥薪嚐膽，乃有國者自處於極苦，與軍民同其生活，自能盡全國之人力物力以渡此難關。若曰暫累吾民，君與相以及有祿之士大夫則不受其累，是薪膽之苦只有人民臥且嘗也。崇禎間最用事最專且久之楊嗣昌，獨為帝所特簡，謂非亡國之君而何？

剿餉之用途猶有可指，若練餉之用途實為可笑。各鎮就舊兵而抽練之，當時論者即謂九邊自有額餉，概予新餉則舊餉安歸？邊兵多虛額，今指為實數，餉益虛糜而練數仍不足，且抽練而其餘遂不問，則舊餉之兵公然不練，而練者又仍虛文，加練餉而邊防愈弱矣。至州縣民兵益無實，徒糜厚餉。凡此皆以嗣昌主之，且事巨莫敢難也。此皆嗣昌居中用事之亡國成績也，其督師以後則又有可言矣。

嗣昌入熊文燦軍受代，以十月朔崇禎十二年。大誓三軍，以左良玉有將才，請拜為平賊將軍，報可。良玉既佩將軍印，志寖驕，遣使以書謝，嗣昌不悅。會賀人龍敗獻忠於興安，請進秩賜獎，欲漸貴之，以抗良玉。良玉知之甚慍。恩威不足以相服，而用術數交鬥於將帥之間，武夫無肝膽可共，危急時孰能用命？當是時，官軍雖新勝，而嗣昌中養銳之戒，諸將遂無鬥志，雖遣將但遙相應，未令合擊。代嗣昌為本兵者傅宗龍，克十二月平亂，又數趣分道進兵，嗣昌遷延至歲暮未一戰，張琮、賀人龍之捷，本非嗣昌功，其所檄湖廣巡撫方孔遣楊世恩、羅安邦兩將攻羅汝才、惠登相者，則全軍覆於黃草坪。孔本屢取勝，至是所部一敗。嗣昌以孔先條上熊文燦主撫之誤，心銜之，又忮其言中，遂獨劾孔逮下獄。孔炤子檢討以智，伏闕訟父冤，膝行沙堁中兩年，帝心動，始議前功，減死遣戍，則遇敗巧中他疆臣以自免之一事也。嗣昌駐襄陽，既節制各路軍，乃以楚地廣衍，亂難

制，驅使獻忠等入蜀，冀因地險蹙之可全勝。又慮蜀兵扼險，恐彼不得入，遂調蜀銳萬餘為己用，使蜀中罷弱不足支。蜀撫邵捷春憤曰：「督師殺我！」爭之不能得。於是獻忠遂西。其時總督陝西三邊軍務為鄭崇儉，由本兵令兼督蜀軍，嗣昌亦檄秦軍入蜀，崇儉遂以十三年二月率副將賀人龍、李國奇會左良玉，敗獻忠於瑪瑙山。山在達州，由楚入蜀之路。崇儉身在行間，嗣昌遠處襄陽，而帝以嗣昌一出即奏捷，大悅，賞功犒師，悉歸功嗣昌。既而捷春以嗣昌弱其兵，秦師入蜀者，又以崇儉奉命還關中，亦噪而西歸，蜀無防禦之力，獻忠等盡萃蜀中。楚將奉嗣昌令追獻忠入蜀者，敗於土地嶺。獻忠攻蜀各郡縣，嗣昌果委罪蜀軍，斬蜀將邵仲光，而劾捷春逮下獄論死，捷春仰藥死獄中。捷春清謹有惠政，被逮日，士民哭送，競逐散來逮官旗，蜀王亦疏救，不聽。則嗣昌不任棄蜀之罪而巧陷他疆臣之又一事也。蜀既陷，嗣昌為自免計，已陷捷春，又奏崇儉撤兵太早，削其籍。迨嗣昌敗死，帝尚恨崇儉不與嗣昌犄角共平亂，逮下獄，不俟秋後，以五月棄市。南都時，給事中李清始訟其有勝無敗，而為他人巧卸、遂服上刑之冤。則嗣昌既陷蜀，而凡稍能軍之疆臣皆為卸罪之故連陷以死之又一事也。

　　帝於嗣昌始終眷注，慰勞賜敕，犒師發帑，一再相望。嗣昌以獻忠等盡入蜀，身率師尾之，檄諸將邀擊，令俱不行。下令降者授官，惟獻忠不赦，擒斬者賚萬金爵侯。翌日，軍府自堂皇至庖遍題：「斬嗣昌獻者，賚白金三錢。」嗣昌駭愕。嗣昌小有才，躬親簿書，軍行必自裁進止，千里待報，常失機會，鄖陽撫治王鼇永嘗諫之，不納，旋奏罷鼇永而代以袁繼咸。鼇永上書於朝曰：「嗣昌用師一年，蕩平未奏，非謀慮之不長，緣操心之太苦。天下事，總挈大綱則易，獨周萬目甚難，況賊情瞬息更變，舉數千里征伐機宜盡出一人，文牒往返，動逾旬月，坐失事機，無怪乎經年不戰也。其間瑪瑙山一捷，督輔本號令

良玉退守興安，若必遵之，無此捷矣。陛下任嗣昌，不必令與諸將同功罪，但責其提衡諸將之功罪；嗣昌馭諸將，不必人人授以機宜，但核其機宜之當否；則嗣昌心有餘閒，自能決奇制勝，何至久延歲月，老師糜餉哉？」黿永所陳，頗中嗣昌之病。帝令中樞飭嗣昌，嗣昌性所偏，不能從也。黿永明亡後降清，入〈貳臣傳〉。獻忠等既橫行蜀中，由蜀南而復西。十四年正月，嗣昌統舟師下雲陽，檄諸軍陸行追擊，諸軍惟猛如虎躡其後與戰黃陵城，大敗，獻忠入楚。嗣昌檄良玉兵不應，獻忠乃輕騎一日夜馳三百里，抵襄陽，誘啟城門，執襄王。獻忠坐王堂下，予之酒曰：「吾欲斬楊嗣昌頭，嗣昌在遠，今借王頭，俾嗣昌以陷藩伏法，王努力盡此酒。」遂害王。襄陽故熊文燦所駐，嗣昌來代，以其地為重鎮，設守甚備，竟被破之。嗣昌在夷陵，驚悸，上疏請死，下至沙市，又洛陽已陷，福王亦遇害，益憂懼，遂不食，以三月朔日死。廷臣交章論列，嗣昌已由鄖撫袁繼咸、河南巡按高名衡以自裁聞，而其子則以病卒報，莫能明矣。廷臣論嗣昌罪，帝終念之，賜祭，令有司護柩還籍，且論前功，進太子太傅。後獻忠陷武陵，發其七世祖墓，焚嗣昌夫婦柩，其子孫獲半屍改葬焉。

　　嗣昌在中樞，在內閣，所倚者熊文燦，所忌而陷之者盧象、孫傳庭。其才苟在平世，未嘗不可供簿書文墨之用。要其苛察自用，無知人之明，尤根本誤在柄國而不知恤民，與帝同一受病，謂其甘心禍國，有何等贓汙瀆職，則非也。帝固以此信之，嗣昌亦以此自信。其子山松，後作《孤兒吁天錄》，到處為乃父辯誣，言其有勞無過。當清修《明史》之日，冀以此塗飾史館諸人耳目，為作佳傳。館臣未受其誤，然當時固有受誤者矣，潘耒《遂初堂集》有《閱孤兒吁天錄》詩云：「是父有是子，忠孝聲不墜。信史垂千秋，公論未宜廢。」等句。竟顛倒

　　黑白至此！

　　建州之為明患，清太宗之繼承太祖，由天命改稱天聰，乃在崇禎改元之先一年。其對明屢言願和，亦未必非蓄銳持重本意。自袁崇煥遣使通吊以後，任事者亦非無欲和之意，在明欲休民整軍，實宜許和而修內政。乃力已不競，必爭虛之氣，欲建州屈身歸罪，而後宣敕受降，其勢不能。於是君臣間務為掩耳盜鈴之計，意實願和，而有人揭明和字，必引為大恥，譴責任事之臣，朝野議論，亦以言和者為賣國大罪，劫持君相，君相又無知己知彼之定力，始用反間而殺袁崇煥，使天下誤信為以言和受戮。既而陳新甲在兵部主和，而帝意亦向之，惟意在委其事於本兵，或者外有虛驕之浮言，即可譴本兵以自蓋其醜，君臣間先有此等巧卸謬見。一聞新甲揚言主和已得帝允，則發怒殺之，天下亦多以為主和當殺。危急時一聽不負責任者之意氣用事。又敢於敲剝國中，驅民走險，以自剿絕其命，此所以童昏之武宗、熹宗不亡國，時未至也；思宗而欲免於亡，非於任人恤民兩事加意不可，乃俱反之，獨自謂「非亡國之君」，此其所以死而不悟其非也。若自知所為足以亡國，或尚有一線之望耳，乃至殉國之日，猶曰「朕非亡國之君」，可謂至死不悟矣。至後人亦諒其非亡國之君，則美其能殉社稷，固應善善從長也。

　　自熊文燦主撫，楊嗣昌受代督師，皆與張獻忠為相涉。李自成之起在獻忠後，闖王之號本襲高迎祥舊稱，迎祥與獻忠為同起。至自成露頭角，在車箱峽一役，用計得出險，事在崇禎七年六月。八年正月，陷鳳陽，燔皇陵，自成從獻忠求皇陵監小閹善鼓吹者不得，怒偕迎祥輩入陝，而與獻忠分途。獻忠獨東下。自成在陝與洪承疇軍久周旋，自成兄子過與高，皆為所部勇悍善戰者，屢敗官軍，既而傑降承疇。九月，承疇與自成大戰渭南、臨潼，自成敗，遂複偕迎祥出朱陽

關，與獻忠合，陷陝州，攻洛陽，出入豫、皖之間。而是時盧象昇新授總理江北、河南、湖廣、四川軍務。九月春，自成、迎祥等方南犯，已臨江，犯江浦、六合不得逞，西攻滁州，象自鳳陽會諸路師來援，大破之於朱龍橋。時官軍屢衄，諸將畏懼不前，象激以忠義，軍中嘗絕糧三日，象亦水漿不入口，以是得將士心，戰輒有功。迎祥等再入豫、楚、秦、蜀之交，紛集山谷，迄不能平。迎祥與自成由鄖、襄山谷再分道入陝，迎祥趨興安、漢中，自成走延綏犯鞏昌，一再敗官軍，自成勢復振。會廷議推孫傳庭為陝撫，乃遣將擊斬據商雒之整齊王，躬督軍破迎祥，迎祥被擒，時在九年七月。自成繼迎祥為闖王，李闖之稱實始於是。

當傳庭督戰關中之日，正清太宗大舉入塞之時，清兵由喜峰口入，蹂躪畿輔，京師戒嚴。盧象昇入援北去，改任宣大總督，承疇、傳庭任軍事，屢獲勝，而荊、襄改任熊文燦為總理，與楊嗣昌相倚，主招撫。獻忠以受撫藉餉養銳，自成則為洪、孫所迫入商洛山中，一時勢焰稍衰。十一月九日，清兵再入邊，嗣昌在本兵，既陷盧象昇致戰死，又忌孫傳庭逮之下獄，而調洪承疇督薊遼，平亂之軍事一委之熊文燦。於是自成、獻忠復起。至文燦罪狀昭著，嗣昌自出督師，入蜀多與獻忠接觸，而自成獨走河南，收集眾多，得闖黨尚書李精白子信，以曾發粟活饑民，為民所德，歸自成為之號召。又有盧氏舉人牛金星、卜者宋獻策皆歸之。改李信名岩，聽其言，散所掠財物振饑民，有「迎闖王，不納糧」之詞，兒童相歌以煽動，從自成者日眾。福王常洵封於洛陽，擁厚貲不恤士，自成至，營卒與通陷其城。自成頗得饑民愛戴。一再圍開封不克。會楊嗣昌已累敗而死，復起孫傳庭於獄中，時在十五年正月。傳庭方日夜治軍於關中，自成三攻開封，監軍御史蘇京趣傳庭出關，傳庭上言兵新募不堪用，帝不聽，不得已出。九月抵潼關，開封已陷。自成西行逆秦師，傳庭軍先勝後敗，天

大雨，糧不至，士卒採青柿以食，凍且饑，故敗，謂之「柿園之役」。
傳庭敗歸陝西，計守潼關，扼京師上游，且軍新集，不利速戰，益募
勇士，開屯田，繕器積粟，督工嚴急，秦民苦之。秦士大夫乃相與嘩
於朝，言「秦督玩寇」。十六年五月，朝命兼督河南、四川軍務，又加
督山西、湖廣、貴州及江南北軍，賜劍趣戰益急。傳庭不得已，歎
曰：「往不返矣，然丈夫豈能再對獄吏？」訣妻子再出師。時自成方據
襄陽，號襄京，署置官屬，自稱新順王。集議所向，牛金星勸走京
師，楊永裕請下金陵，斷北方糧道，顧君恩獨曰：「金陵居下流，失之
緩；直走京師，不勝退安所歸？失之急；關中桑梓地，百二山河，得
天下三分之二，先取之立基業，旁略三邊，資其兵力攻取山西，後向
京師，庶進戰退守，萬全無失。」自成從之。乃集眾謀渡河，傳庭分兵
防禦，既迫於朝議出師，遂與自成戰大破之於郏，幾禽自成。會天大
雨道濘，糧車不進，自成以輕騎出汝州截糧道，傳庭乃分軍，自率軍
迎糧，其守營軍於傳庭既行，亦爭發，自成軍遂躡其後，官軍大敗，
傳庭至潼關，不復振。十月，自成陷潼關，傳庭死之，自成遂達成入
關之謀。傳庭兩出師，皆為雨所敗，亦天時人事相會以助自成，遂竟
亡明。或言傳庭不死，帝疑之，不予贈蔭。不半載，京師亦不守矣。

　　自成入潼關，列城不攻自破，遂攻西安，守將開門納之，執秦王
存樞以為權將軍，餘宗藩及文武大吏死或降相繼。乘勝取寧夏，下慶
陽，執韓王亶。攻蘭州，甘肅巡撫林曰瑞死之，進陷西寧，於是肅
州、山丹、永昌、鎮番、莊浪皆降，全陝皆沒。十七年正月庚寅朔，
定國號大順，改元永昌。先得西安及屬城時，已改其故鄉延安府曰天
保，米脂曰天保縣，清澗曰天波府，至是改己名曰自晟，追尊其曾祖
以下加謚號，以李繼遷為太祖。設天佑殿大學士，授牛金星，置六政
府尚書，設弘文館、文諭院，諫議、直指使、從政統會尚契司、驗馬
寺、知政使、書寫房等官。復五等爵，大封功臣，侯劉宗敏以下九

人，伯劉體純以下七十二人，子三十人，男五十五人。定軍制：有一
馬儳行列者斬之，馬騰入田苗者斬之。籍步兵四十萬，馬兵六十萬。
兵政侍郎楊王休為都肄。出橫門至渭橋，金鼓動地。令弘文館學士李
化鱗等草檄馳諭遠近，指斥乘輿。先是自成既下全陝後，乃遣兵渡河
陷平陽，殺宗室三百餘人，進陷各縣，至是多望風送款。二月，自成
自渡河，破汾州，徇河曲、靜樂，攻太原，執晉王求桂，巡撫蔡懋德
死之。北徇忻、代，寧武總兵周遇吉戰死，並邊東陷大同，殺代王傳
㸑，代藩宗室殆盡。攻宣府，總兵姜瓖降，巡撫朱之馮死之，遂趨陽
和，由柳溝逼居庸，總兵唐通、太監杜之秩迎降。三月十三日焚昌
平，先遣人輦重貨或買販都市，或充部院掾吏，刺探機密，朝廷有謀
議，數千里立馳報，而兵部發騎往探，輒勾之降，無一還者。游騎至
平則門，京師猶不知。十七日，環攻九門，門外先設三大營悉降。京
師久乏餉，乘陴者少，益以內侍，內侍專守城事，百司不敢問。十八
日，攻益急，既降之大同監視太監杜勛，自成遣縋入見帝，索禪位，
帝怒叱之，下詔親征。日暝，帝所尊信之太監曹化淳啟彰義門，自成
軍盡入，帝出宮登煤山，望烽火徹天，歎曰：「苦我民耳！」歸乾清
宮，令送太子及永王、定王於戚臣周奎、田弘遇第，劍擊長公主，趣
皇后自盡。十九日天未明，鳴鐘集百官，無至者，復登煤山，書衣襟
為遺詔，以帛自縊於山亭，帝遂崩，明亡。綜帝之世，廟堂所任，以
奸諛險詔為多且久，文武忠干之臣，務摧折戮辱，或迫使陣亡，或為
敵所擒。至不信外廷，專倚內侍，卒致開門引入，而當可以恤民時，
君臣銳意刻剝，至臨殉之日，乃歎曰「苦我民！」使早存此一念，以
為辨別用人之準，則救亡猶有可望，乃有幾微大柄在手，即不肯發是
心，猶不自承為亡國之君，何可得也？

# 第七章
# 南明之顛沛

　　《明史》成於清，清入北都，早正位號，即不以明後為有國家之傳統。自古征誅得國，如漢之於秦，明之於元，為民除暴，無須假借於所勝之朝。元之於宋，與清相類，其於宋後，猶列二王於瀛國公之次，附本紀之末，明乎其為宋之君也。清歷世為明屬，受官借勢，並於急難時賜居邊內以保存之，其與明較元之與宋有間。至其修史，乃深沒南明，頗為人情所不順。當《明史稿》成時，南明三主，已援元修《宋史》例，止稱三王，然不次於本紀之後，而特於諸王傳之外，特辟〈三王傳〉，自為一卷，猶見其與尋常諸王不同。至正史成，而三王各附入其始封之王後，為其嗣王，位置與他嗣王等，則更掩其保明遺統之跡矣。今特矯而正之，敘事雖不能詳，名義要不可終晦也。

## 第一節　弘光朝事

　　崇禎十七年三月十九日，帝后殉國。四月十二日己巳，凶問至南京，時參贊機務南京兵部尚書史可法督師勤王在浦口，諸大臣會議立君，倉猝未定，親藩中福王、潞王避兵在淮上，前侍郎錢謙益、郎中周鑣、兵部僉事雷祚入說兵部侍郎呂大器，言：「福王立，慮修釁三案。」大器遂與都御史張慎言、詹事姜曰廣移牒可法，言：「福王倫序當立，而有七不可，曰貪，曰淫，曰酗酒，曰不孝，曰虐下，曰不讀書，曰干預有司；潞王賢明，當立。」可法亦以為然。鳳陽總督馬士英潛與阮大鋮計，議立福王，咨可法。可法以七不可告之，而士英已與

黃得功、劉良佐、劉澤清、高傑發兵送福王至儀真，於是可法等迎
王。王名由崧，父常洵，以神宗愛子始封福王。

> 此為南都定策時已開眾正被擯之際。三案之釁，皆涉鄭貴妃及
> 福王。今之嗣福王立，將為東林患，固微屬東林私意，但積久
> 之國釁，亦自以消弭為宜，且其七不可之說，實有所見，觀後
> 來弘光不道，盡應其語。以倫序言，福王為神宗孫，乃烈皇從
> 弟；潞王為神宗侄，乃烈皇從叔，其可嫌者甚微，而潞王兩世
> 皆以輕財急公聞，詳具本傳，所謂賢明者不妄。明祚危懸絲
> 髮，擇君宜急，不得謂盡緣東林黨見也。故主立潞王者多為殉
> 國正人。馬、阮成心翻覆，挾福王為奇貨，並以七不可之議告
> 王，使與諸正人構怨，罪以二心，由是諸忠盡斥外。馬、阮當
> 權，慫恿弘光為祖母復仇，盡翻逆案，促使南都一年而覆。若
> 擁立稍得其人，當時明室氣脈相續，人望尚歸一，號令易行，
> 即清人亦有顧忌，未嘗不以南北分疆為幸，何敢遽期統一哉？
> 南都一下，情勢大變，既立福王，必至於此。一廢一興，天實
> 為之，論明事者不能不歎息痛恨於馬、阮矣。

　　五月戊子朔，王入南京，謁孝陵及懿文太子陵，謁奉先殿，以西
華門外內守備府為行宮，百官進見，王赧然欲避，史可法陳戰守大
計，當素服郊次，發師討罪，示天下以必報仇之義。王唯唯不能答。
庚寅，初三日。王就監國位，發大行皇帝喪，大赦，免新加練餉及崇禎
十二年以後一切雜派，並十四年以前各項錢糧實欠在民者。旋以史可
法、高弘圖、馬士英入閣，士英仍督鳳陽。方廷推閣臣，誠意伯劉孔
昭以附和士英有擁立功，攘臂欲並列，眾以本朝無勳臣入閣例，孔昭
勃然曰：「即我不可，馬士英何不可？」乃並推士英。又議起廢，推鄭

三俊、劉宗周、徐石麒，孔昭獨舉阮大鋮，可法以先帝欽定逆案沮
之。士英聞以閣臣仍督師之命，大怒，以可法七不可書奏之王，而擁
兵入覲，拜表即行，可法遂請督師，出鎮淮揚。丙申，初九日。士英入
朝。戊戌，十一日。群臣勸進。先是，張慎言主即正位，可法以太子存
否未確知，或南下，姑徐之。至是急勸進，遂定十五日壬寅即皇帝
位，以明年為弘光元年。於是劉孔昭訐奏張慎言定策時有二心，高弘
圖、姜曰廣皆乞退，太常少卿李沾又劾呂大器二心。初可法、弘圖、
曰廣、慎言等皆宿德在位，將以次引海內人望圖治，而士英結操江劉
孔昭、總兵高傑、劉澤清、劉良佐、黃得功等趣可法督師，留己輔
政。以定策時有異議為二心，使諸宿德皆不安。而極力引大鋮，大鋮
名在逆案。士英特言其山中致書與定策謀。又令孔昭及侯湯國祚伯趙
之龍等攻慎言，而薦大鋮知兵。大鋮復結太監韓贊周，因以遍結群
閹，備言東林與鄭貴妃、福王之相阸，以傾可法等，而盛稱大鋮才。
遂命大鋮冠帶陛見，旋以中旨起為兵部添注右侍郎都御史劉宗周力
爭，乞寢成命，有旨切責。未幾，大鋮兼右僉都御史巡閱江防，不數
月而升尚書，悉引逆案中人，遍布言路，結勛臣劉孔昭輩，盡罷呂大
器、姜曰廣、劉宗周、高弘圖、徐石麒諸大臣。士英獨握大柄，一聽
大鋮，日以鋤正人引凶黨為務。清兵南下，可法以聞，士英大笑不
止。人問其故，士英曰：「此史公妙用也。歲將暮，將吏應敘功，軍資
應稽算，此特為之地耳。」侍講衛胤文窺士英指，論可法督師為贅，即
擢胤文兵部侍郎，督高傑所部兵以分督師之權，可法益不得調遣諸
鎮，束手於北兵之來矣。

　　其生釁於內以撓邊備者，左良玉擁兵鎮武昌。福王之立，馬士英
結高傑等江北四鎮居為功，良玉不預聞，既而監國詔至，諸將或勸帥
兵東下，不奉詔，良玉雖不從，而遲遲不遽拜詔，九江總督袁繼咸書
至，言福王倫序之正，邀同入朝，乃開讀如禮。馬、阮以繼咸疏論老

成當用，舉劉宗周、黃道周等名，士英恨其刺己。繼咸又為姜曰廣辯誣。湖廣巡按御史監良玉軍之黃澍劾士英，士英遣緹騎逮之，繼咸為澍申理。士英積怒，遇所陳奏及題用監司郡縣官悉停寢，而大鋮在兵部，於繼咸奏調部將給敕時索賄愈苛。馬、阮黨屢劾繼咸。有御史黃耳鼎者，劾繼咸誣以勸良玉立他宗，良玉不從，冀構繼咸、良玉之隙，而良玉常以不拜監國詔自疑，聞疏語益懼。弘光元年三月，有稱崇禎太子者至南都，朝廷指為偽，錮之獄中，士民不滿弘光之政，藉藉謂士英等朋奸導王，謀害故太子。黃澍又在良玉軍中日夜言太子冤狀，請引兵除君側惡，士英又以憾繼咸裁上游諸軍餉，良玉大憾，上疏請全太子，斥士英等為奸臣，並移檄遠近，聲士英罪。士英懼，乃悉遣阮大鋮、朱大典、黃得功、劉孔昭等率兵禦之，又檄江北劉良佐等兵從以西上。時清兵日南下，廷臣有言亟守淮、揚者，士英厲聲叱言：「若輩東林猶藉口防江，縱左逆入犯。北兵至猶可議，左逆至則若輩高官，我君臣死耳。」力排備禦淮、揚之議。會良玉死，其子夢庚真反，連陷郡縣，至采石，得功與相持，大鋮、孔昭方虛張捷音，以邀爵賞，而清兵已破揚州，史可法殉，直逼都城，弘光出走太平奔得功軍。士民破獄出所謂故太子者立之。數日而清兵至，勛戚及大臣挾以出降。劉良佐在降將中，請於清帥豫親王多鐸，追擒弘光自，及之蕪湖，得功自刎，良佐挾弘光歸，南都亡。隆武時上尊號曰聖安皇帝。明年五月，弘光被害於北京。永曆時上諡曰安宗簡皇帝。弘光在位，政由馬、阮，其所自為之事，惟亟選淑女，思聽梨園新聲。自崇禎十七年五月即位，八月間以母妃命大選淑女，群閹藉端肆擾，隱匿者至鄰里連坐，兵科給事中言中使四出搜巷，凡有女之家，黃紙貼額，持之以去，閭井騷然，明旨未經有司，中使私自搜採，甚非法紀。御史朱國昌亦以為言。乃命禁訛傳誑惑者。尋復使太監李國輔等分詣蘇、杭採訪，民間嫁娶一空。是年除夕，御興寧宮，憮然不怡，侍臣

請故，曰：「後宮寥落，且新春南部無新聲。」內監韓贊周泣曰：「臣以陛下令節思皇考先帝耳，乃作此想耶？」又元夕上自張燈，贊周曰：「天下事正難措手，臥薪嘗膽，猶恐不勝，躭此瑣屑胡為？」曰：「天下事有老馬在，汝不必多言。」清兵至，各城閉門，集內官問計，韓贊周勸以親征，不聽，集梨園子弟雜坐酣飲，漏二鼓，與內官數十人跨馬出通濟門而去。

故太子之獄，當時譁然謂太子為真。以今考之，上年冬，太子已見於北都，清廷亦以為偽而殺之，有太子外祖周奎一家先與相認，並長公主亦在奎家，兄妹相見大哭，則此為真太子也。後周奎出首，清使明故妃嬪宮監雜辨，凡言真者殺之，自無敢辨其非偽者。且《清實錄》於順治元年五月，攝政王入北京時，書改葬明帝后及袁貴妃，後又書明熹宗妃任氏等發見給予收養，並無袁妃其人，乃於辨識故太子時，又忽書袁妃與其事，蓋以袁妃為太子庶母，自應能識太子，不比天啟任妃之疏遠。任妃乃客氏養女，所以蠱惑熹宗者，其人流落民間，旋自出乞恩，且曾冒充天啟皇后，為內監高永壽識破。此人求媚於清，而以太子為偽，自在意中，清乃又偽託為袁妃，致《實錄》前後矛盾。蓋北都所殺太子為真，南都太子實偽，但南中士民痛恨弘光益盼太子為真而堅信之耳。逮劉良佐挾弘光回，南都市民至夾路唾罵，投以瓦石，以此為救亡圖存之主，宜其難矣。故無論北向中原，即欲僅成偏安之局亦不可得，不能不謂馬、阮之擁立為速斬明祀之因也。南都偽太子一案外，又有偽妃童氏，弘光之所不認，士民則皆以為帝之蔑倫失道，事不甚繫興亡，欲詳當讀南明專書。馬、阮之歸結，或言降清後有通福京文據被誅，或言馬自走死，而阮則尚有導清兵炮攻金華以報私憾之事。亡國大罪人，即一死亦不足蔽辜，傳聞縱有異詞，於罪惡無所輕減也。

## 第二節　隆武朝事

　　隆武帝諱聿鍵，為明疏屬，原嗣封唐王，太祖第二十三子唐定王之後，父器墭為唐世子。祖端王碩熿，惑於嬖妾，欲立其愛子，囚世子十餘年，王年十二從囚。世子為其弟毒死，地方守道知府恐端王以事露獲罪，懼而請立王為世孫，王年二十八矣。逾三年，崇禎五年，端王薨，王嗣位。九年八月，京師戒嚴，王率護軍勤王，又殺其兩叔。事聞，下旨切責，部議以擅出境罪，廢為庶人，安置鳳陽高牆。鳳陽陵奄索賄不得，用祖制墩鎖法困苦之，有司廩祿不時，資用乏絕，王病幾殆，妃曾氏刲股療之始愈。南都立，大赦，出高牆，禮部請復故爵不許，命徙居廣西之平樂府。乙酉五月，行抵杭州，南都已覆，王勸潞王監國，不聽。時鎮江總兵鄭鴻逵、鄭彩自京口，戶部郎中蘇觀生自南都胥會於杭。逵、彩與王語及國難，沾泣襟袂，奇之，使所部衛王入閩。既而杭州文武大吏以潞王降清，二鄭全師回閩，與巡撫張肯堂等議奉王監國。弘光元年六月甲戌，二十三日。次浦城。閏六月癸未，初二。各官迎謁於水口驛，南安伯鄭芝龍、禮部尚書黃道周及肯堂三上箋勸進，丁亥，監國福州。鴻逵又議：「不正位無以厭眾心，杜後起。」丁未，二十六日。即皇帝位，大赦，改元隆武，以福建為福京，福州為天興府。上少遭患難，慨然以復仇雪恥為務，布衣蔬食，不御酒肉，敕司禮監：「行宮不得以金玉玩好陳設。」器用瓷錫，幃幄衾裯皆布帛，後宮無嬪御，執事三十人而已。鄭芝龍進美女十人，留之而絕不御，中宮懿旨選女廚十人，上以為擾民不許。素好讀書，博通典故，手撰三詔〈登位詔〉。與《魯監國書》，群臣皆莫能及。在鳳陽幽禁時，遭吏虐幾殆，淮撫路振飛疏請加恩罪宗，置吏無狀者石應詔於法，登極後感舊恩，募能致振飛者賞千金，秩五品。振飛

至，拜太子太保，吏、兵二部尚書，文淵閣大學士。開儲賢館，定十二科取士，以蘇觀生領之。愛鄭芝龍子鄭森才，賜國姓，改名成功，命提督禁旅，即延平王也。是時宗室諸王流竄南方，臣民奉之建義者如雲而起，其不忘明則同，而屬望不一，無統攝號令可行，已與南都初建時物情迥異。義師前赴後繼，徒為忠臣義士以死殉國之歸宿。其稍能支持者，則以浙東張國維、朱大典、孫嘉績等奉魯王以海監國於紹興，賴海上風濤能限戎馬，入海中自保甚久。此外則倏起倏仆，亦有甫謀起事而已敗死者。時李自成已一據京師而敗；張獻忠乃獨霸於川中，以崇禎十七年之冬，十一月庚子十六日。據成都，稱大西國王，大順元年。自成死後，其眾推其兄子錦為主，同自成妻高氏，歸於湖廣督師何騰蛟，一時增兵十餘萬，其屬皆授總兵官，錫錦名赤心，高氏弟一功名必正，號其營為「忠貞營」，此軍遂為南明之主力矣。

　　隆武之為君，勝於弘光者不可以道里計，而事勢之不及弘光時亦不可以道里計。東南財賦之地，無一足資統攝之人，起義者數十百起，散漫，徒供清軍荼毒，稍能自立之魯監國，即與福京勢不相下，何以尊國勢而禦外侮？此不能盡責兩方之不顧大局，其威信不素立，名分不前定，同時起事，擁戴者各認所主，無天然折服之道也。弘光時則惟定一君，又惟以南都為應建國之地，故使得南都建號者早為隆武，至少可偏安暫定，以後各視機會為進退。天生馬、阮以破壞之，使明臣無擇君之餘地，則其不欲一姓再興，若冥冥中有主之者矣。魯與福京之齟齬別見第四節〈魯監國事〉。

　　隆武帝之恭儉，承弘光之後，亦若崇禎之承天啟，而其見短之處，亦正與烈皇相類。《明史‧路振飛傳》：「王每責廷臣怠玩，王即謂隆武帝。振飛因進曰：『上謂臣僚不改因循必致敗亡，臣謂上不改操切亦未必能中興也。上有愛民之心，而未見愛民之政；有聽言之明，而

未收聽言之效，喜怒輕發，號令屢更，見群臣庸下而過於督責，因博覽書史而務求明備，凡上所長皆臣所甚憂也。』其言曲中王短云。」此可知其人君之度矣。帝始為鄭氏所擁戴，閩中兵事惟鄭氏擅之，芝龍以海盜受巡撫熊文燦之撫，至是擁眾在閩，兄弟進侯封，子侄居顯職，自負勛望，與輔臣黃道周爭班列，欲占其上，不得則與廷臣不睦。又張戰守兵數，餉不能給，則設助餉事例，大鬻官爵。趣使出兵，則以餉絀為辭。黃道周以武臣無出兵意，自請以使相募兵江西，為進取計。既行，帝決意親戎，而兵事皆掌於鄭氏。帝將行推轂禮，芝龍乃以弟鴻逵為帥，從子彩為副，分向浙、贛，出關未越五百里，疏報餉竭而還。何騰蛟納自成之眾，兵勢既盛，乃遣人迎帝入楚，楊廷麟方以兵部尚書領忠誠社兵駐贛州，迎帝入江西，各為恢復計。原任知州金堡陛見，言騰蛟可恃，帝決出贛州後幸楚。隆武元年十一月，下詔親征。十二月甲申，初六日。發福京。壬寅，十九日。督師黃道周敗績於婺源，被執。清兵克撫州，漸迫贛南。

　　二年，即清順治三年。正月己酉朔，帝在建寧，以三大罪自責，不受朝賀。江、楚迎駕疏相繼至，帝決出汀入贛，與湖南為聲援，鄭芝龍使軍民數萬人遮道號呼，擁駕不得前，表請回天興，帝不得已駐延平。芝龍有異心，其子成功不附，對帝言：「受恩義無反顧，願效死。」帝嘉之，封為忠孝伯，掛招討大將軍印，時三月戊申朔也。是日，黃道周殉節於江寧，報至，慟哭輟朝。道周與弘武朝史可法皆純忠大節，為萬世欽仰，道周學問尤高，學者稱石齋先生，邃於《易》，著述極盛，世稱其能前知云。帝趣出師，鄭氏不應，吏部尚書張肯堂疏請北征，乃加少保，兼戶、工二部尚書，總制北征軍，實無一卒。肯堂孫茂滋，家居華亭，起義而敗，亡命入閩，言吳淞敗卒猶相保聚，招之可集。肯堂請帝由浙東親征，已以舟師抵吳淞，招諸軍為犄角，芝龍復尼之，不克行。五月丙午朔，清兵逼贛州，楊廷麟、萬元吉固

守。是月，浙東江上兵潰，清兵以六月一日渡錢塘江，魯監國航海去，浙之陸地紹興、金華、衢州、嚴州皆陷，張國維、朱大典等皆死。鄭鴻逵聞警遁入關，芝龍即通於清降臣洪承疇，托言海寇至，撤兵回安平，守關將士皆隨去，仙霞嶺空無一人。帝猶擇日赴贛州，清兵過衢州。帝於甲午二十一日。出延平，宮眷皆騎，猶載書十餘簏以從。次日乙未，清兵入仙霞關。丁酉二十四日。取延平，守土之臣多死之。清統兵貝勒詢知帝由汀州趨江右，自取福京，而遣降將李成棟迫帝。庚子二十七日。抵汀州，明日五鼓，有數十騎稱扈蹕者，突入行宮，從官福清伯周之藩、給事中熊緯皆鬥死，帝后皆遇害。或曰清兵挾帝后歸福州，後至九瀧投水死，帝死於福州。十月，贛城聞汀州之訃，全城氣索。丙子，初四。城破，楊廷麟、萬元吉、郭維經、楊文薦等皆死之。永曆帝立，遙上尊號曰思文皇帝。丁酉春，上諡曰紹宗襄皇帝。

　　紹武諱聿𨮁，隆武帝第四弟，隆武改元，封唐王以主唐祀。閩事敗，浮海至廣州，鎮將林察迎之。時兩廣總督丁魁楚已奉永曆帝監國肇慶。故大學士蘇觀生先由隆武帝遣募兵南安為入贛地，自南安遣主事陳邦彥奉表勸進，貽書魁楚欲與共擁戴事，魁楚拒之。乃自南韶旋師廣州，與舊輔何吾騶等以十一月癸卯朔擁王監國。丁未初五。立為皇帝，稱號紹武。以都司署為行宮，封拜擁立諸人，觀生獨掌軍國事。按日舉行幸學大閱郊天祭地諸鉅典，一月覃恩數次，舉朝無三品以下官。凡宮室服御鹵簿，倉卒不辦，通國奔走，夜中如晝，至有假冠服於優伶者。永曆帝聞王建號，遣給事中彭燿、主事陳嘉謨至廣州諭止，復召見觀生所遣勸進之陳邦彥齎敕繼行。燿、嘉謨備陳天潢倫序及監國先後，並責觀生諸人甚切，觀生怒，執殺二人。邦彥聞之不敢入，遣人以敕授觀生，觀生遣師拒桂兵於三水，為桂總督林佳鼎所敗。佳鼎乘勝東下，廣州總兵林察招海盜數萬人戰海口，佳鼎敗死，

肇慶大震，觀生意得，遂務粉飾為太平。降將李成棟率清兵自閩入
廣，下惠、潮，即用兩府印移牒廣州報平安，觀生信之不為備。十二
月丁亥，十五日。王方視學，百僚咸集，俄報清兵逼，觀生叱之曰：「昨
潮州尚有報，安得惑眾妄言！」斬報者。已，兵自東門入，始召兵，
不能集。城陷，王被獲，安置東察院，饋之食不食，曰：「我若飲汝一
勺水，何以見先人於地下？」遂投繯死。觀生亦自縊，官屬從死者數
人，而何吾騶率眾降。

## 第三節　永曆朝事

　　永曆帝，神宗孫，桂端王常瀛少子，諱由榔。端王於天啟七年就
國衡州。崇禎十六年，張獻忠陷衡州，走廣西，居梧州。南都亡，廣
東在籍尚書陳子壯將奉端王監國，會隆武帝立，議遂寢。端王薨於
梧，長子安仁王由㰒襲封，居肇慶，未幾亦薨。隆武帝以由弟永明王
襲，即帝也。帝蓋於崇禎九年先封永明，至是襲封，詔中有「天下王
之天下」語。又嘗語群臣：「永明王神宗嫡孫，統系最正，朕無子，後
當屬之。」隆武二年八月，汀州變聞，總督丁魁楚、巡撫瞿式耜與巡按
御史王化澄等議監國，舊臣呂大器等先後至，僉謂王統系正，賢而當
立，乃以十月十四日丙戌監國肇慶，頒詔楚、滇、黔、蜀，魁楚、式
耜、大器皆為大學士，化澄以下進爵有差。壬辰，二十日。湖廣督撫何
騰蛟、堵胤錫奉表勸進。以馬吉翔、郭承昊、嚴雲從、吳繼嗣為錦衣
衛使，以前太監王坤為司禮監秉筆太監。坤肆惡崇禎時，弘光時亦任
事，入閩不用，至是復見任。宮宦衛使有承平時宿弊。是月，清兵取
興化、漳州，守臣皆死之。十一月癸卯朔，贛州敗報至，魁楚、王坤
奉王奔梧州，式耜不能止。丁未，初五。聞蘇觀生以唐王稱帝於廣州，
魁楚奉王以甲寅日十二日。還肇慶。十八日庚申，即皇帝位，仍稱隆武

二年，改明年為永曆元年。十二月癸酉朔，鄭成功以父芝龍降清，勸止不聽，走海上起兵，鴻逵義而從之。甲戌，初二。林佳鼎為廣州兵所敗，內批以王化澄代佳鼎督師。王坤復疏薦人望數十，給事中劉堯疏論坤，奪堯官，御史童琳言事，下廷杖，式耜力持之，得寢。蓋閹人用事，內批、廷杖等舊習，寢寢復行之。旋廣州敗報至，式耜請守峽口，不從。丁酉，二十五日。王坤又趣帝奔梧州。是月，清兵在蜀，敗張獻忠，獻忠死於西充鳳凰山，餘部孫可望等陷重慶之佛圖關，漸入黔。

　　永曆元年，清順治四年。正月癸卯朔，帝在梧州。十六日戊午，李成棟以清兵取肇慶，帝奔平樂，瞿式耜從，諸臣多棄上自去，丁魁楚降於成棟，旋為成棟所殺。式耜奉帝由平樂如桂林。成棟盡取廣東屬郡，又取梧州、平樂、潯州。王坤又請帝入楚，式耜止之不得，請暫駐全州，疏言：「半年之內，三四播遷，兵心民心，無不惶惑。我進一步，敵亦進一步；我去速一日，敵來亦速一日。若去而不守，即拱手送敵，請得以身留桂。」乃進式耜文淵閣大學士，兼吏、兵二部尚書，留守桂林，以焦璉兵隸之。二月丙戌，十五日。帝幸全州，時定蠻侯劉承胤自武岡以兵入衛，駐全州。清兵取長沙，何騰蛟退衡州。孫可望連陷貴州列郡。三月乙卯，十四日。清兵攻桂林，式耜率璉拒戰，破之。清兵既退，承胤援兵至，反與璉兵主客不和，相擊鬥，大搶而去。承胤逐王坤，名尊朝廷，劫駕幸武岡，改其州為奉天府，政事皆決焉，跋扈遂不可制。李成棟聞桂林有主客釁，再來犯，焦璉復大破之，桂林獲全，成棟不復來窺。八月，璉復收陽朔、平樂，陳邦傅復梧州，全桂稍定。方擇日迎駕返桂林，而降將孔有德、耿仲明等以清兵又由湖南克寶慶，逼奉天，劉承胤降，帝走靖州，又如柳州，復奔象州。式耜連疏請還蹕桂林。清兵又連取永州、辰州，逼全州，何騰蛟禦卻之，復逼梧州，帝欲走南寧，道阻，乃還桂林。

　　二年，順治五年。正月丁酉朔，帝在桂林。是日，降將金聲桓偕其黨王得仁以南昌叛清來歸。得仁又克九江，尋引還。會聲桓攻贛州，而桂林有郝永忠敗兵入掠之亂，式耜被劫出城。帝走南寧，何騰蛟入援，清乘之取全州。式耜、騰蛟復入桂林。清兵直抵桂林北門，騰蛟督焦璉等大破之。閏三月，清曆作四月。李成棟又以廣東叛清，劫總督佟養甲來歸，乃迎駕還肇慶。騰蛟亦復取全州、永州、衡州，諸軍更連復寶慶、常德。既而軍帥內訌，爭駐軍地不相下，盡棄湖南新復州縣，楚事遂不可為矣。

　　三年，順治六年。正月庚申朔，帝在肇慶。戊寅，十九日。清克南昌，殺金聲桓、王得仁，江西復陷。又陷湘潭，騰蛟死之。二月甲寅，二十五日。長沙復陷。乙卯，二十六日。李成棟兵潰於信豐溺死。初，江、廣反正，楚軍奏捷，中外謂興復可期，一朝崩潰，舉朝大駭。是時滇中孫可望已由巡撫楊畏知招使歸欵，滇境尚為明有。四年順治七年。正月乙卯朔，帝尚在肇慶，清兵旋陷南雄，帝出奔。清兵至韶州，南澳總兵吳六奇降，進逼廣州，帝至梧州。十一月，清克廣州，遂入桂林，瞿式耜、張同敞死之，大臣之忠正者盡矣。帝奔潯州。五年順治八年。二月，帝在南寧，孫可望遣兵至，殺大學士嚴起恆等，挾封秦王，並殺大學士楊畏知，自是政在可望。九月，陳邦傅誘殺宣國公焦璉，率潯州數叛將降清，帝聞報，發南寧。十月，次新寧。十二月，清取南寧，帝走土司中，孫可望遣兵迎扈，請移蹕安隆。六年順治九年。二月，帝至安隆所，改名安龍府。可望奏遣所部李定國拒清將孔有德，劉文秀拒吳三桂。七月，定國復寶慶、全州，有德走桂林，定國攻拔之，有德自殺，執叛將陳邦傅父子，送貴陽可望所誅之。文秀亦取敘州，三桂走綿州，進拔重慶。賞恢復川、楚功，封定國、文秀皆為王，而可望驕蹇有篡國意。帝在安龍，日益窮促，將吏罕人臣禮。馬吉翔掌戎政，宦官龐天壽督勇衛營，謀逼上禪位可

望。可望又自設內閣六部官，盡易舊印，立太廟，享太祖高皇帝主於中，張獻忠主於左，右則可望祖父，擬國號曰後明。帝聞之憂懼，遣人密敕定國，謀出險，可望亦忌定國，襲之而敗，相持不發。自六年順治九年。至十年，帝皆在安龍，時清已為順治十三年矣。其間於八年二月，可望聞密敕事，遣人至安龍脅帝索主謀者。帝謂必外人假敕寶所為，可望殺大學士吳貞毓等多人。帝在安龍，塗葦薄以處，日食脫粟。守將承可望意，更相逼，挾彈乘馬，直入宮門，文吏乘輿過殿，呵之不下。九年冬，仍改安龍為安隆，歲造開銷銀米冊報可望，稱：「皇帝一員月支若干，皇后一口月支若干。」帝亦隱忍之，苟延殘喘而已。

　　十年順治十三年。正月，可望復遣兵襲定國於南寧，為所敗，降其眾三千人，遂進趨安龍。可望知定國既決裂，必至安龍衛帝，三月，遣所部白文選將兵迎帝入貴州，太后聞之哭，從官皆哭，文選心動，故緩行候定國至，與連和奉帝走雲南，抵曲靖。守滇者劉文秀，亦怨可望，因偕扈入省垣，沐天波迎駕，帝即居可望第。沐氏世鎮雲南，當北都既陷，所在蠢動，雲南元謀土司吾必奎反，連陷郡縣，天波檄各土司討之。既定，而後至之阿迷土司沙定洲聽奸民豔稱沐氏世守之富，於隆武元年十二月朔，入城辭行，呼噪焚劫，天波逸而家屬盡死，貲產盡被劫，省城為所踞。偽疏達福京，行鎮守府事，悉兵追天波，陷列城。時楊畏知為金滄副使，以好語紿定洲，又為天波籌策，得保楚雄、永昌兩地，與之相持。石屏人龍在田為副將，退竄大理，始嘗從熊文燦軍，文燦受張獻忠降於谷城時，與獻忠部下多相識，獻忠死，可望入黔，逼滇境，在田使人告急乞援，可望乃入滇。定洲久圍楚雄，畏知堅守不下，可望來圍解，與可望戰大敗，遁歸阿迷，可望遂據雲南，故省城有其第。阿迷地險，可望遣劉文秀攻不下，定國攻之，乃盡滅沙氏，故定國兵強，遂非可望所能制。定國亦歸心於

帝，可望篡奪之謀憚不敢發。及是，定國合文秀、文選與天波同奉帝都於滇，改雲南府為滇都。可望雖怒，而以家口在滇，未敢反。明年夏，永曆十一年，清順治十四年。帝歸可望妻子。七月可望反，定國、文秀禦之，文選先歸黔，至是糾可望部下馬進忠等悉反正，可望狼狽歸黔，挈妻子奔長沙降清。帝自入滇，稍具國體，追上弘光、隆武兩朝尊諡等事，皆十一年四月朔事也。自此至十二年順治十五年。之冬，帝皆在滇都。清於十二年二月，命貝子洛托、都統卓布泰偕降臣洪承疇、吳三桂、線國安分楚、蜀、粵三路取雲貴。會永昌有反者，定國討平之，清兵入黔不及救，遂失貴州地。至十月，清三路師皆會平越，勢不可敵，定國部署諸將力抗。十二月，定國戰敗，清兵直抵曲靖，定國奔還滇都，請上出幸。時劉文秀已前死，遺表請帝入蜀；定國主入湖南蠻中；天波主走騰越入緬甸，眾多是天波。定國泣請留太子慈烜督師，以牽制緬甸，帝猶豫不忍別幼子，乃盡發滇都，定國以大兵殿後，國勢既搖，人心思叛，可望餘黨糾眾謀劫定國，定國嚴備之。百官扈從男婦馬步數十萬人，日行不過三十里，兵士乏食，取之民間，所在逃避，御前供頓缺，庶僚貧病，離次不前，乘輿奔播之艱，不可言矣。

　　十三年順治十六年。正月癸巳朔，帝次永平。乙未，初三日。清兵入滇都。丙申，帝駐永昌，下詔罪己。定國還前所賜督師黃鉞，請削秩，不許。清兵益逼，定國遣兵扈上入騰越，身率大軍繼，渡潞江，相視磨盤山之險，設三伏以待追兵，三桂果入伏，忽大理寺卿盧桂生來降，泄其計，三桂大驚，以炮發其伏，所設之伏遂失序，清兵不盡覆，猶喪都統以下十餘將，精卒數千，定國亦損兵而奔。諸軍在滇境踞險設守者，聞定國走皆遁。帝先自騰越出奔，行二日，聞磨盤山之敗，定國遠逃，踉蹌逮夜猶行，迷路大谷中，群臣妻子不相顧，亂兵劫掠，火光燭天，驚擾賓士，及天明仍在故處，而貴人宮女已失去過

半。乃決意入緬，而清兵亦懲於磨盤山之役，憚險不敢窮追，留三桂鎮雲南班師。帝至緬境囊木河，天波諭緬人奉迎具表如常儀。既居緬，天波謀擁太子返入鐵壁關，調度各營為聲援，王后不可，不果行。定國以帝入緬甸，君臣俱困異域，日益為緬人所輕無益，聞白文選在木邦，就之謀再舉，文選意在衛帝，意不合，自率所部入緬，緬人以兵來拒之，文選與戰不勝，亦不得入。定國在孟艮集潰兵，勢稍振。從臣後至者與帝相失，帝尚駐井梗，諸臣逕抵緬都阿瓦城。緬人以文選之兵亦前抵阿瓦阻還，疑來者復有異圖，發兵圍之，有被殺者，有自縊者，亦有降緬者，有流入暹羅國者，有被安置遠方者，久之無存焉。三桂兵至姚安，文武往往出降。天波在內謀奉帝出緬輒為馬吉翔等所沮，定國、文選及諸遺臣在外，屢以兵迎帝出緬，緬人不允，從臣亦多不願行，輒為緬人所使，以帝命止兵。帝於永曆十三年四月，緬人備龍舟鼓樂，迎於井梗，移蹕阿瓦，至則於城外五六里者梗地有草廬十餘間，奉帝居之，編竹為城，守兵百餘人，從臣自備竹木，結宇聚處。久而與之習，短衣跣足，與緬婦之來貿易者雜戲，踞地喧笑，呼廬縱酒，緬人益輕之。其冬十月戊子朔，尚頒曆於緬。十四年，順治十七年。正月丁巳朔，帝在者梗。其秋，文選舉兵迎帝，帝居者梗，為阿瓦之舊城，緬王居新城。文選抵阿瓦，隔新城不得達者梗，急攻新城垂克，緬人紿緩師以城奉帝，稍撤退，緬復固備，再攻反為所敗，望城痛哭而去。而帝左右招權納賄，以官為市，馬吉翔用事，醉夢如故，庶僚貧者饑寒襤褸，大臣有三日不舉火者。吉翔輩以語激帝，帝擲皇帝之寶，令碎之以給從臣，典璽太監李國用叩頭不奉詔，吉翔與李國泰竟鑿以分餉，擁貲自贍不顧也。有蒲纓者，大開賭肆，晝夜呼廬，帝焚其居，纓賭如故。華亭侯王維恭與楊太監拳毆喧嚷，聲徹內外，俱為緬人所哂。是年，清議省雲南餉，撤旗兵歸，裁綠營額。三桂乃請索帝於緬，絕後患。清帝重其事，戒勿輕

舉，而三桂為擁兵計，力持之。十五年，順治十八年。正月辛亥朔，帝
在者梗。丁巳，初七日。清世祖崩，己未，初九月。聖祖即位，以明年為
康熙元年。定國、文選方連兵迎蹕，緬人阻之，與戰大破緬兵，斬其
將邊牙猓。臨金沙江，緬人盡燒其江船，據險設炮以守。定國等糧少
氣沮，退駐海濱。三桂檄緬人獻帝自效，緬王不允。王弟弒其兄自
立，來索賀禮，且言供給之勞，以七月十六日邀當事大臣渡河與盟，
辭不赴。逾二日再至，請盟後得貿易自便，毋使我國久奉芻粟，既盟
需飲咒水為信，故請大臣盡往，乃行，緬人縛而駢殺之，自黔國公沐
天波以下四十二人皆遇害，存者惟帝與太后以下二十五人，其餘宮眷
及諸臣妻縊死者累累，從官未遇害者亦多自縊，凡自縊有名氏可紀男
女二十二人。八月，定國、文選次桐塢，以十六舟攻緬，緬人鑿沉其
五，文選為部將所挾先引還，定國不得已，亦退還孟艮。九月，三桂
以清兵追帝於緬甸，用降將馬寶單騎說文選降。十二月丙午朔，三桂
駐兵緬境舊晚坡，帝以書責之，詞甚哀切。越二日戊申，緬人舁上暨
太后中宮以獻。見三桂，責問之，三桂不覺屈膝愧汗，自是不復見。
總兵鄧凱前以疾不與咒水之禍，至是從帝被執歸，勸帝自決，帝未
允。明年，清康熙元年三月十三日丙戌，三桂以帝還雲南。四月十五
日戊午，弒帝及太子出，以弓弦絞於市。太子時年十二，死時亦能罵
賊。定國聞滇訃，蹩躠號哭，表上帝祈死，於六月十一日生辰病作，
謂其子嗣興及部將靳統武：「毋降清。」越數日卒，統武亦卒，嗣興竟
以所部降，而定國遂為永曆朝最後之忠臣。鄧凱入昆陽普照寺為僧。
帝在緬末葉之事多其所述。

## 第四節　魯監國事

　　魯王諱以海，太祖第十子魯荒王檀之後，兄以派崇禎九年嗣封。

十二年，清兵入邊，破兗州，以派被執，死。十七年十二月，乃以王嗣封。京師陷，諸王皆南下。弘光元年四月，命移駐台州。五月，南都不守。六月，浙中潞王亦降。閏六月，九江道僉事孫嘉績、吏科都給事中熊汝霖起兵余姚，兵部尚書張國維起兵東陽，刑部員外郎錢肅樂起兵於鄞。鄞首遣舉人張煌言奉箋赴臺，請王監國。同時，寧波各縣以兵以餉來歸者數起，旬日復上箋，而國維等表亦至，迎王即日移駐紹興，部署卿貳庶官，列兵江上，畫地戍守。總兵方國安自浙西來，王之仁故為定海總兵由定海會兵者，與浙東義師屢戰清兵皆捷，浙西義師亦蜂起，然不能進取杭州，已失機會。未幾，分地分餉之議起，地丁正餉盡予方、王正兵，義兵取給義餉，待富戶樂輸，交爭不平，而國安尤橫暴，並取義餉。時隆武帝立於閩，頒詔至，將吏惑，謠稱將避返台州，國維亟馳還令勿宣詔，與汝霖議，以唐、魯均宗室，無親疏之別；義兵同舉，無先後之分，一稱臣則江上諸將須聽命於閩，無號令可行，肅樂則謂大敵在前，未可先自相仇，宜權稱皇太侄報命，議大不合，卒如國維指以報，而閩、浙成水火。煌言受官為行人，自請充使赴閩釋嫌。用內臣安鳳儀、李國輔兼制軍餉，餉更不可問。十一月，監國勞軍江上，駐西興，築壇拜方國安為帥，各營僉聽節制，國安遂檄初派支應義餉之鄞縣、奉化不得應給，義軍餉絕，肅樂以忠義相激，尚不敢叛。而馬士英、阮大鋮先後竄入國安軍中，請朝見，不許。十二月，監國回紹興，以謝三賓為禮部尚書，入閣辦事。三賓，鄞人，故宮太僕，家極富，清兵下浙西，往納歂歸，至肅樂起義於鄞，三賓，密書貽王之仁曰：「翁翁訛訛，出自庸妄六狂生，而一橰紳和之，將軍以所部來，斬此七人，則事定矣，某當奉千金為壽。」稚紳謂肅樂年未四十，六狂生則諸生董志寧、陸宇、張夢錫、華夏、王家勤、毛聚奎，首倡義邀肅樂集紳議事，而拒已受清命之降官者也。肅樂亦遣人勸之仁來歸，之仁兩答之，約期至，至則會鄉老出

三賓書，數其罪，三賓叩首乞命，願出萬金助餉。至是，賄監國妃父張國俊，入政地，外倚方、王勢，內通安、李二閹，與馬、阮相呼應，遂表裡作奸。方、王中之仁非國安比，見江上事闒冗，疏言：「義師初起，人人有直下黃龍之志，一敗後遂欲以錢塘為鴻溝，天下事尚何忍言！臣願率所部沉船決一戰，今日欲死猶及於戰，他日即死恐不能戰也。」不報。肅樂疏陳利害，言：「國有十亡無一存，民有十死無一生。」監國亦深然之而無如何，但加肅樂官以慰之，力辭不許。餘姚知縣王正中進縣人黃宗羲監國魯元年丙戌《大統曆》，命頒行民間。鑄「大明通寶」錢。

> 監國之立，由浙東文士，不習兵事，而擁兵者為方國安、王之仁。之仁雖忠烈卒能殉國，然其爭餉自擅，固武夫恆態，義師為所窘而潰，數月間事耳。其間已用閹人，徇外戚，無大志可知。頒曆、鑄錢等事，行之井井，固文人之所為也。

監國元年，隆武二年，清順治三年。正月，遣使奉書入閩。三月，諜言清兵由海道來，移肅樂守海口，久之無所得餉，乃與孫嘉績合疏請以兵歸武臣，身並從軍自效，溫旨慰留。諸帥嫉甚，誣其貳於閩，遣客刺之，肅樂乃棄軍拜表行，監國駭歎，令往海上偕石浦、舟山鎮將張名振、黃斌卿等作窺吳計。清兵入錢塘，國維、之仁拒之，獲勝，遂圍杭州，不克而還。隆武帝亦遣使來犒師，為方國安部兵所殺，或曰馬、阮嗾國安為之，構閩、浙之隙。乃命國維分兵備閩。四月，清兵隔江炮擊國安營，破其廚灶，國安以為天奪其食，遽拔營走紹興，劫王南行，將投閩，而馬、阮銜弗納之怒，勸獻監國降清，遣人守監國。守者病，監國得脫，趨海門航海去。國維退守東陽，江上師盡潰，時新舉義者紛集，亦皆散去。清兵取紹興，士大夫抗節死者甚

眾，義烏亦破，國維死之。王之仁入海沉其妻孥，由松江至南京，抗言於洪承疇而死。朱大典守金華不下。國安、馬、阮降清，為清兵攻金華，大鋮先在金華被逐，知其城有不固處，導國安炮攻之，遂陷，大典發火藥全家自焚死。監國出海時，石浦守將張名振以舟師扈行，至舟山，黃斌卿不納，乃入閩。時福京已陷，隆武帝已殂，鄭彩以軍入海。十一月，監國至廈門，鄭芝龍已投清，令彩執監國歸順，彩不可，既而成功起兵海上，亦駐廈門，意不欲奉監國，仍用隆武年號，鄭彩乃奉監國改次長垣，是為江上潰後第一次監國入閩。

　　監國二年永曆元年，清順治五年。正月癸卯朔，監國在長垣，海上諸軍及閩陷後遁入海之遺臣皆來會。二月誓師，攻取閩、浙沿海郡縣，時有得失，而占地較廣，軍聲頗振。其冬，頒監國三年曆，而成功亦頒隆武四年曆，於是年海上遂有二朔。三年，永曆二年，清順治五年。監國在閩安鎮，鄭彩專政，監國無如何。三月，清調兩廣、江、浙之兵進迫，盡陷諸城，僅存寧德、福安兩邑，義師中士大夫多殉節者。六月兵部尚書大學士錢肅樂卒。四年永曆三年，清順治六年。正月，監國次沙埕。三月寧德破。四月福安破，閩地悉陷。六月，張名振復健跳所，遣使奉迎七月監國復入浙，次健跳所，鄭彩棄監國去。九月，名振等討黃斌卿，誅之。十月，監國駐舟山。是冬，遣使乞師日本，不得請而返。五年永曆四年，清順治七年。正月，監國在舟山。至明年秋，清大舉攻舟山，名振奉監國搗吳淞，以牽制清閩督陳錦之兵，以大學士張肯堂留守。九月舟山陷，肯堂以下死義者烈且眾，清兵相謂：「南下所不易拔者，江陰、涇縣合舟山而三耳。」名振還救不及，與大學士沈宸荃、兵部侍郎張煌言扈王再入閩，次廈門。鄭成功以禮待監國頗厚，既而稍衰，依成功者累年。成功猶敬煌言，煌言亦極推其忠。七年，永曆六年，清順治十年。煌言間行入吳淞，尋招軍天臺。明年，會名振之師入長江，趨丹陽，掠丹徒，登金山，望金陵遙祭孝陵，以救永

曆帝之急，烽火連江，江南震動，約上游相應，而失期不至。退次崇明。是年去監國號。明年，永曆八年，清順治十一年。煌言、名振再入江，掠瓜洲、儀真，薄燕子磯，上流終不應，仍東返。是年名振卒，遺言令部下屬煌言，煌言始有軍。監國既去號稱魯王，移南澳。至永曆十一年，順治十四年。清徙舟山之民，煌言復以軍居之。上年三月，永曆帝由安龍入滇都，以李定國、劉文秀力脫孫可望之厄，稍自振。魯王去號後通表入滇。永曆十二年，順治十五年。帝遣使進鄭成功延平郡王，並加煌言兵部左侍郎兼翰林院學士。成功隆武、永曆兩朝舊臣，煌言則從魯監國歸命。其時存魯王為明一線之傳於海上者，成功實據澎湖、廈門、金門等島，為之地主，而以寓公禮奉魯王。其始終從監國，由勸進而從亡，由籌策而督軍，為魯延命脈於海上者煌言一人而已。清兩江總督郎廷佐以書招之，煌言復書反以廷佐為明勳舊之裔，勸令反正，其書尚傳於世。

永曆十二年秋，成功興師北伐，煌言以師會，而以監軍為稱號，抵浙境，攻破樂清、寧海等邑。比次羊山，颶風碎巨艦百餘，義陽王者亦溺焉，成功廢然返。其冬，清兵迫滇都，永曆帝奔永昌。明年，永曆十三年，清順治十六年。帝自永昌入騰越，遂入緬甸，李定國與吳三桂有磨盤山之惡戰，雖未為獲勝，又卻清兵不出邊者兩年。而成功、煌言大舉救滇，於是年五月入江，抵京口，奪瓜洲，圍鎮江，與清軍大戰，金鼓與江聲相沸騰，士卒皆殊死鬥，瀕江列城，震懼走降相繼，是為鎮江之捷。煌言以偏師先下儀真，且與成功部將勸據鎮江斷南北之衝，使南都坐困，成功不從，煌言遂掠上游，取江浦，受蕪湖降。成功以大軍攻南都。煌言相度形勝，分軍一出溧陽窺廣德，一守池州截上流，一拔和州以固采石，一入寧國以逼徽州，傳檄郡縣，大江南北，相率送，郡則太平、寧國、池州、徽州，縣則當塗、蕪湖、繁昌、宜城、寧國、南陵、太平、旌德、涇縣、貴池、銅陵、東流、建

德、青陽、石埭、含山、巢縣、舒城、廬江、建平、高淳、溧陽，州則和州、廣德、無為，凡得四府三州二十二縣。煌言考察官吏，黜陟廉明，江楚魯衛人士多詣軍門受約束。成功薄金陵觀音門，清兵得黔中凱旋之師濟之，守益固。成功輕敵，縱酒弛備，煌言與甘輝苦諫，以嚴城師老，猝不得拔，必生中變，令改圖，復不納。七月壬午，二十三日。清兵由儀鳳門穴城出，銜枚疾走，直搗中堅，別以騎兵數萬繞山后夾攻之，成功軍大敗，甘輝馬蹶被擒死，成功退攻崇明不下，棄而歸，煌言亦棄蕪湖，轉輾行皖南山中，由徽州達嚴州、台州，招集散亡，駐閩境之沙關，告敗於行在。永曆帝專敕慰問，進煌言兵部尚書，並以遜居國外，手敕命魯王仍監國，成功意不欲，未行。自江南敗歸，成功以海上勢日蹙，乃謀拓地海外，臺灣時為荷蘭國人所霸佔，以明年永曆十四年，清順治十七年。三月，由澎湖渡臺，取赤嵌城，攻荷蘭所踞之王城，久不下。煌言屢勸成功爭內地為恢復計，成功不從，攻荷蘭王城，至歲杪乃下。又明年永曆十五年，清順治十八年。正月初七，清世祖崩，聖祖繼立後，煌言尚亟勸成功出師，以臺灣新定，未能應。煌言乃遣人入鄖陽山中糾故十三家軍，使之擾楚救滇。十三家亦已衰，無能為用。是年十二月，緬人生獻永曆於吳三桂軍。明年清康熙元年。五月，成功亦卒於臺，煌言大哭曰：「吾無望矣！」會閩南諸遺老以成功卒，謀復奉魯王監國，煌言喜，勸成功子經繼父之志，經不能復振。明統已不存，煌言乃散軍居南田之懸嶴，從者只數人，清猶購緝之，不能得，係累其妻子族屬以待，旋募得其故校，使投舟山為僧，以伺煌言。南田無糧，蓄一舟出糴米，故校識其舟子，偵得煌言跡，蓋舟子以故校本隸煌言，又已為僧，意其為世外故人而不避之也，遂為所劫而吐實。以甲辰七月十七日潛入煌言所居，盡劫諸人去，清帥禮待勸降，不從。九月初七日刑於市，從者皆殉。故校得官巡海，為義士所刺死，明乃無人。十一月辛卯，十六日。魯王殂於臺灣，明亡，時為清康熙三年。

中華文化思想叢書 A0100063

# 老北大講義　明史講義

作　　者　孟森

發 行 人　林慶彰

總 經 理　梁錦興

總 編 輯　張晏瑞

編 輯 所　萬卷樓圖書股份有限公司

　　　　臺北市羅斯福路二段 41 號 6 樓之 3

　　　　電話 (02)23216565

　　　　傳真 (02)23218698

出　　版　昌明文化有限公司

桃園市龜山區中原街 32 號

電話 (02)23216565

發　　行　萬卷樓圖書股份有限公司

臺北市羅斯福路二段 41 號 6 樓之 3

電話 (02)23216565

傳真 (02)23218698

電郵 SERVICE@WANJUAN.COM.TW

ISBN 978-986-496-581-6

2021 年 7 月初版

定價：新臺幣 520 元

如何購買本書：

1. 劃撥購書，請透過以下郵政劃撥帳號：

　　帳號：15624015

　　戶名：萬卷樓圖書股份有限公司

2. 轉帳購書，請透過以下帳戶

　　合作金庫銀行　古亭分行

　　戶名：萬卷樓圖書股份有限公司

　　帳號：0877717092596

3. 網路購書，請透過萬卷樓網站

　　網址 WWW.WANJUAN.COM.TW

大量購書，請直接聯繫我們，將有專人為

您服務。客服：(02)23216565 分機 610

如有缺頁、破損或裝訂錯誤，請寄回更換

國家圖書館出版品預行編目資料

老北大講義：明史講義 / 孟森著.-- 初版.--
桃園市：昌明文化有限公司出版；臺北市：
萬卷樓圖書股份有限公司發行, 2021.07
　　面；　　公分.-- (中華文化思想叢書；
A0100063)
ISBN 978-986-496-581-6(平裝)
1.明史　2.研究考訂
626.01　　　　　　　　　　110002861